全球娱乐媒体
在文化帝国主义与全球化背景之下

[英] 坦纳·莫里斯 - 著

项仲平 刘晓妍 唐朱勇 项梦婧 - 译

GLOBAL ENTERTAINMENT MEDIA BETWEEN CULTURAL
IMPERIALISM AND CULTURAL GLOBALIZATION

ZHEJIANG UNIVERSITY PRESS
浙江大学出版社

图书在版编目（CIP）数据

　　全球娱乐媒体：在文化帝国主义与全球化背景之下 /
（英）莫里斯著；项仲平等译. —杭州：浙江大学出版
社，2020.7
　　书名原文：Global Entertainment Media：Between
Cultural Imperialism and Cultural Globalization
　　ISBN 978-7-308-15471-0

　　Ⅰ.①全… Ⅱ.①莫… ②项… Ⅲ.①文娱活动—传
播媒介—研究—世界 Ⅳ.①G241.3②G206.2

　　中国版本图书馆 CIP 数据核字（2015）第 311657 号

　　浙江省版权局著作权合同登记图字：11-2016-5 号

全球娱乐媒体——在文化帝国主义与全球化背景之下

［英］坦纳·莫里斯　著

项仲平　刘晓妍　唐朱勇　项梦婧　译

责任编辑	李海燕
责任校对	董凌芳
封面设计	雷建军
出版发行	浙江大学出版社
	（杭州市天目山路 148 号　邮政编码 310007）
	（网址：http://www.zjupress.com）
排　　版	杭州中大图文设计有限公司
印　　刷	浙江省邮电印刷股份有限公司
开　　本	710mm×1000mm　1/16
印　　张	19.5
字　　数	382 千
版 印 次	2020 年 7 月第 1 版　2020 年 7 月第 1 次印刷
书　　号	ISBN 978-7-308-15471-0
定　　价	68.00 元

译者序

在资本主义全球性扩张、社会劳动分工在全球层面再配置、市场在全球化推进的背景下，我们应该如何由从娱乐生产、娱乐文本到产出效应的整个过程，对大众文化娱乐产品进行考察、分析和评论？本书正是在经济、政治、文化全球化图景下，从市场驱动的视角，对当前的电影、电视媒体产品的跨国生产、流通、营销和受众接收的理论脉络进行了梳理，并对这一管理者、制作者和理论学者等都关心的问题进行分析，以框架式、案例式的形式对主要国家娱乐节目的生产、发展进行翔实的介绍。本书提及的"全球娱乐媒体"是指在不同国家生产、分发、推广、展映和消费的电视节目和电影等文化商品，具体而言主要包括了以好莱坞大片为代表的卖座电影、全球授权改编的电视节目模式，以及全球视角的生活方式品牌。

为了对这三种全球娱乐媒体进行全景式的考察，本书在方法论上采用的是一种文化唯物主义的视角：首先从当前时代的新发展，审视创造出这类娱乐产品的文化产业基础，即资本的所有权、生产力、分配、展销等要素和环节；其次观察西方国家传媒政策法规是如何限制或确保了这种全球娱乐产品的跨国生产及流通的，包括内容配额和消费等；再次，从文本和形态特征上，对其内容、主题、模式设计进行考察；最后，分析受众对全球娱乐媒体的接收情况，包括受众对其的消费、鉴别、使用和相互间的影响。本书的其中一个亮点是：本书贯穿始终的是在学理上对创造出这类娱乐内容的娱乐产品的文化产业基础、西方国家传媒政策法规及娱乐文本和形态特征这三个核心问题进行了各环节意义的表述、建构和论辩的阐述。因此，在本人看来，这是一种政治经济学和文化研究相结合的方法，是跨学科交叉研究和方法的突破，正如安德烈耶维奇的观点"政治经济学和文化研究是作为批判方式的互补内容而存在的。最好的政治经济学实践者是那些整合文化研究的人，而文化研究中最有趣的实践者则是有政治经济学基础的人"①。

---

① Andrejevic, M. *Reality TV: The Work of Being Watched*. Lanham, MD: Rowman & Littlefield, 2004.

在章节安排上,本书也是按照文化唯物主义视角的逻辑而展开的。为了阐明理论分析框架,以及自身的理论倾向和研究路径,作者在第一章首先细致地梳理了两个重要的研究范式,文化帝国主义范式和文化全球化范式,从而提出一种折中的范式,正如杰恩·巴尼所认为的,"保留 CI(文化帝国主义)饱受批判的焦点——资本主义、帝国主义和权力关系;同时将说明 CG(文化全球化)这种范式的内涵。CI(文化帝国主义)和 CG(文化全球化)最突出的方面可以被合二为一,从而建立一个对于研究全球娱乐媒体重要的而非还原论意味的范式"①。

作者从 20 世纪六七十年代就开始理论文化帝国主义的研究,通过长时间的研究,在本书中给大家贡献了许多学术亮点研究成果,提出文化帝国主义理论是分析帝国核心及外延、南北半球间、贫穷国和富有国之间一种不平衡的经济和文化权力关系的入口,更是解构批判帝国核心及外延、南北半球间、贫穷国和富有国之间一种不平衡的经济和文化权力关系的钥匙。为了阐述这一问题,作者十分翔实地梳理了文化帝国主义研究者的观点和研究成果。

作者还列出并阐述了 CI 范式的重要主张,以及代表性学者尤其是席勒、巴雷特等人的重要观点。由于 CI 范式的历史背景正值民族解放斗争席卷全球,因此,在这样的后殖民环境中,CI 作为一种反霸权的概念,对美国传媒公司和美国政府在国际通信学术领域的强势话语权提出了抗议。CI 范式"指明了在制作、发行和消费媒体的能力方面的国际差距,考虑了全球电视节目和电影对当地文化的潜在负面影响,推崇公共广播作为替代商业化媒体的民主选择"。② 然而,从 20 世纪 80 年代开始,CI 范式就不断遭到质疑和批判,许多评论家声称它已不再能反映不同文化间关系的复杂性。究其原因,当然是因为晚期资本主义的形态特征已经迥异于其早期,资本主义打着民主和解放的旗号,在全球无情推进市场化,跨国公司日益壮大,媒体产品的产销也在全球层面展开,文化全球化范式正是为了在这个日新月异的世界中把握跨文化关系的复杂性而提出的理论。作者同样给出了 CG 范式代表性学者尤其是阿帕杜莱、斯帕克斯等人的观点。其中,阿帕杜莱提出了"图景"的概念,这些图景包括:金融图景、族群图景、意识形态图景、科技图景和媒体图景。阿帕杜莱认为,正是由于这些图景流动所带来的跨界混搭,这个世界才变得更加文化多元,他声称,"全球化并不一定或并不经常意味着同质化或美国化"。③

然而,全球化进程、趋势和变革是否一定会出现一个根本意义上全新的后帝国时期? 那种旧有的不对称的经济、政治、文化框架及权力关系是否已消失? 世界是

---

① Barney,D. *Prometheus Wired：The Hope for Democracy in the Age of Network Technology.* Chicago：University of Chicago Press,2000.

② Zizek,S. *The Sublime Object of Ideology.* London：Verso,1989.

③ Zizek,S. (ed) *Mapping Ideology.* London：Verso,1994.

否真的开始均衡发展？市场是否真的带来了民主和解放，还是威胁了领土国家的主权？电子媒体跨境传播的所谓世界性观念和全球化价值是否会侵蚀一国的文化？全球化是否定了还是扩张了帝国主义和文化帝国主义？针对这些问题，作者梳理了斯帕克斯的理论，尤其是斯帕克斯对于"强"全球化范式和"弱"全球化范式的区分在全球传播和媒体研究方面的应用。

"强"CG 范式声称：我们正在步入一个全新的时期，整个世界体系虽然变成或正在变成和以往有根本性的区别的世界体系，但是旧的理论已经过时，我们需要建立起全新的理论来抓住这个"新时代"，阿帕杜莱的理论正是"强"CG 范式的代表。而"弱"CG 范式则强调，在新事物出现的同时也要保持和过往的连续性，保留"旧帝国主义范式的诸多特征"[①]。作者本人倾向的也正是这种既承认新变化，又不忽视历史在当下价值的"弱"CG 范式。根本原因在于，作为 CI 范式的对立面，"强"CG 范式重理论而轻证据，其论断常来源于社会理论，而不是切切实实关于传媒企业、国家传媒政策、市场结构，以及其他正规传播研究所需的调查。正如斯帕克斯所言，"强"CG 学者"在一个非常抽象的层面做研究，对他们所讨论的世界的证据不够关注，甚至他们想法的形成都是来源于评论"（2007：127）。巴塞维奇（Bacevich）更直言，全球化积极普遍的元叙述伪装了美国权力的持续性。而"弱"CG 范式却带有明显的实证色彩，"带有历史的眼光却也敏锐地感知着当今趋势；有着政治头脑却不带有主观色彩；充满批判性却绝非教条主义，从而适应着世界体系中'变与不变'的辩证性……因此'弱'CG 范式使得 CI 范式更为复杂化、合格化，并与之水乳交融，将 CI 范式延伸向了一个全新的方向"[②]。

基于作者这样的理论倾向，我们就能理解贯穿全书的、对全球娱乐媒体的考察路径：根据当前实际案例提出问题、联系理论展开论辩、比较说明 CI 范式和"强""弱"CG 范式。比如以《阿凡达》为例提出，在全球化的资本运作、劳动分工情况下，一个影视文本的复杂身份如何界定？文化帝国主义如何成为可能？斯特劳哈尔（Straubbaar）所提出的"非对称性互相依赖关系"[③]概念相对于 CI 范式的合理性；屠苏（Deuze）在不否认以北半球（以美国媒体为中心）为媒体产品输出中心时所指出的"先前处于全球媒体产业边缘的国家"[④]出现"逆流"现象的事实及意义。这些基于实际案例所提出的问题，都被放在社会语境与理论脉络互相观照的框架中进行解读，因此清晰易懂，引人思考。

[①] Sparks, C. *Globalization, Development and the Mass Media*. Los Angeles: Sage, 2007: 191.

[②] ［英］戴维·莫利. 电视、受众与文化研究. 史安斌，主译. 北京: 新华出版社, 2005.

[③] Straubbaar, J. Beyond media imperialism: asymmetrical interdependence and cultural proximity. *Critical Studies in Mass Communication*, 1991: 191.

[④] Deuze, M. *Media Work*. New York: Polity, 2007.

　　总而言之,第一章对于两种范式的理论梳理为全书打下了重要基础,其余各章则按照从资本积累、管理政策、劳动生产、文本特征到消费接收的逻辑来考察全球娱乐媒体及其对各方权力关系的影响。第二章关注资本积累,指出资本主义扩张所带来的跨国传媒集团的形成如何影响全球娱乐媒体产业的。第三章关注政治层面上的产业管理,尤其是主权国家的传媒政策法规是如何影响境内和境外传媒公司的,包括这些公司的制作、发行、营销过程的运作,以及各国想方设法保护和促进主权国家的民族经济、政治和文化与新自由主义市场主导下的产业跨国扩张之间的关系。第四章关注全球娱乐媒体生产中跨国规模的文化劳动的分工,围绕米勒(2005)等人提出的"新国际文化劳动组织",分析业界生产生态,探讨两种重要的跨界生产模式:"外逃制片"和"国际合制"。第五章考察三类全球娱乐媒体的文本内容及模式设计,理解为什么某些电视节目和电影能够在全球流行,什么是"文化打折"与"文化相似"。第六章探讨了关于全球娱乐媒体的本土受众的五大形象特征,并重点阐述了文化研究学者所采用的民族志研究、接收研究,以及对受众在新媒体时代作为"产销者"的研究。通过对全球影视的最新研究和丰富案例的引入、论述及分析,重申了作者"政治经济学和文化研究方法相结合,是为了去打造一个批判性的'文化唯物论'"的观点。

　　除了关于 CI 与 CG 两个范式的理论框架,本书的吸引点或者说对国内媒体专业研究人员、学生的启发还在于梳理了以下两个部分:重申国家主权的传媒政策法规、管理与市场、资本主义扩张的角力;文化研究学者的受众研究及研究方法。关于前者在我国的表现,真人秀的发展就是一个例子。国务院在 1999 年发布了 82号文件,明确了广播电视产业的性质和集团化策略。2002 年,党的十六大提出改革文化体制,发展社会主义文化产业,广播电视被明确列为文化产业中的一个重要组成部分,自此,收视率和广告盈利成为各省份广电集团发展的压力和驱动力。正是在这样的背景下,广东电视台在 2000 年改编自《生存者》节目模式的《生存大挑战》正式启动了真人秀在我国的发展,全球授权、改编、流行的真人秀节目模式开始冲击中国电视市场。国家广电总局针对一系列节目比如生存游戏、选秀、情感、整容、约会类节目的管制正是代表了其既要开放市场、发展文化产业,又要对开发电视市场的文化产品从规模到内容进行规范管理的处境,这也是地域化的政治逻辑和去地域化的资本主义逻辑之间的角力。在第三章中,作者指出,"纵览全球,各个国家都采取媒体政策、法规去支持、影响和审查娱乐媒体"(106),其原因在于要谨慎面对跨国资本、运作及文化产品可能对本国、本地区政治、经济、文化所造成的威胁。主权国家能否在管理跨国娱乐媒体的制作、发行、营销及消费过程中发挥重要作用? 国家干预是否可以为公众的"传播权""文化多样性"以及"公民媒体产品"提供支持? 这些也正是 CI 和 CG 的争论焦点。作者的观点正与齐泽克的观点相一致,齐泽克也认为,"对国家文化产业和本国电影电视节目的保护与促进不一定就会出现意识形态内容或是管控过度的情况,相反,这可以伴随经济和文化的流变为'民族性'提供一个协调空间"①。本书这部分内容,将会让我国媒体从业人员、研究人员及学生在世界图景中,看到其他国家媒体管理机构的类似处境,从而反观真人秀这样的全球娱乐媒体在国内十多年的发展,并正视、分析存在的问题,打破对新自由主义市场的单方面美好退想。

在受众方面,本书着重讨论了跨国公司、政府、学者的相关话语是如何建构了全球娱乐媒体的受众及其"五大形象特征"的。其中,关于受众积极性/消极性的研究尤为重要,也是本书的又一亮点。CI 理论学者席勒不认为受众是容易上当受骗的 passive audience(被动的观众),也对媒介效应的"皮下注射"理论提出质疑,但是他明确受众无法抵抗强大的文化控制经济结构,即跨国企业权力及其支撑体系。而文化研究学者尤其是英国文化研究学者则对 active audience(主动的观众)进行了更深入、更经验性的研究。他们感兴趣的是,为什么特定娱乐产品能"赢得人们的喜爱"? 对他们来说,全球娱乐媒体的本地受众不是美国化或意识形态愚弄的牺牲品,而是积极的意义制造者,改编、回应、阐释、本土化这些进口内容。文化研究因而超越 CI 范式,考察跨国媒体、全球娱乐媒体内容和本地受众之间更加动态的权力关系,并且突破了以往对受众的定量的经验性研究,而采用如参与性观察(participant observation)和人种志(ethnography)的方法来接近真实的受众。其中,英国著名学者霍尔贡献了编码/解码理论来分析受众对文本意义的接收,莫利不仅对编码/解码理论进行了检验,并且进一步延伸,考察家庭收视语境、性别框架对受众接收、收视行为的影响。"接受研究学者记录了不同的观众是如何解码娱乐媒体的意义的,以及娱乐内容的意义是怎样既出现在'文本里',又出现在观众、文本和接受语境之间的关系中的。民族志研究者则研究了哪些娱乐媒体内容对特定观众群体产生意义,人们如何体验、使用娱乐媒体,并将这些内容同自己的日常生活联系起来。他们使用参与式观察、非正式谈话、深度访谈等方法,探索全球娱乐媒体和本地观众之间的生动关系。"②这样的介绍对媒体专业学生展开受众研究都有很好的启发。此外,本书也揭示了新自由主义如何将受众在市场上的自主选择与民主、政治的自由相联系,从而解答市场的成功是如何被当成民主的胜利,帮助读者理解西方学者所提出的市场民粹主义(market populism)思潮的形成。这一点还可以追溯、回忆到我国业界人士、学者关于《超级女声》节目的论争。

全球化进程的关键就是信息和通信技术的发展。正如 Lule 指出的,"没有传媒就没有全球化,两者的步调总是一致和谐,在整个人类文明历史中相辅相成"③。正因为网络媒体的发展,才出现了去地域化的媒介化社会,以及最关键的——受众

① 蒯乐昊. 我们仍然需要马克思主义——专访齐泽克[J]. 南方人物周刊,2007(17).
② 蒯乐昊. 齐泽克 资本主义并非人类最终答案[J]. 南方人物周刊,2007(17).
③ Lule,J. *Globalization Media*: *Global Village of Babel*. Lanham,MD: Roman & Littlefield. 2011. 5.

的互动。新媒体研究学者所关注的正是受众和全球娱乐媒体的互动关系。他们指出,受众在网络 2.0 时代不仅是媒体内容的消费者,而且是媒体内容的积极生产者。一度被动的媒体消费者成为互动的媒体生产者,这就是 Toffler(1984)所言的"产销者"(prosumer)。这种互动首先依赖于技术设施(硬件和软件),比如个人电脑、廉价电子摄像头、手提摄影机、网络传播平台等等,马克思关于"工人掌握生产工具、生产方式"的梦想似乎在网上实现了,技术设施似乎承诺了对于受众的"赋权"。全球流行的电视节目模式《大兄弟》就是一个很好的案例,节目通过网络 24小时直播,网民受众可以自由发帖讨论,互动提供的正是少量对于生产的接触与控制,但同时,网上讨论也被电视台制作为每周一次的特别节目。"互动"似乎昭示着一种颠覆性和民主化,然而正如 Schiller(1999)所论述的,现有的运营管理商却在投资这种"互动"技术而不是抵制或反对。也就是说,新媒体的这种革命潜在性很可能是被现有社会体系吸收、消化了①。互动成为一种手段,诱惑受众共同制作这种成本相对低廉而高回报的全球娱乐产品,网民的互动只是一种免费劳动,产销者只是不用付工资的文化工人,这无关权力的转移,更没有颠覆由上而下的集权的现代工业体系特质②。这就反驳了技术乐观主义者比如 Skirky(2008)等人对互动产销者的赞美。此外,互动、参与的真正经济价值是掌握在少数市场推广者、广告商以及数据收集机构手中,通过在线监控,受众喜好等各类信息数据被统计、出售,从而"更合理"的消费被设计出来。总之,互动打破了受众与奇观、消费者与生产者、被动收看与主动参与之间的栅栏,非生产性的时空转变成价值创造的空间,这正是所谓"弹性资本主义"的特点——"监控的普遍化、生产与消费之间界限的消失"③。

最后,关于本书的启示及思考。首先,作者是倾向于改进版的 CI 范式或是"弱"CG 范式,并认为非美国的媒体资本与美国媒体核心的融合的结果不是完全消极的经济的停滞、文化依赖,而是令人激动的选择"以及可能更平等和民主的发展道路"(23)。从根本上来讲,这仍然是在历史终结论、意识形态终结论的框架中的,对新自由主义的隐晦的认可,是值得我们思考和科学认识的,因为,我们远不是处在后意识形态的社会中,当下恰恰是一个意识形态无比强大的时代。作者指出,"全球娱乐媒体是全球资本主义—消费主义中政治—经济的实体性组成部分,并且与世界各国人民的文化互相交织",本书的目标就是提供丰富翔实、全面易懂的全球娱乐媒体的批判性研究的介绍,并激发更多的基于文化唯物主义的研究,其对每

① Barney, D. *Prometheus Wired : The Hope of Democracy in the Age of Network Technology*. Chicago: University of Chicago Press, 2000: 19.

② Audrejevic, M. *Reality TV : The Work of Being Watch*. Lanham, MD: Roman Littlefield, 2004: 89, 45.

③ Audrejevic, M. *Reality TV : The Work of Being Watch*. Lanham, MD: Roman Littlefield, 2004: 89, 45.

一个问题的讨论都应该强调时代,关注社会语境与实际案例。

2016年9月我选定《全球娱乐媒体》的英文版原著,与浙江传媒学院电视艺术学院的刘晓妍、唐朱勇两位博士开始翻译工作,在我们的努力下,于2017年6月完成初稿的翻译工作。由于本人很特殊的原因,此项工作停顿了下来,2018年由项梦婧博士对初稿进行了全面的校译和书稿的部分扫尾翻译工作,直到2019年2月,才交给出版社。随后又在编辑的建议下,我于2020年上半年对全书又做了一次校译。很遗憾,一部十分具有学术研究价值和文化传播意义的前瞻性译著,拖了又拖、迟迟不能与读者见面。几经周折,《全球娱乐媒体》一书的译作终于出版,此书的出版也得到浙江传媒学院戏剧影视学科的支持。在此,我深深感谢刘晓妍、唐朱勇两位合作者和亲人与朋友。

在数字技术飞速发展的当下,信息和文化娱乐传播的全球化与经济往来一样,人类的命运越来越趋向一体化,是一种时代的趋势。在全球娱乐媒体的背景下,如何更好地了解世界、吸收世界优秀的文化和文明,把握娱乐媒体的文化与价值的固有属性,读此专著还是有积极意义的。

媒体专业学生在学习、理解西方理论、本国国情时,应尽可能地聚焦某案例,或某全球娱乐媒体,以此为棱镜,通过西方理论观照社会现实,又通过社会语境去考察、分析西方理论,由此实现两者之间辩证的互相理解。在学术观点上,要重视和加强娱乐文化产品的意识形态问题的研究,在考察全球娱乐媒体的过程中,我们应有清醒的认识和足够的重视,坚守本国文化的特色,鉴借吸取世界文化的精华,洋为中用,不断弘扬和传播中华文化。

项仲平
2020年6月于杭州紫荆家园

序　言

　　本书是对日益增长的跨国经济、政治和文化效力影响下的电影电视节目的制作、发布、营销、展览和消费的研究,批判性地介绍和阐述了在世界体系中美国的娱乐媒体、媒介理论、团体所有制、国家的政策与法规,以及娱乐媒体的文本和观众之间的关系等问题。

　　本书适合那些与美国文化有着文化亲缘性的阅读关系,并能习惯观看和进行英语传播、文化交流及从事媒体研究的教师、研究者和学生。本书的大部分集中表述了总部设在美国的跨国媒体公司(TNMCs)——迪士尼、时代华纳、新闻集团、全球国家广播公司、维亚康姆与非美国的媒体公司、国家和文化之间的权力关系。这是因为基于美国的媒体集团与电影和电视节目,他们拥有真正的最具全球性的问题。尽管本书主要侧重于对总部设在美国的跨国媒体公司的分析和解构,但同时也关注欧洲、拉丁美洲、中东、东南亚、非洲以及其他地区的部分国家的媒体公司(NMCs)。这是由于一些读者(或观众)是生活在安排和放映许多由美国输出的娱乐媒体的国家电视网络和连锁院线的国家里,因此,他们将有可能认为本书提供了信息或者认为与自己的生活息息相关,如同像工人、市民和消费者这样的人群。虽然,本书是为高年级大学本科生而准备的,但它的书写方法也是希望能被非学术的和非专业的文化工作者、实践活动者和市民等更为容易接受和理解。本书的目的在于使用通俗的语言来表达深奥的概念,希望艰深的概念被理解并被那些或许不具备学术文化资本的读者所认同。本书的另一个目的是向"圈外人"介绍一些学术、地区和企业"内部"的专业术语、短语和缩写,并将读者所需要了解的关键概念也包括在内。

　　本书有助于促进发展在全球媒体方面已经建立起的批判政治经济学和文化研究的学术领域(Acland,2005;Artz and Kamalipour,2003;Billing and Harrington,2008;Chakravartty and Sarikakis,2008;Curtin,2007;Grainge,2008;Crant and Wood,2004;Harvey,2006;Chretien,2005;Macdonald and Wasko,2005;Moquail,1997;McMillan,2007;Miller,2005;Parks and Kumar,2003;Scott,2005;Schiller,

1976；Scott，2005；Thomas and Nain，2004）。本书更新和扩展了 Herman and McChesney（1997）的许多开创性的论点，例如，全球化企业控制的媒体、公营广播的减少、新自由主义媒体政策的增加，以及非美国的国家媒体公司被总部设在美国的跨国媒体公司整合。然而，这也进一步解释和说明了当下更受关注的媒介问题，如所有制、制作、发布、营销和展览、政治学、设计和娱乐媒体的消费。同时，本书支持米勒等人（2005）在全球化好莱坞下具有开创性的工作的许多主张，使得观点和理论更加与时俱进。本书处理的不完全都是原创性的话题，但是其阐述和叙述的组织性、完整性、易理解性和相关性使之成为一本对教学与学习很有用的教材，同时，它更加体现了方便用户的本意。实际上，本书稿是在我于 2006—2011 年间为本科第四年的全球化和媒体的课程所发表的 14 个演讲的基础上进行改编和完善的成果。尤其是在话题和关键问题的介绍上进行了更深入和更具体的分析与阐述，许多地方是彻底的、不失分析深度的。为了阐明关键的概念，本书的每一章又着重加了一些需要的特定背景，如围绕娱乐媒体的，关于经济、政治和文化的实际的一些具体案例，这对于读者来说，可能将更为通晓和明了。

　　娱乐媒体的经济、政治和文化意义引发了许多问题：美国文化帝国主义的存在，它是否因为一套新的所谓的文化全球化进程而黯然失色了？资本主义是如何影响电视节目和电影的形式和内容的？当跨国媒体公司和国家媒体公司"走出去"时，他们所用的主要经营战略又是什么？娱乐媒体的跨边境运动是否受到民族国家的媒体政策和条例支持或者遏制？娱乐媒体的全球化加强还是减少了国家政府媒体政策在巩固"想象的民族共同体"和民族文化产业中的必要性？在当前时代，民族文化和民族文化产业是消亡了还是正在重建？为什么在许多国家工作者在制作电视节目和电影，以及这个世界上的文化工作者每天要面对的境况是什么？跨国媒体公司和国家媒体公司是如何设计跨国界的电视节目和电影的？娱乐媒体的跨边境运动是否导致了全球文化的同质化，或者是深化了全球文化的多样性？当本地的观众消费了全球的娱乐媒体时，他们被美国化或被美国文化主导了吗，又或者是更为复杂的情况？数字媒体是否革命性地或者从根本上改变了这个娱乐媒体传播的世界？娱乐媒体的跨边境运动是否有助于环境的加固或者弱化？而这样的环境是需要经得起社会平等化、文化多样化和民主化的考验的。

　　本书不仅提供了一系列的方式回答上述这些问题，而且在全球娱乐媒体研究方面也回答了许多大家关注的问题。将政治经济学和文化研究方法相结合，是为了打造一个批判性的"文化唯物论"，这就引入了一个对全球电视节目和电影最新的研究，并提供了较为丰富的案例。例如，审视全球娱乐媒体的主导模式（文化帝国主义和文化全球化）；跨国媒体公司和国家媒体公司拥有的娱乐媒体的商业惯例；支配娱乐媒体的跨边境运动的国家政策法规；在新的国际分工下，文化劳动对娱乐媒体的跨边境制作；全球流行的娱乐形式，如媒体属性的文本功能；本地观众关于全球娱乐媒体产品的跨文化消费。

　　本文的另一大贡献就是通过上述全球娱乐媒体的主导模式、跨边境交易的国家政策法规及相关话题的研究探究,对全球化媒体进行了全面的回顾和学术阐述。此外,本书还通过相关案例的介绍,评价分析阐述了某些关键性的概念。总体而言,这本书旨在提供一个概念丰富、内容最新、既全面又易懂的全球娱乐媒体的批判性研究理论的介绍。通过这些,希望营造一个国际或跨国的,甚至是超越国家边境移动的前景。在一个时代,当经济、政治制度和文化被不对称的权力关系和流程相互关联时,发展一个在国家和国际领域之间、在国内和国外之间、在"这里"和"那里"之间、在本地和全球之间的相互依存的深刻认识是极为重要的。全球娱乐媒体的研究提供了了解这些相互联系和相互依存的方式之一。即使民族国家的电视节目和电影在世界体系中传播,它们也会被经济、政治和文化的影响力和关联性所影响塑形,而不是仅存在于国家这一层面上。

导　言

　　自 2009 年《阿凡达》戏剧性地上映以来,美国的评论家、记者以及制定政策的官员们都在热烈地议论它,并且在全世界的眼中,它已成为地道的"美式"好莱坞电影。事实上,不了解最基本的"美国"起源,就无法看懂《阿凡达》这部电影。瓜尔迪安·弗兰契(2010)曾在英国的报纸上发表文章说:"2009 年电影界的里程碑是一部名叫《阿凡达》的电影。"博主里克·约翰斯顿(2009)表示,《阿凡达》是美国有史以来斥资最多的一部电影。《每日电讯报》的记者尼罗加·德纳称之为"美国现代电影史上最好的一部左派电影,又或者是我们这个时代商业界里最为成功的一部电影"。《印度时报》的记者 S. K. 杰哈(2009)表明,2009 年是印度娱乐界的"外星人之年",这一年,"当一部名叫《阿凡达》的美国电影完全地接管了宝莱坞电影制作人的灵魂时,这让他们感到自惭形秽"。文(2010)是一名立足中国的《环球时报》工作者,他担心"美国电影"《阿凡达》的核心思想"渗入整个中国社会",并且"以中国的实力来说,很难处理"。文还责备中国观众无法"抵抗"《阿凡达》的诱惑,在中国,这部电影在票房上以及其他方面的成功都表明"我们易受打击的民族骄傲、自信心以及雄心要如何才能追赶上真正的美国"。2010 年的 1 月,在中国,《阿凡达》被从2D 电影荧幕上撤换下来,取而代之上映一部国产电影《孔子》,通过讲述中国古代一位重要的哲学家的生活,来体现中国的民族主义(Jimbo,2010)。

　　从某些评论家的视角来看,《阿凡达》是一部地道的"美式"好莱坞电影,它是美国文化产业的产物,是美国文化帝国主义的海外力量。《阿凡达》被原产国代码归纳为"美式"电影,这表明此部电影是由美国注资制作的。但是,《阿凡达》的"美式"究竟体现在哪里?评论家和不同阶层对这部电影中"美国国民状态"的见解是如何的?国民娱乐媒介确切的特征是什么?"文化帝国主义"是一种描写《阿凡达》存在于全球的适合的方式吗?一段时间以来,电影和电视节目都被定在民族主义的框架里,并且被归类为来自一个特定的起源国家。一个民族文化产业基于一个特定的领土国家,一个能创造国民娱乐媒体诸如电视节目和电影的国家,它能表现或反映出一个定居常住人口的"民族身份"。通常,全国范围内局限娱乐媒体对涉及的电影和电视节目有以下要求：①由总部设在该国的国有商务仓或媒体企业来拥有所属权并提供资金；②由国有媒体企业生产制作，由该国的文化工作者创造；③是一位能展现出民族历史的搬运工，表现出或吸引该国观众的民族经历和爱好；④在很多国家，作为该国的"国民"娱乐媒体，被观众所认可且为之消费。由于《阿凡达》算作是严格意义上的"美式"娱乐媒体，所以应该要满足以上的准则。然而，它却无法达到。

事实上，《阿凡达》是美国新闻集团推出的作品，这是一家跨国媒体娱乐公司，但它的董事们却不都是美国公民。新闻集团的首席执行官兼董事长鲁伯特·默多克，是一个两国混血的媒体大亨。在 1985 年，默多克放弃了澳大利亚国籍而选择成为一名美国公民。这一转机促使新闻集团收购了二十世纪福克斯公司，购买了一部在洛杉矶取材的电影以及一间电视演播室。尽管总部设在纽约，并且作为美国上市公司进入纳斯达克行列，新闻集团炫耀称他们的股东来自五湖四海：一个环游世界的默多克家族（占 38.74％ 的股份），沙特阿拉伯的亿万富翁阿瓦里得·宾·塔拉勒·阿苏得（占 7.04％ 的股份）以及金融企业比如景顺集团（占 1.8％ 的股份），纽约梅隆银行（占 1.19％ 的股份），总部设在伦敦的 Taube Hudson Stonex 公司（占 1.07％ 的股份），空间基金管理公司（占 0.71％ 的股份），摩根大通公司（占 0.41％ 的股份），黑石集团（占 0.35％ 的股份），环球投资管理公司（占 0.35％ 的股份）以及高盛集团（占 0.35％ 的股份）（彭博通讯社，2011）。《阿凡达》除了属环球投资群体所有，也由跨国投资者出资：总部设在美国的沙丘娱乐公司、总部设在英国的投资公司，以及拥有顾问团的天才投资公司。二十世纪福克斯公司的跨国分布子公司和其他当地的流通企业，都允许《阿凡达》在该国的影院上映，在电视网中播放，其中包括 FS Film Oy 发行公司（芬兰），Bontonfilm 发行公司（捷克共和国），Castello Lopes Multimedia（葡萄牙），Forum Cinemas（爱沙尼亚、立陶宛和拉脱维亚），Film 1（荷兰），以及日本电视网公司（日本）。这清楚地表明《阿凡达》并不是由美国哪一个商业种类或公司而所属、投资或分配。在《阿凡达》上映之前，默多克非常自信地认为这部电影"将引领圣诞季"的票房（引自 Cieply，2009）。结果证明这是个适度的断言。紧随着在世界各国接二连三的上映（有超过 35 万家影院在同时上映）以及 1.5 亿美元的全球票房成果，《阿凡达》变成了一部票房空前的电影，总收益近 30 亿美元（＄2782,275,172）。《阿凡达》的总收益的 27.3％ 来自北美票房（美国和加拿大），而剩下的 72.7％ 来自全球各地（Box office Mojo，2012）。

《阿凡达》并不是由美国传媒公司或美国文化工作者单独制作的。《阿凡达》是由一位美国和新西兰的混血儿詹姆斯·卡梅隆构思、写作以及拍摄出来的，他还是一位在 2004 年乔治·布什再次竞选总统那年，申请美国公民身份遭拒的加拿大公民。当然，《阿凡达》还是有不少著名的美国演员参演（佐伊·索尔达娜、西格妮·

韦弗、斯蒂芬·朗、米歇尔·罗德里格兹),但是影片的主演却是土生土长的英国演员萨姆·沃辛顿。然而,影片《阿凡达》中大量的前期拍摄和后期制作是基于美国公司的工作,来自全球各国的公司都聚集此片为该片贡献了一分力量。电影特效分别由各国公司制作,包括美国的斯坦·温斯顿工作室(Stan Winston Studio)、巨人工作室(Giant Studio)、工业光魔(Industrial Light and Magic),加拿大的混合技术视觉效果公司(Hybride Technologies),新西兰的维塔数码(Weta Digital),英国的 Framestore 公司,以及法国的 BUF 特效公司。很多出品公司都曾为二十一世纪福克斯公司提供大量的线下服务,比如新西兰的百万富翁餐饮(Billionaire's Catering)、卡宁特技(Cunning Stunts)、Human Dynamo、伊扎特(Izzat)、塞得莱恩安保公司(Sideline Safety)、斯特若街工作室(Strone Street Studios)、维塔工作室(Weta Workshop),英国的科德克斯数码(Codex Digital)、智能媒体(Intelligent Media)、喷火音频(Spitfire Audio)、Synxspeed 音效公司,以及日本的松下公司,这些线下服务包括餐饮、运输、舞台布光、设备提供等。虽然,影片《阿凡达》中有些部分是在美国的夏威夷和加利福尼亚拍摄的,但影片整体来说是一部从美国到新西兰的"外摄片",因为新西兰的国家电影委员会同意向二十一世纪福克斯公司提供高预算的荧屏制作补助金和后期制作数码视频效果资助金。在开始《阿凡达》新西兰部分的拍摄之前,二十一世纪福克斯公司就已经收到了来自新西兰政府价值约4.5 亿美元的资助金(Voxy,2010)。同时,二十一世纪福克斯公司也在新西兰本土四处寻找,最终购买了彼得·杰克逊著名的惠灵顿的公司——维塔数码工作室提供的电影特效服务(新西兰,2009)。在《阿凡达》的制作中,线上和线下的创意工作者来自不同的国家这一特点和拍摄地点的跨国性都使得《阿凡达》的"美国身份"变得复杂。

　　《阿凡达》不是一个单纯的美国剧情——它并不是一个关于美国或者是写给美国观众欣赏的故事。诚然,《阿凡达》可以被解释为众多国家的文化和故事,那些显而易见的故事内容并没有哪一点代表了美国领土、美国政府或是有美国的标志。作为一部典型的科幻类型电影,影片《阿凡达》避免了由狭隘的民族主义和具有现实意义的故事所造成的"文化折扣"。在《阿凡达》的影片中,时间被设定为 2154年,地球上的资源(不只是美国的资源)已经被耗尽,人类(不只是美国公民)也濒临灭绝。因此,这个故事引起了全球的共鸣。确实,影片中甚至没有暗示过美国的存在。在试图延缓地球的生态环境灾难时,一个叫作资源开发部(RDA)的银河系间的矿业公司殖民占领了潘多拉星球——一个原始丛林星球。资源开发部(RDA)想要开发一种叫作"难得素"的珍稀的矿藏资源,用来解决地球所面临的生态环境危机问题,同时利用这种矿藏来实现公司的利益最大化。在潘多拉星球上,资源开发部(RDA)并没有举着美国国旗,而是他们公司的标识。他们的目的是控制"难得素"并引发与潘多拉上的土著——纳威族人的矛盾冲突。高大、蓝皮肤、类似猫科动物，这些就是纳威族的特征，他们生存在与自然和精神高度和谐的环境中。潘多拉星球上的纳威族人，他们崇拜艾娃——他们称之为"圣母"，一种能够连接所有生命的能量系统。纳威族人的家就在一棵巨大的树上，那里有着潘多拉星球上最大的"难得素"的矿藏。资源开发部（RDA）想要得到"难得素"，就要引诱纳威族人去做违背他们自身意愿的事：离开这片他们共同的祖先生活过的土地。

　　为了迫使纳威人离开他们的家园，资源开发部（RDA）采用了软硬兼施的策略。"给他们点好处让他们走，不然这一切都将停滞在这一步。"塞尔福瑞德如是说道。资源开发部（RDA）派了生物人类科学家去劝说纳威人放弃这块土地，随后又派了斯阔普斯公司的私人雇佣兵（不是美国军队）用残忍的手段控制了"难得素"。

　　一开始，资源开发部（RDA）尝试用说服的方式来使纳威人离开他们的家园。在地球上，使用"说服"这个策略通常都是涉及人类与人类之间的交流或者是利用公共关系来调解。但在潘多拉星球上，人类与纳威人之间的直接交流是不可能实现的，因为潘多拉星球上的空气对人来说是剧毒的。为了克服这个跨物种沟通的障碍，资源开发部（RDA）资助人类科学家利用生物工程制造出一种文化媒介使其能够跨越人类与纳威族之间的界线。在资源开发部（RDA）的实验室里，人类和纳威人的 DNA 被拼接到了一起，创造出了一半人类一半纳威人的杂交体——阿凡达。这种巨大的和真人一般大小的合成的生物体具有纳威人的外貌特征，但缺少他们的意识。使用神经网络连接器，由资源开发部（RDA）雇用的人就可以在天界之外的飞行舱里远距离控制这些阿凡达。将阿凡达安插到潘多拉星球后，资源开发部（RDA）的人就可以像纳威人一样看到并体验到这个丛林星球。他们可以和纳威人交流学习，且能够保持身体不受外界环境的伤害。但是，资源开发部（RDA）的阿凡达们并没有成功说服纳威人。除了格蕾丝·奥古斯丁博士（西格妮·韦弗）控制的阿凡达之外，所有的阿凡达都因为文化无知被纳威人的部落驱逐出去。

　　但是，资源开发部（RDA）迫不及待想要赶走纳威人并控制"难得素"。因此，斯阔普斯公司雇用了一个叫詹克萨利（萨姆·沃辛顿）的高位截瘫的前海军士兵，让他作为阿凡达间谍潜入潘多拉星球。萨利因为经济上的需求接受了资源开发部（RDA）的工作。尽管地球上的经济已经崩坏，资源开发部（RDA）还是支付了高额的工资。而萨利接受这份工作也是为了能有足够的钱去为自己的双腿进行手术治疗，完成手术他就能重新站立。萨利说道，"脊髓伤害是可以治好的，只要有钱"。萨利的任务直接来自资源开发部（RDA）的管理高层。而斯阔普斯雇佣兵的上校米尔斯·奎瑞奇（史蒂芬·朗）笃信和纳威人的暴力军事冲突是不可避免的并且迫在眉睫，因此，他一直在准备发动一场震撼的先发制人的攻击，他希望萨利能成为他在潘多拉星球上的眼睛、耳朵，甚至是第二个自己。他命令萨利学习纳威人的智慧并收集情报，例如纳威人的敌人和星球上的野兽等。而资源开发部（RDA）的总裁（吉奥瓦尼·瑞比西）——卑劣的塞尔福瑞德想要驱逐纳威人并占领"难得素"，但并不想要屠杀所有的纳威人。塞尔福瑞德并不是在道德上反对灭绝纳威人，只是担心这一举措会使得公司形象下降，股东们会有异议。"消灭土著居民在季度报表上看起来不好。"为了避免公关危机，萨利被塞尔福瑞德派去和纳威人进行交涉，用"难得素"来交换由资源开发部（RDA）资助的现代化改革项目（蓝色牛仔裤、英语课程、电）。

不仅仅是作为被资源开发部（RDA）雇用的科学家，奥古斯丁博士仍然希望为了科学事业本身而进行科学研究（并且天真地认为自己可以做到）。她希望萨利去学习纳威人的习俗，能够更加深入地了解纳威人的生活方式。随着阿凡达的故事慢慢展开，军阀主义、资本主义和科学精神互相碰撞在一起，但是这些随着故事的展开和推进基本上还是联系在一起的。萨利开始了在潘多拉星球上的旅程，但终究不过是资源开发部（RDA）这个银河系军事科学技术机器中一颗无足轻重的棋子。直到他与一个叫作妮特丽（佐伊·索尔达娜）的纳威女战士相爱，萨利开始认同纳威人的生活方式。当奎瑞奇上校进一步推行资源开发部（RDA）的灭绝计划时，萨利鼓动了土著居民去保卫自己的家园。影片在这场纳威人与人类的战争中达到高潮。

在萨利的纳威族阿凡达领导下，纳威族的全体人民开始了保卫自我家园并且反抗 RDA 公司的战斗。总而言之，《阿凡达》的故事并不被认为是地道的美国式叙述。《阿凡达》是一部科幻片，它表现的是未来的时代和美妙绝伦的场景，但那样美好的场景是现今 21 世纪的地球领土中不存在的。电影《阿凡达》的主人公和反面角色都不是美国人，而且是完全不同的物种以及跨银河采矿公司的员工。《阿凡达》意在影响地球上的人类，而不是只有美国人民。

《阿凡达》是一部跨国性的、具有多重意义的影片，很多国家的观众容易接受和授权翻译多元化的影像作品。这部电影被称为一个"多用途的象征"（Keating，2010）和 2009 年的与电影有关的"思想上的墨渍测验"（Phillips，2010）。在跨国和跨文化的认同对接和理解过程中，《阿凡达》对于观众来说很有意义，他们会把电影主题和情节与自己国家的历史、政治环境和文化认同联系起来。美国左派和右派的电影观众争论，《阿凡达》就像是美国帝国主义的一个象征故事，不论是过去还是未来。黛比·施昌塞尔（2009）作为一个白色殖民地居民，声称《阿凡达》是美国成立的一个象征。她表明："这本质上是《与狼共舞》电影的翻拍，恐吓当地人民，滥杀他们，占领土地，并且到处都是帝国主义的邪恶和残忍。"另一个保守派的批评家表示，《阿凡达》是美国 2003 年入侵伊拉克的一个象征，是所谓的自由主义的好莱坞对美国军人不公正的批判的证据。约翰·诺尔特（2009）表明，《阿凡达》是"对美国从伊拉克战争以来，通过电影科幻批评或批判寓言的方式对美国进行的一个不掩饰的、严厉的、又很简单的表达"。尼罗加·德纳（2009）声称《阿凡达》是对伊拉克战争的批评,是对以美国为首的反恐战争的攻击,是谈论西方帝国主义"恶魔"的高尚品行,是关于美国未来的征服和对待美洲原住民的态度,等等。然而这些并不是所有的保守派都同意的观点。

少数新保守派评论家与旧保守派评论家在争论有关电影《阿凡达》的主题上存在不同的诠释。他们表示电影并不是美国帝国主义的象征,而是一个有关美国自由"普世价值"的故事。根据安・马洛(2009)的说法,《阿凡达》阐明了"我们新保守派对伊拉克的观点是,美国的血统不比其他血统珍贵,其他国家的自由也与美国的一样重要"的道理。《阿凡达》中独特的见解以及美国合理化地入侵伊拉克的虚假修正主义的解释(美国声明入侵伊拉克是因为伊拉克与基地组织同盟,所以要控制大规模的杀伤性武器),塑造萨利成为一个心善的美国士兵,他力求发扬并且保护每个人以及每个地方(甚至是潘多拉星球)的政治自由。马洛表示,《阿凡达》表现了一个男人坚持正确的事情,一个典型的美国人行为。新保守派认为萨利和纳威族人是美国的新兴革命分子,他们为了政治自由的普遍性而反抗美国独裁主义帝国。在这方面,此部电影利用了好莱坞一如既往的叙事惯例,让一帮热爱自由的失败者(萨利以及纳威族人民)反抗一个既腐败又恶毒,等级制度严格并且有许多强有力的经济和军事化体系的公司,那就是 RDA 公司(Murphy,2010)。美国海军上校布莱恩・萨拉斯表明,通过这种做法,《阿凡达》留下了"对我们(美国)军事文化一知半解的抨击"以及对美国军事不公平的印象,而不是准确地描述它"体面的斗争,赢得了我们国家如今真正的战争"(引自 Agrell,2010)。萨拉斯表示,Secops 是美国海军的代表,尽管 Secops 不是国家或民族组织的一部分。

殖民地时期之后的女权运动者对《阿凡达》也有很多的看法。他们批评《阿凡达》是一部新东方化的电影。影片中,白种男人(萨利)因为与纳威人相似的形象而入乡随俗,并且之后引导本土文化(纳威族文化)走向自由(Newitz,2009)。白种男人变成英雄领导者的题材迄今为止出现在很多好莱坞电影中,例如:《沙丘》《夺宝奇兵》《最后的莫西干人》《最后的武士》以及《第九区》。就像这些电影,通过东方人印象下的镜头,《阿凡达》描述了殖民者(RDA 公司)和被殖民者(纳威族人)间的故事(赛德,1979)。在《阿凡达》中,殖民者扮演了一个积极主动、高科技化、时尚、高瞻远瞩并且合理的角色,而被殖民者扮演了一个消极又自然、传统又落后和具有崇高精神的角色。呈现出与如今文化与政治的同一性,"这样的印象不仅破坏了被排斥的有色人种来之不易的发言权,并且使他们依旧像过去那样被排斥"(Sengupta.M.,2010)。Newitz(2009)评价《阿凡达》是一部"从白人角度展现出的一个几乎十全十美的种族"的电影,并且以一个"白人的内疚"这样的意识形态诠释了电影:

当主演白人演员开始被"外星人"的文化同化并且从新视角学到知识
时,他们意识到自己同样有毁灭外星人、AKA 有色人种、他们的文化习俗以及种群的想法。为了减少那些强烈的内疚感,他们转换立场,变成了"种族的叛徒",与同伴斗争。但是,他们超越了同化关系,变成了曾经受压迫人民的领导。这揭露了白人凭空想象出来的内疚的本质原因。对于曾经与有色人种斗争的白人来说,被宽赦不仅仅是个愿望;在战争中,站在道德司法这边,也不仅仅是个愿望。在纳威族人中领导有色人种而不是在白人中领导有色人种,这的确是个愿望。

森古普塔(2010)也赞同地表示,"卡梅隆通过很多先进的电影技术和白种人帅气的皮囊展现出他的反现代性、反先进性以及深层的生态学的象征"。

然而很多北美洲观众对《阿凡达》的解读是,美国娱乐媒体把美国帝国主义象征化,并且保持西方的其他东方学者的梦想,没有美国观众对《阿凡达》提出有微妙差别和共鸣的评价,这使我们要抛开以美国为中心的意见接收箱。消极的后殖民批评对《阿凡达》来说颇为重要,但是通过简化电影来达到东方学者的意识形态中的一条传送带,后殖民评论家忽略了它的积极意义并且授权在真实的地理世界使用,尤其在当地人民中(Rao,2010)。《阿凡达》展现了一个潜在的剥削者(萨利)移情于其他人(纳威族人),面对压迫时,代表他们团结一体作战的形象。饶(2010)认为,《阿凡达》"不妥协地控告美国帝国主义和全民的贪婪,为保护被压迫者的权利而反击,保持着冲突的敌对双方潜在的团结,而不是(让)他们选择对立方"。当意识连接到萨利的纳威族阿凡达身上时,他变成了一个革命混血儿,这象征着"一个独立自主主义的没有希望的防卫,一个反对开发和掠夺的权利"(Rao,2010)。《阿凡达》不仅仅是无价值的新殖民主义者,而且是种族主义者。为了理解这点,学者们需要"在主流文化中,发展一种吸引激进的种族内容中含蓄和明确的引证的注意力"(Thompson,2010:83)。《阿凡达》中合理的情节引起了人们的共鸣,为科幻电影中文化认同演变为政治活动和化解阻力提供了一个机会。

很多不同国家的激进主义分子为了自己的政治激进主义,而借用且改编《阿凡达》的故事(Jenkins,2010)。虚构的纳威族人变成了世界上百万人民的象征,他们受到新自由主义管理、资本主义和军国主义压迫。在2009年的12月,中国的博主把《阿凡达》中纳威族人民与中国农民的境况进行对比。他们认为电影中纳威族人民的命运是中国农民命运的象征——农民被迫离开自己的土地和家园,为中国发展让路。在2009年1月,玻利维亚第一位土生土长的总统埃沃莫拉莱斯因"为保护自然生态的奋斗而与资本主义深深地抵抗"而高度赞扬《阿凡达》(Huffington Post,2010)。在2010年2月,5个巴勒斯坦的、以色列的以及国际上的激进主义分子打扮成纳威族人民的样子,在巴勒斯坦比林的小村庄游行。他们在YouTube上传了一个有关政治抗议的表述性视频(以色列士兵用放在倒钩铁丝围起来的栅栏后面的催泪瓦斯,来镇压打扮成纳威族人的反抗者)。同月,印度东部的东加里亚空达部落表示,影片《阿凡达》中的纳威族人的境况反映了他们自身的抗争,那就是阻止一家名叫韦丹塔的英国采矿公司在他们神圣的土地上开发铝土矿(Hopkins,2010)。在马来西亚,一个来自沙捞越的沛南族男人表示,"《阿凡达》中纳威人哭泣是因为他们的森林被毁灭。对沛南族人民而言,也同样如此。伐木公司砍下我们的参天大树,污染我们的河流,导致我们的猎物也死亡了"(引自 Teague,2010)。在南非,一位 Kalahari 丛林的丛林人 Jumanda Gakelebone 认为,"《阿凡达》之所以让我们喜欢是因为它向世界展示了如何成为一名丛林人以及土地对我们的意义。土地和丛林人对我们而言,同等重要"。在 2010 年 4 月,亚马孙当地人民要求詹姆斯·卡梅隆支持他们反对巴西的大坝建筑。阿拉拉部落的首领约瑟·卡洛斯·阿勒山表示,"电影里的情节就是这里的真实写照"(引自 Barrionuevo,2010)。在加拿大,一个居住在亚伯达阿萨巴斯卡油砂旁的土著部落,在领土方面,他们自己与石油公司的斗争就像是纳威族人的反抗斗争。一个价值 20000 美元,发布在《综艺》杂志,标题为"加拿大的阿凡达时光"的广告介绍说,加拿大是"壳牌公司、英国石油公司、埃克森石油公司和其他的地球人摧毁了一个广阔的原始森林。巨大的地狱交易,用来开采污染最大的、最贵的难得素石油,来满足美国人的贪婪"(引自Rowell,2010)。

　　《阿凡达》的本土化被南美洲和中美洲、欧洲、中东、加拿大的激进主义分子擅用,证明了政治的开放和全球化主题的展延性。激进主义分子借鉴了《阿凡达》以及跨国观众的内心和思想。他们赋予文本新的用途以吸引他们自己的追随者反抗新自由主义、资本家的掠夺以及转移战争的注意力。他们利用《阿凡达》,使之与主流娱乐顾客产生联系,这些顾客或许早就忽略或根本无法理解他们为什么为正义、权利以及领土而战。《阿凡达》跨文化的政治用途强调文化有多么受欢迎,"为什么而战,反抗强权,这都是有积极意义的"(Hall,1998)。《阿凡达》的主题和反响也突出了这样一个概念,那就是由传媒集团制片的所有娱乐媒体,并不都是资本家的宣传。默多克,一个新保守派,他也是 2003 年美国攻打伊拉克的支持者,并没有命令詹姆斯·卡梅隆去策划《阿凡达》的主题,以此来促进右派的政治议程。对默多克来说,相比《阿凡达》的主题所产生的意义和对观众产生的用途而言,控制《阿凡达》的版权和这部电影所产生的税收利润当然是更重要的。或许,与跨文化迷积极的约定以及有关《阿凡达》主流的争论,对于二十世纪福克斯的病毒式营销的工作来说,都是有很大作用的,这使得世界上《阿凡达》的狂热者和粉丝成为这部电影不求回报和不知情的催化剂。观众互动参与并且沉浸在虚幻的《阿凡达》中,通过创造更多的争论,从而使这部电影成为整个娱乐圈中成功的一部影片。尽管《阿凡达》中政治经济的产生和文化接收的语境都是被资本循环所缠绕,但这其中他们却并不是相同的。不论是被左派所救赎或者是被保守派所丢弃,《阿凡达》——是一部全球热门的电影,而不是一部纯粹具有明显娱乐性的电影——最后目的都是为新闻集团的利润目标而服务的。

　　研究跨国势力的有关所有权、金融、生产、分配、文本编码、观看记录和文化用途的参考,《阿凡达》是全球娱乐媒体,一个卷入民族主义的全球热门文化的形式。就像《阿凡达》,这部影片通过多视角的审视,可以影响电影电视节目的生产、分配、营销、展览、消费经济、政治和文化力量,从跨越民族主义条框和边界看,对于全球娱乐媒体的政治、经济、文化而言,这是一个决定性的标杆。

全球娱乐媒体,资本主义和消费者主义:政治、经济和文化

　　"全球娱乐媒体"——这一术语源自三个词:"全球的""娱乐"和"媒体"。根据《牛津字典》解释,"全球的"这一词的意思是"属于或者与整个世界相关";"娱乐"指的是"为娱乐大家而设计的事件、表演或者活动",或者是其他一些能给人提供"快乐和享受"的事情;"媒体"是其中的主要意思、主要产物,以及主要的大众交流媒介。在这本书里,"全球娱乐媒体"指的是那些在不同国家生产、分发、推广、展览和消费的有关媒体的商品,这旨在给观众提供娱乐,并给媒体带来利益。《全球娱乐媒体》这类型的书其实质(尽管不是唯一的)主要是关于电视节目和电影。这些视听的人工产品被成型并表达不同国家的政治、经济和文化,包括大国和小国、发达国家和欠发达国家、新帝国主义国家和后殖民地国家。这些视听的人工产品在经济和文化上都很重要。

　　自从进入 21 世纪,跨国界的电视节目和电影贸易额开始增长(世贸组织,2010)。事实上,在 1998 年至 2009 年之间,"任何一个层次的媒体企业都开始成长,除报纸、杂志外"(Winseck,2011:11)。在 2008 年的时候,视听行业的全球价值预计达 5160 亿美元。电视总额达 3520 亿美元,占有 68％ 份额,而电影只占有 16％ 份额(840 亿美元)。剩下的 16％ 是广播和音乐(TWO,2010)。视听行业为公司赚取了利润,增加了文化产业的工作职位,并提高了很多国家的国内生产总值(简称 GDP)。跨国界的电视节目和电影的流动是特殊的社会经济系统的组成部分和产物,这也是一种特殊的文化情感或消费主义。

　　电视节目和电影是资本主义生产中的重要产物,是统治全世界的一种系统。这非常著名——马克思将资本主义描述为基于永久增长和领土扩张的系统(1848)。"为了产品需要不断扩充市场,这一需求使得他们在全世界追逐资产阶级。这必须出现在每个地方,定居在每个地方,在每个地方建立联系。"(476)通过当代的分析师对全球资本主义的分析,包括商品化、各国间贸易关系、国际劳工分配、跨越边界的金融和投资的增加,公司的合并和前资本主义社会的集成,这组成了一个时间和空间的压缩系统,自从 19 世纪 40 年代起,以上描述的大多数的经济趋势已经成为世界经济的重要组成部分,这正是马克思和恩格斯开始检验世界资

本主义的转化（Renton，2001）。1989 年，自从柏林墙倒塌，全世界范围内，新自由主义政策的制度变化在国家中表现为自由化，撤销管制机制和私有化（Harvey，2007），并且信息和通信技术（简称 ITCS）的改革，资本主义的势力和关系开始逐渐地向全球扩张，将国内经济整合，使他们之间更多地互相依赖。全球的资本主义被政治争论所围绕，左派的评论家警告说："全球的资本主义代表是——跨国公司拥有最高统治权的洲有自己的法规、民主的侵蚀、不平等的增加以及富裕国家和贫穷国家间的差距加深。"（Klein，2000；2008；Robinso，2004）全球化下的新自由主义权利的支持者拥护全球资本主义，到处传播市场组合、机会、财富、民主理念、创新性和革新，以此来摧毁世界（Friedman，2000；2006）。

　　全世界范围内，电视节目和电影已经成为生产和消费的一个重要领域。在福特工厂体系下的领土扩张伴随着后福特主义产业文化的传播，这类企业生产和传播无形的和非实质的物品，例如，电视节目和电影（国际视听展，2010）。从墨西哥和美国交界的美墨联营工厂到中国的庞大复合工厂，薪水工人每天完成这些累人的、泰勒式的和低薪的任务，就像装配标准的物品，比如 T 恤衫、烤面包机和计算机屏幕。伴随着福特主义风格增长的是在后福特主义服务部门的薪水工作，包括运输、零售、娱乐、文化和娱乐媒体（Dadush，Wyne，2001；Harvey，1989；世界银行，2009）。这两种逻辑产品伴随着文化方面的消费主义思潮，表现在购物的意义、生活的目标以及商业化产品作为身份、团体和幸福的主要来源（Barber，2008）。为那些被雇主强制工作的人们提供暂时的救济，给这些人安逸和快乐。根据沃格尔的"闲暇"这一术语，现在"闲暇"被广泛用来描述非工作所花费的时间（这是一件作为义务要执行的事）（2007：4）。工作时间和闲暇时间已成为全球最流行的说法。从中国到智利，再到捷克共和国，人们一直从事各种各样冗长乏味的日薪工作。除了日薪工作和睡觉的时间外，全世界的人们都会购物或者看大量的国内外媒体制作的电视节目和电影。

　　最有影响力的娱乐媒体生产者是跨国媒体公司（简称 TNMCS）。大多数的电影是这些公司制作的，这其中有时代华纳公司、沃尔特·迪士尼和新闻集团，这些公司基本上不是完全的本土公司。这些公司业务范围涉及全球，几乎和每个国家都有商业往来，把娱乐媒体销售给每一个地方的消费者。通过卫星、网络等全部媒体，也包括新自由主义政策私有化了的国家广播员和通信系统，这些途径建立了免费的视听贸易协议和去除了文化民主主义的保护，这已经加大和加速了娱乐媒体跨越国界的流通。每天，成千上万人的眼睛和耳朵充斥着国内外制作的电视节目和电影。同样地，按次计费的下载服务和对等的文件共享网站（如海盗湾），已经能够让电视节目和电影跨越数字模式的界限。在全世界范围内，上班族把他们的薪水和闲暇时光花费在娱乐媒体上，"每年，美国人累积花费至少 1400 万小时和超过2800 万美元在媒体上。在全球，每年人们总共的花费是 1 万亿美元"（Vogel，

2007)。在 2010 年，美国用户花费了 4330 亿美元在娱乐产品上（Snider，2011）。在同一年里，全世界的消费者花费了 2 万亿美元在数码信息、娱乐产品和服务上（Haselton，2011）。受美国这个超级大国的指挥，资本主义者的产品模型将日薪工作融合在一起，而跨国媒体公司则通过引人注目的媒体产品，满足和经营他们的空暇时光。

除了成为许多国家政治—经济整体的一部分外，娱乐媒体也是各国文明，本土和全球、国内和国际间关系的重要组成部分，电视节目和电影互相交叉，描绘了或者可能影响了整体的"生活方式"。"文化"这个术语是人类学家用来描述一群人的"完整的生活方式"的。在很多国家，娱乐媒体是"文化"的重要组成部分：一个人工产品的合成，价值观念、风俗、信仰和理念、特定社会的实践，这些东西一代又一代地遗传了下来（通过企业、政府、法律系统、媒体和通信系统、宗教制度、家庭和学校），这常常可以把地理上不同的地方、分离的人们连接在一起，就像一个群体。

电视节目和电影是在复杂的分工后由人类生产的文化产品。但是为什么电视节目和电影被生产出来呢？显然，这些以及其他媒体并不是为了满足人们基本的需求而被创造出来的。当然，娱乐媒体是为了满足媒体公司的利益目标和一些文化建设方面的需求，因而才被创造出来的。人们不需要为看《欢喜合唱团》中的一个插曲而活着，然而，很多人想看《欢喜合唱团》这部情景音乐喜剧并参与影迷互动。人们也不会因为停止看《玩具总动员 3》这类的电影而死亡，他们是因为被剥夺水和食物才会死亡。对娱乐媒体的文化需求、欲望和热情，受娱乐公司的影响巨大，而不是人们的生存需求。有意思的是，很多人感觉到自己离开了电视节目和电影就无法生存。媒体产品不仅可以给观众带来以下好处——不仅在于放松一天工作之后的身心，或者臆想与生活中的其他人产生情感共鸣，或者是清除被压抑的情感，而且还可以作为文化交流的载体。通过他国人民可以观看电视节目和电影消费文化符号，人们可以获得自我意识。

娱乐媒体是合乎世俗的。电视节目和电影在风俗体系中占优势地位：一个群体使用普遍的规则判断适宜和不合时宜的价值观念、态度和行为举止，在全世界而不是仅仅在美国和其他富裕的国家。在闲暇时候观看电视节目和电影，人们认为这是理所当然的事。娱乐媒体在很多人的脑海里扎下了根。在网上、酒吧、家里、学校里展开的数不尽数的话题都是关于娱乐媒体的。对于电视节目和电影，人们有着不同的信仰理念，当他们讨论看过的节目时，他们常常和朋友、家人、同事交流这些理念。某一类电视节目或者是电影的粉丝们常常思考、讨论和书写其中虚构的特定人物。娱乐媒体除了可以被回忆和讨论外，在很多国家，也是每日实践的场所。每天，成千上万的人将消费娱乐媒体产品当作必做的仪式来完成。这编织进了人们的日常工作中，常常领先、追随，或者与工厂、零售批发店、办公室的每日工作串联在一起。所有的电视节目和电影暗含着在特定的时间、特定的空间进行的一种处世方式。DVD电视盒装置或者数字下载功能，可以让我们坐在电视机前时收看节目，或者与移动媒体交替进行收看。如果没有娱乐媒体，人们可能会找些其他事情来做。

全球的电视节目和电影可能会影响人们，按人们能够理解的方式形成社会身份和文化群体，甚至是他们的生活、思考方式和行为举止之一更大的领域。电视节目和电影并不能够反映社会和文化，但是它们能够构建社会和文化的价值。娱乐媒体可以作为传播社会文化的代表者，可以使人们形成感知自我和世界的能力。在21世纪，全世界的娱乐媒体常常展示的是客观世界以及人们的主观意识。它们构建了整个世界，除了人们直接的、当地的生活经历外，以及人们有时常常误认为能反映事物的方法。通过提供人们参与模仿生活方式的途径，电视节目和电影形成社会认同和文化的繁荣。电视节目和电影向观众展示了人们在社会里特定的生活、思考和行为的方式：事物是什么或应该如何。总的来说，娱乐媒体是社会化进程（也叫文化渗透）中一个重要的媒介。例如：电视节目和电影是社会明确的资源来源，以及对其的影响是不言而喻的。他们是文化社会化的途径，也可用于自我意识的开发。因为娱乐媒体是对文化决策者、媒体公司、市民和那些在许多国家对其目的和效果进行讨论的消费者们很重要的、有影响力的一部分。

总而言之，全球娱乐媒体是全球资本主义—消费者主义中政治—经济的实体性组成部分，并且与世界各国人民的文化互相交织。

一个针对全球娱乐媒体进行的文化唯物主义研究

这本书从方法和理论的评价来看，是支持政治经济学的，而且其唯物主义文化研究接近于媒体和文化交流（Golding and Murdock，1991；Havens，Lotz，Tinic，2009；McChesney，2008；Mosco，2008，2009；Schiller，2007；Sparks，2007；Wasko，2007；Winseck and Jin，2011）。文斯克说：

> 所有对于政治经济学媒体采用的方法都可以把其看成是媒体产业来合理化——他们操作的市场结构，他们所有权的模式，关键参与者的策略以及发展的轨道，等等，这些都是分析中重要的数据。

哈尔·斯图尔特（1997）将文化研究定义为：有关于意义的生产和交换——意义的给予和获得——在一个社会或者群体里的成员之间。首先，文化研究学者对生产、传播和在特定语境下意义的消费的调查，并不是独特的。这本书中采用了政治经济学和文化研究的方式，不仅研究了所有权、生产、分配、销售、展览、政策、文本，以及全球化过程中的电影和电视节目的消费，还研究了围绕实践展开的意图和相关讨论。

　　在这本书中,政治经济学和文化研究是被作为批判方式的互补内容存在的。这本书证实了最好的政治经济学实践者是那些能整合文化研究的人,而那些文化研究中最有趣的实践者则是有政治经济学基础的人。事实上,巴贝(2009)却提出在媒体政治经济学和文化研究的形成期,这些方式是完整的,不变的,互相支持的。威廉姆斯(1981)在提倡媒体文化唯物主义的方式时,有着和互相支持相似的一个观点,那就是:"这些由意义组成的分析……在它们的作品中有着实际的含义和环境。"(64-65)

　　这本书是文化唯物主义的。它从实际出发,通过对越来越多的跨国形势、政治和经济的手段、市场营销、展览、文本设计和消耗的分析,研究了全球娱乐媒体的意义。这本书的文化唯物主义的方式采取了公理化的方式,那就是,娱乐媒体必须涉及大部分的经济、政治、文化和东拉西扯的一些内容。文化唯物主义要确保研究中含有:1.资本家的文化产业基础(即所有权、生产力、分配、展销,作为一个被媒体公司创造出的市场调研的娱乐媒体)。2.国家政策法规限制和确保了娱乐媒体的跨国的产品、运转、容量和消耗(媒体的管理)。3.全球娱乐媒体的文本特征以及设计特征(媒体目录、主题、故事和代表)。4.观众对娱乐媒体各个部分的接受、消耗、鉴别、使用和影响(意义,本土化,拨款,思想繁殖,等等)。5.论述,也就是代表的方式、建筑的意义,或者上述提到的进程和实践的意义。

　　另外,这本书对全球娱乐媒体的研究是采用了一种批判的方式来审视的。但是这种批判的眼光不代表一种对全球娱乐媒体下意识的道德价值判断(无论这种审视和批判对人们是好还是不好,对世界是好还是不好)。甚至没有测试特定的业务实践,国家政策法规、主题,观众对跨越边界的影响,娱乐媒体的进程,权威匆忙的设计对世界的好或者不好。弗雷泽(2003),一个加拿大的记者,凭借娱乐媒体的全球性提出:

　　　　当提升了价值观和信仰之后,诉讼最后的结果都是对世界有利的。美国的娱乐——好莱坞、迪士尼、CNN、MTV和麦当娜,都传递了美国最好的价值,民主主义中最持久的信仰,企业自由以及公共自由。(260)

　　孔特拉·弗雷泽的辩解是关于文化帝国主义的。很多评论员在互联网2.0版本的博客圈(还有学术和文化政治网)中说,全球娱乐媒体对世界是不好的。雅虎论坛上有一则题为"好莱坞为什么对世界有不好的影响?"的文章,很多评论说,"他们赞美一些我们许多人从未有过的生活方式,创造出了一种小说化的反现实的欺骗人们真实生活的场景";"它们扭曲现实创造出错误的价值观的魅力,还使事情减小到它最简单的水平;它描绘了一个狭窄的单一的看世界的头脑";"它们极大范围地传播物质和社会地位,并将狭隘的思维方式推到了更大的社会全体面前,这将其水平线大大地拉低了"。比起教化娱乐的影响这件轻松的事,理解生产出这些的力量和关系则是更有挑战力的。

有时候比起作者明确且心照不宣的关于全球娱乐媒体的道德看法,在下文中会介绍,更有意义的是鼓励作者在全球娱乐媒体中去寻找他们自身的道德位置,这是更缓慢的自我反省。这个全球娱乐媒体的批判研究不应该以肤浅庆祝或者诋毁的方式开始,而应该是以一种对把全球娱乐媒体注入世界真实的政治经济的、社会的、文化力量和关系的深层理解开始。在这本书里,"具有批判性"不是必要的说教。这本书不是直接断言或者抨击全球娱乐媒体,而是鼓励读者去理解世俗压力和关系的存在形态。这本书想要用辩证法来叙述。它经常在对话中出现两个对立面,还表现了在娱乐媒体上两种观点和两个立场的冲突。这本书的风格不是过度的乐观派,也不是极度的悲观主义,它尽量杜绝出现肤浅的冗长的文字去抨击全球娱乐媒体,而是尽最大的努力去做到一个平衡的状态。它在两个对立的范例中采用了一个中间距离的方式研究全球媒体——文化帝国主义(CI)和文化全球化(CG)——这本书鼓励读者杜绝一种单一的觉得全球娱乐媒体好或者不好的想法。这个世界比任何单一例子表现得都要复杂。通过发展文化唯物主义,批判思维和对全球娱乐媒体的辩证理解,读者最终都会发散他们的道德鉴赏力和一些存在的世界体系。电影和电视展现的是一部分资本主义的产物,而我们需要分析得更多。

关于本书的章节

本书共有六章。每章都着重于一个具体的研究领域,深入探讨与全球电视节目和电影研究相关的全球媒体和国际传播交流。

第一章——全球娱乐媒体范式——介绍并检验了在全球娱乐媒体界最具有影响力的两种范式:文化帝国主义(CI)和文化全球化(CG)。当下,这两个概念被记者、政策制定者和学者们广泛地运用,以批判各种涉及跨国跨界活动的娱乐媒体所带来的影响。本章将文化帝国主义和文化全球化视为有争议性的理论概念抑或是典型范例进行论述,描述了这两种形式的历史,他们为何出现? 他们的关键要点是什么? 他们如何被运用? 对于他们的批判有哪些? 以及他们对于学术和实践议程的持续影响有哪些? 本章还讨论了以下问题,包括:什么是文化帝国主义? 什么是文化全球化? 两者之间的区别是什么? 每一种模式的优点和缺点是什么? 在现实世界里,每种模式的要点如何与权力关系相连接? 什么是帝国主义和全球化的经济、政治以及文化维度? 两种模式最重要的信息能否被合成? 在对于全球媒体的研究中,理解文化帝国主义和文化全球化这两种模式相关的历史背景、论点及反论点,都是最基本的知识储备。

第二章——全球娱乐媒体的资本化——探讨了资本主义如何影响了娱乐媒体的形成，以及资本主义如何看待当今全球娱乐媒体的政治经济发展。本章的第一部分讨论了娱乐产业中公司集团的主要利益相关者的角色和目标（包括制作人、投资人、发行人、营销商和放映商），突出强调了娱乐媒体产品的独特个性，探讨了在这个竞争激烈且高密度的、密集且受控制的娱乐媒体市场中的张弛之道，并且描述了横向与纵向相结合的策略和协同作用的娱乐媒体。本章的第二部分探讨了娱乐媒体的跨国政治经济。在对获得公司权力的两种不同方式——地位方式和行为方式——进行区分并讨论了一些国内传媒集团（NMC）和跨国传媒集团（TNMC）的特征之后，我又论述了两者之间的"战略联盟"的诞生，他们以合资企业、权益联盟以及授权许可的形式存在。这一章解决了以下若干问题，包括：什么是资本主义？谁是娱乐产业中公司集团主要的利益相关者？是什么使得电视电影产品有别于微波炉这类产品？跨国传媒集团与国内传媒集团有什么区别？哪一家跨国传媒集团在全球娱乐媒体市场上拥有最大的份额？什么是纵向结合与横向结合，以及融合媒体战略如何使得传媒集团实现利润最大化？美国是否存在文化帝国主义？研究全球媒体，最基本的是要理解产品的资本主义模式所带来的不可抗力和关系是如何影响全球娱乐媒体产业的。

第三章——全球娱乐媒体管理：国家、媒体政策和监管——探讨了各州政府是如何管理国内传媒集团和跨国传媒集团的经营的，以及他们是如何影响边界内和跨界的电视节目和电影的制作、发行、放映和消费的。本章关注于传媒集团的去地域化目标和各个州的地域化目标之间的融合与分歧。本章探讨了传媒行业政策和规定是如何影响传媒市场的，借以来反驳全球娱乐媒体的繁荣是基于地域化管理的这一观点。在给传媒行业政策和规定下定义之后，本章探讨了美国的自由多元主义和权力精英理论以及传媒行业政策制定过程。进而，本章描述了传媒行业政策/规定的主要目的（民族建设、民族文化/创意产业发展和"市场失灵"的缓解），探讨了政府的经济干预影响传媒集团的经营的主要领域（知识产权/版权、所有权、集中度/竞争力、内容资助、内容配额、授权许可和审查制度），并且研究了新自由主义媒体政策的主要规划（自由主义化、解除管制和私有化）以及全球传媒行业的监管。本章解决了以下问题，如：这份声明是怎么样的？什么是传媒行业政策？什么是传媒行业政策的总的目的？这个传媒行业政策是在谁的立场上制定的？州政府与传媒集团的关系是怎么样的？传媒行业政策和规定监管了哪些具体的娱乐产业领域？什么是新自由主义？就跨国传媒集团来说，美国在经济和文化方面的主导地位是否应该被削弱，以使得非美国的媒体产业和文化得以繁荣？这一章传达了关于政治是如何影响全球娱乐媒体行业的基本知识。

第四章——文化劳动在新国际分工中的娱乐生产——探讨了根据声明的跨界娱乐媒体制作和集团执行人在特定国家的"媒体资本"。通过参与和更新"全球好莱坞"这一突破性的学术问题,这一章超越了全球娱乐媒体主要是由位于美国的"美国"产业制造,为美国的商人所有,绝大多数雇用美国人的这一观点。于是,一个叫作新国际文化劳动组织(NICL)的新的跨国领域的娱乐成果诞生了(Miller et al,2005)。电影和电视产品都以跨国规模(相对于国内市场)被分配到各地方、各区域和各国的生产带。本章讲述了新国际文化劳动组织(NICL)的一般特性,进而探讨了两种重要的跨界娱乐产品的模式:"外逃制片"和"国际合制"。本章解决了以下问题,包括:哪种经济政治参与者协调和控制了新国际文化劳动组织?到底新国际文化劳动组织是打破了还是巩固了媒体资本之间的不对称的权力关系?为什么电视和电影制作公司会从加利福尼亚的洛杉矶开设到全世界的其他城市?是什么因素导致了媒体制作任务的业务外包?外逃制片和国际合制到底是帮助还是阻碍了国内传媒产业和具体的地方表现的发展?美国采用了什么政策去吸引外逃制片并参与国际合制?这种政策能带来什么利益,需要怎样的代价?本章涉及了跨界娱乐制作研究的基本知识。

第五章——全球娱乐媒体的设计:畅销大片、电视节目模式和全球视角的生活方式品牌——探讨了娱乐产品的叙事文本特点,那种经过特地设计能够较容易地被翻译和理解的文本特点。为了理解为什么有些电视节目和电影能够在全球流行,本章将关注于跨国传媒公司的商业活动、语言编写、文本叙事和目标观众策略。跨国传媒公司通过设计全球流行娱乐努力去克服"文化打折"的现象,同时通过为目标观众设计电视节目和电影来资本化"文化相似"的现象。本章分析了三种全球流行娱乐的形式:(1)卖座电影;(2)全球化民族的电视范式;(3)全球化生活方式的样式。本章也探讨了非美国的国内传媒公司为了使他们的电视节目和电影在美国市场上展映而使用的"反向娱乐流动"和商业活动以及文本策略。以下问题在本章中得到解决,包括:什么是"文化打折"?什么是"文化相似"?是什么使一个具体的娱乐文本在全球流行?为什么在许多不同国家的观看者会享受同样的电视节目和电影?什么是卖座电影?什么是民族全球化的电视制式?什么是全球化进程?为什么有些电影和电视节目如此机动?非美国本土的国内传媒公司如何突入美国市场?本章提供了关于全球流行娱乐媒体在经济和文本方面的基本知识。

第六章——全球娱乐媒体、本地观众——探讨了关于全球娱乐媒体的本地观众的五项指标。本章还特别分析了观众作为消费者拥有最高主权的新自由主义表现和观众的政治经济表现,即作为一种商品,培养受众和受众所受影响的研究,这些都来自于美国化以及资本主义消费思想。年轻观众作为一个积极的意义划分的标识者,以及全球电视节目和电影、新媒体领域的互动者,文化研究将对此进行深入探讨。这一章探究的关键问题在全球媒体观众和跨文化受众接受研究范畴内,文化帝国主义和文化全球化的学者之间关于范式的争论。在本章节中涉及的问题目录主要包括:什么是主权消费者的观众?消费观众需要娱乐媒体去驱使它生产作品吗？如何理解观众是商品？注意力观众如何通过跨国媒体公司卖给广告公司？标样和品牌娱乐是什么？娱乐的跨国界流动是培养赞成或反对美国感情吗？在信仰、观念、习惯、行为和见解方面影响全球娱乐媒介的是什么？当地和本土的电视观众不加批评娱乐信息可预知的方式是什么？通过全球娱乐媒介传输的信息意味着对于每一个人、每一地方都是一样的事情吗？全球娱乐媒介的流动必然会影响、消解本地居民的消费效果，或者讲媒介消费能否被授权？第二代互联网和新媒体已经完成了观众经验的革命了吗？这一章是聚焦全球化观众研究最基本的内容。

　　作为本书的结论部分——文化帝国主义和文化全球化之间的全球媒体研究——总结了这本书的要点并集成了在全球化媒体下受众和跨文化的接受范式研究中最显著的特征和最关键的问题。

目　录

第一章　全球娱乐媒体范式

导语：乔治·卢卡斯(George Lucas)抨击美国文化帝国主义，然而菲利普·勒格林(Phillippe Legrain)却为之辩护并持相反观点。

2006年3月24日，《悉尼早报》刊登了一则题为"乔治·卢卡斯反对美国文化扩张"的文章。该文章报道卢卡斯在领取了洛杉矶国际事务委员会所颁发的全球视野奖后宣称"自打好莱坞发出声音，就一直在对这个世界产生着巨大的影响"。卢卡斯还说：随着娱乐媒体从美国扩散到全世界，它所表现的内容反映了：

> 我们(美国公民)所信奉的所有道义，在整个国家内，有好的、有坏的……人们看了《豪门恩怨》(*Dallas*)那部讲一个富裕的得克萨斯石油家族的电视剧之后，也想过上片中所描绘的气派生活……心想那就是我想要的生活……这对世界上很多地方是不小的震动。

卢卡斯认为，好莱坞电影和电视剧的全球化把美国含义带到其他国家，而这种娱乐输出对其他国家接收端的观众会带来一些害处。美国娱乐媒体的全球化"向穷人们展示了他们所没有的东西"，因此会放大"千百年来贫富之间的矛盾"。娱乐产品向美国之外的文化群体展现了一种生活方式和标准，很可能使得这些非美国的群体心生憎恶，或者想过上"美国式的"生活，成为"美国人"。一方面，卢卡斯如此叹息美国文化扩张的负面影响，丝毫不觉得讽刺或自相矛盾；可与此同时，他的《星球大战》专属权(6部入列全球各大影院100部常青电影放映名单的畅销大片、电子游戏、连锁快餐店、玩具、服装、桌面游戏和其他形象使用)在全世界吸金无数。他对美国文化帝国主义的公然抨击打造了他的自由主义公众形象，但同时也遮掩了他本人正是这一过程受益人的事实。

2003年夏，《国际经济》杂志发表了一篇菲利普·勒格林所写，题为"为全球化辩护"的文章。作为世界贸易组织特别顾问以及商业游说团体"英国在欧洲"的政策部主任,勒格林对这种跨国界的娱乐潮流的观点和看法与卢卡斯有着明显的不同。卢卡斯将这种美国娱乐媒体向外输出的过程称作"文化帝国主义",而勒格林则将此过程看作"全球化",同时他也不担心全球化会带来过度的统一性,而且他也不认为当地文化以及民族认同感会变成一个完完全全的美国消费者至上主义的格局(Legrain,2003:62)。他指出,全球化使得文化交流爆发现象成为可能,同时又表示这种跨领域文化交融是一股非常好的力量,能促成好的结果(62)。勒格林坚信这种全球化会带来如下的一些好处:全球化会使人们摆脱受地理位置限制的束缚(62),全球化有助于提升个体自由度(62),全球化通过国外有影响势力、技术以及市场使得文化和文化艺术品恢复生气(62),全球化使得跨国界文化交流成为可能(64),全球化还可以使得单独个人形成新的社会团体,这些团体可以以个体间共同的兴趣及热情为纽带联系到一起(65),从而将不同的国家文化整合为一个"文化多元的万花筒"。他宣称美国是局外人,并不是全球的领导者(63),因而怀疑那种全球化会让整个世界成为美国一体化的神话传说(62),他更相信全球化不是一条"单行路"(63),更加强调,正是文化全球化使得"多元文化"的出现成为可能。从勒格林对全球化的理解看,他认为全球化并不是伪装起来的美国文化帝国主义,这种文化帝国主义经常会以不平等或不对称发展的经济文化势力关系做后盾。他认为,这种文化全球化是一种非常有利的力量。

对于美国娱乐媒体的这种跨国界运动,乔治·卢卡斯和菲利普·勒格林持截然不同的看法:前者认为这种跨国界的娱乐媒体运动是一股动摇的力量,它会动摇世界美国化和文化趋同性;而后者则认为这种运动更像是一股强大的力量,可以推动文化交流及促进文化多样性的产生。卢卡斯和勒格林的两种截然不同的评价恰巧反映出当今对于全球娱乐媒体研究的两种主要研究范例:文化帝国主义(CI)和文化全球化(CG)。任何一种范例就如同一只特别的镜头,透过这只镜头可以仔细观察这个世界。如同卢卡斯和勒格林,世界上许多学者们都用不同的范例对他们所生存的世界进行研究观察。任何一种范例也可以是被世人们普遍接受的一个事物或流程样例,这种样例一般都建立在特定的准则、暗含的经验常数以及标准的观点之上。没有任何一种范例可以提供十全十美的观察研究世界的方法。卢卡斯认为的娱乐媒体跨国界运动将是一股动摇文化的力量,这从某些当地的文化接受场景中可以体会到是正确的,但是也并不是对所有的场景都适用。勒格林认为,全球娱乐媒体的蔓延会带来更多个体自由和文化交流,这种多文化交杂理论同样适用于某些场合,但是并不是每个场合都会表现出这种现象。虽然这些范例为我们提供了一种现实理想模式构建的方式,但是通过研究和分析,学者们同样可以对全球娱乐媒体保持支持、怀疑,或者试图改变的态度。

本章我们将从所处的环境来考虑阐述关于文化帝国主义(CI)与文化全球化(CG)的正反两方面不同的观点。当今,很多的新闻记者、政策制定专家以及学者们在对跨国或者说跨国界娱乐媒体进行叙述时,都使用文化帝国主义及文化全球化这两个概念,并用此来描述其不同的过程和结果。许多不同的含义——包括内涵和外延两种含义——都是从文化帝国主义及文化全球化的表象中涌现出来的。本章将这些概念和含义呈现给读者,也将这些含义作为一个整体论述的一部分呈现给读者,同时还将包括了这一系列具有广泛而且有争议的与跨国界娱乐媒体相关的过程和结果一并呈现给读者。霍尔(1996b)曾这样对"论述"下定义:所谓的一种论述(从一般意义上讲),就是一组语言描述;一些名人、话语实施者以及团体组织可以用语言做出一系列的语言讲述,或者用一种呈现的方式——即用某种特定的知识对某种话题、事物以及过程进行呈现(201)。文化帝国主义范例及文化全球化范例,这两种不同的范例促使学者们对跨国界的娱乐媒体运动进行不同方式的讨论、呈现以及做出评判。对文化帝国主义和文化全球化历史、断言及评论的理解在国际媒体研究中也是一种基本的知识。本章将不同的两种范例放到具体的情境中去描述学者们对它们的断言、评论以及持续性的影响。

文化帝国主义(CI)

在全球化媒体研究中,文化帝国主义范例专注于传播和以媒体娱乐作为主要工具,这种工具以一个民族国家的经济、地理、文化对其他民族国家进行影响和控制。

在 20 世纪 60 年代向 20 世纪 70 年代过渡期间,危机传播的出现和媒体研究学者们在一些殖民地时期之后(后殖民时期)的国家,美国、加拿大、英国以及世界其他一些发达地方提出了文化帝国主义(CI)的概念,借此来研究全球化以及财团控制的传播和电子媒体体系的作用,这些作用主要发挥在建立并维护一种不平衡的经济与文化权利关系上。这些不平衡的经济与文化权利关系在帝国核心以及外延间、南北半球间、贫穷国与富有国之间发挥重要作用。文化帝国主义研究学者们声称,这种世纪体系结构的建立可以让发达国家以贫穷落后的国家为代价,在地理、经济以及文化领域中受益(Boyd-Barrett,1977;Dorfmann and Mattelart,1975;Golding, 1977;Hamelink, 1983;Matfelart, 1979;Murdock and Golding, 1977;Schiller,1969,1976;Smythe,1981;Tunstall,1977)。这些文化帝国主义研究学者们首先出现在美国和西方学术界中,他们用审慎的态度研究那些媒体公司以及这些公司的播客作品如何传播,以及研究这些作品如何加固美国与其他国家之间的这股不平衡的控制力,这种不平衡的控制力不仅出现在美国与一些贫穷落后的国家间,而且在美国与英国以及欧洲的一些发达国家间也呈现出这种不平衡的控制力的影响。

当今,文化帝国主义已经变成一个术语,这个术语涉及很多不同的过程与影响,如:墨西哥阿兹特克废墟旁建立起的沃尔玛购物超市(Mckinley,2004),星巴克与台湾茶楼的市场竞争(Huang,2002),美国英语的传播使得国际上很多民族语言面临灭绝的困境(Phillipson,2003),美国福特主义的大生产模式的全球化(以及麦当劳快餐连锁店重要的合理推行)(Ritzer,2002)。文化帝国主义也因没有一个清晰单独的定义而受到批评(Fejes,1981)。有时,文化帝国主义也是对"反美"言辞的一种掩饰。贝尔特伦(1978)很早以前就指出一些文化帝国主义评论家如何借助一些口号标语——格言警句——来封装和修饰自己的立场,这些名言警句为他们提供快速方便的武器,这些武器在代表情感与教条主义偏见的同时,使得明智的对话得以禁止,而去拥护具有野心侵略性的个人独白(183)。尽管存在这些诡辩谬论,然而,我们也可以从激进的交流与批判媒体政治经济学家的著作中去提炼文化帝国主义范例的断言(Beltran,1978;Boyd-Barrett,1977,1998;Mattelart,1979;Mcphcil,1987;Schiller,1969,1976;Tunstall,1977)。

到底什么是文化帝国主义?下面,我将文化帝国主义范例放在与其形成相关的一些经济、地理以及文化的条件下来评论对其的一些观点。

世界体系、新殖民主义、依附理论

在整个 20 世纪 60 年代与 70 年代间,南半球的一些殖民地后期国家的一些学者逐渐提出了一些理论,这些理论是关于世界体系、帝国主义/新殖民主义以及依附理论的。这些学者们从意识形态上对殖民地后期国家的自由解放斗争给予支持,并且对现代化理论观点持怀疑态度,他们怀疑是否贫穷国家只要信奉美国与一些西方资本主义国家的模式便可以真正地发展起来(Amin,1977;Frank,1969,1970,1972,1978,1980;Nkrumah,1965;Wallerstein,1961,1975,1979)。这些理论在传播与媒体研究时对于文化帝国主义范例的形式是不可或缺的部分。

沃勒斯坦·以马内利(1974)发展出"世界体系理论"来调查资本主义制度在不同地理位置而拥有的不同发展程度,资本主义在不同帝国间的竞争敌对状态以及崛起及衰亡。同时借助"世界体系理论"还可以很好地研究国际劳动力的分布情况,以及种族、性别、社会等级在国家与国家之间带来的压力与不平等状况。据沃勒斯坦(1974)研究表明,世界体系分成三个区域:核心部分、中间地带以及外围区域。核心部分以及核心国的企业公司掌管着世界体系,这些核心国不惜牺牲一些中间地带国与外围区域的利益从地理以及经济上发展自己的实力。然而,这些核心部分、中间地带以及外围区域并不是一成不变的模式,它们也在进行交替转换。然而,事实上,不管任何时期,核心国总是存在,它们在经济与政治方面与中间地带国以及外围国发展不平等乃至剥削性的交换关系从而受益。早在 1500 年与 1800 年间,一个真正拥有资本主义市场关系的世界体系被当时的一些殖民国建立,这些国家当时有葡萄牙、西班牙、荷兰、之后法国和英国也加入到建立资本主义市场关系的世纪体系过程中来。"帝国"这一概念其实是西方国家的一种政策、实践以及意识形态的体现。核心国之所以建立这种世界体系无非是想从经济以及地理位置上获利，也就是在此期间，帝国主义从主权上延伸至帝国所处的领土之外，甚至延伸到许多并不是被这些核心国所殖民的国家。许多住领殖民地也随着一股移民的浪潮出现人口的迁徙，而当时的剥削殖民地主要是为了更好地剥削与压榨当地更多的资源而建立的，当然，这些殖民地并不会有大规模的人口定居下来。核心帝国代表许多工厂企业家镇压并控制着一些外延殖民国家，并且这些核心帝国建立起一种不平等以及剥削性的体系来使自己从中获利，所以从真正意义上说，这些被殖民的国家存在也单单是让这些核心国受益。根据世纪体系理论家所言，这些核心帝国——诸如葡萄牙、西班牙、荷兰、法国以及英国——它们的"发展"其来源是那些被殖民的外围国家的"落后"（Rodney，1981）。

随着第二次世界大战的爆发，许多古老的欧洲帝国开始崩溃瓦解。此时，世界体系的中心与重心开始从欧洲向美国倾斜。美国，这时也作为殖民地后期的新型帝国开始利用主权国来控制所有的市场。1952年，因尼思·哈罗德就在他的一篇名为"英国美国加拿大"文章中，有先见之明地写道，美国会有可能成为很有吸引力的一个帝国，这是因为它强调自己的绝不帝国主义化（283），同时因尼思·哈罗德也让其他国家提防"美国化"所带来的威胁（287）。美国在第二次世界大战期间毫无争议地成为一个政治、经济以及军事强国，而此时的苏联位于其后，实力略逊一筹。然而，在这两大强国都争抢去影响世界事务时，美国在各项能力上都胜于苏联，从而成为第二次世界大战后的经济核心帝国。美国制定了关税及贸易总协定（GATT），组建了国际货币基金组织（IMF），开办了国际复兴开发银行（IBRD）将其货币与美元挂钩，并且拥有了最大份额的黄金市场，美国工业与金融公司企业开始主导世界市场。在第二次世界大战后，美国不仅在经济上占据"发动机"地位，同时在军事上也主宰着世界，而这主要体现在：提高了国家安全状态，扩张了美国军火库及军事基地，北大西洋公约组织（NATO）使美国国防组织加入管理国际安全事务之中。美国拟定了马歇尔计划与国际发展法案来帮助重建西欧，并且协助已经非殖民化的地区沿着美国所认可的发展路线走向现代化。美国国家安全委员会68号文件将美国20世纪下半叶的外交政策概括为：主动扩张并保卫美国式自由民主资本主义发展并击败苏联以及所有相关社会主义发展。在1945年至1991年间，美国与苏联这两大强国及其各自的联盟国之间展开了一场冷战，与此同时一定程度上也引发一些殖民后期的小国内部和小国之间"战火不断"。

在冷战期间，西欧殖民帝国日渐衰退，但是之前殖民民族所取得的国家主权成就并没有减轻富有核心帝国与贫穷外围国间的经济政治关系。一种新的"新殖民"关系在美国与其他国家之间产生。在《新殖民主义：帝国主义最后的舞台》这本书中，加纳社会主义领导人恩克鲁玛·夸梅（1956）注意到，"新殖民主义的精髓其实是那些受新殖民主义影响的国家,从理论上说他们是独立的,并且拥有所有的国际主权的外部标识,然而现实中,他们的经济体系以及政治政策却是由外部控制的"(9)。恩克鲁玛说,这些后殖民国家在取代了一些西欧大国之后得到了一些主权,但是这些国家仍然受到之前殖民统治者以及新型帝国势力的军事监管、政治干预影响以及经济压榨剥削。新殖民主义主要是指采用一种新的美国领导模式,通过后殖民主权国减少一些经济控制领域。美国鼓励在后殖民的一些国家推广以利润与利益为主的公司企业模式,美国的这种做法也同时得到当地中间人的支持,于是一种新的、由外部主权国家助力的一种不平等的"新型殖民主义关系"便产生了。

依附理论主义者们开始对新殖民主义进行批判性研究。他们表示,这种被拉丁美洲、亚洲、非洲以及中东一些后殖民国家所拥护的资本主义现代化并未促进其经济与社会迅猛发展,相反,似乎使得这些国家变得越来越"贫穷落后"(Amin,1974,1977,1988;Cardoso and Faletto,1979;Frank,1969;Furtado,1964;Synythe,1981)。美国马克思主义者巴兰·保罗(1957)评论说,后期殖民地国家的贫穷与传统的人性特点以及落后的基础设施并无太大关系。对于一些贫穷国家的经济增长来说,通过商业交易产生的大部分贸易顺差需要重新投入到当地经济当中,以便使得当地经济与人民得到更好的经济收益。但是,事实并不是像他所说的那样,相反,这些商业交易所产生的利润要么被美国与西方一些跨国公司所吞噬,要么被一些自私自利的中间人精英们所囤积。美国与西方国家的现代化并未助力于和促进贫穷国家的发展,而是促使一种更加不平衡的关系产生。在这种关系下,一些后殖民国家与旧英国与一些欧洲国家相比,仍旧处于一种受支配的地位。这些核心帝国的发展主要依赖于外延附属国的经济"落后",而一些单一民族国家的经济繁荣也与其他众多国家的"贫穷"有着密不可分的关系(Young,2001:51)。弗兰克(1972)这样说,全世界的资本主义扩张与发展同时引起——或者说将会继续引起和扩大——经济上的发展以及格局上的落后(9)。为了躲避这种"落后"的演变,许多独裁领导人试图与世纪体系权势的中心分离,以便通过自力更生求取更多的发展,然而这些人虽然尝试着与之前的殖民主义国以及新殖民主义国脱离,但最终并没有取得太大的成功。

许多文化帝国主义研究学者采用了资本主义世界体系、新殖民主义以及依附理论,目的是可以更好地理解传播技术与媒体如何对这些帝国壮大以及权力管辖统治产生重要的作用。席勒(1976)于是将文化帝国主义广泛地定义为"一个社会进入到现代世界体系的所有过程,以及这个社会中各阶层如何被吸引、被压迫、被强制,甚至有时被人收买去建立一些社会制度来附和甚至推动这个体系中领导中心的价值以及格局"(9)。根据席勒所说的来看,这些传媒公司仿佛是美国帝国主义的"特洛伊木马"病毒,当这些传媒公司进入到一些殖民地后期国家时,它们便将这些国家慢慢地从地理、政治、经济以及文化方面与美国融为一体。依席勒看来,美国的媒体公司为美国的金融投资以及跨国商品的生产、分配、营销搭建了一个网络技术基础设施平台,然而美国的这些商业娱乐产品却从思想意识形态上加固了这个过程,因为这些商业娱乐产品传递着"它们的形象和信息、信念与观点",而这些也正帮助创立并稳定了广大观众对这些产品的依赖,认为所有的事物均在美国人的体系之中(30)。众多学者都通过发展自己的特有定义对帝国主义批判性作品做出了贡献。

还有一些政治经济学家感觉到,席勒所下的宽泛的文化帝国主义定义,从方法与概念理解上来看缺乏一定的内容,因此这些经济学家们便对"媒体帝国主义"下了更加精确的定义(Murdock,and Golding,1977;Tunstall,1977),其目的是可以更好地在世界体系之下聚焦媒体业的政治经济。博伊德·巴雷特(1977)对媒体帝国主义做了如下描述:

> 它是一个过程,借助这个过程,所有权、结构、分配以及媒体内容在任何一个国家都应该是单独或一起受到国家媒体利益主要压力的控制;这些媒体利益可以是任何一个国家的,也可以是那些与受到影响的国家间缺少相互影响的。(117)

博伊德·巴雷特对媒体帝国主义概念的描述使得两国乃至多国间的媒体业对比研究成为可能。这个概念既关注到美国媒体公司对殖民后期国家的媒体所带来的压力问题,也注意到美国与其他国家间传媒技术与媒体产品的不平衡交换;采取美国商业媒体模式,传播美国商业与管理专业的标准与评价,模仿起源于美国商业模式的当地新闻娱乐媒体等诸多方面也均得到关注。博伊德·巴雷特(1998)之后对媒体帝国主义的定义做了再次修订,这次他将之表述为"交流空间的一种殖民状态"在"这些过程中,当进入或控制媒体活动维度的方式由一个国家或团体以牺牲其他国家或团体的利益的情况下来控制"(163)。文化及媒体帝国主义学者们将历史分析、政治经济分析以及不同国家间非互惠与不平衡娱乐媒体潮流的政策导向分析都依稀可见地呈现在众人面前。

文化帝国主义范式的主张

文化帝国主义范式与跨国界媒体运动、电视节目及电影发行所在的世界体系的性质等主张有关联。

第一,文化帝国主义范式将文化帝国主义看作帝国主义的一部分及其产品。如贝尔特伦(1978)所说:

　　一个从经济和政治上对别国进行影响的国家也容易从文化上影响这些国家，这是符合逻辑的。当这些影响是相互（的）的时候，情况就会成为一种平衡的、合法的、令人渴望的文化交流的一部分。但是，当中心主导国家的文化单方面强加给外围国家的时候，它便以牺牲这些国家的文化整体性为代价，因而就发生和成为文化帝国主义的一种情况。(185)

这里，文化帝国主义是西方及美帝国主义的副产品，也是经济、军事、技术发展的必然结果，同时也是新老帝国主义的体现。尽管从19世纪与20世纪早期至第二次世界大战结束间英国一直统治着世界的通信体系，之后美国却成了最大的传播超级大国。"老一代的通信体系是以伦敦为中心（的），它已经使英国作为中心存在了70年之久，这种体系开始随着英国所服务的帝国逐渐瓦解。"(Headrick，1991:267)第二次世界大战期间，美国从英国所统治的电子通信垄断体系中脱离出来；好莱坞开始主导国际性的电影产业；美国无线电广播也随后建立起国内电视产业，美国的电视产业不久后便扩张到世界的每个角落；美国新闻公司开始统治世界新闻服务业(Headrick，1991；Hills，2002)。

当发现这些趋势变化的时候，席勒(1969)分析了这种通信技术与媒体产业随着美国发展起来的国际中心化的情况："美国的力量从工业上、军事上乃至文化上都成为对世界的一种最有势力的影响力，同时通信产业也成为美国在世界扩张其权威地位的决定性因素。"(206-207)同时席勒又指出，"每种电子技术的发展都将美国的这种影响扩大至周围的外围国家，而且美国军事与商业活动的不可分割性也进一步更大化地推动了这种扩张的作用"(80)。在当代，席勒对美国与通信的观点也许看起来具有争议，但是在第二次世界大战期间，这种观点是大家对美国有影响力的媒体巨头所持有的"普遍常识"。1944年《生命》杂志上刊登了一篇名为"世界通信"的文章，亨利·卢斯在文章中强调了通信技术与媒体成了美国力量的中心，他是这样写的："美国未来是否会作为世界思想与贸易的中心发展起来主要依赖它们（这里指通信体系）的效能，因为英国已成为历史。"(引自 Schiller，1992:45)甚至在20世纪90年代中期，美国外交政策精英们就称赞美国媒体的支配地位。在大卫·罗斯科夫(David Rothkopf)的一篇名为"是否值得称赞文化帝国主义？"的文章中，大卫·罗斯科夫，当时身为基辛格协会管理主任，便断言在全球事务的管理上美国是一个不可或缺的国家，就这点来说，美国就应该主动地使自由资本主义者的民主与多文化主义全球化，这样便可征服一种可能产生在与东西方文化中的"文明冲突"。为了实现这个目标，美国政府与美国媒体企业联手，去"赢得世界信息浪潮战役，因为这股浪潮曾经受控于英国，它曾主导着所有的电视产业"(1)。大卫·罗斯科夫继续写道："就像美国是世界上存在的唯一的一个军事大国，它理应成为世界唯一的一个信息强国。"(5)总而言之,文化帝国主义范例的主要观点是,文化帝国主义是美帝国与资本帝国主义的一部分,并且是二者的产物。

第二,文化帝国主义范式将世界体系描绘成一个包含强大或者说"主导"的媒体中心(美国)与比较弱势或者说"被支配"的周围外围国(非美国国家)的结合体系。在美国媒体中心所发生的问题——如一些以美国为基础的跨国销售或贸易公司与美国单一民族国家所做的事情——在影响着世界上每个角落所发生的事情。作为世界媒体体系的生产、分配以及销售中心,美国一直以来都是世界最强有力的媒体企业的中心。在第二次世界大战之后的一段时间,军事工业通信公司主导着跨国技术生产以及分配,与此同时,好莱坞电影制片厂与三大电视网络体系(哥伦比亚广播公司、美国国家广播公司、美国广播公司)在引领着世界娱乐媒体的潮流。在 20 世纪 60 年代与 70 年代间,美国媒体公司进入拉丁美洲、亚洲、非洲和一些中东国家。基于美国的无线电广播公司与美国国家广播公司将技术销售给拉丁美洲、非洲(特别是尼日利亚和埃及)、叙利亚、沙特阿拉伯(Segrave,1997)的一些国家与私人电视网。同时,借助美国国家的支持,美国媒体公司通过开办一些殖民地后期国家的媒体公司,培训了媒体的一些执行委员会的管理人员、经理人以及人事部门的从业人员。以尼日利亚的首家电视网络体系为例,它的建立主要是借力于美国国家广播公司。尼日利亚的一位电视制片人在美国进行了一次为期四个月的由国家部门资助的旅行(Segrave,1988:34)。在后殖民地的一些国家,美国媒体公司就是通过"在这些国家使得文化产业制度化"从而树立起自己的地位(Jin,2007:768)。这就使得这些美国媒体公司可以通过这些后殖民地国家在经济与文化上施加影响。

第三,文化帝国主义范式还表现出贫富国家间的视听贸易往来并不是双向的,而是单向的,同时也表明美国是世界范围内娱乐媒体的中心,并且也是最强和最有影响力的。文化帝国主义的界定主要是从娱乐媒体单方面向美国之外的地方流动。大多数的娱乐媒体是"从北向南、自西向东"传播,这个过程中没有太多逆流或相互的变化(Nordenstreng and Varis,1974;Varis,1984)。很多国家都引进美国娱乐媒体,但是美国并不引进任何其他地方制作的电视节目和电影。在这种不平衡的关系中,瓦里斯做了一项重要的研究,他发现非洲的 40% 的电视节目都是引进的,而这其中又有一半来自美国。这种美国单方面向其他国家输送媒体资源的模式是由很多因素决定的。第二次世界大战之后,很多国家建立了自己的电视网络,但是这些国家却没有自己的电视和电影制作工厂,更没有大量的文化工作者来做这些事情(其中包括编剧、导演、演员以及技术人员),也没有制作这些电视节目和电影以及将这些国家自己制作的娱乐节目发送出去的经费来源(Boyd,1984)。这时,美国的一些媒体执行委员会的经理人需要将自己的日程安排表填上空缺的内容,美国媒体产业恰好提供了这些内容并且价格低廉。当美国娱乐公司通过将这些产品销售给美国本土市场收回制作成本以及获利之后,美国媒体公司再将这些产品削减价格销售给国际市场。他们将这些电视节目作为第一批独家交易卖给美国电视网络,之后再次发行销售给当地大型电视网络的附属机构,最后又以打折的形式将这些娱乐产品卖给美国之外的电视网络。美国电视节目通常会让美国之外的电视网络只需花自己制作节目所需经费的四分之一到十分之一(Feigenbaum,1996)。美国《综艺》杂志在 1974 年做出的估价是:一部美国制作的电视节目在中国香港电视网络中价值 60～75 美元;在哥斯达黎加价值 35～45 美元;在科威特则是 60～90 美元。在 1981 年,一个菲律宾电视网络会花上 2500 美元买一部由 13 个部分组成的美国电视连续剧,然而一部同时播出的当地制作的电视连续剧价值却高达 10400 美元(Boyd,1984)。席勒(1969)注意到,美国将一档电视节目卖给英国的一家电视台时收费 4200 美元,但是当同一档节目卖给肯尼亚一家电视台时仅仅收取 22 美元。通过大幅度降价,美国媒体公司促使了许多非美国电视网络公司特许美国娱乐媒体进入自己的市场,而不花钱做自己的电视节目。这样,很多美国之外的电视与电影制作产业的发展被大大地削弱,而结果是导致了美国媒体单方面流入其他国家。所以,奥根(1988)将媒体帝国主义描述成:

> 它是一个过程,借此过程,美国公司[……]制作出大多数的媒体产品,然后从国内市场挣得第一份利润,然后再将这些媒体产品以超低的价格销售给第三世界国家,这些第三世界国家如果想要做出同样的媒体产品会不堪重负。(94)

第四,文化帝国主义范式说明,美国媒体产业的全球化主要依赖于资本主义媒体模式的普遍化,以及依赖于公共媒体体系的废除。席勒(1969)曾是国家公共广播体系的拥护者,他坚信美国公民以及后殖民地的一些国家的公民并未接受到商业媒体模式的周到服务;并且,他相信一个见多识广并且具有批判性思维能力的普通公民应该既是民主政治发挥功能的必要前提条件,同时又是所有社会不断进步的一股推动力量。他声称,当这种公共广播媒体被组织起来去帮助支持国家教育、信息以及公民权利的价值实现时,这种模式一定会使美国及非美国公民受益。席勒(1969)同时相信,这种非商业模式的公共媒体系统对民主主义的实现是最有帮助的。这种公众的选择取决于"许多经济并不强大的国家有意愿并且有能力放弃这种玻璃纸包裹着的西方娱乐产业的产品,并且,不管耗时多久,他们都愿意坚持发展自己的广播资料"(Schiller,1969:122)。席勒将美国商业模式看作对公共广播体系、民主主义、有知识并参与的公民以及文化主权的一种威胁。

第五,文化帝国主义范式表明,商业媒体模式的普遍化以及媒体公司的增长对于资本主义扩张以及意识形态的立法在结构上都有作用。第二次世界大战之后,美国工业公司认为全球美国媒体公司扩张对新市场增长是至关重要的。娱乐媒体,特别是有广告赞助的商业电视节目,在将美国式的"消费生活方式"展现给世界时,顺便勾起观众对于某些商品的欲望。如美国国际广播公司副总裁唐纳德·科伊尔所说:

> 从它们这些殖民地后期国家的经济立场来看,将电视引进是非常可取的,这样的话,电视就像一台巨大的加油泵可以发挥出它自然的功能,既可以为顾客心里的那台"需求"发动机输送燃料,同时也可以提高货物与服务流通的速度,以便保证经济的扩张。我们都知道,电视通过影像、声音,以及人物动作活动营造出一种使顾客"想买"的情感,于是通过这样的一种方式,电视才打开了一片新的市场。设计出来的更优秀的新型产品正好可以满足顾客们新的需求,这样也可以创造更大的财富。电视广告不仅可以润滑经济中的每个轮子,使它们自如运转,同时也在这个过程中添加了一些新的轮子来发力,以便经济可以得到更好的发展。(引自Segrave,1998:11)

对于科伊尔(与一些文化帝国主义学者们)来说,在全球确立美国商业媒体模式可以通过刺激并维持一定的跨国消费需求来帮助美国工业公司躲避一些利益危机。全球化娱乐媒体将消费者资本主义当作一种"生活方式"销售给世界各地的人们。电视节目与电影使美国企业扩张至美国之外,甚至"促进消费者形象的流通,以便点燃全世界的那些有潜力的消费者的热情"(Curtin,1993)。

第六,文化帝国主义说道,美国政府主动帮助美国媒体公司,通过一种称为"自由信息学说"的外媒政策巩固其支配地位,并支持美国企业媒体模式的扩张以及跨国界娱乐媒体的流通(Schiller,1969:3)。这些自由信息学说拥护者们主张开放所有的国家媒体体系并且在商业基础上进行运作;然而,国家广播公司却不赞成,它们成了跨界信息流通和开放国家媒体体系的拦路虎。第二次世界大战后,这些国家企业所说的"自由信息流通"可以被当作以创造文化多元性和鼓励文化交流为基础,建立自由、民主以及和平的世界秩序的体现(Rosenberg,1984:215)。在实践中,这种自由流通学说被广泛地加以运用,将美国公司媒体体系以一种"最自由、最民主"的方式呈现出来;然而,还未效仿美国模式的一些体系则被限制,同时被打上"不自由、不民主"的烙印。此外,自由信息流通学说"拥护媒体所有者的权利,并鼓励在任何地方将自己希望销售的任何产品卖出去"(Thussu,2006:55-56)。到20世纪80年代中期,这成为对视听产品"自由贸易"的一种争论(Comer,1997)。美国政府认为,这种美国媒体的自由流通是一种意识形态的影响。为了使这个观点得到支持,席勒(1969)引用了一份1967年由美国国会委员会出版的报纸上的资料,标题为:"打赢冷战:美国意识形态攻势"。

第七,文化帝国主义范式中写道,美国公司与/或国家制作的娱乐代表美国民族独立主义者与/或主张消费主义的资本家们的意识形态。文化帝国主义学者说,正是美国媒体与面向美国本土市场所制作出的电视节目和电影的所有权导致了理想化和美化"美国式生活"的娱乐内容的产生。当这些节目被输出到海外时,这些娱乐内容便成了全球美国化的催化剂。文化帝国主义学者同时又指出,大多数电视节目与电影都传递了消费者与资本家之间的一种意识形态。例如席勒(1979)曾将美国媒体产物全球化表示为:

> 那些被认可了的[……]已经成为一条资本主义发展的道路。[……]媒体[……]只是吸引和指导观众们沿着这条路前进,然而它们却将深层次的现实与此过程中产生的长期影响藏匿。(31)

席勒(1969)更注意到,美国的商业媒体资源更是向人们"提供了一种生活方式的美景[……]这种意象将所有的观众与听众封闭在电子脉冲范围之中,这种脉冲是在美国资本主义者模式之后形成的"(3)。许多文化帝国主义学者相信,电视节目与电影全球化可以促进"美国"和美国的消费者与资本家之间的一种意识形态的形成,同时可以帮助很多消费者产品和服务广告的出现,以及让消费者生活方式变得更加令人注目。席勒(1976)意识到美国媒体公司是如何在本土以及全世界将自己的电视节目进行改编,以适应不同观众的不同文化的审美的。但是他也注意到,整体上来说,"节目编排的内容和形式,不管怎么调整去适应当地的情况,都摆脱不了这些节目印有以资本主义世界为主要中心的意识形态印迹"(10)。

第八,文化帝国主义范式声称,娱乐媒体是强大国家与所在这些强国的一些企业总部(此情况下是指美国和以美国为基地的媒体企业)影响、改变,或者说侵蚀其他弱小国家本地文化的一种方式。强大的帝国使用电视节目与电影作为操控世界事务权力的工具。在一些时候,文化帝国主义学者将美国娱乐媒体视作一种工具,运用这种工具强制性地将国外(此处指美国)或者说腐蚀性的(资本主义消费者)价值加于非美国文化之上。比如,贝尔特伦(1978)就将文化帝国主义定义为"社会影响的一种过程,借助这个过程,一个国家将自己奉行的信仰、价值观、知识、行为准则以及这个国家自己的生活方式强加于别国之上"(184)。文化帝国主义学者担心,美国电视节目和电影全球化将颠覆或者说威胁别国和当地的文化。他们关心的还有,娱乐媒体作为文化传播的中介力量,会将世界文化美国化并且同质化。文化多样性与差异性将成为文化帝国主义的牺牲品。同时文化帝国主义学者提出,美国资本主义媒体模式与美国商业娱乐媒体终将会使这个世界看起来越来越相似,并且"同步化"。如哈姆林克(1983)曾说:

在二十世纪下半叶,一个毁灭性的过程[……]将会威胁文化体系的多样性。在此之前一种特定文化模式与同步化的情况从未达到如此全球化并综合化的局面。(4)

⬡➪案例1.1 如何解读唐老鸭

有一项研究是美国娱乐媒体所传达的关于消费资本主义意识形态的,这项有趣的研究便是多尔夫曼与马特拉的《如何解读唐老鸭:在迪士尼文本中研究帝国主义意识形态》。这篇文章需要在与之相关的历史和政治背景下阅读。

在20世纪70年代早期,智利这样一个经济被美国企业公司统治的国家,同时被美国影响了很多年的国家,它也同样经历了社会主义革命。美国国家及美国媒体公司支持了在智利的一些反革命思想活动。作为对萨尔瓦多·阿连德(他是社会党代表)在总统选举获胜的一种反击,美国中央情报局开始对当地政治运动以及从事暗中拆社会党墙角的文化组织进行支持(Blum,2004:207-208)。然而,到1970年,萨尔瓦多·阿连德的社会党人民团结联盟政府战胜了这些美国幕后支持的政治敌对力量,并且萨尔瓦多·阿连德以微弱的优势被智利人民民主地选举为总统。三年后(1973年9月11日),由于有美国中情局在幕后做推手,智利军事独裁首脑皮诺切特发动了一场政变,在此政变过程中阿连德被“非民主地”赶下台,结果几万名智利社会党分子以及皮诺切特政治敌对分子被杀害(Blum,2004)。在阿连德执政的短期革命时期,阿连德的人民团结联盟政府企图尝试扭转这种被当地人所广泛感受到的美国帝国主义意识形态的影响。直到1970年,智利最受欢迎电视台的一半的节目都是从美国引进的,同时,因为没有能力自己拍摄具有本土化特点的电影,80%以上的电影也是从美国进口的。而且智利的主流新闻报纸以及杂志也掌握在美国百事可乐总裁奥古斯汀·爱德华兹·伊士曼手里,就连日报领导者《水星报》都是由美国中央情报局作为从文化战线上打击社会党的一种举措给予经济支持的(Kombluh,2003;Kunzle,1991:12)。为了与这些力量抗衡,社会党人民团结联盟政府创建了一家国家出版社,取名“Quimantu”,而这家出版社也成为社会党文化反击战的有力组成部分。然而,皮诺切特发动的军事行动几乎将智利所有社会党文化革命的命脉切断。很多智利文化者——包括艺术家、知识分子以及作家们——要么被囚禁起来,要么被杀害,要么被流放。《如何解读唐老鸭:在迪士尼文本中研究帝国主义意识形态》(1971)一书作者阿里尔·多尔夫曼与阿曼德·马特拉有幸逃过此劫。

在他们的书中,多尔夫曼与马特拉仔细研究了迪士尼漫画书籍是如何将新殖民统治者的意识形态表达出来的。两位作者说,迪士尼故事中所宣扬的利商、利个人以及利消费资本主义者的意识形态与智利社会党欣欣向荣的平等主义、民主主义以及集体主义价值背道而驰。如那些在许多欧洲殖民话语中所看到的迪士尼漫画故事将非美国国家描绘成一副"一群愚蠢、丑陋、卑微、容易犯罪的土人所居住的与世隔绝的落后地带"的图像(Kunzle,1991:17)。《如何解读唐老鸭:在迪士尼文本中研究帝国主义意识形态》一书将公司在大都市动画工厂中的迪士尼漫画书籍的剥削条件与这些作品在后殖民地国家中产生的消费意识效果联系到了一起。对于多尔夫曼与马特拉来说,在面对智利消费者和迪士尼文化生产者共同的压迫者——华特迪士尼公司的时候,这两者便有了一个共同的阶级利益。在政变期间,多尔夫曼与马特拉都被流放。《如何解读唐老鸭:在迪士尼文本中研究帝国主义意识形态》很快被皮诺切特列为禁书。本书也许是第一本后殖民时期以马克思主义思想全方位评论美国帝国主义意识形态在全球娱乐媒体中影响的一本书。它是一本反霸权的书,它不仅对美国国家与企业意识形态冲突做了有力回击,同时也尝试着阐明一种替代美国以民主社会主义的形式进行经济政治扩展的方式。

第九,文化帝国主义范式表明,美国娱乐媒体对本地观众具有一种"影响",并且表明这些影响都是负面消极的。一些文化帝国主义学者认为,当地的美国娱乐观众是一批被动消费美国电视剧和电影的消极的消费人群。文化帝国主义评论家——包括文化国家民族主义者、宗教团体、国家政策制定专家——都对这种当地娱乐媒体产生的心理和文化影响忧虑不堪。伴随着媒体娱乐的广告不断向人们灌输对某种商品的虚假消费需求,其实人们对这些商品根本没有任何实质性的需要。

在现实中,贫困和阶级不平等限制了各种机会,而在娱乐里,却充斥着富足的消费主义生活方式,而且永无止境。两者的碰撞引发了大众的焦虑和不满。全球化的娱乐传媒使得贫穷国度里的上层精英群体无视自己的文化和他们负责管理的人口的需求,与美国等西方国家站成一队。与此同时,全球化的娱乐使得工薪阶层的人们拿外国标准来衡量他们自己和自己的文化,比较之下他们便会想要脱离本民族的文化,转而立志成为另一种文化的一部分。

席勒(1976)认为,美国传媒公司在意识形态上很有影响力,也很强大,但地方观众并不是被动无助的、容易上当受骗的,或是不关心政治的愚者。他认为人类拥有这一本能,能够对他们所生活的世界进行批判性的思考。席勒(1989)还对媒体效应的"皮下注射器"模型提出了质疑:"文化价值观的转向是一个复杂的问题。这不是对个人情结和性格表现进行一次皮下注射就能完成的。"(149)他(1976)还曾写道:"事实上,观众对消息的理解大不相同。他们也可能对其进行转换以符合自己的个人经验和口味。"(155)他没有对人们热衷于全球化的媒体文本这一事实进行争辩,他只是试图通过对传媒企业结构性权力的理解来兼顾观众的解释权。席勒(1976)甚至希望全球传媒的影响可能会促使批判意识的形成,以及"唤起那些被主宰的人加紧努力抵抗,并将冲突方面延伸到一个更为明显的舞台"(76)。然而,席勒并不认为消费者能够影响电视节目和电影文本,就能够"抵抗"跨国企业权力及其支撑体系。他对他的批评者所做的回应(1991)值得我们回顾:

> 对于"人们对眼前经过的一切不会不假思索地吸收"这一看法,我们尚且还有很多话要说。然而,现如今有太多读者接受的作品却成为当今文化控制结构的"护教"。(25)

席勒没有否决观众代理这一情况;他反而认为其在意义建构实践中的政治效能可以扩大结构性测定的范围。

第十,文化帝国主义范式是后殖民性质的。对于批评观念如何进行传播,杨(2001)提出了一个很强势的说法,尤其是对于那些现已查明属后殖民主义的观点,这些观点形成于三大洲国家的"反殖民主义解放政策"(64)和新左派的民权活动家、和平主义者以及激进分子在20世纪60年代所掀起的社会动乱之间所出现的"西方和三大洲思想的融合"(Harvey,2005:60)。在此期间,"在早前的抵抗和斗争中出现的激进的知识和经验"(Young,2001:64)转移到了西方大都会的学院,动摇并挑战了现有的正统观念和新殖民主义意识形态。席勒和其他的CI学者透过"后殖民镜片"观察着这个世界(Kelsky,2001)。他们注意到了"殖民国家关系的继续调整和排列",以及"即使在正式的殖民关系终结之后,旧殖民地项目中曾嵌入的权力差异仍然在发挥着影响作用"(Kelsky,2001:25)。CI范式在争取三大洲国家的民族解放斗争和美国及西方交流学者所支持的激进的学术研究的产生之间兴起。虽然席勒为民族文化而抵抗美国和西方媒体公司的"斗争"有时被看作在支持"家长式作风的国家"——规定着民族文化以及根本不存在的文化纯洁性的意义。但事实上席勒对"民族文化"抵御"文化帝国主义"的宣扬远比那些批评家所理解的要复杂得多。这需要理解其中的一些背景。

席勒关于文化帝国主义的批判正值民族解放斗争席卷全球。民族主义是20世纪反殖民斗争中最重要的形式。虽然民族主义被批判为资产阶级性质的西方启蒙论述(Hobsbawm,1994:199-201),父权制申明、精英论、同化论和排他性(Spivak,1993;Mcclintock,1995),种族实在论(Chrisman,2004:192-193),以及时空悖论(Chattejee,1986;McClintock,1995;Anderson,1991)等的衍生品,但是不容忽视的是,第二次世界大战战后期间(Florida,2004:45),非洲、亚洲、中东地区以及拉丁美洲的反帝国主义斗争所采取的政治形式都是民族主义。赛德(1993)曾写道:"这是一个历史事实,民族主义——社区恢复、身份申明,以及新文化习俗的兴起——作为动员性的政治力量,在欧洲以外的整个世界燃起并推动了反抗西方统治的斗争。"(218)通过发展不平衡的暴力和非暴力的民族解放斗争,殖民地自治化开始于第二次世界大战后，并一直持续到 20 世纪 70 年代中期。在殖民地自治化的动荡时期，国家的政治独立斗争伴随着针对"西方文化霸权"的文化独立斗争，有时文化独立斗争也促进着政治独立斗争。事实上，反殖民文化政治政策——争取解放、反抗统治——在斗争中发挥了极其重要的作用。杨（2001）指出，"文化激进主义的目的是为了反抗殖民者向殖民地的人民宣扬的意识形态设想、辩护以及强加给他们的自卑感"（164）。篇幅有限，在这里我们无法囊括所有在此期间出现的各种文化民族主义政策理论。我们将回顾两个经典的反殖民文本——一个诞生于20 世纪 60 年代初，一个则标志着殖民时代的结束——它们很好地反映了反殖民文化民族主义的复杂性。

1959 年，一位出生于马提尼克岛的精神病学家和身为阿尔及利亚民族解放阵线自由斗士的知识分子——弗朗兹·法农，在罗马举行的黑人作家与艺术家第二次大会上发表了他的极具影响力的演讲——《关于民族文化》（该演讲两年后收录于《大地哀鸿》中）。法农批判殖民统治的文化维度，这一批判是基于"殖民统治的文化维度设法用惊人的方式来破坏殖民地人民的文化生活"（236），它"不遗余力地［……］要让殖民地的人民不得不承认他们自己文化的劣根性"（236）。在殖民统治下，民族文化表达的破坏"在系统方法上还大为缺乏"（237），又因为种族主义的非人性化，"人民的贫穷、民族的压迫和文化的抑制"已经"合而为一"（238）。对于西方文化霸权，法农提出了更为激进的看法：一个有前瞻性的反殖民民族主义"战斗文化"应当反映受压迫的人通过他们的奋斗，争取文化解放和"国家复兴"（244）。在距离法农的那次著名演讲 11 年之后，身为农学家和非洲几内亚和佛得角群岛独立党（PAIGC）秘书长的阿米卡尔·卡布拉尔在位于纽约州的锡拉丘兹大学的爱德华多·蒙德拉纳演讲会上发表了名为"民族解放和文化"的演讲。这一明确的马克思主义文化阻力理论以葡萄牙人统治的几内亚和佛得角群岛为立足点，分析了殖民统治（军事力量）的强制性维度是如何与"当地人民受压迫的文化生活"相结合的（139）。在卡布拉尔看来，"帝国主义统治既然否定了殖民地人民的历史进程，也必然否定了他们的文化进程"（143）。跟法农一样，卡布拉尔没有将当地文化看作永恒的、本质上统一的，或没有内部问题、矛盾和不平等现象，而是将其作为一股针对殖民同化和均化作用的抗衡力量。卡布拉尔提出，一种革命性的民族文化会经历不断的斗争，验证了"重要和次要、正面和负面、进步和反动、优势和弱点"的辩证法（150）。

法农和卡布拉尔只是广大殖民文化统治的反对者和第二次世界大战战后危机中反殖民文化抵抗的拥护者中的两员。对于他们每个人来说，新的民族文化并不是已经被给予的或是已知的，而是通过底层人民的争取解放的斗争所想象和锻造出来的。席勒对前殖民地的民族文化的防卫在很大程度上沿袭了法农和卡布拉尔的关于三大洲国家的民族文化和民族解放革命与殖民文化统治相斗争的理论。在

《传播与文化统治》的最后一章（"国家传播政策：社会斗争的新竞技场"），席勒援引法农的《大地哀鸿》和卡布拉尔的《民族解放和文化》，提出了一种文化革命，它不是本土主义者逃往传统主义，而是通过国家传播和文化政策来承担。从法农和卡布拉尔的理论中得到了启示，席勒指出，"国家传播政策制定是关于与文化和社会专制的一切形式（不论新的或是旧的，在国内还是在国外运行）做斗争的一个通用术语"（96）。席勒和其他文化帝国主义学者支持后殖民国家开发和支配自己的通信和传媒体系，以此来确定他们自己国家的文化免受有害的外来影响。他们把传播与文化主权和政治主权绑定在了一起。

席勒的关于文化帝国主义的"理论"与他的传播和文化政策激进主义相互联系在了一起。在 20 世纪 70 年代早期，席勒前往智利，协助萨尔瓦多·阿连德"受欢迎联合政府"的建立。在 20 世纪 70 年代中期，席勒通过参加多个国际专题讨论会和研究小组（包括麦克布赖德委员会）（见第三章），直接为不结盟运动（NAM）在联合国教科文组织（UNESCO）所提出的"新世界信息和传播秩序"（NWICO）做出了贡献。他对于自己在后殖民国家所倡导的国家传播和文化主权所面临的风险有着很清楚的认识。席勒也因在新世界信息和传播秩序的斗争中缺乏社会阶级分析而受挫（Maxwell，2003：70）。他批判了这一秩序的专业化和等级分明的决策过程。经过对关于教科文组织建立由政治领导人、技术人员、媒体精英和社会科学家所组成的国家传播政策委员会的讨论，席勒（1976）反问他的读者："劳动人民在哪里？非专业人员在哪里？"（95）他倡导一种民主的、包容的传播和文化决策过程："通信文化规划不能由专家制定，然后成为其他人所要遵守的法律。"（96）席勒认为国家传播和文化政策将不得不实现"全社会的充分参与"，否则将会"不可避免地出现转移和萎缩的可能性"（96）。

席勒通过记录、批判和努力在后殖民国家进行经济、政治方面的根本变革以支持传播和文化主权的目标。在第二次世界大战后出现的后殖民国家绝大多数被挤在欧洲殖民主义的通信网络和全球化的美国传媒公司之间。过去西方殖民传播的组织结构和如今美国企业传媒扩张的结构给后殖民国家的传播和文化主权带来了困难。美国和西方的少数传媒公司控制着传媒行业的最大份额，这一现实使得那些从底层开始斗争的革命团体的主权文化目标受到了挫败，也给那些最终计划从国家上层开始建设民族文化的国家精英们制造了麻烦。通过美国的宣传机构，如美国新闻署（USIA）、教育和文化事务局（BECA），以及美国之声（VOA）等，后殖民国家传播及文化主权被进一步削弱。除了暴力的"CLA 反暴动"入侵，这些国家宣传机构促进了美国资本主义和自由民主，在整个 20 世纪五六十年代，在后殖民国家将其宣传为"现代化"，并作为"意识形态武器，来对抗马克思列宁主义理论关于帝国主义试图主宰亚洲、非洲和拉丁美洲的新国家的论点"（Dizard，2004：84）。在此期间，美国政府设法阻止反殖民革命演变成为反美社会主义运动。

　　文化帝国主义学者们注意到了美国传媒公司的全球利润目标,以及旨在束缚后殖民国家发展其自己的传播和传媒体系的美国政府宣传机构的相关运动。美国传媒公司和美国政府通过关闭后殖民国家关于国家身份的主权想象空间来达到破坏其通信和文化主权的目的。席勒认为在文化主权和文化交流的理想实现之前,必须先改变美国和西方公司的统治地位以及国家传播结构。然而,席勒对于文化帝国主义的批评并没有阻止西方国家的文化融合对传统的、单一的,或者说纯净的民族文化的"入侵"。相比于法农和卡布拉尔,席勒将后殖民"国家"看作精英与大众集团之间发生斗争的区域,这源于早期帝国买办阶级与反霸权民族主义运动的斗争。文化帝国主义学者认为"这一文化斗争与转型进程"不应受到"新殖民主义干预"(Schiller,1996:100)。文化帝国主义学者不再哀悼先前民族文化的遗失,而是将美国政府宣传和美国传媒公司的全球化视为对后殖民国家的公众和国家确定自己的民族认同意识的能力和权力的威胁。文化帝国主义学者们与亚洲、非洲和拉丁美洲三大洲的人们共同为他们的主权而战,使他们意识到自己的民族文化。

　　在20世纪70年代末期,席勒和其他学者不仅仅是简单地概括了文化帝国主义范式;他们还发表了"抵抗文化帝国主义的论文"(Maxwell,2004:62)。席勒认为CI的负面影响可能会被主权国家的传播和文化政策所抵消,这些政策旨在保护和促进国家传播和传媒体系,使其远离多余和有害的外来影响和控制。在20世纪六七十年代的后殖民环境中,CI作为一种反霸权的概念,对美国传媒公司和美国政府在国际传播学术领域的强势话语权提出了抗议(Sparks,2007)。文化帝国主义学者质疑了信息主义的自由流动和在美国学术界发展通信的"主导范式"("现代化")。这两个意见都完全符合美国外交政策的目标,将美国奉为世界历史发展的尖端(Bah,2008)。总之,CI范式动摇了人人都极力讨好美国传媒的大都市幻想,指明了在制作、发行和消费媒体的能力方面的国际差距,考虑到了全球电视节目和电影对当地文化的潜在负面影响,使得公共广播可以作为替代商业化媒体的民主选择。

文化全球化(CG)

　　对于在民族国家发展失衡的世界资本主义体系中娱乐传媒的权力和影响力,CI范式提出了批判的、政治经济的和后殖民的解释。从20世纪80年代初开始,跨越了整个90年代,直到如今,CI范式所依据的马克思主义世界体系、帝国主义和关联模型面临了很多的批判。在此期间,CI范式被美国内外的商业记者、政策制定者和传播研究学者变得复杂化(在许多情况下,甚至是丑化)。席勒(1991)、博伊德•巴雷特(1998)以及其他关键的学者,如赫尔曼和麦克切斯尼(1997)从CI范式内部着手,进行了重新思考部分修订,而很多学者没有这么做。CI范式很多外在的问题都被揭示并接受了审查。然而,很多学者并没有以当代所发生的变动为参考对 CI 范式进行更改或延伸,而是"把婴儿同洗澡水一起倒了出去",把它看成是已经过时了的"过去"。这样一来,CI 范式"在 20 世纪 90 年代的学术地位已经远远低于在七八十年代时候的盛况"(Tomlinson,1999:79)。克莱蒂(2005)辩称"尽管自 20 世纪六七十年代以来,文化帝国主义是占统治地位的论点,但自 80 年代以来,许多评论家声称它已不再能反映不同文化间关系的复杂性"(4)。为了在这个日新月异的世界中把握跨文化关系的复杂性,学者提出了"全球化"和"文化全球化"(CG)的新的理论。斯帕克斯(2007)指出,"全球化范式是今天乃至在很长一段时间里,对于这个世界,尤其是传媒和传播世界,最受欢迎和最有影响力的思维方式"(190)。

什么是全球化? 对于这个世界,尤其是娱乐媒体制作、发行和消费的传媒世界,它又是如何评判的? 在以下各节中,我将根据其经济、政治、文化与科技,以及媒体维度来对全球化进行研究,然后区分全球化的"强""弱"范式,回顾并回应那些与 CI 范式相悖的重要主张。

全球化

莫迪(2003)指出,在整个 20 世纪八九十年代,"全球化"都是社会科学领域的主要知识主题,也是贸易和产业领域的流行词(7)。与文化帝国主义一样,文化全球化有着各种各样的定义(霍珀,2007)。在整个 20 世纪八九十年代,"全球化"对于很多不同的人来说,意味着很多不同的东西。这个词不是价值中立的,有许多的利益集团在这一方面针锋相对。为墨西哥华雷斯出口加工厂的工人争取利益的反资本主义者维权人士所认为的"全球化"自然与对同样这批工人执行底薪合同,并进行剥削的企业 CEO 眼中的"全球化"截然不同。全球化是一个有争议的概念(Christopherson,Garretsen,Martin,2008:343)。在某些人看来,全球化"躲避"一个精确的定义。正如哈菲兹(2007)所说:"一次又一次,企图将'全球化'进行系统化的学术领域已经表明了其缺乏实证的清晰和可行的理论概念。"(5)詹姆森(1998)说道,全球化是"谚语中大象(译者按:源于英国谚语,用来形容一个明明存在的问题,却被人刻意回避及无视的情形,也暗含了这个问题应该被拿出来公开讨论的意思)的现代或后现代版本,盲目的观察者对其有着各种各样的描述方式"(14)。

尽管"全球化"可以有很多不同的意义,它也经常作为一个"划时代"的术语出现(Denning,2004:24)。与全球化相关的进程有着悠久的历史(Pieterse,2003),但在很多有"新闻价值"的话语中,全球化一词被用作冷战结束以来出现的经济、政治和文化的发展趋势的代名词(Cox,2001)。在整个 20 世纪 90 年代,政治家、经济学家、记者和社会理论家们用"全球化"一词来形容新的世界体系或苏联解体后正在得到巩固的秩序的主要动力。发生了什么变化？什么是新的？资本主义似乎取得了胜利；自由民主制度和通过全球管理机构形成的政治上的日益相互依存似乎不可阻挡；边界正在开放，容纳着资金、技术、人员、媒体和思想的流动；互联网、万维网和传媒公司把每个人都联系在了一起，推动着杂合的、后国家的和世界性的全球文化。整个 20 世纪 90 年代，无数的书籍、文章和专栏都充斥着有关全球化的页面。甚至在后"9·11"时期——所谓的美国全球反恐战争时期，全球化仍然是划分当代的方式。"每个人都认同我们正生活在一个更'全球化'的世界，但这意味着什么，以及这种趋势是好是坏，仍然意见不一。"（Christopherson，Garretsen，Martin，2008：343）

虽然全球化在很大程度上是一个划时代的术语，但它还意指各种相互关联的经济、政治、文化和技术进程，这一进程推动着世界的一体化，使得所有国家更为相互依存，联系也愈发紧密。

经济全球化：资本主义市场关系及其参与者（雇佣劳动、商品、贸易公司，以及金融机构等）在世界各地的扩张。这一进程正在推动着主权国家经济的一体化。弗里德曼（1999）作为一名自由贸易的坚定拥护者，他形容全球化是"在世界的几乎每个国家传播自由市场的资本主义"。在过去的 30 年中，环环相扣的金融系统和贸易协定已经建立[例如加拿大和美国之间的北美自由贸易协定（NAFTA）]。世界贸易组织（WTO）、世界银行（WB）、世界知识产权组织（WIPO），以及国际货币基金组织（IMF）执行全球市场规则。跨国公司从北部到南部的经济体外包作业，跨多国协调货物和服务的生产，将世界看作同一个实现购买和出售的市场，并努力实现全球股东利益最大化。尽管全球经济一体化日益加深，"但并没有从特定的地方、国家或区域经济体那里或它们之间关系之中抽象出来的所谓'全球经济'，不论是帝国主义列强之间或是其下属的国家间"（Wood，2002：17）。目前，全球资本主义存在于同一个等级的世界体系的国家中，并由这些国家进行协调。

政治全球化：世界体系中国家及非国家参与者之间跨国联系的增长。民族国家、政府间组织（IGOs）（如联合国）、非政府组织（NGOs）（如记者无国界组织、儿童基金会、绿色和平组织等）以及跨国公司（TNMCs）（例如，可口可乐）之间的日常关系和双边及多边协定和贸易驱动着全球政治的相互依存关系。赫尔德和麦克格鲁（2000）认为，"全球化的发展已经改变了传统的'国家'概念，现代国家逐渐地镶嵌进区域与全球的联结网络中，深受各种准超国家、政府间与跨国力量的影响，根本无法掌握其命运"（13）。"民族国家在追求国内和国际政策目标时的'独立自主'的能力据说受到了这些全球—地方力量的侵蚀。"（Held and McGrew，2000：14）然而，关于国家主权正处于下降状态的说法只是全球"神话"（Hirst and Thompson，1999）。当前，国家仍然制定着"国家利益"，并在国内及外交事务中追求着这些利益：他们声称在本国境内享有合法肉体暴力的垄断；他们拥有着司法权；他们对境内的公民发挥着治安和监视的权力;他们负责国家的货币;他们提供社会服务;他们支持着民族文化。国家主权可能变更,但是除了那些被视为"失败的",多数国家对其领土、经济、人口和文化享有主权。全球资本主义并没有损害国家主权。相反,全球资本主义通过主权国家实现了促进和合法化(Aronowitz and Bratsis,2002;Jessop,2002;Panitch,1994,1996,2004)。

文化全球化:"世界各地文化流的进程"以及"人民和他们的文化之间的联系——他们的想法,他们的价值观,他们的生活方式——如何以前所未有的方式被不断增进和深化"(Kumaravadivelu,2008:37 - 38)。文化全球化是指来自许多不同国家的人们面对面的以及媒介辅助式的互动,人们接触到自身以外的价值观和理念,这些价值观念和理念的融合,以及这些一体化进程所导致的人们生活方式的改变和杂合。汤姆•林森(1999)认为,"全球化是现代文化的核心;文化实践则是全球化的核心"(1)。在当今时代,没有一种文化是一座孤岛,完全与世隔绝的。那些曾经被其他价值观所阻隔的文化(人群和生活方式)面临着愈来愈多的曝光与转型。"全球文化经济"(Appadurai,1997:27)是最有影响力的文化全球化范式之一。阿帕杜莱认为当今世界充满着文化融合的机遇。他提出的"全球文化经济"不是由世界资本主义体系中基于国家的地缘政治和经济竞争来定义的,而是由相互作用但又互相分离的"图景"间的跨界文化流所定义的,这些图景包括:金融图景、族群图景、意识形态图景、科技图景和媒体图景。

金融图景是指那些以 CEO 和股东的名义跨国追求利润的产业和服务公司(如:沃尔玛、埃克森美孚、丰田、通用电器、三星电子、麦当劳、联合利华、可口可乐等)和金融机构(如:德意志银行、法国巴黎银行、花旗集团、荷兰国际集团、房利美等)。这些金融图景在两个或更多的国家进行操作。他们向全世界几乎每个国家传播市场关系、雇佣劳动、生产模式和商品化,通过资本主义的逻辑将不同地方和不同的人相联系起来。族群图景是指从一个国家移居到其他国家的个人或群体。比起以前,人们进行了更远、更便捷、更频繁的跨国旅行:外来务工人员旅行是为了他们的生计;中产阶层专业人士迁移以实现社会经济的流动性,或与散居他乡的家人相聚;CEO 旅行是为了出席商务会议;战争和种族灭绝的受害者则是为了逃离死亡和迫害。意识形态图景是指大系统的观念和信仰,如自由民主、基督教和伊斯兰教等。这些观念跨越边界,从一个或一些地方到达更多的地方。科技图景是指连接两个或多个地理区域的技术系统(硬件和软件)。信息和通信技术(ICTs)构成卫星链路、电信、光纤电缆、计算机网络、高速公路、海运及空运航线的无形网络。媒体图景是指媒体公司、印刷和电子媒介及其内容(报纸、杂志、漫画、电视节目、电影、视频游戏等)。

阿帕杜莱(1997)指出,相比过去,如今这些图景正更多地、以更快的速度进行着跨境流动,实现了新的文化联结、交流融合及相互作用关系。这些图景的文化效应在每处的经验不尽相同,由此,阿帕杜莱鼓励学者研究这些图景流动间的相互作用关系,以及这些相互作用关系所引起的文化异构混合。阿帕杜莱对微观层面的个人与群体所得出的文化经验与意义颇感兴趣:"在各种形式的机构中,想象已经成了中心,它本身就是一个社会客观存在,同时也是新世界秩序的关键组分。"(31)图景的流动构成了"想象中的世界,那就是,由全球各地的个人和群体通过历史情境想象所构成的多元世界"(36)。阿帕杜莱将媒体图景看作是"在各种各样的社会中,人们进行各种试验所需的资源",以及"作为一个日常社会项目为自我想象提供资源"(34)。阿帕杜莱声称,"各种社会"里的人,若通过全球化的媒体图景与本地相联系的方法想象自己及更广阔的世界,那他们就不是"美国化"的受害者,"全球化并不一定或经常意味着同质化或美国化"(17)。阿帕杜莱认为,正是由于这些图景流动所带来的跨界混搭,这个世界才变得更加的文化多元。

文化全球化学者同样也关注"这里"和"那里"、国内和国外、本地和全球,以及国家和国家之间的联系及相互关系。吉丁(1990)曾说:"全球化强化了全球社会关系,一个地方发生的事情可能被相隔甚远的地方发生的事件所影响,反之亦然,全球化正是以这种方式将遥远的地方相连接起来。"(64)举个例子,苹果的忠实消费者们在愉快地玩着他们的 iPad,而在遥远的富士康工厂,中国农民工在为 9 美元一天的工资干着单调乏味的苦差事:不停地组装苹果 iPod、iPhone、iPad。总部设在加州的苹果公司巨额的年利润依赖于世界各国的青年对苹果产品的消费。贝利和史密斯(2005)认为,全球化"增加了社会之间的互联性,这样一来,世界某一处发生的事件对遥远地方的人和社会产生着越来越多的影响"(9)。例如,当 2008 年美国金融体系崩溃时,每个国家与此相关的人都受到了影响。受影响的国家实施了跨国协调的政治措施。汤姆·林森(1999)指出,文化全球化指的是"世界范围内的社会、文化和个人之间的复杂联系"(170),它还鼓励研究远距离的全球事件是如何对当前生活体验和本地身份产生影响的(9)。

技术和媒体全球化:信息和通信技术以及电子媒介的跨界流动建立了网络,使很多人在各种不同的地点建立新的关系、社区、连接和经验。信息和通信技术以及电子媒体被看作是政治、经济和文化一体化以及经济、国家和文化互相依赖的主要因素。正如奥哈拉和史蒂文斯(2006)所说:

> 全球化进程的关键是信息和通信技术。事实上,信息和通信技术构成了全球化进程的必要组成部分。没有近几十年来科技的发展,广为宣扬的国家经济、政治和文化间的紧密联盟将会是无稽之谈。(119)

路乐(2011)认为"没有传媒就没有全球化,两者的步调总是一致和谐,在整个人类文明历史中相辅相成"(5)。那些科技和传媒决定论者总把信息通信技术和电子媒体——而不是人类以及人类之间的社会关系——作为世界变革的原因。尽管信息通信技术和电子媒体的全球化在很大程度上受到上级大规模经济政治组织的影响和利用,它们还是支撑起了全球一体化互相依赖的新形式。

去地域化的媒介化社会。信息通信技术和电子媒体使得不同地区的人们之间媒介化社会、去地域化交互性社会空间的可能性增多。传统意义上,我们认为一个人的社会经历,与他人的交流和地域有着紧密的联系。我们和父母、家人、同事以及朋友面对面的交流是基于一定场所而发生的。全球化学派的学者说尽管大部分人类活动仍然和区域位置或场所有关系,但已不再是组成人们互相影响的"社会空间"的单一或全部因素。信息通信技术的创新以及跨境电子媒体流使得社会经历和交流得以从地域这一概念上分离出来,又或者说这是"去地域化"。汤普森(1995)提到电子媒体"创造了行动和交流的新形式,社会关系的新种类——与在人类历史中盛行了很久的面对面交流方式不同"(81)。事实上,社会经历和过去相比已经变得更媒介化、更去地域化。正如兰塔宁(2005)所说,"全球化是一个全世界经济、政治、文化和社会关系跨越时间和空间高度交互的过程"(8)。在相距千里却因信息通信技术相连的人与人之间,去地域化的社会关系每天都在发生。离散的犹太家庭——打个比方,有的在多伦多,有的在孟买,还有的在芝加哥——通过Facebook(脸书)得以联系。在纽约学习的中国交换生用Skype(网络电话)和北京的家人聊天。在全球化企业子公司上班的业务经理通过远程会议系统在虚拟会议室里开会。这些去地域化的大众媒体通信将两个或是更多不在同一个地方的人们联系了起来。吉登斯(1991)称之为"距离化"缺失与存在的交融。人们事实上并未在场,然而视觉上却在场。虽相去甚远,却仿佛比邻。

"地球村",或者说是世界在变小。信息通信技术和电子媒体将世界各个不同的部分联系在了一起,成为一个"地球村"。马歇尔·麦克卢汉创造了"地球村"这一概念,用来描述无线电通信技术使得各个国家的人们联系得更快速更紧密的现象。他相信从基于印刷的个人主义文化向以电子媒体通信为主的文化的转变预示着"电子互赖"的新时代即将到来(McLuhan and Powers,1989)。针对电视的全球化现象,麦克卢汉(1964)称:"在电子技术发展长达一个多世纪后的今天,我们的星球,已经废除了空间和时间的概念,而将它的神经系统延伸到全球各个角落。"(19)目前,信息通信技术和电子媒体将世界各个地方的人群联系在了一起,加强了人们视觉、听觉、话语间的互相联系。奥尼尔(1993)说:"通信技术总是会影响人类社会组织[……]随着通信速度的加快,社会距离在缩短,越来越多被空间隔绝的人们聚在了一起而拥有了同样的经历。"(24)信息通信技术和电子媒体将世界压缩成一帧帧图像,拓宽了人们的视野,模糊了先前将国内和国外、这里和那里、近处和远处、本地和全球、国内和国际分开的视角。卫星电视和电子媒体平台像YouTube(视频网站)将外国的事国内化,将全球的事本土化,让此地的事像在彼地发生一样,国内和国际的事常常"混搭"在一起。结果就产生了一种感觉，那就是世界成了一个整体，每个人都被紧紧地联系在一起。罗伯森（1992）说全球化"既指世界被压缩了，也指其作为一个整体世界意识得以加强了"（8）。信息通信技术和电子娱乐媒体使得各种经历在时空上得以压缩，产生了一种我们住在一个地球村的感觉。然而，尽管不受地域限制的社会交互和地球村的感觉在增强，地域对人们仍很重要。对一个地方的归属感是长久以来一直存在的。地球村是就国家、地区、地方村落的视角而言的。由于资本主义不平衡的发展导致村落之间的差异，这种现象仍旧显著（Harvey，2006：100 - 101）。如格雷（1998）所说："全世界经济活动联系的增强使得不平衡的发展愈演愈烈。"（55，56）更进一步说，由于数字鸿沟，真正的"全球化"——全球普遍共享的——村庄、社区，或空间并不存在（Sparks，1998）。

显然，"全球化"指的是促进国与国之间一体化、互相影响、互相依赖进程的经济、政治、文化和科技发展过程。资本主义市场的扩张；国家在全球、民族和地区层面统治的相互作用；资金、技术、人力、媒体和创意跨境的流动；跨境和跨文化的融合和价值创造；信息和交流技术的发展以及电子媒体形式的联通，去地域化的社会、地球村进程：这些过程、趋势、变化都是当代值得研究的有趣课题。研究全球化的学者中有撇开 CI 范式局限性，关注不附加于帝国主义、西方化，或美国化事物的趋势，让人耳目一新：当我们仅通过 CI 范式来观察世界，我们就冒着将所有国家关系、往来和发展局限于西方或美国经济、政治和文化的风险，以至于看不到多数非美国国家对世界的重要性。"强"CG 学者，未与 CI 学者结盟，做了关于当代世界及其重要进程、趋势和变革的令人关注的研究。

CG 学者描述的全球化进程、趋势和变革是否必然反映了一个根本意义上全新的后帝国时期？在过去 500 多年里建立起来的帝国经济和政治框架是否依旧存在？全球化是否预示着世界资本主义系统和相关联的非对称性的帝国主义核心区域、周边区域和亚周边区域之间权力关系的破灭？北半球和南半球国家之间是否再也没有从属关系？自由市场和 YouTube 的扩散是否让世界在资本主义地理意义上变得"扁平"（Friedman，2006），而不是不均衡地发展（Harvey，2006）？是否全球化的政治关系和政府统治粉碎了领土所属国家的最高主权？信息通信技术和电子媒体跨境传播世界性的观念和全球化的价值是否会侵蚀一国的文化？这些观念和价值能否为和民族主义有同样广泛共鸣的完全成熟的全球化文化做准备？去地域化的社会和媒介化的交流空间是否会让地域化和以地理位置为基础的联盟关系黯然失色？全球化是否定了还是扩张了帝国主义和文化帝国主义？

以上这些问题的答案很大程度上取决于你是赞成全球化的强范式还是弱范式。斯帕克斯（2007）在"强"全球化范式和"弱"全球化范式应用于全球交流和媒体研究方面，对两者做出了区分。"强"CG 范式称我们正在步入一个全新的时期，整个世界体系已然变成或正在变成和以往有根本性区别的样子。旧的理论已经过时，我们需要建立起全新的理论来抓住这个"新时代"。"弱"CG 范式强调在新事物出现的同时也要保持和过往的连续性，保留"旧帝国主义范式的诸多特征"（Sparks，2007：191）。强 CG 范式说所有的东西都是新的，旧的再无实际意义，"弱"CG 范式承认很多事物都是新的，但历史在当下的价值仍不可小觑。

　　"全球文化经济"是文化全球化的一个强范式，也是旧马克思主义关于世界体系、殖民主义/帝国主义和附庸国关系的一个分支。阿帕杜莱（1997）称"从马克思主义传统理论总结出来的，即使是最复杂最灵活的全球化发展理论，也会有些不恰当的古怪"（32）。为支持这一观点，阿帕杜莱提出了以下模型：

　　　　一个全新的，根本上跨越国界的世界体系［……］不再有沃勒斯坦的
　　想象力，欧几里得式的中心—边缘结构，而是被描述成一种混沌的诉求
　　［……］一个综合、复杂的交互系统，不能对其下定量或确定的定义，而是
　　在多数情况下有着令人眼花缭乱的多样化和多相化。（Buell，1994：313）

　　这一模型表明世界的动力从根本上来讲是崭新的与以往不同的：不再有核心、亚边缘和边缘的区分和对立；美国帝国和它自由资本帝国主义的牌子已经过时；国家已经失去了控制自由跨境流动的人力、创意、科技、媒体和资金的主权（这反过来给予了个人权利！）；信息科技通信技术和电子媒体为社会交互和个人身份创造了新型的空间。全球化—地方化的交互影响也使得民族文化在慢慢地淡化。传媒企业不再是美国帝国的代言人，他们也不再通过文化控制其他群体或国家，而是通过销售图像资源来支持文化多样性。CI 范式关注世界体系宏观的政治经济框架，而阿帕杜莱的强 CG 范式关注微观层面的文化身份认同和价值的作用。

　　阿帕杜莱和其他后结构主义后现代主义社会理论学家对 CG 做出解释，尝试"超越"他们感觉是累加起来的 CI 范式。尽管他们世界性的、后国家性的展望或许会拓宽他们知识的视野，强 CG 学者将世界概念化的做法还是有很多缺陷的。这些以强 CG 为名得出的论断（尤其是那些和全球通信和媒体有关的）来源于社会理论，而不是切切实实关于传媒企业、国家传媒政策、市场结构，以及其他正规通信研究所需的调查。"强"CG 学者"在一个非常抽象的层面做研究，对他们所讨论的世界的证据不够关注，甚至他们想法的形成都是来源于评论"（Sparks，2007：127）。强 CG 范式重理论而轻证据。海思蒙达（2007）称"有关全球化理论的评论工作［……］严重缺乏证据"（177）。当被问及世界体系是否根本性地变革了时，CG 理论家或许会点头说"是的"，即使他们所暗示的巨大变化并无任何证据支持。他们关于世界上有历史意义的变革的论述更是显得夸大其词，听上去更像是"一种流行的修辞，而不是一个严肃分析的指引"（Sparks，2007：184）。

　　而且，"强"CG 范式对 CI 范式政治经济研究方法的排斥，对具体政策问题的回

避,以及对社会变革积极愿望的舍弃导致其关于世界的主张毫无批判力。斯帕克斯(2011)说"全球化理论,整体上是值得肯定的。他们在没有认真地尝试将媒体工件产品、贸易和消费置于差异化财富和权力框架中的前提下研究了这些环节的复杂性"(5)。而且,"针对文化帝国主义的'方方面面都更差'的观点"很经常地就得出了一个毫无批判力的观点:"一个积极的认为全球化'方方面面都最佳'的观点",以及与"历史、经济和政治彻底研究"无关的调查(Curran,2002:182)。无国界的媒体变革,离散文化的融合,以及世界性的影像都得到了积极肯定,而对持续不断的剥削工人、文化驱逐和恶意的种族中心主义的关注已被取代。全球化之喜在于融合的状态,后国家的主观性以及流动性,而全球化之忧常常被忽略——本质论引发的文化冲突,永恒不变的省别国别的思维模式,以及贫民窟里让人绝望的极度穷困(Davis,2006)。CG 的强型解释使得关于世界理想化的形象更标准化,接受了全球全体愿望成真的事实。

此外,"强"CG 范式可能和美国帝国状态联系在一起。英裔美国人中的学者们大都是全球化课题多产作者。汤斯多(2007)称全球化的概念是"由 20 世纪 80 年代不同英裔美国作者和社会关系家发展起来的",随之"在 1990 年至 1992 年涌现了一大波关于全球化的书籍"(321)。亨·伍德(2003)将全球化的课题和美国外交政策紧迫状态联系在了一起。他说"全球化"的概念与克林顿政府关于自由国际主义外交政策的演讲一道筹到了不少资金,这些演讲描绘了全球化互相协调互相依赖的后工业化信息经济(145)。高恩(2002)极力主张"克林顿政府外交政策战略的真正核心就是全球化概念"(20)。什么样的意识形态工作会考虑到"全球化"的表现呢? 根据巴塞维奇(2004)的观点,全球化积极普遍的元叙述伪装了美国权力的持续性:

> 在世界各地,美国政治一直在强调开放性市场、开放性投资、开放性通信以及开放性贸易的价值。[……]但是创造一个开放的世界起初并不是全球化进程中的一个计划[……]对开放的追求首先是因为美国在这方面做得很好;一个开放的世界或许会偶然让其他国家受益。(102)

由于美国外交政策的推行以及其智囊团为了全球化理念而统一敌对言论达成的华盛顿共识,一些"强"CG 学者可能无意识地在他们的理论中重现了美国各州意识形态的框架。为此,他们被称作"文化帝国主义者"。皮埃尔·布迪厄和鲁瓦可·华康德(1999:41)称"通过弱化和特定历史传统关联的特殊主义的辨识度,文化帝国主义使其变得普遍化,并依赖于这种力量"。对这些学者而言,"全球化强烈的多义概念"是 20 世纪 90 年代在美国高校中大量产生,出口到世界各地的去历史化的特殊概念。当运用于学术和政治领域时,即便说全球化"可能不具备这个功能,但其可以在一定程度上消除帝国主义在文化普世主义或经济宿命论方面的影响,使企业和地缘政治力量的跨国关系呈现出中立的必要性"(42)。

　　布迪厄与华康德认为全球化这一概念对于美国的外交政策所带有的文化帝国主义面具和意识形态合理化的意义已不再是那么重要了,这一点说法显然是不公平的。对于不同的学者而言,"全球化"有着不同的含义。某些关于全球化的理论以及相关的研究可能与美国外交政策所要达成的目标相一致,但也有很多关于全球化的批判性的研究,向美国以及跨国公司的权力发出质疑与挑战。有观点认为所有关于全球化的理论和研究都符合美国国家和企业的主流意识形态世界观或是其作为"统治阶级的利益",这一说法引人质疑。有很多关于全球化的研究,它们从通信、文化以及媒体研究的角度出发,进行着概念性的理解却也有着实证基础;带有历史的眼光却也敏锐地感知着当今趋势;有着政治头脑却不带有主观色彩;充满批判性却绝非教条主义,从而适应着世界体系中"变与不变"的辩证性。这一类的研究正是斯帕克斯(2007)所说的"弱"CG范式。而"强"CG范式正是CI范式的对立面,因此"弱"CG范式使得CI范式更为复杂化、合格化,并与之水乳交融,将CI范式延伸向了一个全新的方向。在下文中,我将回顾CG范式的"强"与"弱"的主张,因为它们与锄"强"扶"弱"的CI主张有着直接的关系。

文化全球化范式的主张

　　CG范式与以下关键主张相关联,这些主张提到了媒体的跨境流动以及电视节目与电影流通所在的世界体系的本质。在多数情况下,这些主张并不能叠加在一起以形成一个连贯的范式;相反,它们给那些倾向于CI范式的主张带去了不少麻烦。

　　第一,"强"CG范式声称帝国和帝国主义的时代已经过去,现在的世界体系与过去相比已经在本质上发生了改变。世界已不再简单地分为占主导地位的超级大国和被主导的周边国家。相互竞争的国家和企业也已不再是资本主义和政治一体化的主要推动力。汤姆·林森(1991)对一篇关于CI范式的巨幅评论文章做出了总结,他指出"全球化的现代性"预示着帝国主义的结束以及"新时代下,世界格局正在发生着变化"(175)。汤姆·林森将这种"世界格局的新变化"称为"全球化",并将其"与帝国主义区分开来"。与帝国主义相比,全球化被认为是"一个远非连贯的或者说是文化定向的过程",而帝国主义则是"一个有目的的项目"或者说其"有目的性地将某个社会制度从一个权力中心辐射向整个世界"。汤姆·林森指出,全球化指的是"互联互通""相互依存",以及在世界体系中各个领域的"整合",没有某个国家或某些国家来引导整个过程。更重要的是,"全球化的进程会削弱各个民族国家的文化内聚力,包括那些曾属帝国主义列强,如今经济实力强大的国家"(175)。

　　认为全球化的进程是一个不由任何一个或一些国家主导的一体化进程，且全球化本身就是主要的经济、政治和文化变革的肇因，这样的观点是令人质疑的。罗森伯格（2001）指出，学者们把全球化看作是"因"（一种决定并解释世界变革特性的力量），而不是作为"果"（一些已有的经济、政治以及文化所决定的产物）。鉴于CI范式在一个等级分明且发展不均衡的世界体系内将变革与资本主义帝国的力量和相互关系联系起来，汤姆·林森将"全球化"本身描绘为一个影响已无处不在的强有力的原动力。然而"强"CG理论学家忽视了在这个发展不平衡的世界资本主义体系中，企业和民族国家一直以来的"指令性的"和"目的性的"权力目标。此外，认为美国已经不是世界权力的中心这一观点，也是站不住脚的。许多历史学家、国际关系学者，以及马克思主义者认为，在整个20世纪90年代，美国始终是整个世界体系中至高无上的超级大国，包括在经济、军事、文化等各方面（Ahmad，2004；Anderson，2002；Bacevich，2004；Harvey，2004，2005；Panitch，Gindin，2004）。在20世纪90年代，也包括在当下，有关"美国资本帝国主义"的概念"仍然有助于对整个传媒体系的理解"（Hesmondhalgh，2008）。美国虽然已经不再有昔日那般的辉煌，但它如今仍然是世界权力的中心（在军事、经济以及文化方面）。在21世纪，信息和通信技术（ICTs）以及传媒企业仍是美国的权力支柱。不是每一种跨国或跨界的传媒关系、媒体实践或媒体流都可以归于文化帝国主义或"美国化"。尽管有关于电视节目和电影全球化的研究不一定全程都有美国的参与，但美国政府和美国传媒集团在这一媒体流进程中凭借其"有影响力的创建者"和"守门人"的身份，时而会展现出自己的身影。

　　第二，CI范式中有个"大卫和歌利亚模型"：美国主导周边国家，其媒体公司掌握着依附之却全然不知情的国家的文化主动权，CG范式使得这一模型变得更为复杂。这样的二元化支配使得美国和其他国家在当代社会环境下原本就很复杂的关系变得更为模糊（Golding and Harris，1977：6）。为解释这些国家之间的关系，斯特劳哈尔（1991）提出了"非对称性互相依赖关系"的概念，即"地位不平等却在政治、经济、文化方面拥有不同程度能力和主动权的国家间一系列的可能关系"（39）。斯特劳哈尔（1991）认同CI的观点：不是所有国家都有一样（相同）的创造世界性文化的能力，但大多数国家都有自己的媒体产业来制作本国的电视电影。斯特劳哈尔认为其局限性在于很多国家的媒体系统都是居于世界系统之下来运行的，他同时也分析强调了每个国家或每个产业不同的历史发展使得他们的能动性不同。斯特劳哈尔没有否认美国媒体的凝聚力，而是"暗示了一种在媒体关系间更大范围的可能性，从依赖到有关联的互相依赖"（56），比CI模型通常理解的由国家政府支持的国家媒体产业还要大。斯特劳哈尔说学者需要学习之，还有"解决国内和国际精英间矛盾"的政策，"国家关键的媒体和政府精英利益"，"重要生产人员的日常行为"，以及"国家间的相互影响，尤其是政策决策者、基础建设和供应商间的影响"。

非对称性互相依赖关系为更严谨的 CI 模型提供了有效的替代性效果,丰富了除美国外其他国家及媒体企业在同美国和同其他国家竞争或合作情况下的研究成果。

　　第三,一些 CG 学者提出美国是媒体中心——与唯一的媒体中心概念不同——在多元化的世界体系中,媒体中心与外围时常互换。CI 学者关注的是美国经济文化集权控制的单极化世界体系,而 CG 学者倾向于一个多极化的世界体系,多种媒体中心并存于迄今仍是"边缘"的地带。过去的 30 年里,一大批形式多样的非美国媒体中心涌现,或像柯廷(2003:205)恰如其分地称之为"媒体首都"。很多国家的媒体企业当地化,辨识度高,有着民族的特色;他们的观众更喜欢节目的制作人及主人公和他们一样的长相,一样讲话,一样开玩笑,一样做事(Tunstall,2008:第十四章)。多数地方化媒体中心的娱乐金融、产品、分销、市场营销都为文化相近的观众定制电视电影。香港、开罗、孟买,以及很多其他媒体中心,比方说,提出了"广泛的娱乐分销网络,成熟的市场和与好莱坞全球电影电视主导地位的各方面特征相同的娱乐经济"(Keane,2006:835)。CI 学者曾调查过的多个所谓被边缘化的传媒比较弱的国家,诸如澳大利亚、巴西、加拿大和印度——现在也有了很强的媒体制作功底(Reeves,1993;Sinclair,Jacka and Cunningham,1996;Sparks,2007;特蕾西,1988)。全球娱乐传媒的政治化经济不再被美国跨国公司独占鳌头。汤斯多(2007)说"各国媒体自 20 世纪 80 年代剧增的输出使好莱坞及美国其他传媒商已经失去原有的市场份额"(322)。就算美国可能真的已丢失全球市场份额,但和其他媒体输出国相比较而言,它仍然掌控着全球市场的最大份额。其他国家媒体中心的涌现和美国媒体中心(洛杉矶)突然的衰落并非同时发生。美国仍然是世界强有力的媒体中心(Sparks,2007)。世界格局下有众多出色的媒体中心,但美国仍是"老大哥"(Chalaby,2006;McChesney and Schiller,2005;Miller et. al.,2005;Morley,2006)。

　　根据 CG 学者的研究,随着地方媒体中心的发展,以美国媒体为中心,单一型辐射电视电影影响其他国家消费市场的格局,正在逐渐演变成国家间多方向型的。屠苏(2007)称现在媒体流有很多种类型:多语音、多方向、多媒体——流通成为"主流的商业化商品,供全球多元化的观众消费,同时各式各样的演员也折射出更多的信息和影像"(10)。娱乐传媒掀起的潮流不再单单从北半球到南半球,从西方国家到东方,现在也常常是从南方到北方,从东方到西方(Murdock,2006)。电视电影在文化相近的国家间流转,同时也吸引着离散的犹太人,从他们的发源地到他们移民的国家。阿帕杜莱(1997)说"美国不再是整个世界影像的操纵者,而只是一个国际化复杂虚构景象里的一个节点"(31)。但是 CG 这一强有力的论断并无裨益。多元化的文化流在没有忽略美国作为一个"节点"的主导地位的情况下也可以研究。屠苏(2007)小心翼翼,并不贬低北半球(以美国媒体为中心)持续输出媒体产品到南半球的现状,而指出存在"先前处于全球媒体产业边缘的国家"(11)出现"逆流"的现象,且值得研究。

第四,一些 CG 学者称国家政府并不必然是民族文化的唯一来源和救星。CI 学者常常谴责美国商业化传媒模式的弊端,而推崇国有的"公共"广播公司的优点。为抵制"文化帝国主义"的消极影响,CI 学者鼓励国家减少其传媒体系在世界中突出的霸权地位,拒绝商业化的传媒模式,加强国有广播公司的积极性。国家及国家广播公司是否是最适合促进并保护民族文化的载体,CG 学者提出了质疑。他们强调国家政府是如何按照他们理想的方式来定义民族文化的。最糟糕的情况就是国营广播公司宣扬的民族文化反映的是统治者的信仰和价值观,而非普通老百姓的(Sparks,2007:211)。某些国家把美国化媒体作为对本民族文化的威胁,以国家安全为由颁布了一系列媒体审查的立法并对此大做宣传(Ma,2000;Nain,2000;Mowlana,1996)。为了使本国文化不受美国媒体侵害,这些国家中差不多称为家长式的领导人制定了一些不民主的媒体控制政策(Curran and Park,2000:5)。在一些国家手中,文化帝国主义的说法正好成了他们支持压迫性不民主政策的依据。弗卢(2012)说"文化帝国主义比不平等的文化交流点燃了更多道德愤怒之火","反美主义者通常都有一种强烈的情感呼吁,不仅仅是那些政治文化界的精英们,希望他们的公民能正确对待流行文化的消费"。这就是说不是所有保护促进"民族文化"的法案都是压迫性的,不民主的,或是反美的。强 CG 学者提出一种反集权亲市场的观点,支持媒体集体化的新自由商业化意识形态,他们的说客,最优秀的弱 CG 学者们提醒国家精英们勿滥用文化帝国主义这一说法。国家、媒体政策及民族本身多被形象地称为"兵家必争之地",其资源、能力以及价值被一群兴趣使然的行动者争抢。此外,国家政府可以创造积极的文化成果,当媒体市场未能这样做时(Grant and Wood,2004)。正如博伊德·拜伦所说(1997):在 21 世纪,除了通过国家政府,没有更可靠的途径来解决重要的媒体议题,除非我们准备相信"自由"市场是最好的调节者(第五章)。

第五,一些 CG 学者批评社会结构实用主义模型太过注重经济力量和关系而将其作为所有文化现象的主要决定因素(Sreberny-Mohammadi,1997:50)。他们认为 CI 学者依赖马克思主义基础/上层建筑模型的社会,更容易使文化弱化到资本主义生产方式的基本逻辑中。传媒企业把文化创造当成一种商品,这种文化由资本主义的结构要求决定,由其表现,并为其服务。正如商品在市场中交换,会传递出资本家消费者的意识形态,传媒公司使用的各种吸引观众的方式会卖给广告商,文化产品结构性地服务于资本主义。为了接受这一观点,CI 范式常常有同样的结论:全球电视电影都是资本主义制度的商品,因而,最终会服务于资本主义。"在一个跨国企业市场占主导地位的时代,销售产品是最为重要流行的文化。"席勒(1992)说道。尽管没错——这或许是激励人们挑战资本主义现状的一个行之有效的办法——但这种论断对详细研究资本主义文化产物的复杂性和矛盾性并无帮助

（Hesmondalgh,2007:5-8）。"文化帝国主义理论的弊端不是在于其忽略了［经济文化］主体间的相互影响,而是在于其研究透并且最终弱化了他们之间的影响。"（Tompson,2001:174）资本主义媒体产业与文化是高度协调的。传媒集团和他们所销售的商业化电视电影或许会影响文化,但他们本身在文化领域并无辨识度。美国传媒企业并不总是制作一些代表美国"民族文化"的作品。一个国家的媒体行业龙头企业也许会以关注本国文化为中心,但他仍然会制作出表现其他文化的作品来。有的媒体企业甚至还会制作出批评资本主义消费者意识形态的文化内容来。人们对资本主义媒体的文化产物的体验会有所不同（Tomlinson,1991）。激进分子通常会合理地将文化商品化而让它变得富有挑战。CI范式着重宏观层面与微观层面的平衡;宏观层面指关注资本主义文化的发展动态、结构和功能;微观层面指对特定媒体机构行为、生产方式、媒体文本和观众的分析（Hesmondalgh,2007）。这也就是说,文化是自主的或存在于完全脱离经济政治影响架构下的"强"CG概念是行不通的。资本主义文化是复杂和矛盾的,我们不能就此理解"当代文化作品中没有与政治经济因素密切相关的因素,就定义当今资本主义的状态特征"（Sparks,2009:9）。

第六,CG学者对主权国家做了综合的评估。强CG派学者称单民族国家正在遭受挫折,丧失跨境与跨国界传播的主权（Appadurai,1997）。然而,不像CI学者,CG派学者似乎不加鉴别地称赞这一下滑趋势,他们也不关注在此传播过程中丢失了什么。而政治上最精明的"弱"CG学者,他们习惯称之为国与国之间长久的文化"守门人"——跨国贸易公司以及他们的娱乐传媒。在全世界范围内,国家是不同"语言、政治体系、权力框架、文化传统、经济、国际关系和历史"的重要标记。国家发挥着一系列"国有"媒体的功能:资助媒体公司,参股广播公司,为网络颁发许可证书,审查、保护促进本国的文化。柯伦和帕克（2000）认为国家对"影响媒体系统的成型","决定管控电视广播的领导班子","制定媒体行业相关法律法规框架"以及"从各个方面影响媒体行业"（12）都有着惊人的作用。针对全球化进程预示着国家民族的衰落的观点,柯伦和帕克（2000）称"媒体系统不仅仅是由国家监管机制和观众喜好决定的,而是由影响整个国家环境的一系列社会关系决定的"（12）。因此,弱CG范式关注如何使跨国媒体集团的利润利益既受限制,又能遵循国家守门人的战略,包括能保障国家政治精英的媒体政策,以及保护国家媒体所有者的优先权和当地观众的具体品位和偏好（Chadha and Kavoori,2000:428）。

第七,CG学者认为传媒产品不是美国整体形象和资本主义消费者意识形态的必要传输纽带。CG学者对CI范式通过电视电影向世界输出"美国生活方式"的静态观点存有争议。CG学者通过分析媒体节目的内容和文本,他们发现全球化的电视电影中美国生活方式的形象并非是单一的、标准的、可预见的（Gray,2007）。美国传媒集团或许是掌握着世界电视节目和电影流通的大部分市场,但这些媒体产品代表着多种多样的"美国人",而不全都是支持霸权主义意识形态的"美国人"(Gray,2007)。除此之外,CG 学者称 CI 范式太过强调电视节目和电影的消费主义价值,而忽略了"媒体输出产业种类繁多的主题、影像和表现"(Thompson,1996:171)。更进一步说,CG 学者确立了后福特主义媒体生产逻辑,像是全球化和生活方式细分。通过对电视节目和电影的切实真正学习,CG 学者使 CI 范式认为的全球娱乐产品总是传递出简单的美国形象的观点的问题复杂化。

第八,"强"CG 学者和"弱"CG 学者强调全世界人民都在消费全球化的娱乐媒体,他们会关注周围的人是如何对待这些电视电影的。CG 学者仔细验证了这一概念:地方的观众受全球化娱乐媒体支配、伤害和压迫。他们质疑 CI 范式依赖于过时的通信传播模式:将传送者作为意图和行为的中心发源地,他们通过线性直达性的方式传送内容给被动的接受者,完成空间和社会的融合(Ang,1996:369)。他们批判 CI 范式,认为其"直接从对文化产品表征简单地判断,跳跃性地得出文化深层或意识形态效果的属性"(Tomlinson,1999:84)。他们断言人们会自主筛选、适应、本土化、融合、加工全球化的娱乐媒体 CG 学者作品(Ang,1985;Appadurai,1997;Buell,1994;Classen and Howes,1996;Liebes and Katz,1990;Fiske,1988;Morley,1992;Tomlinson,1991)。他们说娱乐媒体作品的消费是个复杂而矛盾的过程,检验了观众是如何在混杂着国内国外媒体作品的纷杂环境中做选择的。尽管非美国观众观看大量美国出品的电视电影,他们同样也看反映他们当地语言和生活习俗的文化娱乐节目(Straubhaar,1991)。全世界各地人们的家庭娱乐大餐都是出口自美国和其他文化相近的国家的娱乐媒体作品。然而,观众的选择度和积极性不会威胁 CI 政治经济框架或是平衡各国间视听传媒的流量。赫斯蒙德霍(2008)认为"对活跃的观众和混杂的文化状态抹杀了文化帝国主义概念的批评是不公平的"(107)。不忽略政治经济因素也能识别和研究观众这一角色。

▷案例 1.2　全球媒体事件

基于麦克卢汉"地球村"的概念,梅罗维茨(1986)提出跨界的电视传媒已经改变了地理位置和社交关系的概念。地理位置长久以来是社交、文化和身份的关键因素。"此时此刻"就是身份的最高象征,不过现在的跨界电子传媒使得社会经验不再受疆域限制,慢慢通过电视荧屏和信息通信技术传达出来。卫星电视让"观众欣赏另一个地方的直播演出,接触并未真正在场的观众"(7)。电子传媒让"各地的信息和体验互相传播",诸如总统演讲、军事侵略、体育赛事成了"可以在千家万户舞台上演的节目"(118)。梅罗维茨(1986)相信处于电视电影里、小说情节里和新闻媒体事件中的,或与他们有关系的人们,正在建立起一个新型的"没有邻居的社区"。媒体作品是跨境普通体验的参照。一个全球风靡的电视节目会让整个世界感觉起来像是一个整体互通的空间，也会鼓励人们建立起思考他们地方、区域和国家的经历是如何和其他地方联系到一起的意识。全球化的媒体事件就是这个现象的最好例证。

"全球媒体事件"是一项被媒体机构紧密、反复、规律化报道的事件，且受到不同国家观众的关注。全球媒体事件受全球上百万民众的关注。关注的都是集体利益的话题，比如战争与和平、奇迹与灾难，更广的话题，像运动、庆典和王室活动（Couldry，Hepp and Krotz，2009）。全球媒体事件吸引各国的观众，而不局限于本国的观众。尽管该事件可能发生在某个国家或地区，但通过全球卫星电视和网络通信得到全世界观众关注。里贝斯（2010）说全球媒体事件是"通过新的科技手段产生了他们自己的情绪气氛"，而且是"壮观、场面化、仪式化的"（1）。沃克（1994）说全球媒体事件培育出了一个完全由科技和传媒信息流构成的新的地理空间。

在21世纪，全球媒体事件更规律化。他们吸引媒体企业关注胜利和创伤事件，媒体企业于是吸引了广告商，观众则被商业活动吸引。2001年9月11日在美国发生的恐怖袭击事件受到了全世界人民的关注，2003年美国在巴格达的"威慑行动"也是如此。2006年观看世界杯足球赛决赛的观众达到了7.15亿人次（Harris，2007）。2008年在北京举行的夏季奥运会开幕式有10亿至40亿人次观众（Deen and Fong，2008）。尼尔森媒体研究称47亿人次观众（占世界总人口的70%）至少观看了一部分2008年北京夏季奥运会电视直播。2010年33名智利矿工被困，上百万观众观看了营救直播过程（CBC，2010）。2011年世界杯板球赛印度对巴基斯坦的半决赛观众有10亿人次左右（Marks，2011）。威廉王子与凯瑟琳·米德尔顿的婚礼吸引了全世界180个不同国家的观众来关注这一王室盛况（BBC新闻，英国，2011）。这些全球媒体事件为不同国家不同文化的上百万人建立起一个跨界的视觉和情感的纽带。人们因分享同一个新闻而凝聚在了一起。

第九，CG范式质疑基于或包含领地概念的地方或国家文化的本质主义概念。在一些解释中，文化帝国主义认为西方及美国的电视电影传播了他们的文化，在这个过程中腐蚀侵害着当地的文化。一些CI学者简化了西方—美国文化并简单认为地方文化表面上被西方—美国的影视文化主导并摧毁。CG学者批判承载民族文化的娱乐媒体的扩张，国家文化是特征辨识的主要来源，以及解释"文化"的地方主义和本质主义。

CG学者反对把娱乐媒体和国家文化混为一谈。汤姆·林森（1991）说应将"媒体"与"文化"看成是"互相微妙影响的中介"关系（61）。从片面及选择性的角度来看，电视电影对观众来说的确代表文化，但文化绝不是娱乐媒体可以还原的；文化是由人们真实的生活体验组成再生的。"不论有没有媒体频道，"莫里斯说（2002），"人们都会有办法保留那些对他们意义非凡的传统。"一种出色的文化就算没有发达的媒体产业来支撑也可以发展得很繁荣,因为文化不总是依赖于电子媒体来表达再现的。CG 学者说文化不应与人们日常的电子媒体欣赏相当,人们不一定会在欣赏了大量的外国媒体作品后丢失了对本国文化的兴趣。而且,与全球的娱乐媒体多做接触有时也会加强当地及本国的辨识度。"通过和国外影像实践的比较,媒体可以提供激发提高地方价值观和象征物的模型。"(Morris,2002:285)观看美国的电视电影可能会让人们将自己国家的文化与美国的做比较对比,从而成为一种他们对国家归属感再确认的途径。

CG 学者针对 CI 学者的观点提出了很多细节上的看法,像是国家文化——受制于边界,由相同部分组成,与疆界有关——作为文化特征辨识的基本来源。克莱迪(2004)提出了一种"模糊假设引导了很多早期文化帝国主义的作品:文化通常是作为一个整体有组织的存在,通常以一个国家为单位被认知"(250)。而国家认同是很重要的认同来源,能产生对于有共同属性(地点、语言、文化的属性)的特定集体的归属感。汤姆·林森(1991)认为在国内和国际间存在与"国家文化"相差很大,甚至常常是截然相反的文化认同形式(表面相同)。马西(1991)说各个地区在文化方面并不均等,而是有"空间上的交互",当地和跨区域的媒体和媒体资源构建起一系列不同的文化认同和特征。安(1990)说"跨国家的交流系统为新形式国家间的联系和团结提供了机会,为推进文化交流提供了新的途径"(252),这摆脱了疆界的束缚。独立的社区,为认可民族语言学所做的斗争,对本土文化的特宠,以及反资本主义反国家主义的涌现,使得简单的国内统一的对国家文化的看法变得复杂化。从个人和微社会的层面来看,人们日常的文化身份并不总是包含在国家的文化象征中并由其掌控。正如安(1990)所述,国家认同的概念是有问题的,因为"它容易被其他更具体更特别的构建文化辨识度的东西取代"(252)。全世界的人民与其他国家公民在亚文化方面,包括性别角色、宗教信仰、社会阶层、家庭义务、生活方式以及政治理念有着相同或相异的特点。一些 CI 学者将民族属性作为身份辨识的主要依据,忽略了人们文化身份的多样性和国家从来不给予而总是被构建的事实。

CG 学者同样也质疑这一观点:最基本、最单纯、最真实的国家文化在与全球娱乐媒体接触过程中会有所丧失、污染、腐蚀或变质:

> 基于外来媒体会侵蚀内在某些事物特性的假设,有论断称进口媒体有消极影响。这反过来,是基于特性依赖于特定传统和象征物的常不被认可的假设,这一特性和完整的表述来自于一些早期非正规群体的观点。(Morris,2002:280)

一些对文化帝国主义的解释,尽管不是哈勃特·席勒描述的那样,美国娱乐传媒破坏了被假设为"原始文化真实性"的一个国家的文化。他们假设"一个只是国内相同,真实、本土的(本国的)文化,逐渐会转变或被国外影响侵蚀"(Morley,1994:151)。这种观点是错的,在与美国传媒接触之前,民族国家殖民时期后的本国文化未被外来文化影响(Hannerz,1996:66;Massey,1992:9;Thompson,1995:169;Tunstall,1977:57-59)。在这方面,CI 的一些解释信奉一个心照不宣的"文化本质论":单一的文化存在,且具有特色的、固定的、静态的特征、品质或品性或得到内部统一。

CG 学者对于一些 CI 学者对美国和西方文化笼统的看法也颇有看法,CI 学者常常交换着使用"美国"和"西方"二词来表示统一的、均衡的、分布广泛的文化。但是国家和整个地缘政治的区域——美国和西方——并没有单纯、真实、统一的文化。"美国化"和"西方化"是两个有问题的类别,暗含着很多不同的内容:资本主义、科技的合理性、自由主义政治意识形态、消费文化、英语、着装方式、食物处理和消费的习惯、建筑风格、城镇化、宗教信仰等等(Tomlinson,1996:25)。这些美—西的文化始于何处,终于何处? 美国的版图? 欧盟成员国? 纽约? 卡塔尔? 在 21 世纪,诸如"西方"和"美国"的概念已然混合成一个涵盖经济、政治及文化的大熔炉,而不仅仅只局限于地理上的分界。"西方"和"美国"是意识形态上的术语。"西方是意识形态的范畴,是至高无上的偶像,是资本主义和帝国主义社会关系似是而非概念的托词。"(Lazarws,202:57)"美国"也是一样的神秘。关于美国统一的观念隐藏了其有争议的阶级、人种和性别不平等的社会关系。

为了超越对西方和美国身份的笼统本质说法,CG 学者用了混杂状态这一概念。这个概念假设所有的文化都是多样化的、混杂的、不断变化的(Pieterse,2003;Parmeswaran,1999;Tomlinson,1991,1996)。克莱迪(2002)说混杂状态来描述文化融合是一个涵盖面很广的概念,像克里奥尔化(欧洲语与殖民地语的混合化)和类并,这个术语包含了"非洲、拉丁美洲、亚洲的后殖民文化以及流散在西方犹太人的文化"(319)。文化混杂状态是两种及以上不同来源文化的综合。当一种文化遇上另一种,他们相融合,形成了一种新的或全然不同的东西。CG 学者说文化事实上总是混血儿,"每一种文化",在莫利看来(1994),"都是吸收了来源于外部多种多样的外国元素才形成了'自然'内生的特征"(151)。加西亚·坎克里尼(1997)说道,"不同文化间的混合产物"在当今社会下,有传统的和现代高档流行大众文化的混合,也有跨越地理边境的混合(11)。普莱克(1995)称"文化不可能永远是纯粹的,而在通常情况下,受制于不断的吸收与适应"(68)。莫里斯(2002)认为:

　　文化的特性、实践、符号等这些用来表达和呈现文化的东西不会永远那么纯粹而不受侵蚀,没有一种文化是"内生"的,符号和传统——不论是新创造的、加强了、自然发生的、构造的、求来的、借来的,抑或是偷来

的——始终都是变化的。(280)

随着全球文化经济的发展,文化融合的机会大大增加。通过融合,一种文化可以改变另一种。CG学者认为文化是可塑的、不纯的、开放的、始终变化的,而非本宗的、纯粹的、封闭的、单一的。正如赛德(1993)肯定的,"一种文化总会包含另一种文化:没有一种文化是独立和单纯的,所有的都是混杂、多样化、差异巨大、不统一的"(第十五章)。"有史以来"所有的文化(不同程度地说来)总是吸收同化外来的文化(Morley,2006:37)。混杂的文化特征是靠自己构建而不是别人给予的。文化交流很少是互利互惠的;文化的混杂状态通常是来自非对等不均衡的国家、传媒公司和集体之间的关系。有的国家——最强有力的国家——比其他国家更有能力将他们的文化要素传播到世界各地。

第十,CG学者与CI范式公开争夺后殖民的话语主动权,并警告大都会学术界要杜绝滥用这类术语的现象。汤姆·林森(1991)在对CI范式一个经典的结构中提到"文化帝国主义"是西方(表面上以美国为中心的)对文化支配的一种论述,内容如下:

> 我们所关心的话题不可避免地在于发达的西方[……]文化帝国主义,作为一种决定性的论述代表着那些掌握自己主动权(占优势)的文化。这一论述是从松散的状态中讽刺性地被总结出来的。

汤姆·林森对CI的担忧不是这一论述或其所指向的某事是否真实存在于这个世界(文化支配的形式),而是说道或写道文化帝国主义作为一个强国对弱国的"统治",学者们就有了他们写作所寻求的挑战过程:"在讨论过程中文化帝国主义再次产生是危险的。"(11)汤姆·林森说当CI评论非美国文化受统治于美国传媒企业的时候,他们就已经肯定了美国传媒对非美国文化的震慑力。汤姆·林森在文化帝国主义讨论中关心"谁为谁发言"的问题,说明了对理性知识、权力与特权、制度权力/知识的地缘政治地位,以及政治和代表潜在影响间关系的自反性意识。

弗雷德里克·布埃尔(1994)补充了汤姆·林森对文化帝国主义概念的批评。布埃尔针对CI学者少用"文化渗透"(用来描述美国发达传媒集团进入较弱的非美国边缘化国家输送他们的传媒作品)。文化渗透听起来像是"无意识地使用了两性意义上的修辞"(2),让美国在非美国国家的视听交易成了强奸。美国被绑架成一个过度阳刚的强奸犯,其他国家则被打造成女性受害者。对布埃尔来说,传媒集团渗透文化到当地的看法和观点是欠妥帖的;这样的看法和观点无视那些被讨论人的力量,"它反复强调帝国主义修辞的性别化,通过不断将第一世界设计成侵略性的男性而第三世界是顺从的女性"(2)。布埃尔继续说道:"第三世界文化无助的形象重复着它的对立面:很容易想到帝国主义的观点认为第三世界文化软弱无戒备。"(3)布埃尔对 CI 范式的解读,灵感来自于东方无数关于后殖民主义的批判,将殖民者性别化,将殖民过程性欲化,这一二进制策略是欧洲殖民计划中最基本的部分(Said,1979)。当谈到文化控制时,美国大都市的白领们(像不同时期欧洲殖民者的知识分子一样)冒着风险出现了很多关于其他国家低劣、消极、软弱的藐视性话语;确立(也构成)了美国优越、积极、强大的老大哥身份。插入布埃尔的分析框架中,结合意识形态决定和 19 世纪殖民主义诗学到后殖民主义国际化的关系,CI学者(和他们对美国传媒渗透边缘国家的幻想)被认为是无知的,他们关于文化支配的话语从原文本角度和地缘政治角度都处在美国和西方文化帝国主义这边。

汤姆·林森和布埃尔对于讨论者的关心,他们的社会建构论的偏见,以及他们对文化帝国主义的概念,打破了两元论思路的批评,明显指向两个观点。第一个是关于地理的起源和文化帝国主义概念的使用(文化帝国主义,是作为西方基本学术用语的一部分而产生的,在大都市学术界被知识分子广泛使用)。第二个主张是关于文化帝国主义概念的政治特征,以及这个概念使用的意识形态效果(压迫型,其使用者从某种程度上讲——有意无意地——赞同他们所反对的过程)。

这两个主张都不公平。正如前文提到的,CI 是一个后殖民的概念,反对西方殖民主义和美国新殖民主义。对 CI 范式的批评已经"从上下文中带出,将其从具体的历史条件中抽象出来了:政治斗争和 20 世纪 60 年代、70 年代的承诺"(Mattelart,1998:137 - 138)。卡布拉尔(1973)、法农(1963)和提安哥(1986)都批判文化帝国主义,强调推翻帝国主义文化政治的重要性。正如汤姆·林森所想,CI的论述在西方的知识文化中站不住脚。它贯穿反殖民斗争的整个过程,然后被西方反帝国主义知识分子细化,比如席勒,在他提出后,就基本代表了大家的声音,但这却是他的国家中那些政治经济界的精英常忽略的。从传播理论到文化控制的实践尝试,文化控制/文化主导二分法的解构,都冒着抹平全球权力关系领域的风险,否定世界向着系统化基础化不平等发展的事实。有的国家和企业处于支配地位,拥有更强大的力量从其他地方获得他们想要的东西。以"全球文化经济"为基础的世界体系是不平等的,或者说是有违社会正义的。

总结:介于文化帝国主义和文化全球化之间

本章通过联系背景,回顾讨论了文化帝国主义范式和文化全球化范式下,关于全球传媒研究的主要观点。本章的目的不是为了选出文化帝国主义和文化全球化中对全球电视电影研究最好、最真实、最准确的一个,而是为了将两者的意见进行交换,互通有无。尽管很多研究全球娱乐传媒的学者会在文化帝国主义范式和文化全球化范式中择其一,本文则关注两个范式内在的关联和效用。文化全球化范式对文化帝国主义的范式一些阴暗、落后及有争议的谈论提出了有力的质疑。尽管文化全球化范式被那些希望"超越"或"修饰"原始文化帝国主义范式的学者保卫，很多文化帝国主义范式的核心主张还是很有用的（Curran and Park，2000；Harindrath，2002；Merley，2006；Sparks，2007，2012；Van Elteren，2003）。文化全球化范式将重点放在新的引人注目的东西上，帝国主义老旧的政治经济架构是如何影响当下的还需要深入研究。如莫利所说："尽管在某些领域北美的帝国主义已经过时，但我们或许还得像席勒说的那样认真地看待它继续存在的意义。"（205；33）文化帝国主义范式对于全球娱乐重要的政治经济途径，不需要和文化全球化范式关注于话语、文化复杂性、消费行为和语义的研究进行互换。政治经济和重要的文化研究值得赞赏。这就是"文化的唯物主义"。

21世纪全球传媒研究的挑战或许是发展出不为文化帝国主义和文化全球化范式的假设不知疲倦天真无邪地辩护的中立范式。这两种范式，太频繁地以夸张化、假想化的形象出现在我们的文献综述以及左翼和右翼思想家的小争辩中，通常该研究和某个范式的关系十分多变、复杂和微妙。文化唯物主义中立范式以赞赏性的方式最大化地调动激进的政治经济学和文化帝国主义、文化全球化范式批判性文化研究的积极性。文化帝国主义和文化全球化范式互相支持；文化帝国主义学者可以学习评判性的文化研究学者，文化全球化学者则学习激进的政治经济学家。莫兰和凯恩（2006）提议学者们应该更多地采纳"中立的研究和调查"的方法，因为这样比较接地气，与语境相关，且专注于权力关系（72），而不是代入一个范式或整体地研究另一个。

尽管文化帝国主义和文化全球化范式出现在不同的历史阶段，但他们并未被那个时代所限制；两种范式都对学者们有着重要的意义与实用价值。文化帝国主义更注重过去的连续性，文化全球化更注重当下趋势的变化。尽管文化帝国主义范式常常被认为是不切题的而必然地被文化全球化范式取代，本书辨析了两个范式的充分性和不充分性只能由全球化电视电影产品、分销、市场营销、展出、文本设计的特定文化唯物主义研究决定。作者更倾向于改进版的文化帝国主义范式或是"弱"文化全球化范式，更贴近于帝国历史、政治经济结构和文化实力的非对称性，致力于实现社会公平，抓住了持续与变革的辩证关系。当然本书鼓励学者们能通过调查检验各个范式主张的正确性，积极参与到全球范式的大讨论中去。学生与学者们应结合当地实情展开调研，来支持、辩驳、加深、扩充或是整合这些范式。接下来的章节将围绕文化帝国主义和文化全球化范式而展开；一些人默许文化帝国主义范式，一些人支持文化全球化范式所关联的情况。各范式支持者之间的斗争似乎已经持续很长一段时间了，这些范式似乎还会继续激发出有趣的研究。本书剩余部分不是为了要停止文化帝国主义和文化全球化范式间产生的争论，而是要为他们做出可行的有价值的贡献。

第二章　全球娱乐媒体的资本化

引言：娱乐公司

　　资本主义的生产模式生产出了娱乐。生产模式是指生产在社会中的组织形式。资本主义是世界上主导性的生产模式；它是地球上几乎所有国家生产、传播娱乐内容的主导性模式。资本主义是一个经济体系，身处其中的大量独立公司利用私有化的资本和劳力生产出可供销售的产品与服务，从而实现赢利的目的（Bowles and Edwards,1985:394）。在 21 世纪，大量生产公司雇用领薪工人生产电视节目和电影，将其作为商品出售给（或授权给）消费者（例如，其他媒体公司、观众等）。媒体集团（而非政府或工人）拥有生产、发行、销售、播映电视节目和电影的渠道。工人们生产、合成娱乐内容的工作室归私人所有；将这些内容传输至消费者的发行与播放渠道也归私人所有。媒体公司将观众转换成商品卖给广告客户。媒体公司利用技术、劳动力、金融资源整合了多个国家内部或国家之间的娱乐商品的生产、发行、营销和播映。所有媒体公司——不论它是在中国、加拿大、印度、韩国、法国、波兰还是美国——都生产、销售商品化的娱乐产品。为了利润最大化，媒体公司"在发展真正的全球化经营策略的过程中，有意识地脱离公司所在国的国籍"（Sklair,2001:48）。媒体公司彼此竞争，力图争夺电视节目和电影的版权、媒体生产、发行和播映渠道以及观众的注意力，在这样一个世界体系中，娱乐媒体作为商品被生产、发行、播放及消费。

　　何种资本主义基本逻辑影响了社会中娱乐媒体的生产？娱乐产业中主要的公司有哪些，它们之间的关系是怎样的？作为商品的电视节目和电影的生产会受到哪些经济、文化作用的影响？娱乐商品的突出特征是什么？在争夺市场的过程中，媒体公司牺牲了对手来获得自身利润最大化吗？融合是什么？水平整合与垂直整合的策略如何塑造了娱乐内容？一个跨国媒体公司（TNMC）和一个本土媒体公司（NMC）有什么不同？世界上最牛的媒体公司在哪？美国媒体公司与非美国媒体公司的权力关系是怎样的？为了回答上述问题,本章将探讨资本主义娱乐工业、跨国娱乐媒体资本经济等相关的主题及其发展。柯廷(Curtin,2005)认为"媒体全球化学术文献的下一步进展将更多聚焦在媒体组织的制度逻辑上"(156)。本章将考查资本主义逻辑和组织目标是如何塑造娱乐媒体的。

本章第一部分讨论资本主义的基本逻辑如何规定了娱乐媒体的存在形式,阐述资本主义工业中相关利益人的角色和目标(生产制作者、投资人、发行商、营销方、院线方等),强调娱乐媒体商品的独特品性,检视竞争与集中的矛盾、市场集中与市场控制,探讨融合、水平与垂直的融合策略,以及娱乐媒体间彼此依存的关系。本章的第二部分考查娱乐媒体的跨国政治经济。在区分了研究权力的"位置"路径和"关系"路径后,描述了本土娱乐公司(NMCs)和跨国媒体公司(TNMCs)特征,之后探讨了二者基于联合经营、股权式联盟和许可协议的"战略联盟"的兴起。全球媒体研究的基本认识就是要理解资本的力量以及资本与强势媒体公司的关系是如何影响娱乐媒体的。

资本主义中的娱乐媒体:媒体公司、阶层分化、商品和利润

如今,娱乐媒体已是资本主义社会的产物和组成部分之一。在所有的资本主义社会中,追逐利润的媒体公司拥有生产和发行的资源,媒体所有者和工资制的媒体工作者处在不同阶层,商品化的媒体产品生产出来,在市场中出售和购买。

在资本主义社会,私人拥有(而非政府所有)的媒体公司主导着社会中娱乐媒体的生产、发行和播映(CHAN,2005a;Epstein,2006;Flew,2007;Scott,2005;Meehan,2010;Wasko,2003)。媒体公司的目标就是利润最大化。它们为了利润增值,将资金、技术、媒体和成百(如果不是上千)的工作者融为一体,形成社会生产关系。尽管媒体公司里有很多人,但在法律上公司却是单一主体,拥有相应的权利和义务。维亚康姆雇用了上千员工,但在法律上它是单一主体,迪士尼、时代华纳也是一样。法律规定媒体公司是单一主体,公司的CEO、董事成员和持股人对公司承担有限责任。和拥有权利的个人一样,媒体公司可以运用相关权力反对其他人(和政府)。尽管媒体公司作为管理人、持股人的代表,赚取了最大化利润,公司自身的特权和责任与公司拥有人的权责还是有区别的。媒体公司为了减少公众对其权力的关注,做了很多积极塑造公共形象的事情。维亚康姆捐献了100亿美元免税款项用以支持建造位于华盛顿国家广场的马丁·路德·金纪念园(Robertson,2007)。2010年,迪士尼捐赠了至少1.98亿美元免税款项用于多个儿童慈善项目。媒体公司通过自身媒介平台逐渐将自己塑造成良好的公司市民形象,但要注意的是,媒体公司的基本组织目标以及肩负的法律责任是赚取最大化的利润。

以追求利润为目标的媒体公司处在一个阶层分化的社会,在这个社会中私人财产的所有权及其获取途径都是不均等的。资本主义社会可以划分成两个阶层:拥有生产资料的金融和工业所有权人("统治阶级")和必须出卖劳动力以换取工资的人("工人阶级")。仅占世界1％的人口控制了至少40％的世界财富(Stiglitz,2011)。最富有的1％的美国人控制了至少23％的美国财富(Reich,2010)。媒体公司是资本主义社会阶层划分的组织化表现。将媒体公司视为独立主体遮蔽了公司雇用的上千工人,忽略了他们做出的特殊贡献。媒体公司的组织结构是基于阶层划分的:统治阶级(少数拥有并管理公司的人)与工人阶级(多数出卖劳力换取工资的人)。资产所有者阶级是一小部分拥有娱乐媒体财产权的人,他们掌控着娱乐媒体的生产、发行和放映权。这个阶层包括首席执行官和媒体公司的股东们。排名世界第二的媒体公司——新闻集团的创始人、主席、CEO默多克就是所有者阶级中的一位。在福布斯榜上,默多克处于美国富人榜的第38位,世界富人榜的第117位,他的净资产达760亿美元。媒体所有者拥有着权力。他们掌握独有的权力按照任意方式去创造、控制、租赁、出售和使用其所拥有的娱乐资本。媒体公司和领薪工人们创造了利润,养活了CEO、股东这些统治阶层的人。

与媒体集团所有者相区别的是工人阶级。大多数文化产业工人没有娱乐生产、发行和放映的相关资本。他们没有自己的工作室、电视网、零售渠道以及电影和电视节目的版权。新闻集团超过5万名雇员都并非集团的拥有者。迪士尼、时代华纳、索尼等集团在中国、印度、新加坡、韩国、菲律宾雇用了近5万名动画创作人,他们辛苦地干着外包工作,但并不是动画工作室的拥有人。文化工人以向媒体公司出卖劳动力换取工资为生(这种劳动力是为达成特别需求而需具备的体力和脑力)。同所有工人一样,文化工人也要获取收入以满足自身生存所需。他们向雇主出卖劳动力换取收入,支付房租、账单,购买食物、衣服。他们还用工作收入满足文化需求:看场热门电影,买张游戏光盘,看场演出。

媒体公司和工人之间没有明显的强制交换关系。在市场上媒体公司和工人被看作"自由且平等"的个体、商品的买卖双方(劳动力与娱乐产品制作)。然而这种非明显强制的交换关系更有利于媒体公司的权力和利益。通过这样的交换,媒体公司获得了工人一定时间的劳动力。工人一旦被雇用就要依照法律按媒体公司的要求提供自己的技术和才能。一个完成的娱乐产品——电视节目或电影——是媒体公司及其雇用工人交换的结果。很多领取工资的工人合作制成了电视节目和电影,却无法拥有版权:只有雇用他们的媒体公司才有。媒体公司依据知识产权法将工人个体与创造性产品分离,并利用所有权掌控了工人们生产的产品:电视节目和电影。

世界上最具权势的公司都是掌握电视节目和电影版权的大公司,这些版权商品都是由文化雇佣工人生产的。马克斯(Marx,1977)认为资本主义生产模式的

"细胞形态"就是商品：生产出来以供市场交换的物品。席勒（Schiller，2007）对商品定义如下：

> 商品是领薪工人为市场生产出来的一种资源。无论是有形的商品还是易逝的服务，不论是相当诱人还是广遭嫌弃，不论是消费者产品还是生产者产品，一个商品包含了与资本主义生产的联系，其次还包含了与商品交换的联系。（21）

媒体公司雇用领薪工人生产电视节目和电影，将成品作为商品在市场上出售。媒体公司对电视节目和电影的所有权，以及它们作为商品在市场上交换的权利等都依赖于版权：一系列政府许可的独有权，规定了产品的复制、特定创造性表述的使用（见第三章）。

为了利润最大化，一段时期内媒体公司会在多个国家通过多样的市场展示"窗口"向消费者出售不同样式的电视节目和电影（Wasko，2003）。利润是成本和收益之差：媒体公司生产娱乐产品的资金总额（成本）与媒体公司通过售卖、版权许可、娱乐内容复制所获得的资金总额（收益）之差。当媒体公司出售娱乐商品所赚的钱（收益）超过了制造这些商品所花的钱（成本）时，利润就产生了。时代华纳的 HBO 电视网向多个国家的电视频道出售中世纪奇幻题材电视剧《权力的游戏》，从而获取了可观的利润。HBO 花了约 5 亿美元制作《权力的游戏》；以每集 2500 万的价格卖给多个国家的电视网（Szalai，2011）。HBO 通过向全球售卖《权力的游戏》而获得的收益远远超过了其制作成本：HBO 实现了利润最大化。

有了利润，CEO 们就可以做很多事了：他们可以同竞争对手展开价格战，用低价、折扣、赠品等形式回馈消费者，或者提升工人工资以奖励其良好工作表现。但他们最常做的还是给股东分红。红利是媒体公司从利润中抽出来给股东的那部分钱。例如 2011 年，维亚康姆、哥伦比亚广播公司（CBS）、时代华纳、迪士尼就分给股东一大笔股息（Szalai，2011）。媒体公司的 CEO 还拿出利润中很大一部分用以支付他们自己的巨额工资和奖金。2010 年，世界前 30 位媒体公司 CEO 拥有平均近 2200 万美元的收入，比 2009 年提升了 13％（James，2011）。美国前十名高薪人士中的七位都是媒体公司的 CEO。2011 年，维亚康姆公司 CEO 菲利普·多曼的薪酬达 8450 万美元。CBS 公司 CEO 莱斯利·穆恩维斯的薪酬是 5770 万美元，包括 2750 万美元的奖金（1）。自由媒体集团（LMC）CEO 格里高利·马菲总收入为8710 万美元（Lublin，2010）。探索传媒公司（Discovery）CEO 大卫·扎斯拉夫则获2610 万美元（Hagey，2011）。除了给自己支付巨额薪水外，CEO 们还将利润中的一部分重新投资到生产环节中，包括合并、收购和资本升级。

工业结构，或者谁干了什么？
资本循环和价值链

生产、流通资料的私人所有，社会阶层划分，媒体内容的商品化，对利润的追逐塑造出所有卷入全球资本主义社会里的娱乐媒体的存在形式。依据马克思（1977）的观点，资本主义不是一个具象事物，而是一个动态体系。在最基本的层面，资本主义是一种动力"循环"，引发如下行为：公司使用商品化（commodity）的资金（money）购买生产资料（劳动力、技术、资源等）来生产商品（C），之后通过市场出售获取更多资金（M）。通过出售商品获得的总收入的一部分作为利润保留起来（股息分红、CEO 的工资奖金）；另一部分则重新投资到生产资料中。这种基本循环是电视、电影商品生产的基础。媒体公司用资金购买商品化的生产资料（劳动力、技术、资源等），生产出新的娱乐商品，继而出售给消费者获取更多收入。通过出售娱乐商品获得的总收入的一部分作为利润保留起来；另一部分则重新投资到生产资料中。在市场竞争的压力之下，媒体公司加速了这种资本循环，将资金变成娱乐商品，出售后重新变成资金。

马克思资本循环模型是将动态进程机制概念化的一个有用起点，通过这个机制，媒体公司用钱生产电视节目、电影等商品，在市场上出售给消费者，获取更多收入之后再循环生产。很多媒体公司参与到全社会中任一电视节目或电影的生产、流通、营销和展出。所有媒介商品由众多媒体公司生产，他们在相对独立的循环中通过一系列平台互动。波特（Port，1985）将涉入商品生产的阶段定义为"价值链"。电视节目形成特定概念，物质上集合（即生产），包装、投入市场，分销至展出商，并送达至消费者。电影被创作、拍摄、制作、发行销售、向观众放映，通过一系列展出窗口，如电影院线、DVD 以及数字文件，活动链条把作为商品的电视节目和电影带到社会中，这些商品不是被个体消费者整合的，而是被众多公司股权人整合的。

众多追逐利润的公司"玩家"在向总体价值链条妥协的循环回路中是中介。他们经营娱乐媒体这桩"生意"。把电视节目、电影带入市场的主要玩家们是生产商、投资人、发行商、营销商和展出商。在用于公共消费之前，生产商、投资人、发行商、营销商和展出商已经对电视节目或电影进行了商业运算、文化感知。接下来，我会描述这些玩家的结构性角色和目标是如何形塑娱乐媒体的存在形式的。

生产公司构思、生产、出售电视、电影内容。他们组织并管理资金和物质基础设施，用以生产媒介内容。他们为项目集资，聘用演职人员，管理文化劳动者的分配，制定时间表和监控任务，从前期策划到后期制作。很多制作公司是大型媒介垄断集团的分公司："独立的"制作公司通常与大型媒介集团签订合同，作为集团下属公司运行。在制作公司里，执行官、导演和剧本团队选定故事创意。故事有可能是原创的,也可能是从现成的作品改编而来的,如小说、漫画、视频游戏、电视节目或电影。如《阿凡达》(2009)是由詹姆斯·卡梅隆原创的电影剧本。全球知名的电影《饥饿游戏》(2012)则源自苏珊·柯林斯创作的科幻小说。电影《生化危机》的故事源自日本同名的恐怖生存游戏。电影《A 字特工队》(2010)改编自 20 世纪 80 年代中期在美国及多个国家播出的一部流行电视剧。电影《蝙蝠侠:侠影之谜》《蝙蝠侠:黑暗骑士》《蝙蝠侠:黑暗骑士崛起》的故事就是克里斯托弗·诺兰从 DC 公司的系列漫画改编而来。制作公司雇用的文化劳动者并不是自主的创作人:他们并不能随心所欲地创作他们想创作的电视节目或电影。事实上,生产公司雇用的每个文化劳动者(导演、演员、剧作及其他)的创作自主权都受到外部财务压力的制约。

世界上最大的一些影音生产公司都位于美国,其中包括 ABC 工作室(沃特·迪士尼)、华纳兄弟电视公司和 CBS 电视工作室(时代华纳)、福克斯娱乐集团(新闻集团)、派拉蒙影业公司和 MTV 电影公司(维亚康姆)、环球影业(NBC-环球)。影音生产公司也会位于世界其他地方:Cuatro Cabezas 公司(阿根廷)、Crawford Production(克劳福德公司,澳大利亚)、Globo Films(全球影业,巴西)、Brightlight Pictures 公司(加拿大)、Orange Sky Golden Harvest(橙天嘉禾娱乐集团,中国)、Vision Quest Media 公司(法国)、Grundy UFA 公司(德国)、Balaji Telefilms 公司(印度)、Cinecitta 公司(意大利)、Nordisk Film 公司(冰岛)、Kadokawa Pictures(角川映画,日本)、Esperanto Films 公司(墨西哥)、Motek 公司(荷兰)、Regal Entertainment 公司(菲律宾)、VID 公司(俄罗斯)、Five Star Production(五星制作公司,泰国)、Abu Dhabi Media 公司(阿布扎比酋长国)、Film4 Productions 公司(英国)等都是非美国的制作公司。

无论这些生产公司位于何处都要依赖投融资。一个制作公司把一个故事概念转化成一个电视节目或电影商品,主要取决于其资金渠道。如果投资人没有大笔资金投入到生产中,电视节目或电影就无法制作出来。投资人将钱投入到娱乐产业中,期望电视节目或电影成品能带回可观的收入,跨越时间空间从而超出其最初的投资额。投融资是最重要的一个因素,它决定了一个电视节目或电影故事概念能否制成商品,因为做电影和电视节目都很花钱。创作剧本要花钱,请导演、编剧、演员要花钱,制景、道具、服装、交通要花钱,特效、音乐设计要花钱,编辑要花钱。如果电视节目和电影没有巨额资金支持是没法做出来的。因此,影视项目开始的执行制作人(制片公司负责人,确保资金的人)就必须接洽一些潜在的对项目有兴趣的投资方(财团、银行、风投、州府以及广告商),告诉他们概念故事的可能利润,以及他们是否有兴趣投资。电视节目和电影的生产已经"金融化"了:它从属于(受支配)大量优先购买的金融估值与投机,娱乐媒体就被工具化为增加投资回报的手段。同其他工业部门一样,娱乐和文化工业已被整合进入全球金融市场,并朝着服务众多金融投资商这个目标前进。

娱乐投资有多种来源。其中重要的一项来源是由垂直且水平整合的媒体集团"内部"提供的,他们拥有很多生产和发行公司。大型媒体集团旗下的附属发行公司也可以成为制作公司的投资方。电影和电视的发行商是制作公司的准银行:它们借钱给制作公司从而获得内容版权。它们承担巨额债务投资制作公司是因为他们预期电视节目或电影成品的利润回报要远超债务。必需的资金还有一部分来自"外部"资源,如银行、政府以及广告商(Basu,2010;Vogel,2007)。全球银行、私募基金公司、风投等向电视、电影生产公司投资、贷款、操作对冲基金(Avery,2006;CFO Staff,2005)。2012年年初,阳光媒体集团和嘉实基金管理公司建立了嘉实七星媒介私募基金,这只8亿美元的中国基金将为中国及其他国家的娱乐媒体项目提供资金支持。它投资了2012年全球卖座电影《碟中谍Ⅳ》(Cieply,2012)。

由国家支持的电视和电影金融机构(如英国EM媒体公司、德国巴伐利亚电影电视基金)也向制作公司提供金融支持(Epstein,2005)。广告公司可通过产品植入的方式共同投资影视项目。作为客户代表,广告公司投资一部电影或电视节目,在成品中能展示或凸显某个品牌。广告公司付钱给电视网,在电视节目中穿插广告,将商品或品牌展示给目标观众群体,从而间接投资了电视节目。因此,广告公司——电视网利润的主要来源——影响了电视节目的构思、生产和播映。

所有投资商——制片厂、电视网、分销商、金融机构、州府及广告商——都期望他们的娱乐投资项目回报丰厚。如果一部电影或电视节目有利润,投资商就能收回成本,或者相应地拿到总利润中的一定比例。广告商则收获了量化的、商品化的观众注意力。然而,并不能保证一部电影或电视节目一定能赚钱或者吸引观众。投资一个娱乐产品的决定往往是一场赌博。为了风险最小化、利润最大化,投资商试图提前推断一部电影或电视节目能否卖座。在预付款项之前,投资商要计算出电影或电视节目的预期收益。他们试图提出并回答以下部分或全部问题:哪些国家或哪些人口统计意义上的观众(细分市场)会是这个节目或电影的目标群体(这项娱乐产品迎合某些国家特定观众市场的可能性有多大)? 这个节目或电影是否满足广告公司的需求(这项娱乐产品吸引的观众是不是广告商希望广告能抵达的观众)? 使用哪个播映平台,何时、何地播映(这个节目或电影通过哪个平台传播,在哪个时间段传播)? 如何培养观众对这个节目或电影的需求(这个产品如何抵达观众,花费几何,通过哪种渠道)? 国家媒体管理部门或相关政策是否许可或限制这个产品的流通(内容配额如何影响该产品的跨国流动)? 文化环境会不会阻碍或推进这个节目或电影的流行度(语言文化的差异会不会阻碍或鼓励观众去观看)?

经济和文化的综合考量影响到投资决定,且最终影响电视节目和电影的生产。投资商对经济和文化因素的考量影响到文化劳动者的创意自主性及其创作的娱乐产品内容。鉴于制作公司很大程度上依赖与投资商保持稳定友好的关系,制作公司参与的很多电视节目和电影的项目概念都能吸引投资商,并得到投资商的赞许。为了风险最小化、回报最大化,投资商会影响投资商支持的电影或电视节目的内容——类型、叙事、价值观、审美、演员等。投资商会投资投资商认可的娱乐项目或被说服而认可的项目,这些项目将会带来最大的回报,那些投资商回避甚至刁难的项目则不会有很好的回报。很多制作公司都会推出投资商可能会支持的项目,关注投资商的内容兴趣点,这样一来制作公司的创作自主权实际上就受约束了。克里斯托弗森(Christopherson,2011)认为制作公司雇用的文化工人"不能按照他们的意愿进行生产(至少可以谋生)"。他们必须要了解集团公司和投资方希望分销的内容(133)。投资商通过一系列复杂的决策过程把钱投给生产制作公司,这种力量深刻影响了文化创造力和媒介内容生产。其结果就是标准化的电视节目和电影生产出来以完成投资商的盈利目标。尽管创新型电视节目和电影存在一种"边界"(风险、非传统、内容禁忌),但还是会被生产出来。虽然文化工人有产业压力,但他们仍具有一定的创作自主权(Hesmondhalgh,2007)。生产制作公司既生产标准化产品,也生产创新型作品,并不是只生产二者中的一种。

一旦生产公司和投资商达成某个交易,就会签署一份合同,那么从故事到电视节目、电影的生产过程就会"一路绿灯"。在前期生产阶段,故事概念由编剧进一步发展,同时,电视节目、电影生产的每个环节都会细致计划。执行制片人雇用一支运行团队负责该项目,团队中有制作人、导演、助理导演、选角导演、外景制片、摄影师、音效设计师、美术指导、服装造型师、分镜师、动作指导等成员。主要演员和次要演员相继签约。当概念故事进入到实质拍摄阶段——投资人尚无回报——公司会雇用更多文化劳动的新国际分工(NICL)背景下的文化工人,进而完成一系列工作(见第四章)。摄影棚开始设计并搭建,拍摄地开始安排。电视节目和电影的实际生产和摄制往往长达几周、几个月、几年(某些情况),制作地也往往不止在一个国家。在后期制作阶段,会增补、删除某些场景,添加特效、音效、动画等一系列元素。随后电视节目或电影进入剪辑阶段。最终成品就可供发行销售了。

发行公司是生产公司和播映公司的中间人,是娱乐产品的主要售卖人。他们从制作公司购买电视节目和电影的版权,然后把一定期限的版权卖给播映公司。发行公司和制作公司签订销售协议,规定交易条款。发行公司通过这些法律文件得到授权,可以在一定时期内、一定区域和语言环境下,销售、授权、翻制某个电视节目或电影。所有制作公司都要和发行公司交易,这样他们的产品就能在影院上映,在电视台播出,在零售店售卖DVD。发行公司是很重要的角色,他们决定了电视节目和电影的发布地点、发布时间和发布方式。一个电视节目或电影能否在某个特定国家销售,发行公司需要考虑当地的某些因素,如市场规模,过去有没有类似节目投放过,展播渠道的可能性,竞争产品的流通计划,国家政策的复杂性,等。销售经理决定在目标国家市场中哪些娱乐产品可供观看及其原因,主要依据商业预测,对观众文化品位及表现的预估(Havens,2008)。

　　世界上最强大的发行公司基本都归美国的媒体集团所有,如迪士尼(迪士尼媒体发行公司)、索尼(哥伦比亚三星电影集团和索尼影视电视集团)、新闻集团(福克斯电影娱乐公司)。但规模较小的发行公司仍遍布世界各地:Pachanama Cine 公司(阿根廷)、Titan Viwe 公司(澳大利亚)、Imagem films 公司(巴西)、Mongrel Media 公司(加拿大)、Greater China Film and Television Distribution Company(中国影视发行公司,中国)、Gaumont Film Company 公司(法国)、Constantin Film 公司(德国)、JCE Movies Limited(JCE 电影有限公司,中国香港)、Continental Content Distribution 公司(肯尼亚)、Dharma Productions 公司(印度)、Toho 东邦公司(日本)、CJ Entertainment(CJ 娱乐公司,韩国)、Sandrew Metronome 公司(瑞士)、Global Agency 公司(土耳其)、Venevision 公司(委内瑞拉)。

　　发行公司也是电视节目和电影的营销者。哈文斯(Havens,2003)指出,为了降低电视节目和电影需求的不确定性,"很多销售人员和发行经理都是必需的角色,他们确保产品获得良好的估价,同竞争产品有所区别同时又具备竞争力"(22)。发行公司将代理的电视节目和电影销售给电视网采购方、院线方及潜在的消费者,进而培养他们对于产品的需求。发行公司可以自己操作产品的销售,也可以(或者)与其他发行公司签订合同,由他们来做。除了研究观众以预测哪些电视节目和电影利润更好之外,这些发行公司还试图通过电视节目和电影激发观众的兴趣。他们投入大笔资金,采取一系列手段吸引观众观看电视节目或电影。他们把广告投放到报纸、网站、文化贸易类杂志上(如《综艺》《好莱坞报告》);购买电视网、广播网的广告时段、电影预告片时段;在广告牌和墙体上张贴海报及宣传品。发行公司会调动免费的广告角色如影视评论家、观察员、忠于品牌的消费者等等,来提升电视节目或电影的讨论热度。他们向大众发放宣传材料(包括剧集简介、剧照、演员资料、产品信息等),期待人们会通过个人渠道自主传播这些材料。他们安排演员参加新闻类的访谈和谈话节目,谈论参演的作品。他们向粉丝赠送徽章、海报、T恤等促销品,粉丝则成为活广告。他们设立互动网站,向粉丝传递病毒式的广告功能,之后粉丝会活跃于他们的个人微博、脸书页面、推特页面和 YouTube 频道,剪切、粘贴、再创作电视节目和电影,形成新的意义。

　　在密集营销开始之前、进行之中、完成之后,电视节目和电影开始流向播映市场。发行商将电视节目和电影的拷贝售卖给若干播映公司(如院线、电视网、零售商、网络商店)。娱乐产品的跨国流动通过国际发行商和国内播映方彼此的合作来完成。播映公司从发行商购买电视节目和电影。播映公司的代理人挑选能给代理方带来丰厚利润的内容产品。他们是否购买相关产品主要基于以下考量:购买一个国外电视节目或电影所花的钱比买一个国内电视节目或电影所花的钱要多还是少? 所购买的产品能吸引大批观众以及广告商,从而获取利润吗? 同其他可供选择的产品相比来说，这个电视节目或电影具备高品质的产品价值吗？

　　电视发行方和播映方通过全球电视交易会达成合作，如 NATPE、MIPCOM、MIP-TV 等。在这些交易会上，交易方展示、推销电视节目，买卖电视内容许可权，全球—地方的网络开始形成。电视发行商将电视节目—定时期的传输和销售的权利许可给广播电视网、VOD 服务商、PPV 服务商。—定时期之后，电视节目的版权就重归发行方所有，然后他们会再次售卖给播映方。发行方决定产品价格，主要依据购买者的购买力、电视节目文化经济价值的预期（Havens，2008）。

　　电影发行公司向院线出售电影放映权作为放映许可。发行方和院线达成的法律协议规定了院线放映电影的日期及时限（如几个星期）。电影放映几个月后租赁店就会租售 DVD 和蓝光碟（如百思买、未来商店、沃尔玛）。主要航线也会播映电影产品。电影上映数月后，乘客就能通过基于需求的飞行娱乐平台在椅背屏幕上观看这些电影了。通常电影在影院放映—到两年后，就通过许可授权成为电视节目在电视网播放。电影院线和电视公司（卫星电视、有线电视、付费电视）是传统的娱乐媒体播映方，这些平台也是使用最广泛的。

　　随着企业并购和技术融合的加快，新媒体成为电视节目和电影的重要播映平台。垂直及水平的整合策略以及电影和电视的数字化转化铺就了数字播映之路，电影和电视内容通过个人电脑、网站、网游、移动设备、平板等传播。电影和电视发行商将娱乐媒体内容的数字版权许可给网络媒体公司，由网络媒体公司传播给用户。苹果 iTunes、索尼 PS3 游戏机的在线故事、微软 Xbox 360、任天堂 Wii 游戏机让用户可以付费下载电视节目和电影。主流电视网将电视剧放到他们自己的网站上播出，同时链接到脸书、推特、聚友网，和粉丝分享这些电视节目和电影。从 2008 年开始，美国的大小电视网——NBC，ABC，Fox，PBS，USA Network，Bravo，Syfy——开始通过葫芦网向观众播映数字化的电视节目。Netflix 是一家基于用户需求点播的流媒体播映网站，网站已向世界各地的观众提供数字化的版权电视节目和电影。2011 年 4 月，Netflix 宣称网站已拥有 2360 万美国订阅用户和 2600 万世界各地的用户，包括加拿大、拉美、加勒比、英国、爱尔兰等。在数字媒体时代，财团控制的网络播映商运营管理用户上传、下载电视节目和电影的业务，以此实现利润最大化的目标。

　　谷歌拥有的 YouTube 网站是一个重要但非正式的电视节目和电影的数字化播映渠道（Strangelove，2010）。2010 年，YouTube 上每月有 146 亿视频流动，一个典型用户每月大约观看 100 个视频。希尔德布兰德（Hilderbrand，2007）认为以 YouTube 为代表的用户生产内容不会转移人们对媒体集团生产的娱乐媒体内容的注意，因为 YouTube 的流行依赖于（至少部分依赖于）电视节目和电影的再流通。媒体集团拥有的电视节目和电影被剪切，这些内容片段同 YouTube 形成一种矛盾关系。媒体集团对 YouTube 播映这些内容片段加以制裁，阻止其他内容的网络流动。Pirate Bay，ISO Hunt 和其他一些 BT 下载网站都是非正式但被广泛使用的数字化播映平台，媒体集团和政府都很想关闭它们（Fernandez，2012）。尽管网站是电影、电视节目新的播映平台，却并未表明传统播映平台会衰落。新媒体吞噬了旧媒体却并没消灭旧媒体。当前时代，"多元化平台"共存（Doyle，2010），且以多种形式相互影响。世界范围内，电视节目和电影都通过多种平台展示：院线、电视网、航班、零售店、网站等。其商品形式多样化，并且采取了精确时间把控的"开窗"策略（windowing strategy）（Vogel，2007）。通过多种平台，媒体公司以多种价格、多样形态传播电视节目和电影，试图迎合不同消费人群，使其以不同价格获取相同内容。

　　总之，电视节目和电影以商品形式流通于世界各地，其背后是重叠且依存的资本圈和产业链中的利益相关方：制作公司提出娱乐项目内容的创意并生产；投资公司给制作公司投钱；发行公司购买娱乐成品的版权并将其投放至播映商（院线、电视网、网络及实体租赁店及零售商）；营销公司煽动起对电视节目和电影的需求，播放方与之同时将娱乐产品内容传送给消费者。身处这个复杂过程之中的利益关联人都是为了追求利润：制作公司将内容产品卖给发行公司来赚钱；投资公司通过给娱乐项目投资而获利；发行公司将版权卖给播映方而赚钱；营销公司创造出消费者的需求和兴趣来赚钱；播映公司把拷贝卖给消费者而赚钱（同时将消费者的注意力卖给广告商）。这个互动价值链中的每个节点都受到策略化的经济估算和文化考量的影响。

内容为王！娱乐媒体商品的特征

　　如前文所述，娱乐媒体内容被制造出来，作为消费商品提供至播映市场。电影、电视版权内容（或财产）是所有媒体公司的一个重要资产。"内容无疑是大多数观众和投资人的目光聚焦点"，沃格尔如是说（Vogel，2007：4）。很多媒体集团也坚信"内容为王"。这个说法由维亚康姆 CEO 萨姆纳·雷石东（Sumner Redstone）在 20 世纪 90 年代末提出来，主要指的是版权控制对于公司利润来说相当重要。时代华纳的韦尔（Weil）认为"内容为王"（2001），公司近 70% 的现金流和有线电视内容库紧密相关。迪士尼的塞茨（Seitz）宣称"内容为王"（2011），这种观点出现在迪士尼-ABC 电视集团同亚马逊、Netflix 高额交易的新闻报道中。维亚康姆的 CEO 菲利普·道玛（Philippe Dauma）认为"优秀内容为王"（S. Olsen，2008）。他说，"我们有广阔的内容库，能够获得新观众，要感谢新兴发行渠道。亚洲观众发现了《瘪四与大头蛋》，它已在美国诞生 7 年了。对我们来说，要寻找更多地方展示内容"（引自 S. Olsen，2008）。通过长期的不同渠道的内容播映，媒体集团会赚取更多的利润。内容之所以为王，是因为媒体集团能够通过多种不同渠道出售媒体内容。

媒体集团生产并出售电视节目和电影,同其他商品相比,娱乐媒体内容有与之类似但不同的特点。与资本条件下生产出来的其他商品一样(如汽车、冰箱、微波炉),电视节目和电影制造出来之后是作为商品在市场上交换的。内容有了价格标签、货币价值和交换价值。尽管作为商品出售,电视节目和电影却和其他商品有着显著差别。温塞克(Winseck,2011)指出"信息和传播是特殊的商品"(12)。的确,电视节目和电影拥有明显的特点:它们是无形资产,具备公共物品的特性,复制花费极小,传递文化价值观但并不简化为市场交换,具有社会外部性。

第一,娱乐商品是无形资产。有形商品能触摸、捡起、放下或弄坏。电视节目和电影与有形商品不同。你不能驾驶一集《辛普森一家》去商场;不能用《唐顿庄园》的影音文件装没吃完的披萨,或者用《危机边缘》装爆米花。尽管电影和电视节目是具体并非实体,它们却拥有实体的商品形式:比如 DVD、漫画、玩具。青少年可能会买一张《加勒比海盗:惊涛骇浪》的 DVD;一个愤怒的动画迷可能会撕破一本《X 战警》的动画书;一个孩子可能会在玩耍时把塑料蝙蝠侠和小丑玩偶胡乱揉作一团。有形娱乐商品拥有实体价值和交换价值,无形娱乐商品没有实体价值但有交换价值。一个能够下载的《加勒比海盗》文件,可以从 iTunes 购买,且暂时存放于电脑硬盘中,这个文件无法触摸只能观看欣赏。《X 战警:第一战》这个故事无法焚烧掉。《蝙蝠侠》这个人物概念也无法握于手掌中。尽管无形的娱乐商品可以像实体商品一样买卖,但它们却并不存在物理实体。娱乐产品的核心价值是内容,即非实物的故事概念或创意,以一系列有形的、无形的商品形式存在。

第二,电视节目和电影具备公共物品的特性(Baker,2004)。公共物品两大核心特征是非竞争性和非排斥性。

非竞争性。很多商品会引发竞争。如果拉文德(人名)星期五从百思买购入了一个手提电脑,这就意味着商店里可供德里克购买的手提电脑就少了一台。如果达拉斯、阿比盖尔和约翰整天玩第一人称射击战争游戏《使命召唤:黑色行动》,他们就要购买自己的 PS 3、Xbox、任天堂等游戏设备。大多数的商品很难共用或分享。然而某些商品就可以:比如美国消费者可以通过电视观赏 2012 年伦敦奥林匹克运动会,这并不会影响其他国家数以万计的人消费同样的电视节目。某个人观赏电视剧《嗜血法医》,并不会限制其他人观赏这个电视剧的可能。作为公共物品,媒体内容是"不会被消费完的,可以一再重复消费而无须额外的生产制造"(Napoli,2009:164)。

非排斥性。除了非竞争性,媒体产品还有非排斥性。很多人被某些商品排除在外主要是因为他们买不了。如果拉文德、德里克没钱,他们就没法买一台属于自己的新电脑。如果达拉斯、阿比盖尔和约翰没钱买一个新的游戏机,他们就没法整天打游戏。价格限制了很多国家的人使用电脑,玩视频游戏。然而,某些物品不会自然而然地把人们排除在外。很难不让人享受阳光和空气。一个放送的电视剧集、一个电视节目的数字版本也不会自然而然将人们排除在外。像阳光和空气一样，一旦一个电视节目存在于世上（特别是以数字形式存在于网络上），它就很难不让人们去观看，甚至是不排斥那些没有付钱的人（Vogel，2007：19）。一部热门影片的 DVD 可以在音像店租到，然后制成数字版本，上传到海盗湾网站，任何想看的人就可以下载了。一个电视剧盒子可以分享、出借，在朋友间传用。普通参与者的创造性和互惠经济保护且提升了电视节目和电影的公共物品特性，但是媒体集团及其律师利用版权的力量把这些物品变成有竞争性和排斥性的商品。尽管版权试图抹杀电视节目和电影的公共物品属性，乐于分享的人们还是常常迂回战胜了媒体公司及其律师。

第三，娱乐媒体商品可以仅仅支付边际成本而大量复制。媒体公司生产电视节目和电影花费巨大，他们这么做并不能保证收回成本或赚取利润。他们不清楚会完成多少版权交易或者消费者会付费下载多少内容。生产娱乐商品的成本是"固定的"或"沉没的"（即一笔钱已经花掉了，且当作不能恢复了）（Vogel，2007）。但是一旦媒体公司吸纳了一笔投资到节目生产中，每个额外复制的产品都仅需少量边际成本。电视节目和电影生产出来以后，复制产品花费就小了。宝马公司复产一辆车需要额外投入一笔钱；耐克血汗工厂里贫穷的工人每缝制一双耐克鞋工厂就要多投入一小笔钱；中国富士康公司每组装一台新 iPad，苹果公司就会多一点生产成本。然而，电视节目和电影的发行商并不用花费很多钱去复制产品。电视节目和电影可以生产和复制、出售和再售卖，并不需要太多复制的成本。数字化的结果使得娱乐媒体内容按照信息单位复制，其花费几乎为零。电视节目和电影生产成本很高（高额沉没成本），但复制花费很低。生产电视节目和电影的首个版本的花费被吸收之后，复制的成本就降到零，特别是以数字形式复制。这一特点使得娱乐媒体商品同大多数其他商品区别开来。

第四，娱乐媒体内容拥有文化使用价值，不能简化成交换价值。版权估价人利用金钱关系图表对电视节目和电影版权进行估值。娱乐媒体内容也因文化价值受到肯定，它们是故事、观点、图像的传播工具，无法计量且不可缩减地再现、联系、塑造人们的生活方式。媒体公司经常对其拥有的电视节目和电影进行估价。然而，它们的文化价值很难以货币形式显示出来。娱乐媒体商品"由生产者和消费者共同"估价，"社会和文化因素很可能补充或者超过单纯的经济估值"（Throsby，2008：219）。电视节目和电影是"体验式商品"，人们消费是为了满足经验和情感的需要（愉快、激动、兴奋、发泄），而不是出于单纯的功利需求或基本的物质需求（Cooper-Martin，1991）。《功夫熊猫 2》（2011）在中国的周末票房是公开可计算的（1930 万美元）；但每个看电影的中国观众理解好莱坞幽默的方式却没法计算。《美国队长：复仇者先锋》（2011）的制作预算是 1.4 亿美元；美国国民观看这部电影所产生的民族自豪感或焦虑感是很难计算的。《猩球崛起》（2011）制作成本达 9300 万美元；电影对动物权利行动的贡献无法用定价机制来衡量。电视节目和电影被赋予了文化价值和用途,很难以经济标准去衡量(如果真这么做的话)。它们提供了符号化材料,定义了人,给人们定义自己提供了渠道。

第五,电视节目和电影具有外部性。外部性是指某商品的生产者和消费者对其他未生产或消费该商品的人(单个人或整个社会)产生的某种效果或影响(Baker,2004)。根据霍斯金斯、麦克法迪恩、费恩的论述(2004),外部性是"经济交易中形成的成本或收益由不相关的第三方承担,而交易双方却并不承担(即卖方/生产者或买方/消费者)"(290)。如果出售娱乐商品的媒体公司和购买商品的消费者是交易过程中唯一要承担成本或消费的人,外部性就不会形成,但这种情况是不可能的,因为市场是存在于社会中的。媒体公司和媒体消费者与儿童、市民、家庭、宗教组织、政府彼此相互影响,他们不会立即对特定媒体商品的生产和消费产生影响,但是会受到特定媒体商品的影响甚至是折磨。你可能不会看福克斯新闻频道,但看了这个频道节目的人可能有助于总统选举,恰好这个总统坚持的国家方向是你反对的。你可能一点也不想看、听、谈《蝙蝠侠:黑暗骑士崛起》(2012),但你肯定对这个电影有印象,因为广告牌、电视、网站、报纸、零售店都有它的消息,还有很多人也会售卖、评论、谈论这个电影。电视节目和电影不是"自由市场"的一部分,不会高悬于社会权力关系之上,而应该是我们所生活的真实世界的一部分。就此而论,电视节目和电影可能会有无意识的社会效果,个人无法为此负责,但这种效果可能以我们不喜欢却无法选择的方式影响了我们所有人。

电视节目和电影的社会外部性既是积极的也是消极的。积极的外部性效果是指人们需要且愿意消费媒体产品,如果有选择的话(有某种益处之类的)。比如,质量监督新闻的传播可以促使相关公司和政府对公众负责,机制更加透明。有关集体重要议题的纪实型电视节目会提升市民理解当下世界的能力,鼓励他们参与到影响他们生活的议程决策中去。良好的政府管理和积极的公民性是媒体产品的积极外部性。一些商业类电视节目和电影能带来公共的、民主的好处,而有一些媒体产品会带来负面的外部性效果,即第三方不需要且不愿意消费媒体产品(要付出某种代价之类的)。比如,好莱坞热门电影引起的一个消极外部性就是污染。好莱坞的公司每人大约消耗 127000 吨臭氧和燃油(CBC Arts,2006)。过度暴力、反智主义、粗俗的电视节目让人们逐渐麻木,对暴力、集体弱智、文化退化、社会生活品质降低等都不再敏感。当某些人付费收看暴力的、反智的电视节目,大多数人都不会选择和愿意生活在暴力的、冷漠的、无历史的、不参与的、不理性的社会中。

总之,电视节目和电影有着区别于市场上其他商品的特殊品质。这些受到吹捧的娱乐媒体产品会在什么样的市场中被兜售?拥有这些产品的媒体公司将如何掌控产品的流动?

寡头娱乐市场：竞争、集中、集权、控制

资本主义的基础可能是理想的市场竞争，如很多媒体公司之间的竞争：他们生产娱乐产品，并卖给消费者。媒体公司有的在美国，有的在其他国家，他们互为对手，彼此竞争，生产并出售观众想看的影视产品，这种激烈竞争是一种过于吹嘘的理想化资本主义状态。在越南，有线电视公司的直接竞争被报道成"激烈的"（no author，2011b）。《综艺》上一篇关于国际电影节的文章声称国家间电影产业的竞争很"激烈"（Wright，2011）。在印度，《印度斯坦时报》报道了宝莱坞电影《超世纪战神》（2011）和《三傻大闹宝莱坞》的全球票房竞争。Bounce TV，一家以非裔美国人为目标的电视网，被报道同 KIN TV 激烈竞争，后者提供"大量娱乐节目，告知、激励当代非裔美国人"（Style News Wire，2001）。服务于西班牙裔及其他非美国观众的 Univision（美国）电视台、Telemundo（美国—波多黎各）电视台和 Azteca 阿兹特克电视台（墨西哥）也被报道竞争"激烈"。

鼓吹资本主义的人对市场竞争很热衷，是竞争促使媒体公司生产令人兴奋的、高品质的娱乐商品（毕竟，如果媒体公司生产的影视内容是观众排斥的，他们如何在商业中生存呢？）。理想化地说，竞争降低了高品质娱乐商品的价格（Cowan，1997）。新古典经济理论认为，一个市场运行最好的条件是没有一个卖家显著控制生产和流通体系，控制竞争者的行动以及商品的价格。在一个竞争性的市场中，任何一个媒体公司都不会干预或改变基本的竞争力量（他们自己或其他公司都会面对的力量）。他们的命运（此消彼长）由不受控制的市场力量所决定。有意思的是，媒体公司会做任何能做的事去阻碍所谓的"自由市场"竞争：这是"竞争"或"竞争性"行为的结果。这里竞争的含义不是源自新古典经济理论（Albarran，2010），而是来自媒体公司残酷的竞争行为。竞争是指一个媒体公司的战略企图，通过控制实体资源、符号资源、消费者、利润、市场，胜过并击败竞争对手。但是在理论上，竞争是资本主义的基本特征，在实践中竞争导致控制。尽管一些公司享受与其他公司竞争，但大部分公司意图减少竞争，避免金融风险和不确定性。

为了利润最大化，媒体集团都试图控制市场，他们设置准入障碍，减少竞争（Knee，Greenwald，Seave，2009：34）。媒体集团彼此竞争，努力掌控有形、无形资源，以期超越对手，取得竞争优势（Habann，2000；Landers and Chan-Olmsted，2004；Miller and Shamsie，1996）。他们争取掌握观众注意力和广告收入，培养消费者的品牌忠诚度，设计方案锁定消费者。反过来，对于观众份额的争夺促使媒体集团努力掌控娱乐媒体内容的获取渠道，以及生产内容的资源（技术和人力）。由于内容的价值取决于抵达消费者的可能性，媒体集团也会彼此竞争，试图控制发行和播映渠道（Waterman，2005）。市场竞争的终点是极少数公司控制了观众人口、

智力资源、媒体生产、发行和播映渠道。总之,市场控制是公司之间资本主义竞争的矛盾固有的结果。

竞争和控制是资本主义同一个硬币的两面。马克斯认为(1976),资本积聚导致集中化(企业将利润的一部分重新投入生产中,使得企业变大变强)和集权化(大企业通过吸纳、收购、兼并小企业而变大变强,避免竞争威胁)。马克斯指出(1976),竞争导致"一些小资本家破产,他们的资本一部分到了竞争者手中,一部分在竞争中消耗了"(80)。集中和集权的结果是竞争市场的弱化(本来有很多商品供应者,准入门槛低),以及寡头市场的巩固(商品供应者很少,准入门槛高)。很多国家的娱乐媒体都被集中化、集权化的媒体集团掌控,他们拥有垄断性的能力。媒体集团寻求垄断能力是因为垄断很好地保证了利润:垄断可以影响或控制娱乐产品的价格,阻止或限制新竞争者抢夺市场份额和利润,和其他公司形成联营式关系。正如戈梅里(Gomery,2000)所说:

> 市场垄断者相互依存。成为垄断者后他们彼此合作,但合作仅存在于少数项目中,如扩大整体市场空间,阻挡新的强大竞争对手[……]简单地说,垄断者只在无关痛痒的竞争规则上达成一致,通过调整规则实现自己的利润最大化。(514 - 515)

过去的三十多年中,在美国及世界各地的竞争都导致了公司控制媒体市场的情况(Bagdikian,2004;McChesney Schiller,2003;Noam,2009;Schiller,2007)。巴格迪基安(Bagidikian,1983)在《媒体垄断》(*The Media Monopoly*)第一版中列举了50家支配性的美国媒体公司。多年之后,作为集中化的结果,这些支配性的公司数量逐渐减少了:1987年29家,1990年23家,1997年10家,2004年5家(Hesmondhalgh,2007:170)。巴格迪基安(Bagidikian,2004)指出美国最大的五家媒体集团——迪士尼、新闻集团、时代华纳、维亚康姆、贝塔斯曼——"以垄断性企业的特征"经营,"拥有美国绝大多数的报纸、杂志、出版公司、电影公司、广播电视台"(3)。尽管从1984年到2005年,由这五家集团掌控的美国媒体市场份额翻了一番,集中化却一直存在,美国不是一个独占性的媒体市场(Noam,2009)。诺姆(Noam,2009)指出,美国是一个寡头市场而非垄断市场。当前,媒体所有权集中化发生在美国及其他很多国家(Fuchs,2010;Winseck,2008)。很多特定国家的媒体市场已经"寡头化了,极少数的集团拥有大多数的市场份额"(Flew,2011)。2005年,欧洲记者联盟发布了报告《欧洲媒体权力:所有权的大图景》,记录了25个欧盟成员国的媒体集中化情况。马斯特里尼和贝塞拉(Mastrini and Becerra,2011)也记录了拉丁美洲南角地区国家的高度媒体集中化,包括阿根廷、巴西、智利、乌拉圭。

水平的、垂直的整合：融合与反融合

　　"融合"战略驱动媒体集团进一步集中、集权、掌控媒体内容的生产、流通和播映，这个过程带来了媒体产业结构的重要变革。

　　在融合时代之前，媒体公司一般运行单个的产业部门。例如，时代公司基本上是一个出版公司。新闻集团几乎就是新闻公司。电影制片厂也只是生产、销售电影。维亚康姆大部分是电视公司和电报公司。大多数"媒体公司聚焦在自己的核心商业领域，其原因是政府相关政策的限制，包括反垄断法、相互持股限制等，公司受到限制，保持了个体独立"（Jin，2011）。从 20 世纪 80 年代开始，由于新自由主义媒体政策的转型和新商业模式的形成，原来运行单个部门的媒体公司开始获得其他部门的媒体公司，使其合并或者"融合"。哈迪（Hardy，2010）说，"媒体公司试图掌控单个媒体公司，很少有显著的跨媒体投资组合的行为，这样的时代已经一去不复返了"（15）。

　　1986 年，新闻集团完全掌控了二十世纪福克斯电影公司及福克斯电视。1989年，时代公司和华纳公司合并，1991 年，它们推出了 WB 电视网。1995 年，迪士尼得到了美国广播公司。1999 年，维亚康姆合并了哥伦比亚广播公司，整合了电影和电视制作公司、广播电视台、有线电视网、视频播映和出版公司。2011 年，时代华纳收购了美国在线。2004 年，通用电气—全美广播公司买下了环球影业公司（Winseck，2011：15）。然而，公司融合不是美国一个国家的现象：这种潮流遍布世界。中国 2010：旺旺中时媒体集团，多家中国报纸、杂志、出版社、电视新闻频道的所有人，掌管了中嘉网络（一家有线电视机构）。加拿大 2010：加拿大贝尔集团（BCE）是加拿大最大的电信公司，买下了 CTV，控制了 27 家电视台、30 个专业电视频道、多家网站和电台（Marlow，2010）。印度 2011：星空集团所属的星空卫视（以亚洲为核心的电视公司）和印度最大的娱乐发行公司 Zee Turner 联合成立了印度媒体专家发行有限公司（Ramachandran，2011）。韩国 2011：CJ 公司和 E&M公司通过五方合并的方式联合起来，形成了 CJ 娱乐（电影进口推广）、CJ 传媒（电视广播网）、CJ 网络（视频游戏公司）、Mnet 传媒（音乐公司）（Lee，2011）。波兰2011：法国威望迪公司的 Canal＋公司与波兰最大的电视公司 TVN 合并了付费电视服务，形成了战略伙伴关系（Krajewski，2011）。

　　"技术融合"通常都伴随着公司融合，并使之合理化。媒体公司通常将合并和收购看成是对技术变革的回应。但是媒体公司和技术公司本身是技术融合的主要推动力量（Jim，2011；Schiller，2007）。随着公司融合的发展，一系列发行、营销、播映、消费媒体内容的传播媒介也逐渐融合了。在过去，特定媒介对应特定内容：电视机就是电视节目播出的技术媒介；电影装在 VHS、DVD、蓝光盘中，通过 VCR 和 DVD 播放;音乐磁带通过录音机播放,CD 唱片通过 CD 机播放;游戏通过游戏机或电脑进行。然而技术融合打破了媒介与内容之间长期的一对一的关系(Brooker,2001;Kackman and Binfield,2010)。麦克卢汉(1964)说"任何媒介的内容总是另一个媒介"(305)。可是现在,一个单一媒介能够传输多种不同内容,某个特定内容可以通过不同媒介传输。詹金斯(Jenkins,2006)认为技术融合"模糊了媒体之间的界限"(10)。很多媒介捆绑在了一起:游戏机现在可以玩游戏,也可以储存、观看电影和电视节目,还可以听音乐、上网、购物;智能手机可以联系朋友、听音乐、展示图片、看时间、收发短信、录制和播放视频;任何娱乐媒体内容都可以通过个人电脑接收、观看、播放等。如今人们从单一设备中读取不同内容,也从不同媒介中读取某一特定内容。

公司合并和技术融合的结果是少数强大的媒体集权控制了娱乐产业的每个部门、环境和媒介,使之成为一体。正如媒体显要人物泰德・特纳(Ted Turner,2004)声明的那样:"今天,媒体公司生存的唯一路径就是掌控媒体链的上下游。大的媒体集团如今希望拥有水龙头、水管、水和水库。""为了掌控媒体链的上下游",媒体集团使用了水平及垂直的整合策略(Ann and Litman,1997;Albarran,1996;Fu,2009;Jin,2011;Riordan and Saliant,1994;Waterman,2005)。因此,我们可以发问:水平整合与垂直整合差别在哪儿? 这些策略在利润最大化方面的效果如何?

水平整合(Horizontal Intergration)指的是一个媒体公司在某一类媒体市场中掌控某一种媒体产品。电视市场中的某个媒体公司拥有电视制作公司、卫星电视网、有线电视网等,媒体公司就是一个水平整合的媒体集团。时代华纳的电视部分可看成水平整合的例证:时代华纳拥有二十世纪福克斯电视(主要的电视制作公司)、二十世纪电视公司(主要的电视发行公司)。这个发行公司将电视节目授权(或出售播出权)给时代华纳下属的福克斯广播公司(主要的电视网)。时代华纳是一个水平整合的电视集团,拥有电视制作公司、发行公司和放映公司。

垂直整合(Vertical Intergration)指的是一个媒体公司通过合并、收购其他媒体公司而发展壮大,覆盖不同媒体产品的生产、发行、播映渠道。某个媒体公司通过垂直整合可以控制多类媒体市场中的多种媒体产品。一个媒体公司如果在不同的媒体市场生产、销售娱乐产品(电视节目、电影、新闻、书、杂志、游戏、音乐等),那么它就是一个垂直整合的媒体集团。维亚康姆就是一个垂直整合的媒体集团:它拥有电影和电视生产公司、电视网、电视台、有线电视台、出版公司、电台和主题公园等。

在寡头媒体市场中,水平及垂直的整合是媒体集团间的日常商业交易,不仅美国如此,全世界都是这样。为何世界上很多国家的很多媒体集团都展开水平整合和垂直整合? 在整合的媒体集团出现之前,生产娱乐产品的每个环节都存在某种程度的不确定性。生产某个电视节目或电影能获得足够的资金吗? 生产公司能请到想合作的导演、编剧和演员吗? 发行公司会想要节目成品吗? 播出方会买吗?

这个内容如何营销，通过何种渠道？当内容最终进入市场，人们会想看吗？所有娱乐媒体都需要充足的起步投资，可成品能获得多少利润是不确定的。为了减少不确定性，降低金融风险，媒体集团发展出水平的、垂直的整合结构和策略。这样可以最大化地控制娱乐媒体生产各环节的资本投入。媒体集团拥有生产、发行、播映公司，可以获取极大优势。

第一，通过这种策略，媒体公司将金融风险降至最低。如果某个制作分公司在一个项目上亏钱了，其他分公司可以创制产品弥合损失。例如，媒体集团下属的电影公司生产了一部"票房惨败"的电影，其他制片公司则会被要求制作高票房电影以弥补损失。媒体集团按"80∶20"规则运作：80％的利润来自 20％的产品（Vogel，2007：41）。生产的 10 部主要的电影中，只有 3 到 4 部电影是赚钱的。媒体集团可能因为不成功的电影或电视节目而亏损，也可以通过成功的项目来弥补损失。如果某个大成本的电影或电视节目没能成功，整合可以让媒体集团在承担金融风险的同时减少破产的恐惧，也让媒体集团能够承担短期金融损失。

第二，整合策略让媒体集团从"规模经济"中获益。规模经济指的是当产出量增加时生产某个产品或服务的单位成本是如何减少的（*Economic Bulletin*，2008）。一个电视节目的制作成本平均在 150 万到 200 万美元之间（Steele，2008），这是很大一笔"沉没成本"。但是复制这个电视节目的成本却很少，尤其是在数字时代。如果一个电视节目已经制作完成，那么复制的成本很少，公司可以按定价售卖给消费者，而无须承担额外的成本。整合的媒体集团能够承担制作高品质电视节目和电影时花费的巨额"沉没成本"。他们可以通过低成本开发获取利润（Litman，2000），由多种不同产品形式而成为一体。

第三，整合的媒体集团能从"范围经济"中获益：例如，公司能"有效从事于多种产品生产，同时进行大规模发行运营"（Lipsey and Chrstal，1995：880）。沃夫（Warf，2007）认为，"如果一个公司生产两种不同商品的效率要高于两个公司各自生产这两种商品，范围经济就形成了"（95）。整合的媒体公司在制作电视节目或电影时，通过多个生产、发行、放映分公司来分散成本。内部公司的交易能让现金循环于本公司，形成潜在的成本效益。此外，范围经济使得媒体集团能够控制内部公司之间的交易成本（投资、研发、前期后期制作、发行等）。媒体集团减少了对外部公司的需求，很少需要在许可、劳动率等方面寻找外部公司，与之沟通，解决争论。在水平、垂直的整合结构中，公司间彼此买卖。其结果是，大集团中的制作公司所生产的电视节目和电影可以由集团下属的公司来发行和销售。

第四，媒体集团通过整合策略获取资本以发起花费巨大、大规模、多平台的市场战役。媒体集团希望向付费消费者出售电视节目和电影，赚取尽可能多的利润，同时减少竞争对手获利的可能。但是，消费者行为通常是不确定的，所以媒体集团通过市场营销引起消费者的注意，培养他们的需求，试图打造忠于品牌的观众。媒体集团大笔营销支出有助于其寡头权力的形成。2010年,新闻集团及时代华纳集团在营销上的花费分别是13.7亿和11.9亿美元(Szalai,2011)。媒体集团花费巨额广告费,而规模较小的公司制作的节目炒作度较低,因此媒体集团将观众拉过来,这些小公司是无法与拥有巨额营销预算的媒体集团相抗衡的。媒体集团是它们自身媒体品牌的推销者(Hardy,2010)。

总之,水平的、垂直的整合使得媒体公司能够最小化金融风险,最大化地控制投资、生产、发行、放映渠道,给小型的、独立的媒体公司设置较高的准入门槛。媒体公司能够承担内容制作、销售过程中的巨额沉没成本。小型公司可能无法承担。大预算的内容比小预算的内容更容易吸引观众(Wildman,1994)。通过控制媒体资本的各个环节,媒体集团保证了相关内容可以进入多个市场。同时也限制了小型公司进入市场的可能,显著削弱了它们的竞争力。整合的媒体集团将小型媒体公司降至附属公司的位置。集中化的媒体集团处于内部分公司和外部合作公司网络中的核心地位(Arsenault,2011)。正如韦恩(Wayne,2003)所观察到的那样:

> 新的公司机构以分散的积累为特征(decentralized accumulation),主导的资本逻辑以多重划分的公司结构为中介,结合附属公司和下属合同公司网络,这些公司以多元化、自主化的形象出现在市场中。(84)

通常小公司归大媒体集团拥有,或者是其附属,公司之间也作为对手彼此竞争。其结果是,它们为了竞得项目,不得不拿更少的钱,雇更少的人。这些独立公司挣扎着希望媒体集团可以收购它们。正如福斯特(Foster,2000)所说,成熟的资本主义公司已经没有不生则死的竞争威胁了。巨型集团主导了当代经济,它们为市场份额而竞争。媒体市场中的竞争通常发生在最强大的媒体集团之中(之间)。

去融合化来临?

尽管垂直的、水平的竞争支持了媒体集团的市场主导和控制,仍然有"融合"不能发挥作用的例子。全球媒体研究学者开始研究这些案例。弗卢(Flew,2011)认为:

> 以往对于媒体公司的扩张与合并的最初决议,学者们给予了很大的关注,但很少关注融合的公司实际上如何运行,我们往往容易过分夸大媒体和娱乐产业中融合战略的成功。

弗卢(Flew,2011)还说,"媒体融合有潜在的不利的一面",需要加以研究:

　　不应轻信媒体高管鼓吹的媒体融合的成功……这种策略在酝酿期展现出的成果和实际运行中的结果之间存在差距。

　　金(Jin,2011)深入研究了融合的负面情况。很多在世纪之交融合而成的强大的媒体集团不久后便开始"去融合化",表现为"出售无盈利公司、分拆、剥离、停业"。但是去融合化发生在美国及其他地方,并不意味着媒体集团整合趋势的衰落。负责母公司盈利目标的分公司仍然被保留,不能盈利的被剥除。融合与去融合在将来都会存在。某个策略不会先于或尾随另一个策略,公司也经常买卖资源。这就是资本主义。

⇨案例 2.1　世界三大水平及垂直整合的媒体集团的档案

	迪士尼	华纳	新闻集团
影视制作工作室	迪士尼制片厂迪士尼电影:迪士尼影业,试金石影业,好莱坞影业,惊奇工作室,惊奇动画,梦工厂影业,迪士尼自然,ESPN,迪士尼动画工作室,皮克斯,迪士尼卡通片厂,斯科林顿影业,米亚维斯塔电影,旁塔格尼克电影集团(迪士尼和阿根廷 ARTEAR 合资企业);电视:ABC 工作室,迪士尼电视动画,迪士尼 ABC 国内电视,迪士尼电视,BVS 娱乐/塞班娱乐公司,迪士尼 ABC 国际电视栏目,迪士尼教育出品,笑话喜剧公司	华纳兄弟,华纳传播公司,华纳兄弟动画,新线影业,城堡石娱乐公司	21 世纪福克斯,福克斯电影娱乐公司,福克斯探照灯公司,蓝天工作室
影视发行公司	迪士尼电影公司,迪士尼制片厂家庭娱乐		
电影院线/剧院	埃尔卡皮坦剧院	UCI(50%),WF 电影院控股(50%)	
电视网	迪士尼 ABC 电视集团:美国广播公司,ABC 日间,ABC 娱乐(格林格拉斯制片公司,胜利电视制片公司),ABC 少儿,ABC 新闻;国际:迪士尼世界频道(25 个频道);迪士尼游戏屋频道(9 个频道);迪士尼影展;洪卡玛;超级 RTL(迪士尼和德国 RTL 集团合资企业)	WB 电视网	福克斯广播网
电视台	ABC 家庭,迪士尼频道,迪士尼第二有线电视网,ESPN,皂网,A&E,终身电影网,历史频道,E! 娱乐公司	HBO,电影频道,TW 体育,CNN,喜剧中心,TBS,TNT,TCM,卡通网,特纳经典电影	福克斯新闻,福克斯少儿,福克斯体育,福克斯电影,FX,国家地理(50%)

续表

	迪士尼	华纳	新闻集团
有线电视网络	迪士尼频道,迪士尼幼儿频道,迪士尼 XD,ABC 家庭,皂网(37.5%),终身娱乐服务和 A&E 电视网,迪士尼、赫斯特国际集团,NBC 大学,ESPN 合资企业(80%,赫斯特国际集团 20%)	时代华纳有线	
卫星电视			美国直播电视集团,英国天空广播公司,意大利天空卫视,巴西天空卫视,英诺华,日本完美电视,凤凰星空卫视
印刷厂	迪士尼全球出版杂志社:美国周刊(50%),发现,美好时光,亲子游戏,迪士尼探险,ESPN 杂志,谈话(50%)	时代,时代生活,DC 漫画,人物,疯狂杂志,IPC	詹姆斯达电视指南公司,旗帜周刊,介质,纽约邮报,时代杂志,太阳报,世界新闻报,100 个地方报纸标题
出版社	许伯利翁,ABC 日间新闻,ESPN 图书,东方许伯利翁,许伯利翁有声读物,声音,漫威出版社(漫威漫画,图标漫画,马克思,终极漫画,漫威印刷)	利特,布朗 & 柯,华纳图书公司,时代生活图书公司,每月读书会	哈勒考林斯,马罗-爱芬
无线电广播	迪士尼电台:在美国和世界范围内有 100 多家电台		
录唱片	迪士尼音乐集团,迪士尼唱片,好莱坞唱片,猛犸唱片	大西洋,艾丽卡,超级王牌,犀牛,WEA,哥伦比亚唱片(50%),昆西·琼斯娱乐	
网络	葫芦网(ABC 占 27%),线上迪士尼,D23,迪士尼拍卖网,ABC 网,ABC 新闻网,ESPN 网,ESPN 足球网,走网,家庭娱乐网,美好时光网,家庭网,试金石影业网,BV 在线娱乐,木偶网,好莱坞唱片网,歌词街唱片网,ABC 家庭网,声音网,皂网,奥斯卡网,企鹅俱乐部网	成人游泳视频网,卡通视频网,临时法庭电视,犯罪图书馆,戏剧视觉,玩家,卡尔通,ACC 技术支持,斯雷柯特,超级迪莱克斯,罪证确凿,特纳电视网,激流网,趣味广告,CNN 学生新闻网,CNN 网站,CNN 移动,皇冠网,CNN 财富,SL 网络,PGA 巡回赛,CNN 传输,纳斯卡网,巴库网	

续表

	迪士尼	华纳	新闻集团
电子游戏	迪士尼互动工作室,艾薇岚奇软件公司,黑石工作室,瀑布工作室,接点工作室,普雷登,户外游戏,塔普罗斯		
戏剧表演/剧场	迪士尼戏剧制作公司,许伯利翁戏剧,迪士尼家庭娱乐,冰上迪士尼		
主题公园、娱乐、度假胜地	迪士尼世界度假村(美国佛罗里达),迪士尼乐园度假村(美国加利福尼亚阿纳海姆),东京迪士尼乐园(日本东京),巴黎迪士尼度假村(法国),香港迪士尼乐园(中国香港),迪士尼邮轮,迪士尼旅游俱乐部	澳大利亚华纳兄弟主题公园	
零售消费产品和购物	迪士尼购物网站,迪士尼商店,世界迪士尼商店,迪士尼服装 & 鞋类,迪士尼食品,保健 & 美容,漫威玩具		

协同的娱乐媒体:融合商品

媒体集团利用公司和技术融合来生产、发行、播映"协同的娱乐媒体"。哈迪(Hardy,2010)观察到,自1980年开始,"协同实践的机制促使效益显著增长,媒体公司为了寻求利润最大化,开始协调媒体产品、服务及相关内容的营销、发行、销售和消费"(15)。格兰奇(Grainge,2009)认为,协同效应是"跨界营销的原则,公司试图通过多种媒体和消费渠道整合、传播产品,使得品牌能够通行于一个统一整合的公司结构"(10)。赫尔曼和麦克切斯尼(Herman and McChesney,1997)说,协同效应"使得探索跨境销售、影响及授权等新机会成为可能"(54)。默里(Murray,2005)观察到协同效应背后的商业动力是怎样成为"内容流"的:"通过多层跨界促销的方式,内容获得了多倍的利润流,而成本基本固定"(417)。现在娱乐媒体被常规地设计成协同流动的形式,从一个媒体移动到另一个媒体,这个过程中的每一步都赚取利润。协同性的娱乐媒体是融合资本的理想商品。

詹金斯(Jenkins,2004)将这种协同的娱乐产品称为一个车轮。车轮的轮毂是各种版权化的创意概念(故事、角色、想象世界等)。车轮的辐条是不同的商品类型:电影、电视节目、动漫书、视频游戏、网站、配套商品、货物等。"现代娱乐产业结构中的每个事物都是按照下面这个想法设计的:建构并提高媒体的业务能力"

(Jenkins,2006:106)循着协同性业务的逻辑,媒体集团把一本书改编成一档节目,然后将节目卖给电视网,之后这本书再改编成电影,由制片厂摄制,院线发行,而这些机构都归媒体集团所有。电影原声带由集团下属的唱片公司发行,与影片相关的视频游戏由集团下属的游戏公司设计推出。书、电视节目、原声带、视频游戏等通过集团所属的杂志、报纸、电视网络、网站等全力推广。这些产品中的人物角色成为孩子们的衣服印花、海报、玩偶、午餐盒、快餐店的配套促销品等。协同的娱乐媒体处在哈迪说的"跨媒体营销"(cross-media promotion)的前沿:"某个媒体的产品或服务通过另一个媒体来推销"(15)。

媒体集团设计协同式的娱乐产品是为了从每个单独的产品中获得尽可能多的利润。与传统的故事讲述方式不同,即一个完整故事包含在某一个媒体中(如一个电视节目或电影),协同式的产品(或"跨媒体故事")跨越了多个媒体平台(Gillan,2010;Jenkins,2006;Lotz,2007)。詹金斯说(Jenkins,2006:106)"跨媒体叙事背后有强烈的经济动机"。根据詹金斯的阐述(Jenkins,2006),跨媒体叙事扩大了某个单一产品的潜在市场,吸引观众从某个感兴趣的媒体向另一个媒体迁移。仅仅作为《蜘蛛侠》的动漫迷是不够的:为了使《蜘蛛侠》系列协同产品资本化,媒体公司鼓励消费者购买玩偶、动漫书、电影和视频游戏。协同式娱乐媒体产品试图让消费者从一个屏幕转至另一屏幕,从一个平台到另一个平台,一路都在花钱。

⇨案例 2.2 《哈利·波特》作为协同式的娱乐媒体

《哈利·波特》系列是世界上最成功的商业化协同娱乐产品之一。J. K. 罗琳拥有哈利·波特这个概念的版权,出版社拥有小说的版权。罗琳的魔幻小说讲述了小魔法师哈利·波特的斗争、探索和冒险,形成了关于哈利·波特的庞大的多媒体世界的概念体系。罗琳的 8 本小说已经翻译成了至少 69 种语言。美国跨国媒体集团时代华纳拥有哈利·波特系列电影的版权,Cingulate 公司控制着发行、特许、买卖等事宜。2001 年,美国在线和时代华纳合并成为更强大的媒体集团。《经济学家》(2001)揭示了美国在线——时代华纳如何利用"不同平台推销电影,并用电影推动跨平台交易"。《哈利·波特》是美国在线——时代华纳集团最初的协同式娱乐特许产品:集团下属的华纳兄弟影片制作了电影;华纳兄弟唱片公司制作了电影原声;集团下属的《娱乐周刊》以及《时代》杂志刊发哈利·波特专题(The Economist,2001);此外,集团下属网站还展开互动游戏、用户竞赛、试映、粉丝公告等活动,从而推销电影。2009 年,美国在线和时代华纳的合并终结,但时代华纳仍然控制了《哈利·波特》系列产品及其利润资源。轮毂——哈利·波特故事及角色——已经拓展至多个轮辐:电影、网站、视频游戏、玩偶、服饰等。《哈利·波特》是全球热门电影,哈利·波特游戏从电影中衍生出来。乐高推出了哈利·波特主题系列。服装公司出售哈利·波特的 T 恤、睡衣、裤子等。糖果厂商出售电影中出现的糖果。巨大的主题公园建造出来：佛罗里达州的奥兰多度假地,冒险主题公园岛"哈利·波特的魔法世界"。哈利·波特的粉丝受到邀请,"体验让人心跳加速的骑行,包括龙的挑战、鹰之飞行以及禁地之旅",再购买相关的产品——收藏品、T 恤、游戏等。垂直的、水平的整合让时代华纳可以将《哈利·波特》设计成一个协同型的娱乐产品。

世界体系中的媒体公司

现在,决定资本主义社会电视节目和电影存在形式的一般性条件已经讨论过了,接下来我将关注世界体系中媒体集团权力形成的结构路径和关系路径,以及媒体集团间的权力关系。

一个社会中政治、经济组织和机构控制了大部分的资源,权力的结构性路径就是分析这些组织机构所处的位置。"这些位置被要求处于资源控制的中心,因为这是权力的基础,而占有这些位置的人则是行使权力的中心角色。"(Scott,2012:70)权力的结构路径被用于有关媒体集团的研究中,分析媒体集团所处的位置及其身份,媒体集团拥有很高程度的所有权,控制了媒体产品的生产、发行、营销和播映渠道。根据结构性路径的研究,最具权势的媒体集团是那些掌控着大部分物质资源和符号资源的集团,这些资源是在世界上多个国家生产、发行、营销、播映媒体产品所必需的资源。处于结构性等级制度中的媒体公司的权力位置取决于它对物质资源和符号资源的掌控程度(物质资源包括资本和利润、所拥有的生产和发行机构、智力财产库的规模、运营的地域等。符号资源包括公众对其商业运营行为和商品的公共参与度,公司员工的知识储备及思维水平,以及在市场中的声誉及品牌形象等)。

麦克切斯尼(McChesney,2004)提出了结构路径中公司权力的"三层模型"(three tier model),对等级社会中的媒体公司的权力地位进行分级。这是"谁拥有什么"的路径。在麦克切斯尼的模型中,位于顶端或"顶层"的是十大媒体集团中的六个集团公司,这十大媒体集团中的大部分都位于美国,在其他国家还拥有分公司(Walt Disney,Comcast-NBC-Universal News Corparation,Time Warner,Viacom-CBS,Sony,Vivendi,Bertelsmann,Thomson Reuters)。位于权力的中层或"第二层"的有 50～60 个媒体公司,它们有美国的,也有其他国家的,是本国或本地区的巨头(Al-Jazeera,Abril,Astral Media,BBC,Bell Media,Bennet,the Cisneros Group,Coleman,CCTV,Clarin,Fuji,the Globo Group Grupo Televisa,Hearst,Mediaset,Naspers,Phoenix TV,Prisa,RedeGlobo,Telmex,Telefonica,Televisa,Shanghai Media Group,Zee)。底部或"第三层"包括上百个(乃至上千个)小的商业的、公共的、独立的媒体公司(Warsaw Documentary Film Studio,Zimbabwe

Broadcasting Corporation, Daily Times of Nigeria, Welland Tribune, Warwick Video Production, Maori Television, National Indigenous Television, Birthmark Films, Baghdad TV)。麦克切斯尼的"三层"模型代表了一种有用的结构性路径，揭示了世界体系中媒体集团"谁是谁"的问题。在研究世界上最具权势的媒体公司之前，我们必须首先辨认它们。这就是权力的结构性路径可以带给我们的东西。

尽管记录哪些媒体公司拥有最重要的物质和符号资源是有用的，麦克切斯尼的权力结构路径仍存在一些方法论上的挑战。挑战之一是对媒体公司掌控的资源的收集、描述、估值等方面的准确性。很多媒体公司不向公众、州府及学术机构公布内部数据。另一个挑战是应当关注哪些数据，需要解释哪些数据。对媒体公司进行结构性排位通常需要选择特定数据作为关注点。但是媒体公司拥有的最重要的资源是什么？公司的总价值？公司雇用的"线上"文化工人的数量？公司 CEO 的商业能力？公司生产的全球热门电影的录音带？不同国家孩子对公司标志的吸引力的统计数据？版权电视节目和电影的数量？以上全部数据，结构性路径固化了等级社会中某个媒体公司和其他媒体公司之间的权力位置。这是特定时间内结构权力的快照或简单印象。这种宏观的权力的具体化并没有抓住媒体公司之间微观的动态和不断变化的权力关系。

任何批判的政治经济学研究世界体系中媒体公司权力都是以结构路径为起点的，但是媒体公司权力的批判研究不能由此开始并也由此结束。关系路径可以作为研究权力的结构性路径的补充(Jessop,2012)。这里，权力不再是静态的或具体化的资源，而是处于两个或多个实体之间的关系中，就如同一个实体有能力让另一个实体做它不想做的事。在某些情况中，权力是指一个实体有能力决定让另一个实体做它们平常所做的事(Jessop,2012)。关系路径承认结构的存在，以及媒体公司与其控制的物质、象征资源相关的联系，但是，关系路径不仅分析媒体之间的权力关系以及其他要素，而且还关联媒体公司的目标及为了实现目标而采取的策略。这里，权力不仅是对资源的控制，而且是某个媒体公司（或媒体公司群）有能力让其他参与者（政府、媒体公司、文化工人、消费者）去做它想这些机构或人去做的事。媒体公司和其他元素维持着日常的权力关系：它们所游说的政府及依赖的监管者、其他资本环节中的媒体公司、它们雇用的文化工人、目标消费者们。

媒体公司通过都忙于同其他方面的关系维持权力关系，努力控制、再制或改变现状以维持自身利益，实现组织目标（让其他关系方做符合或违背他们意愿的事情）。为了实现自身利益或目标，媒体公司使用的策略既有强制性的也有劝诱性的。"霸权"这个术语通常可用来分析强势资本集团如何通过主权国家机器来统治社会(Gramsci,1971)，"霸权"还可用来分析媒体集团是如何竞争以控制其他国家的市场的。媒体公司不仅是现存资本集团霸权的重要因素，还是它们自身权力的支配性的行动者。例如，阿茨(Artz,2003)说，全球公司媒体霸权是"制度化的、系统化的手段,用以教化、劝服、代表从属阶层,使其在资本主义规范的环境中进行特定的文化实践"(16-17)。媒体公司使用强制和认同的策略,让一些公共的、私人的参与者去做那些公司希望它们做的事,从而控制、再造、改变某些状况,以满足公司利益。

强制性策略指的是媒体公司通过威胁、惩罚、恐惧等手段使政府、其他媒体公司、工人和市民按照媒体公司目标的方向行动。例如,媒体公司可能会威胁政府对他国的核心行动,从而使政府提供大额补贴或同意某些新自由主义政策需求。某个电视网可能会以缩小经营规模来威胁政府,希望政府可以放松相关监管政策或废除国家内容配额。电影公司可能会威胁制片子公司,如果这个子公司的电影或电视节目没能获得好的全球票房,或者在国际电视市场未能盈利,集团公司就会以减少投资作为惩罚。某个发行公司可能会威胁播映方不向它们提供相关节目内容,除非它们同意编排、放映发行商所选择的某些节目。一个制片公司可能会威胁文化工人,如果他们联合起来或者罢工的话,就将相关工作外包出去,同时会降低工人对薪资和工作稳定性的期待。

除了使用上述强制性策略,媒体公司还使用一系列劝服策略,获得他们想要的东西。劝服策略指的是认同建立行为。通过这些策略,媒体公司将其他部门或公众吸引过来。利用这些策略,媒体公司使其他人想公司之所想,做公司之所为。媒体公司可能会聘请一个游说团,说服政府机构或市民群体,使他们相信私有化、去监管、自由化等相关新自由主义政策符合整个国家的利益需求,尽管这些政策可能都是为了满足媒体公司自身的特殊利益需求。某个电视网可能会播出一系列的广告和节目,向市民证明配额制破坏或伤害了当地电视内容供应。某个电影公司可能会投资分公司的某个项目或保证其工作岗位,以此鼓励分公司制作高品质的内容。为了保证资金充足,某个制作公司会向发行方强调内容一旦制作完成肯定会打入多国市场。某个发行公司可能会说服播映方购买相关内容(或让他们不购买竞争对手的内容)。某个电视网可能会说服年轻的大学毕业生做半年免费的实习生,之后他们会得到一份全职工作。

通过结构路径以及关系路径研究世界体系中媒体公司的位置关系和霸权,这两种路径可以是彼此认可的,而非排斥的。媒体公司控制了物质的、符号的资源,影响了劝服他人策略的使用。媒体公司在世界体系中的位置,增强或限制了公司实现目标的能力。现在已经对权力做了界定,下面我将讨论世界上最具结构性力量的媒体公司以及他们和其他媒体公司之间的关系。

跨国媒体公司(TNMCs)

世界体系中最具结构性权力的媒体实体是跨国媒体公司(TNMCs)(Chan-Olmsted,2005;Fuchs,2010;Gershon,1993,1997;Herman and McChesney,1997;

McChesney and Schiller，2003；Rantannen，2005；Schiller，1991；Sklair，2002；Sreberny，2006）。席勒（Schiller，1991）观察到跨国媒体公司在冷战末期崛起，他描述了美国媒体公司的这种转变，这些公司成长为"巨型的、融合的文化联合企业""集团""跨国企业"，控制了"电影、电视、出版、唱片、主题公园、数字银行"的生产、发行渠道（14）。在这个时期，跨国媒体公司的成长代表了"跨国资本主义的显著扩张，它们捕获了全球传播设施，以实现营销、运营和观点控制等目的"（15）。

　　席勒关于跨国媒体公司的阐述已得到很多学者回应。沃夫（Warf，2007）认为"横跨整个星球，媒体服务市场已经由几大巨头统治，它们建起了强大的生产、发行网络"（89）。弗克斯（Fuchs，2010）说媒体公司跨国程度的高低通过以下元素表现："总资产的总量之中具有国外资产的平均份额，总销售量里国外销售量所占平均份额，总雇用人数中国外雇员所占的平均份额，总的附属机构中国外公司所占份额"。（44－45）跨国媒体公司总部位于某一国，但在其他多个国家有多种商业经营（资产、贸易、雇员、附属公司）。尽管在某个国家或"母国"注册，跨国媒体公司在其他国家或"主国"有很多办事处、联络点以及分支机构。它们受跨国所有权人的控制（多国的股权人、多护照所有者及 CEO）。跨国媒体公司生产、发行全球的、本土的以及全球本土的娱乐内容，将其销售给多个国家的大众或小众。这些公司"通过多媒体公司化的全球网络组织起来，从多样化的媒体组织延展至大型的本土的或区域性的公司，在世界地区拥有多个当地的附属机构"（Arult and Castells，2008：707）。

　　世界上最具结构性力量的媒体公司都位于美国。克里斯潘-米勒（Crispin-Miller，2002）认为"媒体企业集团的兴起已经有很长一段时间"。"它代表了先前单一美国文化产业的融合——很多公司已经垂直整合了——成为了一个全球性的超级产业，供应大部分的'虚构内容'。"（1）美国顶尖的跨国媒体公司是：迪士尼、康卡斯特-NBC-环球、新闻集团、时代华纳、维亚康姆、CBS、自由传媒，以及其他少数公司。这些美国的"顶层"跨国媒体公司控制着美国市场份额，以及跨国娱乐媒体的生产、发行、营销和播映。从 2001 年到 2008 年，美国的跨国媒体公司获得了空前的利润，2010 年美国版权产业通过对外贸易和出口获得了 1340 亿美元的收入，超过了同年手工业和农业收入的总额（Block，2011）。2010 年，视听产业的前五名公司都是美国的，其大部分的利润也来自美国（Westcott，2011）。此外，这五家美国公司——康卡斯特、谷歌、迪士尼、时代华纳、直播卫星电视公司——共获得了 1432 亿美元的利润。2011年，这个金额是世界前 50 个媒体公司总收入的 30%（Westcott，2011）。

　　在世界体系的等级次序中，美国以及美国的跨国媒体公司同其他国家、其他媒体公司相比占据了统治的或者顶层的权力位置。温塞克（Winseck，2011）认为，美国是世界上最大的媒体市场，是"比四大媒体市场合在一起还要大的市场：日本、德国、中国和英国"（36）。这的确是事实，"美国不仅是媒体生产的中心，还是一个最为重要的中心，不论是在规模上，还是在对影音贸易的控制上"（Sparks，2007：

220）。美国的跨国媒体公司处于"世界媒体等级"的顶端，是唯一真正意义上将娱乐内容出口至几乎世界每个国家的出口方（Tunstall，2008：235）。从 20 世纪 80 年代到现在，美国已经是世界第一的电影和电视内容的出口商（Chalaby，2006；Nye，2004：33；Thussu，2004：140）。美国跨国媒体公司统治着欧洲、亚洲、拉丁美洲和非洲的媒体市场（Morley，2006：35）。在几乎每个主要的媒体市场上它们都占据着"文化主导地位"（Chalaby，2006）。正如傅（Fu，2006）所说：

> 影音产品的国际贸易就类似一场不匹配的拳击比赛，重量级国家的联盟主导了电影和电视节目的出口，而进口这些内容的其他国家只有轻量级的贸易能力，甚至根本没有能力。在重量级的联盟中，美国是最领先的竞争者。（813）

世界体系中主要的娱乐产品流动仍然由美国的跨国媒体公司掌控。美国和其他国家的电视及电影流动不仅是单向的，而且是不平衡的、非互惠的。美国比其他国家出口的电视节目和电影要多得多，同时只进口了少量"外国的"媒体内容。美国占据了世界影音贸易总量的近一半（WTO，2010），几乎与每个国家都有影业贸易逆差（Chalaby，2006；Nye，2004：33；Thussu，2004：140）。2008 年，美国出口电影和电视内容的总价值达 135.98 亿美元，进口的非美国的电影和电视内容价值仅为 18.78 亿美元（Jin，2011）。

美国电视是名副其实的"全球"电视。据欧洲视听观察组织（European Audiovisual Observatory）的统计，2000 年欧洲主要电视网编排的美国电视节目时长达 214000 小时。2006 年，美国电视内容在欧洲的出现率上涨了近 5000 小时，达到 26600 小时（Arango，2008）。欧盟对美国的影音贸易逆差达到 80 亿至 90 亿美元，其中一半来自电视内容（Doyle，2012）。华纳兄弟的 CEO 巴里·迈耶（Barry M. Meyer）说，"美国电视节目的国际需求比以往要大"。美国跨国公司将电视节目许可给美国市场上的播出方，再以较低的价格将节目拷贝卖给其他国家的播出方（Doyle，2012）。2006 年，加拿大对美国的影音贸易逆差达到 12 亿美元。其中很大部分是播出美国电视节目的加拿大电视网贡献的。2007 年到 2008 年，加拿大电视网购买了 7.752 亿美元的外国节目，主要是美国电视剧，而购买本国内容的花费仅为 8830 万美元。2008 年，流行于世界 60 多个国家的三个主要的电视剧都是美国出口的：《豪斯医生》（8180 万观众）、《绝望主妇》（5630 万观众）、《大胆而美丽》（2450 万观众）（Foreign Policy，2009）。2010 年，NBC-环球将《豪斯医生》出口至 250 多个国家和地区：在法国，每季电视剧有 930 万观众；在意大利，470 万观众；在德国，420 万观众；在波兰，330 万观众；在新西兰，793,000 观众。其他美国电视剧，如 CBS 推出的《CSI：洛杉矶》《CSI：迈阿密》，每部能吸引超过 5000 万的观众（Adler，2010）。

好莱坞电影是名副其实的"全球"电影。从 1999 年到 2009 年,好莱坞主要制片厂实现了可记录的全球性增长,其全球票房利润从 176 亿增长到 295 亿美元(MPAA,2010)。在很多国家,好莱坞电影基本占有一半的市场份额;2009 年,全球票房利润的 62% 来自好莱坞六大制片厂(USITC,2011),同年,美国制片厂获得了整个欧盟票房利润的 64%,这些票房利润由前 100 个发行商获得,欧盟则是世界上第二大电影生产地区(Hancock and Zhang,2010)。世界范围内前 30 名高票房影片中,只有 1 部(《蜘蛛侠 3》)不是美国跨国媒体公司旗下的制片厂生产的(由索尼制作)(Box Office Mojo,2012)。2008 年,好莱坞电影获得俄罗斯票房中的 164 亿卢布,是俄罗斯本土电影票房的 5 倍。在中国,每年只有 34 部外国影片获准放映,而 2012 年中国票房中的前 10 部电影中有 9 部是好莱坞电影,只有一部《画皮 2》是"中国制造"。

信息传播技术产业(ICTs)促成了跨国媒体公司娱乐内容的跨境流动,该产业的主要中心也是在美国(Boyd-Barrett,2006)。美国的数字公司大量(尽管不广泛)控制着信息技术产业的硬件、软件所有权,传输路径,网络协议以及万维网(现在的网络 2.0)。该产业正逐渐成为集中化的产业(Noam,2009)。从 20 世纪 80 年代到90 年代,美国的信息技术公司逐渐全球化(McChesney and Schiller,2003:19)。到2011 年,世界十大信息技术硬件公司中有 5 个是美国的——戴尔、英特尔、惠普、苹果和思科。其他 5 个公司则位于其他国家:韩国三星、中国台湾富士康、韩国 LG电子、芬兰诺基亚、日本东芝(Hardware Top Ten,2011)。世界前十的软件公司中有 7 家是美国的——微软、IBM、甲骨文、惠普、赛门铁克、动视暴雪和 EMC。其余3 家是德国的 SAP、瑞典的爱立信和日本的任天堂(van Kooten,2011)。尽管美国遭遇到中国和印度信息技术公司的竞争(Boyd-Barrett,2006:21;Thussu,2005:93),但它仍然是世界最大的 5 家公司的母国——惠普、AT&T、苹果、IBM 以及威瑞森。中国格兰媒体(Glam Media)、腾讯、百度、防护网科技(NetShelter Technology)和阿里巴巴是较强的数字公司,但是根据尼尔森网络评级报告(2012),世界上最赚钱的网络公司都在美国——谷歌、微软、脸书、雅虎、维基、易贝、亚马逊、互动公司、苹果、美国在线(Nielsen,2011)。

新媒体和融合媒体的成长意味着"向人们赋权",动摇现有的阶层,打破旧有的国家和公司结构。但是美国的跨国媒体公司利用融合媒体给商品提供了新的展示窗口,重建权力等级,建立新的结构以服务于利润目标。通过卫星、网络、万维网以及融合的移动媒体,特定国家的媒体技术不断融合,私有化、去监管、自由化等新自由主义政策不断推出,网络播映服务、比特网站等不断增加,随之而来的是不断加速的数字影视内容的跨国之间的流动。然而,在融合媒体中传播的大量娱乐内容"都是类似的故事和内容财产,以不同的叙述方式循环"(Doyle,2010)。人们上传/下载、购买/盗版、买卖/交易数字影视内容,其中大部分都是跨国媒体公司生产制作的。

在互联网中,美国电视节目和全球热门电影可能是最常见也是消费最多的数字媒体产品,这些内容也容易被盗版。到 2012 年 5 月,盗版率最高的 10 部电影都是美国跨国媒体公司拥有的:《阿凡达》《暗夜骑士》《变形金刚》《盗梦空间》《宿醉》《星际迷航》《海扁王》《无间行者》《无敌浩克》《加勒比海盗:世界尽头》。HBO 出品的《权力的游戏》第二季在种子网站被下载了超过 2500 万次,成为 2012 年盗版率最高的电视剧(Greenberg,2012)。2011 年,前 10 部盗版电视剧都是美国的(Saltzman,2011)。融合媒体平台和互联网的发展给媒体产品下载提供了更多途径。除了建立更多元化的资源和媒体选择,互联网还带给由美国跨国媒体公司提供的娱乐内容更多的在全球展示的机会。

案例 2.3　全球媒体所有权

世界十大音像公司(利润)

名称	国家	部门	2010 年利润（$10 亿）
康卡斯特	美国	有线电视运营商	35.6
谷歌	美国	因特网门户	29.3
迪士尼	美国	多元化媒体公司	27.3
华纳	美国	多元化媒体公司	26.9
美国卫星电视	美国	付费电视经营商	24.1
索尼	日本	多元化媒体公司	23.5
新闻集团	美国	多元化媒体公司	22.7
时代华纳有线	美国	有线电视运营商	16.8
威望迪	法国	多元化媒体公司	16.6
NBC 环球	美国	多元化媒体公司	16.4

数据来源:《银幕文摘》2010

世界十大有线广播公司(利润)

名称	国家	《福布斯》排名	2011 年市值（$10 亿）
康卡斯特	美国	104	687.7
迪士尼	美国	110	81.5
新闻集团	美国	149	45.5
华纳	美国	163	39.7
美国卫星电视	美国	314	36.3
威望迪	法国	146	33.8
维亚康姆	美国	294	27.3
CBS	美国	474	16
自由传媒	美国	684	10.3

数据来源:《福布斯》全球 2000 大公司

⬚▷**案例 2.4　索尼作为跨国媒体公司**

　　尽管大部分的跨国媒体公司都位于美国,索尼的总部和注册地却是在日本东京。索尼电影娱乐公司(SPE)是索尼公司主要的影音制作公司。SPE 的总部不在东京,而在加州卡尔弗城。索尼娱乐的 CEO 不是日本人也不是美国人,而是一个叫霍华德·斯金格(Howard Stringer)的英国人。SPE 生产、发行动作电影和电视节目,运营电视频道,推广、营销娱乐特许权和相关商品,运营世界上多个制片厂。SPE 的组织结构特征是中央集权和分散积累。SPE 拥有高度集中和集权化的资本,其公司结构是多层划分的,结合了大量分公司以及下属合同公司,可以很灵活地生产、营销、发行不同的娱乐商品。事实上,SPE 掌控着哥伦比亚三星动作电影集团(CTMPG),其结构是中央集权式的,下辖三个灵活的咨询、生产和发行公司:哥伦比亚影业(专注电影大片生产)、索尼经典映画(专注美国及外国独立电影和小众电影)、三星影业(专注类型电影)。SPE 和康卡斯特集团联合拥有米高梅公司。索尼数字影业(SPD)拥有定制 SPE 媒体商品的制作公司,包括索尼影像(SPI)(一个视觉效果和数字制作公司)、索尼动漫(一个动漫和数字内容制作公司)、索尼影业网站(一个在线及移动内容制作公司)。SPE 主要的电影制作公司是索尼映画公司(SPS),位于加州卡尔弗城。SPS 拥有 22 个大型摄影棚,是索尼集团拥有的世界影音生产中心。索尼美国影业(SPUS)和索尼影业国际发行公司(SPRI)负责在世界上 67 个国家和地区销售、发行和影响 SPE 的娱乐成品。

本土媒体公司(**NMCs**)

　　美国顶层的跨国媒体公司是最具结构性权力的媒体所有者,美国娱乐媒体是名副其实的全球媒体。但是遍布世界各大媒体首都的"第二层""第三层"的本土媒体公司也拥有很大影响力。本土媒体公司(NMCs)的总部位于某个国家,其商业运作以该国或该地区的市场为主要目标(尽管不很广泛)。本土媒体公司的所有人和管理人往往是该国的政治阶层或商业阶层(如股权人、导演、CEO 等),它们雇用本国劳动力,专注于争夺、控制"本国"媒体市场,生产、发行当地语言的"本土"电视节目和电影,目标观众是本国和本地区的人。弗卢(Flew,2011)说:"尽管大的全球媒体公司拥有强大资源和品牌领导性,本土的媒体公司依然在当地市场拥有显著优势。"本土公司了解本国、本地区观众的品位和喜好,理解观众的需求,能够利用当地的文化工作者和名流,夸大非媒体领域的贸易,能和政党、政府建立友好关系。这些都给本土媒体公司带来市场优势和政策特权。根据此前讨论的关于市场竞争和市场控制之间的辩证法,很多第二层、第三层的本土媒体公司正努力成为第一层的跨国媒体公司。

20世纪大部分时期,本土媒体公司(公有的、私有的)统治着本土媒体市场,但从80年代到90年代之间,这种局面开始改变。很多本土公司进一步扩大运营,抓紧进入他国的媒体娱乐市场,寻求新的投资机会,雇用新的领薪工人,寻求新的生产和发行渠道,挖掘新的消费者市场(Herman and McChesney,1997)。在世界体系中,"第二层的一百来个本国、本地区的公司在跨国进程中扮演了重要角色,在政策压力和产业合并条件下"典型地联合了"跨国巨头"(Schiller,2007:121)。处于"第二层"的前五十个本土媒体公司不是美国的,而是位于日本、英国、法国、德国、加拿大、意大利、印度、巴西、墨西哥、中国(Arsenault and Castells,2008)的。2010年,世界前五十家媒体公司获得了4750亿美元的利润,这是一笔很大的收入,已经超过了很多国家的GDP总值(Mitchell,2011)。

⇨案例2.5　泰国传媒(MCOT)作为本土媒体公司

MCOT是一家泰国的本土媒体公司,拥有并运营着现代九频道(Modernine TV)(电视播出方)、全景全球公司(Panorama Worldwide Company)、MCOT种子公司(新闻、音乐电视、电影制片),以及62家电台和泰国通讯社。MCOT的总部位于曼谷——泰国首都,这也是泰国最大的城市。泰国政府(银行管理部门)拥有MCOT 77%的股份;其余23%由泰国民间资本持有。MCOT的主席和执行官都是泰国人。他们中大部分是在泰国接受的教育,少数毕业于美国高校。MCOT雇用泰国的创意劳动者、新闻记者、技术人员及其他工作者。它是一个全国性的媒体权力场所,其本土新闻和教育娱乐产品遍布全国。现代九频道通过在主题为"家庭娱乐内容的流行之地"的内容中加入了更多的现代性、力量、愉悦等元素,从而改善电视产品。现代九频道播出36.62%的新闻、21.38%的信息和知识节目、33.39%的娱乐内容、5.68%的体育节目、2.92%的公共服务节目和节目预告。MCOT制作、传播本土的流行娱乐节目。尽管MCOT位于泰国,主要关注泰国市场,但它也有国际化的野心。

美国跨国媒体公司和非美国的本土媒体公司之间的权力关系

在一些学者争论中指出:地位处于第二层的本土媒体公司也挑战了顶层的跨国媒体公司(至少给它们带来了大量竞争)(Giddens,1999;Chadha and Kavoori,2000;Fraser,2003;Sonwalker,2001)。讨论本土媒体公司是否对跨国公司形成了挑战并不是最新的话题(Tunstall,1977)。本土媒体公司的崛起、视听生产的扩大、发展中国家出口能力的提升都使得 CI 范式的观点更加复杂,这种观点认为世界影视市场只由美国媒体公司掌控。发展中国家影音产品出口所占的世界市场份额从1994 年的 27.6％上升至 2002 年的 44.6％(Sauve,2006:14)。但是,认为跨国媒体公司的权力受到本土媒体公司的撼动是很荒谬的,特别是考虑到跨国公司在过去的 40 年中显著地在发展中国家扩大了经营,提升了利润。毋庸置疑,很多本土公司为当地市场生产电视节目和电影,其中一些公司也的确有全球化的野心。例如,在很多东亚国家,本地公司在当地市场开展贸易,以满足本地观众的娱乐内容偏好,这些内容要比那些从美国进口的内容更"接地气"(Kean,Fung and Moran,2007)。巴西的环球电视台(Rede Globo)将电视节目出口至南美洲的地区市场;委内瑞拉的 TeleSUR 公司向拉美地区播送电视节目;印度宝莱坞每年生产上百部电影;新西兰的恩德莫公司(Endemol)和伦敦的弗里曼特尔传媒公司(Fremantle Media)将无脚本节目模式出口至整个欧洲以及美国(Sigismondi,2011)。尽管存在着强大的、以跨国为目标的本土公司,但它们目前仍难与美国跨国媒体公司相抗衡。

第二层的本土媒体公司同跨国媒体公司争夺市场份额,虽然目前很难与跨国媒体公司相匹敌,也无法挑战其资本实力。赫尔曼和麦克切斯尼(Herman and McChesney,1997)指出,本土媒体公司的崛起并没有威胁到美国的文化帝国主义:

> 关键的入侵是对模式的移植;其次是商业体系的发展、固化和集中化,不断整合进全球体系,以及在这些进程中经济、政治、文化环境等累积的效果。(153 - 154)

第二层的本土媒体公司复制、延伸了美国公司的媒体模式。本土媒体公司再现、支持了美国跨国媒体公司的资本逻辑,它们追求利润最大化,保持后公共的美国资本主义所有权形式,雇用领薪文化工人,将美国电视节目和电影传播给本土观众,以美国产品为自己娱乐产品的摹本(Morley,1996)。本土媒体公司复制了美国创制的娱乐产品类型、模式和叙述方式。跨国媒体公司生产的电视节目和电影仍是卓越的标准,为本土公司产品的"生产价值"和"品质"设定了标准。另外,第二层媒体公司的拥有人通常是政治保守派,倾向于将媒体产品偏向于精英化的全球—本土议程(Curran Park,2000)。例如,委内瑞拉的环球公司的拥有者是当地亲美的传媒大亨西斯内罗斯(Gustavo Cisneros),与其他美国同盟者一样,西斯内罗斯在美国接受教育,是美国前总统布什的好朋友(Ruiz,2004)。他的环球公司支持了2002 年反对委内瑞拉社会主义总统乌戈·查韦斯(Hugo Chavez)的政变,美国是这次政变的幕后力量(Fraser,2003)。

美国跨国媒体公司一直是世界体系中结构性的支配性媒体力量。但是像某些文化帝国主义的批评者说的那样,美国跨国媒体公司是否"控制"了非美国的媒介体系？维亚康姆、迪士尼、新闻集团、时代华纳和其他跨国公司是否能强迫非美国的院线或电视网播映美国娱乐媒体内容？美国跨国媒体公司和非美国的本土公司之间的权力关系不是强制性的，而是劝服性的。在自身权益上媒体集团并不是"文化帝国主义者"。21世纪，顶层和第二层的媒体集团都按照资本主义的架构组织起来。它们既相互争夺市场份额，同时又彼此合作。事实上，顶层的美国跨国媒体公司通常与第二层的本土公司建立了战略联盟的关系（Oba and Chan-Olmsted，2007）。二者之间通常存在非敌对的互利关系，他们彼此之间合作追逐最大化利润。跨国媒体公司跨越边界进入美国之外的市场，而本土媒体公司将它们拉进自己的战略联盟。跨国媒体公司并没有控制本土媒体公司：它们之间的权力关系是一种"非对称的彼此依存"关系（asymmetrical interdependence），而非强制操控关系。

跨国媒体公司为何要与本土媒体公司为伴？跨国公司的全球化可以通过在合作的目的国建立新的分公司而开展贸易，或者与当地已有公司形成战略联盟（Oba and Chan-Olmsted，2007）。战略联盟是指：跨国公司和本土公司彼此合作分享某些资源，如投资、生产和发行体系、知识与技术、版权内容等。战略联盟的目标是全球—本土公司的协同化。这种战略联盟的协同化是指跨国媒体公司没有选择在某个国家建立全新的、高度资本密集的分公司，而是同当地媒体公司达成战略联盟。这样一来，跨国公司就获得了当地的商业伙伴，这个伙伴拥有成熟的分发体系，对当地政府和市场十分熟识（国家媒体政策、特定文化风俗、观众的品位和喜欢等）。通过这种方式，跨国媒体公司降低了风险，灵活调整自己的产品以适应当地的要求（Pathania-Jain，2001）。

本土媒体公司竞争性地将跨国媒体公司拉进自己的同盟中，是为了获得国外直接投资（FDI）、技术、管理经验和知识。它们还希望获得跨国媒体公司的娱乐内容。第二层的媒体公司通常在国内消费、转播美国娱乐内容，同时和跨国媒体公司建立联系，将自己的娱乐内容销售进美国市场（McChesney and Schiller，2003：11；Sinclair，2003）。正如阿瑟诺和卡斯特尔（Arsenaulta and Castells）观察到的："本地公司积极进口外国产品和模式，或者使之本土化，在这个过程中与之合作的跨国媒体公司促使当地的公司将定制的内容传至观众。"（708）奥巴和陈·奥姆斯特德（Oba and Chan-Olmsted，2007）研究了2001年到2005年跨国媒体公司和本土媒体公司之间的战略同盟关系，发现"在当地合作伙伴的帮助下，跨国媒体公司加紧对新兴经济体市场的扩张，其中渗透着发达国家的媒体需求，特别是美国的需求"（22）。席勒（Schiller，2007）也有类似的观察：

分散在韩国、中国、印度、墨西哥、巴西、委内瑞拉等国的媒体集团已经和美国等富裕国家的媒体集团结合起来，扩大并深入了文化市场，同时

延展了整个产业的跨国导向。(120)

美国跨国媒体公司和非美国本土媒体公司形成的战略性全球合作—本土联盟采用的形式包括：联合经营、股权式联盟、特许权协议（Liu and Chan-Olmsted, 2002）。

联合经营是指跨国媒体公司和本土媒体公司共同成立一个新的媒体公司。它们分担成本,分享设施和利润。阿茨（Artz,2007）认为联合经营是：

> 企业在某一国生产产品,但是由多国媒体公司联合所有……没有国家联盟,两个或多个国家的资本家阶层联合起来,为了生产媒体商品从而获利。(148)

例如,2010年,迪士尼和韩国电信供应商SK电信集团展开了一项联合经营,建立了韩语的迪士尼频道（Reuters,2010）。同年,迪士尼和俄罗斯UTH展开了一项联合经营,建立了有广告支持的俄语的迪士尼频道。这个频道在44个俄罗斯城市中的4000万家庭中播放俄罗斯电视节目和迪士尼电视节目。频道还延伸至乡村地区（Chmielewski,2010）。"国际扩张是我们公司的核心战略,迪士尼频道已证明是无可估量的方式,可以在世界范围内建立迪士尼品牌,"迪士尼集团CEO罗伯特·伊热如是说,"我们很高兴能在俄罗斯建立迪士尼频道,将家庭娱乐内容传播至这个重要的新兴市场。"(引自Chmielewski,2010)

股权式联盟指的是跨国媒体公司通过投资获取某个本土媒体公司的股权。例如,2009年,时代华纳和中欧媒体公司建立了股权式联盟（CME）,前者向后者投资了2.415亿美元。CME是中东欧地区最强的公司之一,此次联盟使CME可以扩大经营。作为回报,时代华纳获得了CME1900万的股份,任命两位自己的执行官到CME的董事团,建立一个电视频道播放华纳兄弟制作的电影和电视节目,这次股权联盟带来了明显的增效。正如CME的创建人罗纳德·劳德戴尔（Ronald Lauder）所说：

> 我相信这次和时代华纳的结盟将加速CME的未来发展,并将其带入我15年前只能梦想的水平。我们彼此合作后,CME的市场领导者地位和时代华纳的品牌必将提升两个公司的前景。(引自CEE,2009)

时代华纳的董事长、首席执行官杰夫·贝克斯（Jeff Bewkes）说：

> 这次和CME的交易对我们来说是一个特别的机会,可以投资中东

欧地区的领导媒体公司,并与之为伴。这次投资加速了我们的战略——向全球多个平台制作、打包、传播高品质的内容。(引自 CEE,2009)

特许权协议是指跨国媒体公司将版权内容授权给本土媒体公司,让观众可以看到这些内容。通过特许权协议,跨国媒体公司借由合作的本土媒体公司渠道发行自己的娱乐内容。第二层本土媒体公司编排的很多节目都是由跨国媒体公司提供(Morley,1996)。例如,2010 年,NBC 环球和卫讯广播公司(Viasat Broadcasting)达成了许可权协议。这家瑞典的媒体公司利用卫讯广播公司(位于伦敦)瞄定了北欧和波罗的海地区的观众。通过许可协议,卫讯广播公司旗下的 TV1000 频道获得了广泛的付费收看好莱坞电影的权利,涵盖了瑞典、挪威、丹麦、芬兰等国。卫讯瑞典公司的 CEO 汉斯如是说:"同 NBC 环球签订的付费电视协议对于 TV1000 来说是新鲜的,这进一步强化了该频道作为电影频道品牌在北欧地区的领先地位。"第二层的本土媒体公司从跨国媒体公司手中获得大量娱乐内容的版权——很多时候超过它们的需求。这样本土媒体公司就可以经常编排、播出美国娱乐节目,而不用再投入巨大的资金去生产本土的高品质的娱乐节目内容(Jin,2007)。

与此同时,本土媒体公司也会将自己的节目授权给跨国公司。例如,中国香港的意马国际控股有限公司和创造力娱乐有限责任公司将 100 集《喜羊羊和灰太狼》(Pleasant Goat and Big Big Wolf)授权给迪士尼旗下的博伟国际影业公司,博伟国际影业公司再将这部影片授权发行至 64 个国家和地区,包括中国澳门地区、中国台湾地区、韩国、印度、新加坡、马来西亚和泰国(IMAGI,2012)。意马国际总裁苏思伟说:"我们很高兴加强和迪士尼的伙伴关系。这次联盟将《喜羊羊和灰太狼》进一步推向国际市场。"当迪士尼的内容"渗透"至中国,香港本土公司则利用跨国媒体公司的发行、播映渠道将自己的节目也"渗透"进全球市场。

案例 2.6　搭配定额(Block Booking)电影和电视

跨国媒体公司采取的充斥本土媒体公司编排表的许可策略称为搭配定额。托尔(Torre,2009)认为搭配定额开始于 20 世纪 20 年代末到 30 年代初。好莱坞形成了五大制片厂(派拉蒙、MGM、二十世纪福克斯、华纳兄弟、RKO)和"三个小型"制片厂(环球、哥伦比亚、联艺公司)。五大制片厂拥有生产和发行渠道。派拉蒙影业购买了派拉蒙—大众院线(1200 块银幕),之后便坚持院线运营商购买定额打包的派拉蒙电影。好莱坞的权贵将一系列高品质和低品质的电影捆绑在一起,院线不得不购买低品质的电影。好莱坞搭配定额的逻辑是:"如果你想要这部电影,那你就得拿走所有其他电影。"搭配定额确保了每一部电影都可以同观众见面。这也是一种控制市场、弱化竞争的方式。从 20 世纪 60 年代开始,美国电视发行公司在世界范围内采取了搭配定额的策略。它们胁迫非美国的电视网,如果要买某个热门节目的话,就必须买下其他品质一般的节目。因此,非美国的电视网要想获得某个热门剧集就不得不买下收视率较低的节目。所以,每售出一部热门电视节目,就有三到四部非热门的电视节目捆绑其中(Segrave,1998:115)。"国际输出贸易"——美国发行商将某个热门节目和几个一般节目打包出售给非美国电视网——是搭配定额最新的术语,以描述美国电视发行商和非美国电视网之间的跨国贸易关系(Torre,2009)。输出贸易发生的条件是电视网同意购买,并在一段时期内播映发行商所有的电视节目。

总之,顶层跨国媒体公司并没有控制第二层的本土媒体公司,但是本土公司的兴起目前也没有给跨国公司带来竞争威胁。跨国媒体公司积极取悦本土媒体公司以追求商业目标,本土媒体公司热情、积极地进入跨国媒体公司的联盟中,从而更好地服务本土利益。文化帝国主义假设一国媒体产业被另一国强制统治,但是却不能合理解释跨国公司和本土公司间的全球—本土权力关系。阿瑟罗和卡斯特(Arsenault and Castells)认为:

> 当少数媒体组织形成了全球媒体网络的主干,在全球媒体组织的无情扩张下,本土媒体并没有像多米诺骨牌一般倒下。相反,全球化公司同本土公司建立合作关系,进行跨界投资,从而扩张市场。本土公司亦是如此。(722)

联合经营、股权式联盟、特许权协议不是建立在剥削者/被剥削者、压迫者/被压迫者、控制者/被控制者的强制权力关系基础上的。在很多国家,公司会剥削工人、控制资源,但在跨国媒体贸易中,媒体资产阶级彼此合作,以实现增值共赢的目标。战略联盟的结果可能是跨国媒体公司的经济主导,但是这种主导却是本土公司管理者全力支持的。跨国媒体公司在本土公司内部,通过本土公司的具体化运作。二者协同合作,完成媒体投资、生产、发行、营销和播映,从而实现各自的利润目标。正如席勒(Schiller,2007)指出的:"本土资本经常宣称,在嵌入、重组这个不断扩张的跨国复合体方面它们扮演着重要角色。"(120)的确,在 2006 年,美国跨国公司的附属本土公司的销售总额达到了 237 亿美元(WTO,2010:6)。

总结:美国媒介帝国主义的延续

本章采取了政治经济路径和批判媒介产业研究路径,从多个方面描述并检视了资本主义和媒体跨国资本家是如何从生产、发行、营销、播映等途径将娱乐媒体打造成一个商品的逻辑发展过程。本章还分析了媒体跨国政治经济关系的主要趋势和跨国媒体与非跨国媒体的本土媒体公司合作共赢的几种主要途径和形式。

尽管资本主义媒体逻辑已经全球化了,美国仍是世界体系的媒体中心。美国跨国媒体公司一直是世界体系中最具有结构性支配力量的组织。几乎在每个国家,顶层的美国跨国媒体公司都已经提升了自己的经济存在感和文化影响,多数国家从美国进口的娱乐内容比以前更多,顶层的美国跨国媒体公司统治了全球视听市场。然而,美国和其他国家间的影视内容流动不是互惠互利的,影音贸易也是不平衡的。比起非美国观众,美国观众消费的"非美国之外国"娱乐节目内容要少得多。博伊德·巴雷特(Boyd-Barrett,1977)将媒介帝国主义定义为:

> 媒介帝国主义是一个过程,在这个过程中,弱国媒介的所有权、结构和信息的内容或传输,要屈从某个或几个强国媒介利益的外来压力,受外国的影响要大于对外国的影响。(117)

这个定义仍然具有解释力。美国跨国媒体公司在向很多国家施加"压力",可能会阻碍较强的非美国的影视公司的发展,导致一种局面——美国以其他各方为代价增强了自身的权力地位。

美国跨国媒体公司的主导性不是建立在强加式的权力关系之上。美国跨国媒体公司并没有控制非美国的跨国媒体公司,也没有强制要求其他国家违背自己的意愿向美国媒体公司、发行商、播映商或影视内容开放市场。二者之间的关系是劝服式的,而非压迫式的。也许在过去还可以认为美国跨国媒体公司是"总和过程"(the sum processes)的代理人,让非资本主义国家更接近和更倾向于美国中心,而在 21 世纪,几乎所有社会都已卷入或已适应资本主义模式。尽管资本主义发展不平衡,管理不尽相同(Harvey,2006),但资本主义是普遍现象。处于强大的第二层、第三层媒体公司的很多国家存在独特的"媒体首都"现象,"媒体首都"是强大的第二层、第三层媒体公司的所在地,这些公司从事视听贸易,与美国跨国媒体公司形成了一种非对称互惠的权力关系。二者彼此竞争、相互合作,共同控制市场。美国跨国媒体和很多国家的独特"媒体首都"一起支持了"总和过程",同时,也再现和推动了消费主义社会关系以及商业化的媒体模式。

美国是世界体系中统治性的媒体中心,是世界上最强大的跨国媒体公司的大本营;但这种统治性可能会随着非美国的媒体首都和本土媒体公司的崛起而逐渐消失:

> 1998 年,美国媒体市场拥有世界媒体总利润的一半;2010 年,这个数值仅为三分之一。四大盎格鲁—美洲市场——美国(1)、英国(5)、加拿大(8)、澳大利亚(12)——仍占有世界媒体总利润的 44%,但这一数值已从 90 年代的 60% 降低至此。(Winseck,2011:38)

美国"媒介帝国主义"仍在继续,但永远和之前不一样了。资本主义影响了娱乐媒体,塑造了媒体公司间的全球权力关系,但是去疆域化的资本主义逻辑又和国家的领土利益相互作用。这将在下一章讨论。

第三章　全球娱乐媒体管理

——国家、媒体政策和监管

引言：民族国家世界体系中的娱乐媒体流

　　欧盟要求其所属国的国家电视台每天都必须保证一定时段"欧洲"内容娱乐节目的播放。在肯尼亚，肯尼亚广播公司（KBC）致力于自身能"提供保存本土价值的优质节目"和推广"平等信息知晓信息"而付出努力。在斯里兰卡，国家大众媒体部对斯里兰卡广播公司（SLBC）做出这样的规定：

> 　　在现代化的技术环境下，维护斯里兰卡形象、保护国家遗产，在这个国家建立并维护一个有道德的媒体形象，同时能直接促进国家的发展和维护人民获得正确信息的权利。（斯里兰卡国家发展媒体中心，2011 年）

　　在日本，NHK 国家广播公司播放日本电视节目和电影，可以得到日本文化事务中心针对日本"艺术、娱乐和文化资产"所给予的资助。在萨达姆倒台后的伊拉克，伊拉克通信和媒体传播委员会（ICMC）监管着各电视广播公司，以确保其支持伊拉克国家的经济发展、民族凝聚和社会稳定。在牙买加，牙买加广播委员会规定电视广播节目应确保其播出内容代表的突出的国家事务与重大的国家表态保持一致。在英国，英国电信监管机构 Ofcom 按照"英国的价值观"监管娱乐内容，确保其不违反"英国价值"。纵览全球，所有的国家都在利用媒体政策、法规和监管机构来支持、影响和审查娱乐媒体。哪怕是国家商贸公司 NMCs 和跨国公司 TNMCs 这样的跨国界的娱乐媒体进行的跨国生产、制作和发行也不能凌驾和脱离于国家的媒体政策和法规约束，同样必须遵照国家媒体政策和法规而行事。

　　然而，国家和媒体机构之间的关系往往是被低估的。CG 范式有时会猜想在全球化趋势下国家的发展会受到不利影响甚至是遭受危机。阿帕杜莱（1997）就曾声称"民族国家作为一个复杂的现代政治形式,已然奄奄一息"(19)。很多时候,国家成了毫无意义的实体,被跨国公司和消费者之间的全球—本地市场相互作用所削弱(Morris and Waisbord,2001:9)。同时,CI 范式要么将国家作为出卖民族文化的跨国公司盟友,要么将其呈现为跨国公司的无助受害者,并且他们必须通过英勇战斗拯救民族文化。跨国媒体流动削弱了民族国家的稳定性,因为它们具有将公司与消费者连接在一起的强大能力,而这种能力源自一种浪漫化的自由市场逻辑,从而超越了国家的界限。(McMillan,2007:216)跨国公司梦想着能有一个完美合一的国际市场,在不需要跨国公司关注特定地方、政治制度及文化的特殊性的前提下,实现利益的最大化。在现实世界里,所有的娱乐媒体都受到国家的管控(Artz,2003:4;Price,2002:227;Sparks,2007:184)。柯廷(2005)指出,跨国公司"受到一系列力量的阻力和压迫",即来自领土国家的政治力量,从而影响到他们的行为。

本章将考察国家如何管控国家商贸公司和跨国公司的行为,以及如何影响娱乐媒体的跨国生产、分配、展示和消费。此外,领土国家与区域化的媒体公司的目标之间的趋同和分歧也在本章的研究范围内。对于国家和媒体公司之间的权力关系的讨论则揭示了相对于区域化的媒体公司来说,领土国家的重要性。本章将考察政府如何设法实现国家商贸公司和跨国公司的利润最大化。在一个等级分明的世界体系里,国家是资本主义趋利化和合法化的核心。国家有别于国家商贸公司和跨国公司,它执行着各种功能,支持或(在某些情况下)限制着商业利益。本章通过考察国家塑造媒体公司行为的方式来反驳全球娱乐媒体的兴起不受国家管控这一观点。在世界范围内,所有的国家都管控着媒体公司,同时监管着国家之间的娱乐媒体的流动。

什么是国家? 什么是媒体政策? 媒体政策的制定代表着谁的利益? 制定媒体政策的总目标是什么? 媒体政策管理了娱乐的哪些特定区域? 为了使非美国媒体产业和文化繁荣发展,成立于美国的跨国公司的经济与文化优势是否需要因此被削减? 本章的第一部分先定义了媒体政策,然后考察了媒体政策制定过程中的自由多元主义和权力精英理论。第二部分描述了制定媒体政策的主要目标:国家制造、民族文化和创意产业发展,以及缓解"市场失灵"。第三部分考察了国家干预媒体市场的形式:知识产权/著作权、所有权、竞争、内容津贴和配额,以及审查。第四部分论述了新自由主义媒体政策体制的要点(自由化、放松管制和私有化)以及全球媒体管理。最后一部分探讨了民族主义媒体政策的隐患和前景。

主权国家:媒体政策

自资本主义兴起以来,国家就未曾独立操控"市场力量",也不曾使市场力量独立于"政治力量"而存在(Wood,2004)。资本主义(作为一种生产方式)一直有一套特定的政治监管模式——一整套的政府机构、政策、法律、监管机构和惯例来支持资本的积累（Harvey，1989；Steinmetz，2003）。政治监管的模式是国家，这也是当今世界政治秩序的普遍形式。"现代国家是一个声称拥有特定领土内主权的最高政治权威的机构复合体，并对该领土的管辖权负责。"（Hay and Lister，2006）地球的大陆被分成了192个国家，每个国家都声称对其领域范围内的人口、经济和文化拥有最高政治权力（Hay and Lister，2006）。国家是"一套独特/特定的政治制度，它以共同（国家）利益之名，所关心的与其既定领域内的统治组织所一致"（Mclean and McMillan，2003：512）。正如莫里斯和卫斯波得（2001）所言："在一个仍根据威斯特伐利亚体系的主权原则划分的世界里，国家仍然是基本政治单位并且是其境内的至上权威。"（10）所有国家都对其境内的立法、合法暴力和秩序负责，并且不遗余力地对其领土内的事务以及在处理对外事务时行使主权。

媒体主权（Price，2002）指的是国家在其领土范围内行使其权利，去管理、支持、筛选、推广或限制信息及娱乐媒体流。实际上，媒体主权是一个国家制定和完善影响国家商贸公司及跨国公司行为的政策的权利和能力。国家和媒体机构主宰的分别是社会的不同领域：一是政治，一是经济。但根据麦克切斯尼和席勒（2003）的观点，"关于这个传统框架（将国家和媒体机构两者分离开来），其不足与错误之处在于［……］国家与媒体之间自然地倾向于对抗关系"（2）。而事实上，国家和媒体机构历来能达成一致，而不是冲突。正如柯廷（2007）所解释的那样：

> 市场受到政治的干预，这种干预激发、塑造或是削弱着媒体资本的动力。［……］如果没有自觉的国家干预来创造出一个商业运作的领域，市场力量实际上则毫无意义。市场是创造出来的，而不是被给予的。（22）

同样，娱乐媒体市场也是被创造出来的，而且通常是国家斥巨资来帮助其建立的。国家"拥有最终权力即通过立法来影响国内媒体产业"（Morris and Waisbord，2001：10－11）以及定期制定法规来管束它们。

在研究国家政策法规如何管理媒体机构的行为以及媒体机构与作为消费者的公民之间的相互作用这一领域，媒体政策学者做出了突出贡献。政策指的是在社会中，由国家或是公司制定的用以指导某种特定行为的决策。在现实中，政策会影响、控制或是改变人、机构以及情况。媒体学者提出有效的媒体政策定义作为一种管理手段。加纳姆（1998）将媒体政策描述为"政府当局用来塑造，或试图塑造媒体结构及其实践活动的手段"（210）。赛瑞卡奇斯（2004）将媒体政策定义为"政府关于大众媒体功能的决策的一般指导原则"。雷波伊（2002）指出媒体政策包括"（国有和非国有的）社会行动者调动一切可用资源来促进各自的利益，从而试图全方位地影响这些（媒体）系统的方向"（2）。弗里德曼（2008）指出："媒体政策指的是引领

创新手段的发展目标和规范，这些创新手段旨在塑造媒体系统的结构和行为。"（14）

一直以来，媒体政策都与文化政策区别开来，直到最近（Bratich，Packer and McCarthy，2003；Lewis and Miller，2003；McGuigan，2003，2004；Miller and Yudice，2002）。正如黑斯孟哈（2005）所言，"文化政策通常是与受扶持的艺术产业密切相关，而媒体和通信政策倾向于从经济和政治（狭义）方面来进行分析"（95）。加纳姆（2005）曾阐述道：从历史上看，文化政策与艺术之间有着明确的划分，这大致建立在赞助与启蒙原则以及对艺术和商业之间的一种内在对立的假设之上。（16）

然而，水平和垂直整合的媒体公司以及融合文化产业、传媒产业和电信市场的出现已使媒体政策和文化政策之间的区别悬而未决。无论是"媒体"政策还是"文化"政策，都聚焦于生产和分配标志性产品的方式与政治及国家认同之间的关系（McGuigan，2004）。我将那些旨在影响所有生产、分配以及展示媒体产品的组织（无论公有或私有）行为的政策都归于媒体政策。

这种包容性的定义使得我们可以研究国家对所有传媒公司所进行的管理，这些传媒公司拥有和控制着媒体制作、发行和展示的手段（包括"文化产业""创意产业""通信业"和"传媒业"）。媒体政策研究聚焦于管理国家商贸公司及跨国公司的国家相关政策与法规，国家商贸公司及跨国公司拥有着媒体产品（电视节目、电影、视频游戏以及数字内容），代表并塑造着社会的生活方式和人们的"文化"消费的方式。

媒体政策代表了管理国家商贸公司和跨国公司的意愿及方式，而国家监管机构和法规则是管理它们的手段。正如弗里德曼（2008）所说："如果媒体政策指向更广阔的领域，涉及各种有关可取的结构和行为运行的想法和假设，那么为实现这些目标，调控将会指向特定的体制机制。"（13）艾布拉姆森（2001）也指出，国家监管和调控作为国家管理媒体的政策的实践形式，"鉴于政策规定了国家可促成其作为首选的媒体内容，调控便成了国家根据政策对非国家行为者的活动予以监督、控制或限制的途径"（301 - 302）。所有国家都设有监管国家文化和媒体的商贸公司和媒体跨国公司的机构，以确保他们依照法律和既定的政策运行。这样的例子有许多：美国的监管机构是美国联邦通信委员会（FCC）；加拿大的监管机构是加拿大广播电视和电信委员会（CRTC）；英国的监管机构是Ofcom（通信办公室的简称）；中国的是新闻出版总署（GAPP）以及国家广播电影电视总局（SARFT）（即：现在合署的国家新闻出版广电总局）；印度的是新闻和广播部；沙特阿拉伯的是文化和信息部；津巴布韦的是新闻、信息与宣传部；爱尔兰的是通信监管委员会；俄罗斯的是俄罗斯联邦文化与大众传媒部；葡萄牙的是国家通信管理局（ANACOM）。尽管所有的国家都有授权执行政策的监管机构，但它们的执行方式却不尽相同。每个国家都有其传媒政策，不同的监管历史与结构要求在实际执行时要本着"具体问题具体分析"的原则。

传媒与文化政策制定中的政治与权力

国家在全国性的传媒政策制定中扮演着重要角色,并通过管理机构来颁布及实施这些政策。媒体政策和法规不仅是技术性的(换言之,仅用于解决问题),同时也是政治性的。弗里德曼(2008)认为,媒体政策是"促进某种媒体结构和行为,并压制其他可供选择的结构和行为的系统性尝试","是一种深刻的政治现象"(1),传媒政策的制定则是"敌对的政治立场为了物质利益[……]及意识形态合法化而斗争的战场"(3)。雷波伊(2007)认为"媒体政策的领域争夺激烈;这是一个战场,一个扎根于社会历史和自然法则的斗争领域,在这里,就连技术的发展也都带有了政治色彩"(344)。传媒政策是强大的:国家通过传媒政策让自己的目标借用他人之手完成,让社会资源在政策制定中得以分配,也让社会通过其干预作用得以改变和影响。

尽管国家在制定传媒政策时总是以总的"国家利益"为出发点,但是很多政策实际上还是服务于国家利益集团(或集团联盟)的利益。哪些利益集团左右了媒体政策和法规的制定框架? 不同集团间的力量竞争如何影响着传媒政策及法规的实施? 哪一特殊利益集团在媒体政策方面的利益会被上升为国家利益? 哪些利益集团是最有能力来影响国家传媒政策的? 它们为何这样做? 如何做到? 这些问题是媒体政策研究的核心,正如加纳姆(1998)所说:"我们需要不断地问,为何现在这一政策是这样的,它是为谁的利益所设计? 无论是政策还是它们的表现形式都不应取决于其表面价值。"麦克切斯尼和席勒(2003)曾说道:"问题不在于政府是否在建立通信系统的过程中担任角色,因为其发挥的是基础性作用。问题在于政府的通信政策所鼓励的是谁的利益以及谁获得什么价值。"尽管自由多元论和权力精英论为这个问题针锋相对,但是,自由多元论和权力精英论都为这个问题提供了有益答案。

在主流政治学中,多元论大概是在政策制定中最占优势的理论。许多政治分析家都倾向于使用多元化理论的构架。多元论者对国家持乐观态度:他们视国家为自由民主意识形态的最高表达,是政治组织和社会变化的最高机制。第一,多元论者相信在自由民主国家中,多元论是一个主导性原则,它允许国家之中存在一系列不同的价值观、信仰和生活方式的利益团体的和平共处。第二,多元论者认为社会存在着许多特殊利益团体,公民几乎不可能只属于其中一个团体,他们往来于许多不同的利益团体,这些团体的形成是基于种族渊源、文化、性别、职业、宗教以及生活方式等等。第三,多元论者声称利益集团聚集在一起,互相竞争以左右国家政策。这些利益集团并非一成不变,而是具有机动性和时效性。第四,多元论声称权力不是任何某个利益集团、统治阶级或权力精英的专属。资源广泛(尽管不均等)分布在很多的利益团体中,为影响政策议程而互相竞争。第五,多元主义者认为由于许多利益集团之间的竞争,政策制定的过程向来就是谈判的过程。一个利益集团在实现其利益的过程中,总是受到其对手的制约。第六,多元主义者将国家看作不同利益集团之间竞争的中立仲裁者。国家是真正多元的,向所有人开放。国家政策不偏向某个单一群体的利益,而是反映许多利益群体之间的谈判与妥协。第七,多元主义者认为国家制定政策是以达成共识和解决冲突为目标的,并且辩称国家是基于所有利益对立群体的共同利益来解决争端的。

多元论代表了媒体决策的规范性意见。在自由民主国家,许多有着一系列的价值观、信仰和生活方式的不同利益群体正想方设法地左右媒体政策。例如,国家商贸公司和跨国公司力争通过游说来影响媒体政策;工会、公民监督团体、消费维权者等多方面的利益集团也在这样做。这些利益集团形成了一系列与国家商贸公司和跨国公司在社会中的行为相关的问题,并与其他利益集团竞相影响着媒体政策。没有任何一个利益集团能单独控制传媒政策的制定过程。国家商贸公司和跨国公司是众多利益团体中的一部分。他们竞相塑造传媒政策纲领:由于传媒政策的许多相关利益集团之间的竞争,媒体政策的制定过程始终都是一个协商的过程。比方说,企业的游说者想方设法要把他们所服务的国家商贸公司和跨国公司的利益体现于国家的政策议程中,但这一行为总是受制于那些可能会反对他们的工会、公民以及消费者利益集团。从根本上讲,国家不会偏向于某一个利益集团(如媒体公司或是媒体工会)。国家在制定传媒政策时,并不代表某一个集团的利益,也不会将某个集团的利益排除在传媒政策制定过程之外:国家是真正多元的,向所有的媒体政策的利益者敞开怀抱。决策过程的最终结果便是传媒政策(法规)的制定,其代表了很多利益集团之间的妥协。传媒政策是各方在不断地磨合后所达成的共识,没有任何一个利益集团能从国家手中得到一切它所想要的,也没有任何一个利益集团能通过传媒政策将自己渴望得到的所有的利益建立在其他利益集团的损失之上。媒体政策代表了相互竞争的利益集团之间的和解。

权力精英理论家指出,自由多元主义者所认为的国家政策的制定原则是一种误导(Domhoff,2007;Mills,1956),自由民主国家最初的建立主要是为了满足精英阶层的利益,主要是商业利益。他们说,社会不是基于不同利益群体间的和平共处而建立的。对他们来说,社会建立在两个敌对团体之间的冲突之上:统治者与被统治者,精英与非精英,资产阶级与无产阶级(Domhoff,2009;Mills and Wolfe,2000)。而社会是由数百个拥有各自身份的利益集团组成的,其最根本的划分是精英阶层(少数)和劳动阶层(多数)。在资本主义国家,世界百分之一的人口(自由派和保守派)控制着世界上至少 40% 的总财富(Stiglitz,2011)。在美国,美国总人口的 1% 控制着大约 23% 的美国总财富(Reigh,2010)。权力精英理论家认为,虽然许多利益集团都争相左右国家政策,但精英商业集团是其中最强大的利益集团和政策的影响者。精英可以通过国家来实现其自身利益,因为其成员占据着机构决策权的职位,这使他们能够直接制定政策或通过对政策制定者施加压力来间接地达到目的。可能有很多利益集团竞相影响政策议程,但大多数情况下,国家政策为精英阶层的短期和长远利益服务。权力精英理论家认为,国家不是一个中立的权力经纪人,而是偏向精英企业集团的。当受到压力或面临合法性危机时,国家有时的确会向"无产阶级"做出让步,但多数情况下,他们都偏向于商业精英的利益。因此,决策的结果不是共识,而是冲突。

权力精英理论与自由多元主义在媒体政策形成这一点上意见相左。国家商贸公司和跨国公司是精英利益集团:"这些行业无时无刻不在试图影响政府以期提高他们在国内和国际上的竞争地位。"(Sparks,2007:207-209)国家商贸公司和跨国公司比其他利益群体更能影响制定传媒政策的进程。正如弗里德曼(2008)所言:

> 传媒政策应该是一个对资源贫乏的群体开放的平台,他们也有着竞争愿望和目标。然而,现实却并非如此;它是一个最终由那些具有最广泛的金融、意识形态以及政治资源的利益集团所主导的一个过程,这些利益集团最擅长运用自己的利益来对抗他们的对手。(23)

国家商贸公司和跨国公司派遣说客去拉拢政客和政策制定者,向他们献殷勤,并说服他们照单执行。举个例子,美国电影协会(MPAA)和国际知识产权协会(IIPRA)都是强大的游说团体,他们的成立是为了强化美国"跨国公司"的利益(Bettig,1996:226;Segrave,1997;Tunstell,2000:51)。在许多国家,政策制定者和监管机构都受到国家商贸公司和跨国公司的"钳制"。正如弗里德曼(2008)所言:"关键的媒体政策制定者在制定政策的过程中,往往倾向于满足商业利益(104)。总之,权力精英理论家断定国家政策为国家商贸公司和跨国公司的利益服务。国家的决策者将国家商贸公司和跨国公司的繁荣视为国内生产总值(GDP)、税收收入和创造就业的重要保障。国家通常不是多个利益团体和不同传媒政策愿景的中立掮客,它们一般都偏向于满足国家商贸公司和跨国公司的利益。"

总的来说,多元主义者认为政策制定取决于政府,但许多特殊利益集团可以利用其资源来影响决策者。而权力精英理论者则表示,国家决策受到精英群体的影响,代表并且总是偏向他们的利益。

⇨案例 3.1　美国作为企业权力的助推器

美国将国家商贸公司和跨国公司的利润利益作为服务对象。社团主义,而非不受约束的自由市场资本主义,支撑着美国的媒体公司的权力和繁荣。美国有很多国家机构保障着美国跨国公司的利润利益。美国财政部、美国国会、国防部、商务部、国家电信和信息管理局、美国专利商标局、美国联邦通信委员会

（FCC）、美国贸易代表白宫办事处以及美国国务院都参与传媒政策的制定和监管，且其做法往往有利于媒体公司。许多美国国家机构受到国家商贸公司和跨国公司强大的游说团体的钳制，其中包括美国电影协会（MPAA）、国家广播协会（NAB）、美国报业协会（NAP），以及国际知识产权协会（IIPRA）（Bettig，1996：226；Herman，McChesney，1997；Schiller，2000；Segrave，1998；Tunstell，2000：51）。结果往往是，美国国家传媒政策与监管机构促进着媒体公司的利润利益，并使其合法化，以媒体的民主性，文化的多样性，以及公共利益为代价，形成集中特权、寡头垄断市场以及严格的版权制度（McChesney and Schiller，2003）。"'大政府'和'大企业'的历史，更多的是调节适应，而非对抗。"（8）（Bagdikian，1997）麦克切斯尼（2003）认为，利害攸关的政治问题不是政府干预及其法规与企业自由及解除市场管制之间的对立，恰恰相反，是国家干预及监管服务于大众，而大众利益与钳制着国家的利益集团的利益是根本对立的。

传媒政策的目标

国家为何制定媒体政策？媒体政策与若干国家目标相关：

> 为争取特定阶层的支持（即媒体公司或是媒体工会），应对管理变化的需要及广泛的社会内部重组所带来的竞争压力，即从工业化到后工业化的信息、创意和知识经济的过渡。（Gray，2007：205）

美国通过强调媒体在其实现其他政策目标时表现出的利用价值，来为自己对媒体政策的支持正名。媒体政策的具体目标是：（1）形成民族；（2）发展国家文化及创意产业；（3）缓解媒体市场失灵与负面的社会外部效应。

形成民族。各国利用媒体政策形成民族认同感，麦奎尔（1992）将民族认同感定义为"有着共同属性（地点、语言、文化）的特定群体所有的归属感和排他感"（264）。就这一点来讲，传媒政策就是文化政策。正如艾荷尼（2009）所言："任何政治秩序都需要手段来维持其合法性［……］。"就此意义而言，我们可以说，对于所有的政治秩序而言，"文化政策"永远都是必要的（143）。国家与民族是不同的概念，虽然他们经常一起出现（因而有了"民族国家"的概念）："国家"是指那些负责管理的官僚行政实体；而"民族"则是国家用以获取公民忠诚度的象征性的存在，同时给其公民带来因地域不同而各自产生的文化认同感。民族这一象征意义让人们将过去、现在和未来放在一个集体中来看待，从这个集体中感受到他们来自哪里，他们是谁，以及他们可能会去向何方。民族认同感的含义不是一成不变的，而是由政治手段（通常是通过争霸）进行创造及再造（Ahmad，1996）。

　　国家和民族之间没有天然的联系。然而,寻求统治机会的政治集团声称其代表着"民族利益"。对公众来说,民族是代表文化同质性、独特性及统一性的虚构形象。然而,每一个民族在其不同的社会阶层及种族中都存在着大量的异质性、差异性及冲突性。民族是消除分歧的途径,国家试图通过这一方式在其领土范围内建立和维持统一及秩序。"国家雄心勃勃地计划,并不遗余力地呈现出自然而又明显的'民族文化'和'民族历史',因为对于增强国民跨越时间与空间的凝聚力,处在中心位置的国家'责无旁贷'。"(Khattab,2006:352)国家运用媒体政策制造及再造"民族性"。作为一种治理手段,媒体政策规定了一个民族在本质上是什么、在哪里和不是什么、不在哪里,以及一个民族里的公民可以是什么,不可以是什么。媒体政策是"交际边界维护"的一种形式(Schlesinger,1991),其声称促进和保护由主权国家的边界所划分的民族文化。

　　虽然各国利用传媒政策形成了民族这一概念,然而民族性却是公民日复一日地通过娱乐媒体的熏陶而想象出来,并再现于心、意识乃至身体的。安德森(1991)曾有一个著名言论:民族是"想象的共同体"。"即使是最小的民族,其成员也将永远不会了解他们民族大部分的同胞。"民族还被想象为是"受限制的",即具有"有限的边界,超过这个界限,就是其他民族";民族拥有"主权",在其中他们"憧憬自由";民族还是一个"社区",在其中,"即使现实中不平等和剥削占了上风,民族始终都被认为是一个深刻的、平等的共同体"(6-7)。民族是想象出来的,因为其成员将永远不会了解、见到甚至是听闻他们大部分的同胞,"但在他们每个人的心中都有一个共同体的形象存在"(6)。娱乐媒体对于民族的想象起着至关重要的作用。戈夫(2007)表示,电影和电视节目:

　　　　是一个可以形成意见以及定义身份的有力媒介。它们是最为显眼的
　　棱镜,折射出民族的价值观和习俗。(18)

　　当观看民族题材的电视节目和电影时,人们可能会认为自己是属于一个更庞大的民族集体的一员,尽管他们可能永远不会知道或是看到大部分同样在观看的人。娱乐媒体将民族象征与民族故事传达给观众,让他们通过视觉联系感受一个更大的民族自我。比利格(1995)将通过媒体表现的世俗认为是理所当然的民族认同描述为是"陈腐的民族主义"。电视节目和电影将人们划归为一个独特民族的成员,并征求他们对民族的"我"的认同。信奉老一套的民族主义的娱乐媒体并不反映民族,而是代表了集体、民族意义上的"我们"。在整个世界系统中,娱乐媒体每天都会告诉人们:他们是谁,他们不是谁。

　　媒体政策是媒体创造及公众想象出来的民族认同的一部分。正如莫里斯和卫斯波得(2001)说的那样:"政府管控媒体某些方面的一个突出原因,是促进和维护

民族及文化认同。'国产'的媒体可以用于促进本国的价值观和认同感。"(14)国家
利用媒体政策来确保媒体公司会代表国家的利益,来巩固公众对民族性的认同以
及维护它们控制范围内的社会的凝聚力。国家媒体政策通过保障、防御,或是保护
其内部独特的"生活方式"免遭来自国外(往往是美国)的威胁,来实现其合理化的
目的。在回应对于"美国化"的担忧时,不同的国家,如加拿大、韩国、法国、爱尔兰、
澳大利亚、南非、牙买加,都制定了促进和保护其"民族"的相关规定(Feigenbaum,
2003)。在回应电影舶来品[如《阿凡达》(2009)及《变形金刚 3》(2011)]的风靡现
象时,时任中国国家主席胡锦涛强调要加强中国的电影和电视制作能力,以保证中
国的民族文化不会受到"西化"的威胁。总之,国家官员利用媒体政策将远在天涯
海角的公民联系在一起(Schudson,1994:656)。

发展国家文化/创意产业。国家同样利用媒体政策,建立国家文化/创意产业
(Throsby,2008)。就此来说,媒体政策表现为一种产业政策。"文化产业"的概念
由法兰克福学派的理论家马克思·霍克海默和西奥多·阿多诺在第二次世界大战
后提出,用以批判当时文化的商业化。这个曾经遭排斥的马克思主义观,现如今被
媒体决策者当作一个战略重点而得以蓬勃发展(Milz,2007;Throsby,2001)。文化
产业这一概念附属于新自由主义,"从它原始的过去,一跃到了现代具有前瞻性的
政策议程的最前沿,成了许多经济政策制定者的发展战略的重要组成部分",从而
解救了文化政策(Throsby,2008:229)。文化产业的概念最近已被辅以更时髦的
"创意产业"这一概念。这些概念通常作为同义词使用,不过最近,"创意产业"这一
说法更受欢迎(Potts,2008)。班克斯和奥康纳(2009)指出:

> 与"文化产业"这一概念的明显断裂(在艺术和政治上的隐含意义有
> 问题),促成了艺术活动更加商业化,并且将创意(文化的"有用"形式)有
> 目的地整合成各种经济和社会政策倡议。(365)

在过去,相对于真正的资本主义经济,文化、艺术、媒体和文化遗产被视为受国
家补贴的部分。但现如今的决策者将文化或创意产业描绘成了萌生商业理念和创
新的一个重要手段,对国家的经济基础有着实质性的贡献,且具有跨市场的连锁
反应。

媒体政策制定者将文化/创意产业的发展定义为正处于从工业化向后工业化
资本主义转型期的社会中经济发展的核心。文化和创意产业,以及他们的所有
者——国家商贸公司和跨国公司,都被国家决策者、艺术和文化部门以及新自由主
义经济学家看作带动资本主义繁荣、实现经济长期增长及创造就业的引擎。联合
国贸易和发展会议(UNCTAD)在《2010 创意经济报告》中提到:"在这个全球化的
世界里,文化和创造力是推动经济增长和促进发展的强大引擎。"加拿大文化遗产

部委托加拿大会议局于 2007 年发表了一篇题为《评估文化：衡量及了解加拿大创意经济》的报告，该报告指出："文化行业有利于推动经济发展。"这些行业被认为具有经济及文化效益。在经济低迷时期，它们创造税收及就业机会，为国内生产总值做出贡献，并吸引着国际游客前往服务行业已趋于停滞的城市。他们还增强着区域和国家的社会凝聚力，承认并代表了文化的多样性。此外，这些行业使得来自国内和国外的投资注入通信、数字技术和电子基础设施中。全世界的传媒政策制定者正设法使其民众所参与的工作与创新资本主义相关联。他们将文化/创意产业的发展视为经济发展所不可或缺的因素。文化的价值不再明确地与公民道德升华、社会目标实现以及文化民族主义的培养相捆绑，而是经常通过经济增长来衡量。政治家们正在尽一切力量来实现文化的交换价值。总之，媒体政策是产业政策的一种形式，它为媒体公司的盈利增长提供了意识形态上以及具体形式上的支持。这样的例子比比皆是，不胜枚举。

来自美国电影协会的迈克尔·奥莱利是一位呼吁国家给予好莱坞支持的倡议者，她指出：

> 在这样一个有着百分之九甚至更高失业率的经济环境下，美国的创新团体——那些有着与电影、音乐、书籍以及其他种种知识产权形式相关的工作和生意的群体——可以成为使美国人重返工作的一个驱动力。（Block，2011）

欧洲委员会于 2010 年发表了一份文件，题为"解锁文化及创意产业的潜力"。其中说道，欧洲创新产业雇用 580 万工人，占欧洲 GDP 的 2.6%。创新产业"不仅维护了文化的多样性"，也为"帮助欧洲走出危机"发挥了重要作用（引自欧洲委员会，2010）。苏格兰 2011 年发表了题为"增长，人才，雄心：创新产业中的政府战略"的政府报告，其中概述了一条关于建立和维持对创新产业的支持的战略，该战略"每年为苏格兰增收数十亿英镑并创造六万余个工作岗位"（苏格兰政府，2011）。加拿大艺术和文化部长詹姆斯·摩尔说道，"在加拿大，艺术与文化产业提供了超过 63 万个工作岗位，为加拿大的经济贡献了约 460 亿美元"（Moore，2011）。中国正试图摆脱其"中国制造"的标签，并基于数字娱乐媒体建立起一个新的后福特时代的"中国创造"的形象；香港创意产业及科技创新委员会（HKCTC）支持中国创意及高科技产业的发展，2010 年出口的文化商品总额达到了 840 亿美元。2010年，日本经产省（METI）发布了"新增长战略"和"工业结构愿景 2010"。它使用"酷日本"的口号，成立创意产业推广办事处，以促进创意产业作为日本的一个战略性行业。该办事处力求支持这些产业的全球化以及争取到 2020 年，文化出口增长至当前的 5 倍，达到 1400 亿美元——这几乎与日本汽车出口所得外汇收入持平（《经济学家》,2011b)。自 2010 年以来,泰国政府的国家创意经济政策委员会一直致力于发展该国的创意行业,从国家层面加强创意产业的竞争力,以提高行业融入全球经济的潜力(联合国教科文组织,2010)。

缓解媒体市场失灵。许多国家利用媒体政策形成民族的概念以及发展民族文化/创意产业。然而,传媒政策不只是自上而下的民族主义或是代表精英政治—经济利益的文化产业的发展工具。当媒体市场未能带来利益,并造成社会、文化和政治问题时(即不平等和排斥、文化损失或破坏、非民主性的缺陷),媒体策略可以用于缓解负面的社会外部效应(Leys,2001;Garnham,2000)。国家可以利用传媒政策预先制止或纠正"市场失灵"或是因媒体公司的行为而造成的负面外部效应。媒体政策可以用于建立社会、文化及政治的正面外部形象,当跨国公司和国家商贸公司以及他们所销售的产品无法做到这些时(Freedman,2008;Napoli,2006)。在此基础上的国家干预可用以支持公共的"沟通权利""文化多样性"以及"公民媒体产品"。

干预以保障"沟通权利"。媒体策略可以确保公民能够获得生产、分配及接收娱乐媒体和信息产品的途径("沟通权")(Dakroury,Mahmoud and Kamalipour,2009;Fisher,2002;Hamelink and Hoffmanni,2008;Hicks,2007;Raboy and Shtern,2010)。沟通权是一项普遍的人权。在每个国家,所有的公民,不论阶级、种族、性别或信仰,都有基本的制造、分享及获得媒体产品的人权。但媒体公司仅为那些支付得起费用的人开放了信息访问、通信技术(例如电信、移动设备、互联网连接)和媒体产品(信息流和娱乐媒体)。那些数以百万计的支付不起的人被剥夺了通信权利。作为回应,媒体政策可以用于确保所有公民都享有制造、分发和接收信息产品的途径。沟通权与"言论自由"不同,言论自由权主要保障那些在社会上拥有生产、分配及呈现手段的公民(也就是媒体公司),通信权则赋予全体公民获得这种手段的权利。

干预以支持"文化多样性"。传媒政策也可以用来确保各种媒体产品随时随地可供消费(Napoli,2006:11-12)。联合国教科文组织指出,促进和保护多样的视听及文化产品,如本地及国产的电视节目和电影,对于维护社会凝聚力、文化多元性和民主具有积极作用(Doyle,2012)。倘若跨国公司和国家商贸公司未能出产多样的本土传媒产品,媒体政策就可以试着这样做。被市场逻辑所驱动,国家商贸公司从成立于美国的跨国公司处获得廉价而有吸引力的电视节目和电影,并将它们安排在黄金时段,获得了一大批观众以及广告收入。这种"地方—全球"的商业交易模式扼杀了本地及国产娱乐商品的生产和销售。在市场中有利于国家商贸公司和跨国公司的(利润最大化),但却并非总是有利于社会。格朗特和伍德(2004)认为需要媒体政策来促进和保护多种多样的本国媒体产品的生产与销售,以遏制美国媒体的主导地位,而国家补助金的缺乏经常会导致非美国媒体来源的减少,而且会削减不同文化和语言媒介产品的供给。那不勒斯(2006)指出,支持文化多样性的传媒政策"在很大程度上是为了保护或保存本国的文化,因为它们面临的竞争来自世界各地文化产品(主要是媒体产品)的进口,尤其是主导着全球文化市场的美国"(12-13)。

干预以支持"公民媒体"。当市场无法完成时,媒体政策可以支持高质量且本着民生思想的媒体产品的生产与销售。消费者至上论的支持者认为媒体市场为消费者提供了他们所想要的。当所有的公民都知情并且参与时,民主将会运行得更为有效。然而,很多电视节目和电影并不告知和鼓励人们以民主国家中主权公民的身份参与。它阻碍着人们的公共和政治生活。青少年可能在观看《惊声尖叫4》(2011)里虚构的放血仪式时会感到刺激,但是一部关于在刚果(布)和苏丹的实际放血仪式的纪录片可能会让他们更好地准备成为一名世界公民。在《现代战争2》中,当游戏者杀死成千上万名虚拟的俄罗斯士兵时,他们可能会感到某种宣泄性的释放,但这个互动游戏不会帮助他们更深入地了解冷战史。媒体市场流通着足够的消费者认为他们自己所想要拥有的娱乐产品,但是媒体政策所支持的公民媒体产品也许能够更好地给予人们他们作为公民所需要的功能,无论是在国内还是国外。

总之,媒体政策的主要目标是形成民族概念,发展国家文化/创意产业,以及缓解媒体市场失灵与负面的社会外部效应。

⇨案例3.2 娱乐媒体生产基地成为全球旅游景点

旅游业是一个全球性的产业。据相关报道,2011年出境游达9.83亿人次,游客们在异国他乡的餐馆和酒店里消费,进行着各种休闲、文化及娱乐体验(联合国世界旅游组织,2012)。旅游业对国内生产总值(GDP)贡献颇丰,而且提供了相应服务行业的工作岗位。旅游业的发展也同样有利于那些有着连锁酒店的企业和房地产开发商,他们开发利用人、文化以及环境为自己谋取利益。现如今,旅游产业的发展被很多国家的文化及媒体政策制定者看作持续推动经济和社会发展的助力。旅游业是一个后福特式的"现代化"战略。为了发展旅游产业,国家通过使用各种媒体,包括电视广告、电影、海报、网站等,参与关于历史、地点、遗址及民族认同感等的"民族品牌"的实践。国家决策者构建并促进民族品牌形象走向世界。在贸易、外国直接投资及旅游外汇收入的竞争中,民族国家"将自己定位成全球经济中独特的、有竞争力的品牌"(de Mesa,2007)。国家将其文化和创意产业作为旅游产业发展和民族品牌运动的一部分。文化产业发展、旅游业和民族品牌相互交织在一起。纳斯(2007)指出,在许多大城市,"文化旅游的游客数量约占年度游客总量的40%","对当地商品和服务,文化游客比普通游客倾向于花更多的钱"。

娱乐媒体最近已被纳入吸引国外文化游客的国家战略。在如今后工业创意经济时代，国家利用人们对世界不同地区和文化的向往，将本国的地理、历史和人文打造成市场化的旅游资源。世界各地的旅游业发展战略日趋标准化，旅游外汇收入的竞争也因此愈演愈烈，传媒品牌已成为国家宣传不可或缺的资源。当地的全球娱乐媒体生产基地——作为电影和电视剧拍摄点的城市、地标、地区等——在全球娱乐旅游产业的大背景下被塑造成了壮观的文化景点。一些景观和胜地被改造成了与娱乐媒体相关的景点。一些题为《电影拍摄地全球指南》（Reeves，2007）或《探寻世界电影之城》（Hellman，2006）之类的指南为旅游迷们提供了"足不出户对知名电影的拍摄地完成环球旅行"的契机。新西兰则为一掷千金的托尔金迷们打造"地心之旅"。在英国，《哈利·波特》的拍摄地迎来成千上万的游客。在伦敦国王十字车站的4、5号站台，《哈利·波特》迷们可能会试图穿过一堵砖墙来登上霍格沃茨特快列车。在《哈利·波特》的虚构世界里，主人公推着一辆购物车在"九又四分之三月台"处穿墙而过，无影无踪。《哈利·波特》的拍摄地如此具有吸引力，可见娱乐生产基地而不是娱乐工作本身被赋予了新的意义。

媒体干预范围

各国采用一系列的媒体政策和监管的手段来实现政治、经济及文化的目标。国家政策/法规干预的媒体市场领域包括：知识产权/版权、所有权、集聚/竞争、内容补贴与内容配额、广播许可及审查。

知识产权/版权

国家保护媒体公司的财产权利。财产权利包括所有权、占有权，以及有权出售、销毁或捐赠。没有国家，财产权利也就不复存在。伍兹（2003）认为，"国家通过制定详细的法律和体制框架，并以其强制力作为支撑，做到了稳定性和可预见性，以维持资本主义财产关系"（17）。在全世界，媒体公司寄希望于国家保护其知识产权，同时惩戒和处罚那些侵犯其权利的个人和团体。正如斯帕克（2007）所说："国家强制执行对知识产权的保护对全球市场的运作有着显而易见的重要意义，国家有必要对此贯彻执行一套普遍适用的法律和法规。"（160）知识产权——创造性资本主义的法律基础——只有在国家承认并且贯彻执行的情况下才真正存在。

版权是知识产权的一种重要形式。版权赋予了媒体公司（以及其他机构）允许或禁止他人使用或复制其娱乐媒体的专有权，同时也赋予了它们将这些权利出售、授权或转让他人的权利。版权持有人可以禁止或授权他人复制其娱乐媒体的各种形式，包括DVD、数字文件、戏剧和音乐表演、无线电和电视网络广播以及其他形式的改编。以新闻集团（旗下有福克斯电视台和格雷西影视公司）为例，其拥有风靡全球的《辛普森一家》的版权。这使得新闻集团对任何与"辛普森一家"相关的产品拥有专属权,包括所有的角色、图像以及声音。新闻集团向世界各地的电视机构出售《辛普森一家》系列电视的转播权,并授权漫画图书出版商、电影制片厂、唱片公司和视频游戏出版商使用相关内容。"辛普森一家"的周边产品,如杂志、T恤、海报和棋盘游戏等还为新闻集团收获了几十亿美元的销售额。福克斯分管许可与销售的执行副总裁彼得拜恩曾说,毫无疑问,"辛普森一家"是福克斯所拥有的最大授权实体,无论是电视或电影。(Bonne,2003)对版权的控制使得新闻集团能够通过"辛普森一家"获取利益。"版权让其东家在长达几十年的时间里对不断增加的文化财产享有垄断权。"(Schiller,2007:47)

　　所有媒体公司都依赖于国家的版权制度。版权的经济合理性是这样的:媒体公司会基于所有权和利润来制作和发行新的娱乐商品,而版权正为其提供了这样一个经济刺激点。版权给了媒体公司这样一个法律保证:媒体公司投入资金进行娱乐生产,制作出的电视节目或电影为媒体公司所有,媒体公司可以利用这些获取商业利益。独立的艺术家出于各种原因创作新作品(不一定是商业性的),而媒体公司则是为了对作品的所有权以及利益最大化(创作新作品)。版权的捍卫者认为,创造新的电视节目和电影的媒体公司有权就其投资获取经济回报,还应该为媒体公司的生产成果进行资金补偿。如果没有办法在法律上保护自己的财产和收入,媒体公司可能不会花那么多的时间和金钱制作新的电影和电视节目。如果没有版权来保障其所有权和开发权,媒体公司不太可能会投入大笔资金生产新的娱乐媒体。总之,国家版权制度的支持,激励了媒体公司投入时间、劳动力和资金,制作电视节目和电影。

　　版权除了为媒体公司提供经济激励,以创造出新的产品,版权捍卫者还将其定义为保护独立创作者精神权利的一种手段。精神权利是指作品的创作者有权就其所创作的作品得到公开的承认,也有权反对那些可能会损害其审美的完整性或其公众声誉的更改。随着出版业的发展和"独立作者"这一新概念的出现,这个版权合理化的论点最早出现在18世纪的英格兰。独立作者是特殊的人,与他们所创作的作品有着独一无二的关联,版权便是围绕这样一个说法而形成的(Schiller,2007)。在如今的21世纪,跨国公司雇用的版权律师在起诉他人侵犯版权时,通常都会引用独立作者的精神权利。举个例子,华纳兄弟娱乐公司和J.K.罗琳成功起诉了RDR图书侵犯其版权,这桩起诉源于这家密歇根出版公司试图出版和销售哈利·波特词典。罗琳控告范德比尔(哈利·波特词典汇编者)的证词引起了陪审团的同情,她声称被告侵犯了她对其语料库所有的精神权利(Eligon,2008;Neumister,2008)。乔治·卢卡斯在把《星球大战》的特许权卖给迪士尼公司之前,借用"精神权利"这一论点,与星球迷们就改编《星球大战》电影展开"争论"(Kelley,2011)。一些星球迷创建了非商业性的"星球大战"网站,出版星球迷的小说和电影,以及组织星球迷电影马拉松。卢卡斯公司的律师在发函时援引"精神权利",要求这些星球迷"停止并终止"侵犯版权(WENN,2011)。因其作为经济刺激点和作者精神权利的地位已被广泛认可,版权是一个涉及数十亿美元的诉讼行业的先决条件。

在这方面,版权遭受盗版的侵犯已经成为版权律师巨大的商机,特别是对那些目前受雇于美国的跨国公司或与其有合作关系的律师。盗版一直被称为"全球性灾难""国际瘟疫"和"罪犯的天堂"(Bodo,2011)。新的信息和通信技术(ICT)及数字媒体平台使得在美国和世界各地刮起了娱乐盗版之风,尤其是在发展中国家(Bodo,2011)。制作盗版的电视节目和电影继而出售,是比较容易且不费钱的事。盗版者使用手持式摄录一体机在影院拍下新上映的电影,使用 BT 软件和点对点文件共享网站,如"ISO 狩猎"和"海盗湾"等进行转换,并通过在线视频平台采用流式传输的方式散播那些受版权保护的影片。虽然全球公域数字共享已经涌现,但是无限制的复制盗版已经破坏了美国跨国公司从他们的电视节目和电影中获得最大收益的能力。作为回应,美国的跨国公司正在游说美国和所有其他国家打击全球数字盗版的行为。目前,美国电影协会肩负着一个全球性的使命:(1)通过网络储物柜、视频流和用户生成内容网站打击点对点(P2P)的盗版,鼓励各国制定和实施法律以保护数字版权;(2)向国家施加压力为反摄录立法,以阻止在影院通过摄录进行盗版,并将这种行为列为刑事犯罪;(3)确保所有新的视听贸易协定包含高标准的并适用于数字环境的知识产权保护,使各国遵守现有贸易协定的条款和世界知识产权组织(WIPO)的互联网协议,以打击盗版(美国电影协会,2010)。

私有化娱乐体验费用高,而世界上大多数人的收入低,再加上数字化技术的扩散,可能会导致媒体盗版(Bodo,2011)。全球盗版可能是全球贫困的结果。对于数以百万计的人,尤其是在贫穷国家,相对于在日常生活中能获得清洁的饮用水、营养膳食以及住所,美国的电视节目和电影属于奢侈品,远非日常必需。然而,世界各地的穷人每天都能看到那些广告,来告诉他们"必须要看"美国的电视节目和电影。虽然他们不具备经济能力来为这种体验买单,但是他们已经被说服,认为这正是他们所想要的。如果媒体发行商和放映商降低收费,世界各地侵犯版权的情况有可能将开始减少。如果人们获得更高的工资,那么或许他们将会购买娱乐媒体,而不是"偷"了。又或者钱并不是唯一关键的因素:有许多人,无论贫富,都抵制版权,或者至少找到颠覆它的方式。数字盗版在加拿大、英国、韩国等富裕国家都很普遍。

版权面临着诸多批评。版权以创造性的表达完全出于原创为前提。然而,可能并没有一样东西能被称为原创,因为所有娱乐的生产和消费都处在一个共享的社会环境中。大多数娱乐文本与其他作品或多或少都有重叠之处,从社会中"衍生"出主题、思想及象征。此外,版权将独立作者作为原创的来源,但娱乐产品不是完全由一个个体完成的。版权最初是用于在文化产业中鼓励和保护独立作者的权利,使他们能够拥有并控制自己的作品,并从中得到收益(Schiller,2007),但所有的电视节目和电影都是由无数的文化工作者通力合作完成的。此外,在法庭上,受版权保护的独立"作者"往往是跨国公司。此外,版权旨在保护和促进创新,但它可能会使某些文化工作者在创新时无法获得所需的材料(出于版权保护),从而阻碍了创新(Lessig,2004)。版权可能会引发寒蝉效应,那些有创造力的人因为担心无意中使用了受版权保护的想法或表达而被起诉,这样便阻碍了他们的创新。最后,美国的跨国公司大大扩大了他们对创意的司法权利。美国刚建国时,版权期限为14年,后来又增加了14年。但从1974年至今,跨国公司扩大了版权的有效时间(从32年到95年)、版权的限制范围(从出版商到所有人)、版权的获取(从印刷制品到电子内容)以及控制范围(从原创本身到衍生品)(Lessig,2004)。在世界范围内,国家商贸公司和跨国公司希望国家建立和执行版权制度,这样他们便可以收取罚款,收入可以得到积累,利润最大化也就得以实现。

⇨案例3.3　沃尔特·迪士尼与其版权案件

迪士尼定期起诉他人侵犯其版权。2002年,沃尔特·迪士尼起诉了瑞典丑角贸易,后者当时正试图出售25000只冒牌的"小熊维尼"毛绒熊。迪士尼最终胜诉,这批熊也被摧毁了(美联社,2002)。2007年,沃尔特·迪士尼联手二十世纪福克斯公司、派拉蒙影业、哥伦比亚电影公司以及环球影城起诉北京的捷报网(Jeboo.com),捷报网自称是中国最大的影视下载网站(Francia,2007)。2011年,沃尔特·迪士尼和星光娱乐状告卫星广播服务提供商Dish网络,因其向1400万用户提供了未经授权的迪士尼电影和电视节目(Adegoke,2011)。2011年,迪士尼公司和汉纳-巴伯拉工作室起诉了服装世界博物馆,后者未经允许出售"巴斯光年"和"苏利的怪物"式样的万圣节服装(Pacenti,2011)。不过迪士尼也有出现在被告席的时候。一位名叫迪洛伊斯·布莱克利的纽约人声称,影片《修女也疯狂》(1992)及后来改编的音乐剧灵感来自她1987年的自传《哈林街修女》(Shoard,2011)。阿普里尔·麦格隆,一名来自宾夕法尼亚州的女子,正在向迪士尼索赔20多万美元,她表示自己受到很大的精神压力且经常失眠,起因是在2008年,当她游玩迪士尼乐园的未来世界时,一名打扮成唐老鸭的工作人员用手"抚摸"了她的胸部。在案件陈述中原告表示,她当时正在前去索取签名,"唐老鸭抓了她的乳房并调戏了她,然后做了个开玩笑的手势,暗示自己做了错事"(Pacheco,2010)。2011年,一位名为杰克·曼德维尔·安东尼的英国编剧控告了迪士尼和皮克斯动画制作公司。曼德维尔·安东尼声称迪士尼的动画电影《汽车总动员》(2006)和《汽车总动员2》(2011)是源自他于20世纪90年代初期完成的名为"Cookie & Co"的剧本。《汽车总动员》中包含了其中一个样本,46部卡通车的特征描述、10辆车的特征构图以及市场营销策略（《中国日报》，2011）。迪士尼在未经许可的情况下模仿他人作品，事后也未对原作者进行赔偿的事并非没有先例，迪士尼第一部大获成功的商业动画片《汽船威利》（1928）取材于巴斯特基顿的无声电影《汽船法案》。在 1928 年，衍生品这种形式司空见惯，不会引起诉讼案件。如今沃尔特·迪士尼在全世界助推的严格的版权法有可能会扼杀其作为一个媒体公司在初期的成长，同时也可能削弱其竞争能力。

所有权

　　所有权包括公有、私有及混合所有。国家通过政策来塑造社会媒体所有制的形式。媒体系统所有权的形式不是预先确定的，而是国家政策所决定的。每个国家的媒体系统出现时都涉及一个政治选择：媒体属于公有还是私有（或者需要两者的结合）？第二次世界大战之后，三种不同的所有权模式共存：私人所有制模式，公共所有制模式，以及公私混合所有制模式（又称"单一系统"模式）。一些国家发展公有制媒体系统，一些国家选择完全私有媒体系统，其余的倾向于公私混合所有制形式。

　　公有制模式指一个社会的所有媒体公司完全是国有。国家广播由全体公民进行经济支持（通过税收或许可）。在这个模式里，广播的目的是服务于公众利益，通知、教育和启蒙公民。广播的存在是为了服务于"公共利益"，并不是让公民获得他们可能想要的媒体内容，而是提供给了他们在成为社会成员的过程中可能需要的智力支持等。国有广播公司不参与企业控制和广告收入争夺，且与直接政治影响保持着理想的距离，其被授权制作新闻和娱乐内容，旨在为本国公民的利益及切身相关的事服务，无论他们的社会阶层地位、种族或信仰。国有广播公司是一个理想的平台，它让观众了解和反思重大国家事务，这样公民可以通过行使知情权参与到国家的民主中来。第二次世界大战后，公有制模式是一个全球性的常态。公共广播存在于所有西欧民族国家以及其他一些国家，包括加拿大、澳大利亚、新西兰、日本和印度。

　　然而，从 20 世纪 80 年代起，公有制模型已饱受批评。新自由主义者对公共广播机构嗤之以鼻，把它们当作精英理念、家长式管理以及排外性民族主义媒体产品的国家宣传工具。相比 60 年前，如今的公有制模型不再广泛流行，许多公共广播为了与私有企业竞争，开始了一定程度的私有化和商业化，班纳吉和维拉（2006）发表报告称：

　　　　世界各地的公共服务广播已经历了来自商业广播电台，以及一整套新媒体渠道的激烈竞争和压力[……]公共服务广播已被一种新型的商业导向性及营利性的广播电台所围困。（2）

话虽如此,但就在最近的 2003 年,"在 97 个国家,国家平均控制着近三分之一的报纸、60％的电视台和 72％的上层广播电台"(《经济学家》,2003)。公共广播公司仍然在全球文化经济中发挥作用。即便得不到依赖于广告的国家商贸公司的支持,许多公共广播公司仍然生产多样化的、前卫的或有启发意义的媒体产品,并保留一个空间来想象变化时期的国家。然而,费根鲍姆(2009)指出:

　　　　不论此类规划面向谁,精英、本地或国际,如果没有人收看,再好的规划也无法保护民族文化和民族特性。因此,公共广播公司可能需要在高雅艺术文化与大众诉求之间掌握好平衡。(236)

当公共广播业的前途不明的时候,私有制已显现出其全球性优势。私有制模型将媒体广播作为以营利为目的的产业的一部分。私有制模式鼓励利润最大化,而不是公开对话、民主促进、公民培养或是国家建设。私有制模式下不会产生提高公民智力或是能将公民团结起来形成一个神话般民族的娱乐媒体(尽管一些娱乐活动事实上有这个功能)。如果一位已通过身份认证的观众想要某种类型的娱乐产品,媒体公司便会提供。第二次世界大战后的一段时期,只有 11 个国家采用私有制模式,而在 21 世纪,私有制模式在全球已是主导(Tracey,1998)。许多国家支持媒体资本主义,接受了新自由主义的咒语:资本主义是无可替代的(尽管该体系正处于危机之中)。

然而,在 21 世纪的今天,没有一个国家的传媒体系是完全公有或完全由私人控制的。完全社会主义国家有完全国营的媒体公司(而当今世界不存在这样的情况)。彻底的资本主义国家只存在资本主义经营性质的媒体公司(这种情况在当今世界同样不存在)。世界体系中的大多数国家既存在公有的传媒公司,也存在私有性质的。例如,在美国和加拿大,我们既可以看到私有的媒体公司(沃尔特·迪士尼公司和罗杰斯通信),也可以发现公有的[公共广播公司(美)以及加拿大广播公司]。在社会主义市场经济的中国,存在着私有的维亚康姆公司(Viacom)、有线电视新闻网(CNN)及星空卫视(Star TV)等媒体公司,也有国有控股的公司,包括中国中央电视台(CCTV)等。在英国,有公有的英国广播公司(BBC)和私有的独立电视台(ITV)。在西班牙有公共广播电台——西班牙广播电视台(RTE),以及私人广播电台,包括西班牙第五电视台(Telecinco)和西班牙第三电视台(Antena 3)。意大利公共广播电视市场的领头羊——意大利广播电视公司(RAI)的主要竞争对手是媒体巨头贝卢斯科尼家族旗下的梅迪亚塞特(Mediaset)传媒公司。南非国营的南非广播公司(SABC)则与该国最古老的付费电视和卫星电视公司——多选集团(Multichoice)并肩作战。公共广播机构将有可能会与私人公司共存一段时间。

所有权:竞争与垄断之间的斗争。各国利用媒体政策作为杠杆来调节媒体市场的竞争或垄断。在许多国家,国家决策者已启用市场垄断。国家精英分子们致力于取消旨在保护市场竞争和支持媒体公司纵向及横向整合的所有制法规。在美国国会通过《1996年电信法》之后,这股推向媒体垄断的浪潮开始汹涌。1996年以前,联邦通信委员会(FCC)不允许传媒集团"在同一个社区拥有多个电视台,在国家的每个社区都拥有电视台,抑或是在同一个社区同时拥有电视台、广播台、报纸以及有线电视系统"。来自游说者的压力和影响导致这一FCC的老规定最终成为过去式,也使得某些美国的跨国公司有权控制所有或任何他们所选择的媒体部门,并大大降低了媒体资源的多样性(Herman E and McChesney,1997;Schiller,2000)。美国媒体垄断的模式在许多国家得到复制,这些国家迫于来自媒体游说者的压力,也解除了对于媒体垄断的严格限制。1996年,加拿大广播电视委员会(CRTC)废除了阻止广播、报纸和电信企业合并的相关法规,这一举措使得大型的加拿大传媒集团通过大量的并购不断壮大。英国于2003年颁布实施的《通信法案》削减了媒体所有权的相关规定。在中国和印度,新闻集团通过游说国家决策者放松相关领域管制,扩大了其卫星网络进入各自媒体市场的范围(Thussu,2007)。通过大大削减或废除旨在阻止媒体垄断的规章制度,许多政策制定者使得国家商贸公司和跨国公司变得更加强大。

然而,国家仍然有能力抑制所有权集中与媒体市场垄断。批评人士担心媒体股权集中会降低媒体资料来源以及文化表达的多样性。贝克(2002)指出,"垄断在本质上是令人反感的",因为它威胁到媒体多元化和民主。(176)弗里德曼(2008)也认为:垄断"总是有问题的,因为它倾向于减少多样性,挤占区域和地方并压制异议"(105)。要在某个或几个大型媒体集团垄断整个媒体环境之前先发制人,以保护新闻来源的多样性,各国可以使用反托拉斯法来限制每家媒体公司可拥有的媒体源的数量(Baker,2002)。

受到媒体民主激进主义的刺激,各国有能力阻挡媒体大亨的垄断之路。麦克切斯尼(2004)花了至少十年的时间和志同道合的自由新闻媒体民主积极分子为建立"一个资金充足、结构多元、非营利性和非商业性的媒体行业,以及一个更具竞争力的、去集权化的商业部门"而不懈努力着(11)。反媒体垄断的斗争也是全球性的。2011年5月,由当时的世界首富卡洛斯·斯利姆·埃卢掌门的墨西哥电信巨头——墨西哥电信(Telmex)试图将互联网、电话和付费电视服务捆绑起来,以期在墨西哥传媒系统中获得更大的权利;墨西哥的国家通信和运输部拒绝了墨西哥电信的这一策略(路透社,2011)。2008年,加拿大广播电视委员会(CRTC)颁布了新的所有权法规,作为对持续已久的媒体民主运动的回应。为确保加拿大媒体系统中有不同的声音,新法规做了如下规定:(1)同一公司不允许在一个本地市场控制两种以上的媒体类型(同一公司可在一个城市拥有其名下的电视和报纸,或是电台和电视,抑或是报纸和电台,但不可三者兼有);(2)一家公司不允许控制超过电视观众总数的 45％；(3)电视分销商(如有线电视和卫星电视公司)之间的交易如果会导致由某个公司或个人掌控程序交付,则此类交易将被禁止(CRTC,2008)。2011 年 1 月,巴西通信部长保罗·贝尔纳多提出一项跨媒体所有权禁令,旨在禁止同一传媒公司在同一地区同时拥有广播电台、报纸和电视台。(Magro,2011)2009年,阿根廷对国内最大传媒集团——号角报报业集团的资产范围进行了限制,同时迫使其他媒体巨头让出一部分股份以支持公共广播多元化。(Barrionuevo,2010)2011 年,激进组织阿瓦兹(Avaaz)对澳大利亚的媒体监管机构表示,媒体所有权应该有所限制:

> 我们相信,通过对任何一个人或公司可以拥有的媒体数量严格实行 20％的上限,我们就可以确保没有任何一个人或企业能够通过商业媒体压制言论自由。(澳大利亚联合新闻社,2011)

因此,国家会时不时回应反对媒体垄断的公众抗议。

所有权:国内媒体与国外媒体之间的斗争。国家可以利用政策鼓励或限制国外媒体公司在本国拥有电信和广播系统。许多国家限制国外企业拥有其国内媒体系统的所有权。俄罗斯禁止跨国公司建立可接收的电视频道以及覆盖范围超过 50％俄罗斯人口的广播(美国电影协会,2010)。马来西亚禁止地面广播网领域的外国直接投资,同时也将有线电视和卫星电视业务的外国投资比例限制为 20％。在菲律宾,跨国公司不允许拥有广播系统(包括地面和卫星)。泰国也禁止外资进入其广播系统。在乌克兰,跨国公司不允许拥有或建设自己的电视台。南非通信部长允许跨国公司拥有不得超过 20％的广播系统。在加拿大,《国家广播法案》要求,"加拿大广播系统须由加拿大人拥有并掌控"。美国的广播业也是不容外资主宰的。

内容补贴和内容配额

很多国家利用政策直接或间接地给媒体公司提供金融援助(或补贴)。直接的补贴形式是指国家向传媒股份有限公司转移公共财富(国家拨给传媒公司一笔钱)或税收抵免(国家退还媒体公司一部分的生产成本)。间接补贴是国家通过建立一个支持业务的环境来鼓励某些种类娱乐商品的生产(Cowen,2006)。二十多年来,欧盟的传媒计划资助着欧洲媒体公司制作和发行电视节目与电影,增加他们的国际市场份额,并使欧洲地区的媒体行业更具竞争力。在 2001 年至 2006 年期间,媒体分配在 30 多个国家的 8000 个媒体项目中投资超过 5 亿欧元。在 2007 年至 2013 年,媒体基金分配 7.55 亿欧元进行媒体生产。英国电影协会(BFI)提供彩票资助国内电影公司,以鼓励英国电影制作。国家还同时对那些致力于制作"英国"电影的公司减免税收项目以抵消生产成本(Doyle,2012:11)。2008 年,墨西哥政府资助了"查帕拉媒体公园"(一家位于哈利斯科的多媒体生产商),希望吸引全球化生产企业(Palfrey,2010)。2009年,加拿大国家建立了一个3500万美元的加拿大媒体基金(CMF),在经济上支持加拿大国家商贸公司制作"加拿大"电视节目和新媒体。2010年,新加坡信息通信和艺术部获得了270万美元的奖金,以培养创造型人才作为创意产业发展战略的一部分。2011年,南非开普敦吸引英国电影制作公司拍摄了名为《新特警判官》(3D)的科幻动作电影,获得了25%的南非退税/补贴(Perry,2011)。英国向任何在他们国家拍摄电影的制作公司抵免25%的税收。这些补贴使印度财政部长抱怨宝莱坞媒体巨头们都涌向了英国(PTI,2010)。美国联邦政府和州政府利用补贴(以税收优惠的形式)来支持电视和电影制作。在2010年,美国花费高达14亿美元用来减免媒体公司的税收以及作为对他们的补贴(*Economic Bulletin*,2011)。米勒(2010)曾说,如果电视节目或电影是在美国拍摄的话,"工作人员通常都要感谢区域和城市电影委员会对其衣食住行等各方面的资助"(151)。

除了补贴媒体公司,国家利用配额以确保媒体公司制作和播映本国电视节目和电影。电视内容配额是指国家强制要求电视网络(包括有线电视和卫星电视专业频道)每天安排和播映一定比例的本国电视内容。电影或屏幕配额是"强制规定影院安排一定时间来播映本国原创影片的政府法规"(Byoungkwan,Hyuhn-Suhck,2004:164)。电视内容配额旨在确保国家电视节目将通过网络播放一定量的时间。屏幕配额确保国家电影在每年有一定量的天数会在影院播映。内容配额支持通过电视网络和连锁电影院播放国家娱乐节目,同时限制一定数量的外国电视节目和电影的播映。

在世界各地,国家通过内容配额迫使传媒公司播映本国的娱乐内容。1989年10月3日正式采用的《欧盟广播指令》(此前称为"电视无国界指令",现在改称为"视听媒体服务指令")建立了欧洲电视广播的内容配额。所有欧洲电视网络和视频点播服务必须留出至少51%的黄金时间用来播出欧洲电视节目(Goldsmith et al.,2001)。法国配额则远远超过了"电视无国界指令"的要求:在法国,40%的电影放映总数以及分配给电视广播的总传输时间必须由法国的国家商贸公司来制定。而剩下的60%的电影和电视节目则必须是欧盟原创的内容。2009年7月,意大利贯彻实行第44号广播法案,此法案每月为欧盟的电视节目保留50%的电视广播时间。另有每月10%黄金时间的传输配额被预留给欧盟在此后五年内所制作出的娱乐产品。意大利也要求所有超过100个座位的影院预留15~20个百分点的席位,在至少3个影厅播放由意大利和欧盟制片的电影。在波兰,电视广播机构必须承诺其至少33%的季度广播时间用以播放波兰原创且使用波兰语的电视节目和电影。在西班牙,电视广播公司必须投资至少5%的年收入用于预购欧洲电影、电视电影、纪录片,以及试点动画系列(Hopewell,2007)。在播出非欧盟国家电影(如好莱坞电影)之后,所有西班牙影院必须播放一部欧盟本土的电影或放映译制成西班牙国家语言的影片。在澳大利亚,所有的电视网络必须在每天 6 点到午夜之间播放最低限额 55％的澳大利亚电视内容。在加拿大,加拿大广播通信委员会(CRTC)强制电视网络使用加拿大电视节目来填充其 50％～60％的日常时间表。在南非,所有的公共电视广播公司必须承诺 55％的时间来安排播放南非的内容。在越南,至少 50％的广播时间必须是越南的内容,并且外国电视节目不能在黄金时段播出。在马来西亚,电视广播公司必须将 70％～80％的日常时间用于安排播放马来西亚的内容。在中国,所有的电视广播公司则必须将其 75％至 85％的时间来播出中国娱乐,且外国电视节目不得在黄金时段播出(Jaffe,2011)。每年不超过 20 个外国(主要是好莱坞)电影可以进口到中国。直到最近,韩国电视广播公司也承诺将其 85％的播出时间用于播放韩国电视节目。

　　在许多国家(包括东西方),政府会通过内容配额以确保跨国公司和国家商贸公司在其领土内制作和发行本国娱乐媒体。内容配额被国家用于实现其文化和经济目标。从文化角度来说,配额确保了一部分的广播时间和屏幕空间用来致力于本民族内容的展示,以保护狭隘民族主义,使之免受外来威胁:"配额制度用于当文化进口(主要来自美国)持续增加和民族认同具有潜在损失的情况下,对文化多样性和社会凝聚力实行保护。"(Freedman,2008:36)在经济上,配额制度支持国家主导产业发展的策略并保护国家媒体公司。广播和屏幕配额制度增加了对本国的电视节目和电影的需求,并给予生产"本国产品"的公司资金激励,用于创造更多这一类的产品。正如澳大利亚配额倡导者所观察到的那样:"最简单的事实就是,如果没有配额规定,那么在免费的商业网络上几乎不会看到澳大利亚节目。"(Brown,2011)莫理(2006)曾说道:"也许文化保护主义和文化政策补贴总是有这样或那样的问题,但是在某些情况下,它们的存在可能是必要且明智的。"(38)当然,没有屏幕配额的国家每年展出很少的本民族电影。例如,加拿大就没有屏幕配额。加拿大本国的电影每年只平均吸入其国内票房总收入的 1％(Takeuchi,2008)。加拿大票房的 90％～94％通常都来源于好莱坞制作的影片(Takeuchi,2008)。2010年,美国电影占到了加拿大票房收入的 92.7％,另有 4.2％的收入流向了其他外国的电影,只有 3.1％流向了加拿大本国电影。1994 年,墨西哥签署了北美自由贸易协定(NAFTA),随后便将其屏幕配额从 30％降至 10％。在 20 世纪 80 年代,墨西哥电影业每年生产 100 部电影,而如今每年只生产出大约 30 部的电影,甚至更少。2001 年 11 月,中国台湾在加入世界贸易组织之后减少了对进口电影的限制;如今外国电影占到台湾本地票房的 97％。美国是世界上为数不多的没有官方正式的文化民族主义配额政策的国家之一。美国联邦通信委员会从不要求电视广播公司保证其播出的电视节目中有一定比例是用以代表"美国的生活方式"的。AMC 娱乐公司、君威娱乐集团等大型连锁影院没有受到强制规定播放美国电影的法律的限制。事实上,在美国并不需要官方的屏幕配额:美国娱乐市场的巨大规模和美国

观众根深蒂固的民族主义确保了许多反映"美国"的电视节目和电影得以制作和
放映。

许　可

国家媒体监管机构还通过允许或拒绝电视广播公司使用频率或部分定期电磁
频谱来干预媒体市场。那些分配给电视网络的频率起初属于公共物品。就像我们
呼吸的空气那样,无线电波对我们所有人来说都是很常见的,即:公共物品。对频
率进行授权的过程就好比将社会电磁频谱切成片状,并分出其中几片给独立的电
视网络。国家给予电视网络定期使用一部分频谱的权利。国家不就这项权利向电
视网络收取费用(尽管如此,若有相同频率争夺,国家可能会举行一场竞购战)。为
获得使用特定频率的权利,电视网络必须向国家监管机构提交广播执照的申请。
监管机构则会仔细审查其申请以确保电视网络将遵守现有的传媒政策,之后它可
能会授予或驳回该电视网络许可。例如,若要在美国有资格获得广播许可证,申请
人必须:(1)是一个美国公民;(2)表现出良好的品格(媒体所有者不应该有犯罪记
录);(3)证明其有商业头脑和融资渠道;(4)拥有使用频率所需的技术;(5)满足联
邦通信委员会电视节目指南(Helewitz and Edwards,2004)。满足这五个条件的应
用程序通常会得到联邦通信委员会的批准。然而,在一个广播许可证真正被授予
一个电视网络之前,该电视网络必须召开公开听证会,以便那些可能反对该许可的
公民可以发声。如果电视网络在任何时候有违媒体政策,国家可以在之后对其处
以罚款、吊销许可证,或者拒绝许可证延续。

审　查

国家可以通过传媒政策对那些国产以及从其他任何地方进口的电视节目和电
影进行审查。每个国家都有一个由国家(政府机构)和非国家行为者(企业)制定的
特定审查制度。政府机构审查、评估、编辑、修改,且有时禁播电影和电视节目。他
们可能对娱乐进行编辑使之更能受人喜爱或更易被接受。为阻止不为人喜爱或不
应被接受的内容的流通,国家可能会通过缴纳罚款以"威胁"媒体公司甚至吊销其
广播许可证。有时候,国家明令禁止放映某些类型的电视节目和电影。国家审查
制度所限制的消费娱乐往往被认为是令人反感的、有害的、暴力的,或威胁社区标
准的("国家文化")。令人反感的、有害的、暴力的,或具有威胁性的定义是相对于
占统治地位的政治、宗教和道德观念容易接受的、令人喜爱的,或安全的"国家"标
准来衡量的。

政治审查。国家经常审查娱乐,因为它被认为是对国家文化权威的挑战。国
家使用审查制度作为一种社会控制的工具,阻止可能会破坏国家主要观点和煽动
叛乱或文化革命的娱乐活动的流通。自 2008 年以来,中国国家广播电影电视总局
(SARFT,简称广电总局)已经出台相关规定,禁止所有广播电视网络在下午 5 点
到 9 点之间播放任何外国动画,并要求他们播放由中国自己的动画制片厂创作的

中国动画。2010 年,广电总局禁止电视网络播出反映"时间旅行"的电视节目(即风靡一时的"穿越"类主题电视剧),因为它们所展现的是"轻浮"的历史观。广电总局还禁止播放含有"参与者造假、挑衅道德的节目主持人以及性暗示"的电视相亲节目。2011 年 5 月至 7 月之间,广电总局禁止所有广播电视网络播放警察和间谍剧,并鼓励他们安排更多有益健康的电视节目(Hough,2011;No Author,2011a)。国家将这些审查行动称为是保护中国传统文化的一种手段。2008 年,缅甸对电影《第一滴血 4》(2008)进行了审查,因为这部电影描绘了缅甸士兵无情地攻击该国种族文化,奸淫和杀害宗教少数民族(克伦人)的成员。美越战争的老兵约翰·兰博,被描述为英勇地干预缅甸,帮助克伦人民和使用黑色行动战术消灭邪恶的缅甸士兵的英雄(Bell,2008)。这部电影被审查是因为它展现了缅甸的国家文化灭绝政策,对于缅甸来说产生了消极性——虽然对于克伦人民来说这无疑是准确的表达。

政治审查也可以作为审查某些敏感性内容的权宜之计。印度国家电影审查机构曾命令某个宝莱坞制片工作室删减其在影片《摇滚明星》(2011)中有"自由西藏"旗帜的场景(Sapa,2011)。在印度的大型西藏侨民社区对此发起了抗议,但抗议无效。印度中坚分子对"自由西藏"旗帜进行审查以确保其与中国保持积极的关系。2011 年,德国禁止了《恶狼谷:巴勒斯坦》(2011)的上映。这部土耳其制作的动作电影讲述的是一个土耳其突击队追捕负责 2010 年突袭加沙船队的以色列军事指挥官的故事,其因涉及反美和反以色列内容而被审查(Jap,2011)。2011 年 7 月,英国政府对《每日秀》的其中一集进行了审查,因其播放了关于议会的具有喜剧和讽刺意味的连续镜头:约翰·斯图尔特对鲁珀特·默多克关于《世界新闻报》的电话窃听丑闻所做的部分议会听证内容进行了讽刺(史特伯福特,2011)。2008 年,美国的探索频道没有播放大卫·艾登堡的 BBC 电视连续剧《冷冻星球》的第七集——《如履薄冰》。探索频道坚持认为这一集被剪掉是由于"调度问题",但其他人声称探索频道拒绝播放该电视节目是担心它对人为导致的气候变化的描述会冒犯那些否认全球变暖及其威胁的美国消费者。有时,间接的企业自我审查可以像直接的国家审查一样"威胁"到思想的自由流动(Shackle,2008)。

宗教审查。国家出于宗教原因同样会对娱乐内容进行审查。在独裁和神权国家,那些拒绝、否认或者挑战主流宗教的电视节目和电影都要接受审查。2008 年,阿富汗的文化资讯部审查了黄金档电视节目中讲述印度教徒有钱有势的生活方式的肥皂剧。阿富汗的神权政治精英认为,这些宝莱坞出口的真人秀节目充满了不道德性(道德被《古兰经》的严格释义所定义)(BBC,2008)。美国电视情景喜剧《好友记》中的一集,"牛肉"一词在人物对话中被去除,因为它被用于烹饪(牛在印度被认为是神圣的动物,不会被食用)(Khurshid,2011)。孟加拉国禁止电视频道播放任何与非穆斯林节日[如圣诞节、佛诞节(佛教),以及礼拜(印度教)]相关的关于"推销的"或"做广告"的内容(Greenslade,2011)。在沙特阿拉伯,反巫术组织的

"扬善惩恶委员会"对《哈利·波特》进行了审查,因其对一个年轻魔法师的描绘冒犯了占主导地位的瓦哈比派思想(Miller,2011)。

道德审查。国家同样也审查那些他们认为"淫秽"或"不雅"的娱乐内容。对审查官们而言,淫秽、下流的内容指的是某些在特定时间内强烈冒犯了一个社会的主流道德或好品位的内容。尽管美国最为人知的是其作为一个思想的自由市场的形象,但美国仍拥有着一个清教徒式的电视审查制度。米勒(2010)指出:

> 在美国,宪法第一修正案尽可能地保障了言论自由并反对政府的审查。但有着超宗教性偏激的美国人[……]促使美国联邦通信委员会不得不去阻止人们看到和听到他们想要的东西。(130)

根据1934年的《通信法案》,美国政府禁止播放有关"猥亵"和"亵渎"的内容。美国联邦通信委员会将"猥亵"一词定义为"语言或材料在上下文中有描写或描述被广播媒介的现代社会标准判定为属生殖或排泄器官及相关性行为的不雅内容"(美国联邦通信委员会,2011)。"亵渎"是指"严重冒犯公众并引起其极度厌恶的语言"(美国联邦通信委员会,2011)。美国电视网络经常审查自己,以免冒犯那些可能有着好品位的观众和广告客户。1952年,"怀孕"这个词是不允许在《我爱露西》这个节目中使用的(尽管这个节目中的明星露西尔·鲍尔真的怀孕了!)。1964年至1966年间,《梦幻岛》中的玛丽和《太空仙女恋》中的珍妮被禁止露出她们的肚脐眼。2004年,在第三十八届超级碗橄榄球总决赛中,珍妮特·杰克逊一秒钟乳头暴露的镜头也引起了公众的愤怒。

其他国家也审查他们认为不雅和鄙俗的内容。在加拿大,加拿大广播电视委员会(CRTC)和加拿大广播标准委员会(CBSC)共同监测具有挑衅性的广播电视内容。然而以性、裸露、不雅用语和暴力为特色的电视节目却不常受到审查,取而代之的是加拿大电视网络在具有潜在冒犯的电视节目开始之前会发布"观众判定报告"。2006年,加拿大禁止播出《游牧战争》:在这个真实性的节目中,战斗发起人给予无家可归的人酒、药物和金钱以换取他们在镜头前进行互相打斗。2008年,泰国国家电影委员会因担心泰国青少年会进行模仿而禁播了《情色自拍》(2008)。"这部美国电影的放映可能会鼓励抄袭,"泰国文化部部长维拉·腊帕查纳腊特如是说。2009年,委内瑞拉禁播了一集《居家男人》,在那一集中,那只会说话的狗布莱恩领导了一场大麻合法化的抗议运动。这一点使节目蔑视了关于禁止传播"不利于对男孩女孩青少年进行整体教育的消息"的法规(BBC,2009;Pierce,2009)。2010年,韩国禁播了根据马修·沃恩的漫画书改编而成的高度暴力电影——《海扁王》(2010),因其11岁的主角"超杀女"频繁使用"cunt"一词(Green,2010)。猥亵和亵渎往往在政治上因情况而异,在文化上有着相对的结构,但世界各地的国家每天都使用这些构造来决定什么是人们应该看的,什么又是不应该的。

总之,国家通过其控制的若干政策和监管手段来干预和影响媒体市场。国家维持和加强对知识产权的保护,根据媒体所有权的构成与范围,补贴或是强制传媒公司设定一定比例的国内媒体节目,授予或拒绝广播许可,以及审查娱乐节目。

⇨案例3.4 审查制度和强制性异性恋体制规范

几十年来,异性恋一直被看作是正常的性取向,大众对同性恋会表现出恐惧甚至憎恶。经历了长久以来的性压抑,"女同性恋、男同性恋、双性恋以及变性"(以下简称 LGBT)的这类人群在社会和娱乐中越来越公开。在许多国家,国家和行业审查仍然试图通过审查电视节目、电影、音乐视频,甚至是广告,在社会中屏蔽这类人群。

意大利的国有电视台——意大利国家第二电视台(Rai2),删去了《断背山》(2008)中同性恋爱情戏的戏份(Gilbey,2008)。希腊国家广播电视委员会(GNCRT)鼓励希腊 MAD 电视台和希腊音乐电视网审查凯蒂·佩里的《焰火》和红粉佳人的《举起酒杯》等这类音乐视频,因其中涉及男同性恋当众接吻。在新加坡,男同性恋和女同性恋的性关系被法律定性为"严重猥亵行为",可能会被判处最高两年的监禁(《新闻编辑》,2008);2008 年,因在节目中播出台湾歌手阎韦伶演唱的一首《傻孩子》,星和视界被新加坡媒体发展管理局(MDA)处以 7200 美元的罚款,因其描绘了女性接吻的场景。MDA 表示:"展出两个女孩亲吻的浪漫场景,这就表示这种关系可以接受。这违反了电视广告指引的要求,广告中禁止涉及同性恋内容。"2011 年,马来西亚的 AMP 广播网以马来西亚国家禁止"品位粗俗、违背公众情感"的音乐流通为由,审查了 Lady Gaga 的电子流行乐《生来如此》。AMP 表示:

> 《生来如此》的歌词与马来西亚的社会和宗教观相违背[……]对于马来西亚大众来说,同性恋或双性恋仍被视为禁忌。(Powers,2011)

在美国,美国电影分级制度往往决定了默许观看同性恋题材电影的适宜年龄标准。对于描绘 LGBT 人群之间性行为的电影,该制度进行了严格的限制,通常是"NC-17"评级。异性之间的性爱电影被评为"R"级。"NC-17"评级通常意味着同性恋电影不会进入大众市场,也不会在大多数电影院播出。即使是以共和党人琼·格雷弗斯为首的美国电影评级委员会也可能会迎合目前占主导地位的右翼中同性恋恐惧症的福音派基督徒和社会保守人士(Kirby,2011)。

LGBT 群体的成员仍在为了得到美国乃至全世界的广泛社会认可而不懈努力

着。正如上述例子所表明的那样,国家和企业的审查制度仍旧在批判和抑制那些有违强制性异性恋体制规范的群体及相关行为,无论是在现实生活中还是在荧幕上。

新自由主义传媒政策

国家商贸公司和跨国公司存在于那些利用媒体政策管理传媒公司的国家。国家商贸公司和跨国公司希望强硬的政府来为他们在国内及国外的利润利益保驾护航。他们支持那些有利于其利益的政策,对不利的政策则进行反对。如今,国家商贸公司和跨国公司希望国家的根本政策和监管的目标是为其在世界范围内创造最佳的盈利条件。他们寻求制定一个有利于其全球业务的跨国或全球性的媒体政策。国家商贸公司和跨国公司推进着媒体政策框架的建构,使他们的商业运作能够继续得到国家的支持与资助,同时又无需履行"公共利益"和"文化民族主义"的义务。传媒公司所寻求的新的全球政策制度被称为新自由主义。

新自由主义是指"一系列提倡在反抗力量最小的前提下由商业主导所有社会事务的国家与国际政策"(McChesney,2002:49)。新自由主义是哲学意义上的自由市场原教旨主义的代名词(Bourdieu,1998;Coulary,2006;Harvey,2007;Schiller,2000;Hall,2011;Herman and McChesney,1997;McGuigan,2005)。新自由主义意识形态认为,支持财产权、自由市场、自由贸易以及无限制的工业和金融资本跨国界流动的政策可以使企业自由实现最大化,从而造福人类。新自由主义意识形态指出,国家应该扮演"守夜人"的角色,关注于建设和管理那些支持各个领域市场关系的政策。这种新自由主义下的国家也必须建立军队、警察部队和法律制度,以保障市场关系。但是,除了安全保障功能,国家不应该做其他任何事情(例如,提供公共产品,包括教育、医疗、文化等等)。作为一项政策,新自由主义主张大幅削减国家(在公共产品方面)的财政支出,(对企业和富人)征收最少的税,以及去除一些(旨在保护公众的利益而设定的)对企业的规定。新自由主义意识形态的全球性扩散一直处在不平衡的过程中,伴随着不同的政治效应(Harvey,2005a)。

新自由主义影响了公民和消费者对于许多民族国家媒体政策框架的思维和谈论方式(Flew,2002;Hamelink,2002;Hesmondhalgh,2005;McChesney,2006;McGuigan,2005;Mosco,2004)。查克拉瓦蒂和赛瑞卡克斯(2006)声称,新自由主义意识形态"已经成功定义了我们在讨论国家对于通信政策所起作用时所采用的方式"(18)。在新自由主义的意识形态看来,国家和媒体公司之间的关系在本质上是对立的:那些试图干预或左右传媒企业行为的国家是反自由的,而那些允许媒体公司以任何他们喜欢的方式开展业务,且不插手的国家则是支持自由的。国家不干预才有可能使媒体公司(和社会)得以"自由"。皮卡德(2010)认为,新自由主的意识形态将"传媒公司的自由"凌驾于"公众的自由"之上。前者是传媒公司不受国家调控的"自由",而后者是公众可以接触到多元化、信息化的传媒体系的"自由"(171)。

新自由主义意识形态代表的是国家商贸公司和跨国公司,而不是政府。传媒公司为追求利润而彼此竞争,这种竞争能鼓励创新,并催生出创新而又前卫的娱乐产品。国家是创造力和创新的障碍。新自由主义意识形态将传媒公司描绘为一个动摇了国家文化精英论的民主力量,为消费者提供了他们所想要的东西。它将企业制造的娱乐定义为好的(文化多元性和包容性),将国家支持的文化产品定义为坏的(文化单一性和排他性)。新自由主义者认为,媒体公司给了人们所想要的,而不是官方媒体认为他们所需要的。

在许多国家,上述新自由主义的论点被认为是霸权性质的。它们掩盖了国家商贸公司与跨国公司对国家力量、法规和政策的依赖程度。事实上,新自由主义为国家规定了三项传媒政策:自由化、放松管制和私有化。

自由化。新自由主义者认为"文化"自由贸易是伟大的。他们提倡传媒公司之间的跨界自由流动,促进视听产品跨境贸易的自由化。自由化是一项政策,它允许国家商贸公司和跨国公司随时随地进行交易,不受国家"保护主义"的干预。自由化也废除了以跨国公司为代价、为国家商贸公司保驾护航的"贸易保护"的媒体政策(如补贴、所有权规定、配额等)。据自由化论,国家对跨境娱乐媒体流设置的壁垒限制了消费者自由选择他们所想收看的内容的能力,同时也剥夺了公民自由分享与获取信息的权利。为了减少这些障碍,新自由主义者呼吁国与国之间视听产品的自由贸易:对于双边贸易,通过双方的自由贸易协定实现;对于多边贸易,则通过多边机构来实现,如世界贸易组织(WTO)。新自由主义经济学家大力鼓吹视听自由贸易的好处,将其视为一种改善经济福利、效率和消费者选择的途径。但并不是每个国家都和美国拥有同样的竞争优势,在美国,其自由贸易主张推动了美国视听贸易的主导进程。

放松管制。新自由主义者认为,企业是社会经济发展的主要推动力,因此它们应该有随心所欲开展业务的权利。放松管制旨在减少或解除国家对国家商贸公司和跨国公司事务的管制,修订或取消对资本主义的所有现存约束。新自由主义者认为,放松管制会使竞争更为激烈,从而催生出更高的生产率和效率,对消费者而言在价格上也会更加实惠。国家若要求每家国家商贸公司 60% 的所有权为国家所有,新自由主义则要求取消这一所有权限制,并对外国直接投资进行放开。国家若有内容配额制度,强制要求所有的电视网络安排一定的时间播出国产娱乐节目,新自由主义者则呼吁消除这一障碍,以实现利润最大化。国家若规定每家国家商贸公司只能拥有一定数量的电视台,新自由主义者则认为这应该让国家商贸公司自己做主。国家若规定电信应该是国有垄断的,新自由主义则认为电信行业也应该参与市场竞争。国家若规定电视台每小时投放的广告时间不得多于 18 分钟，新自由主义则会表示，播出多少广告以及播出多长时间都应该让广播公司自己决定。高呼着"放松管制"这一口号，新自由主义者给各国施加压力，促使其放弃保护公共利益的规定。然而，放松管制的结果事实上只是对传媒体系的管制进行更换，以代表私有利益(McChesney，2004)。

私有化。新自由主义者认为，社会中几乎所有的一切都应该私有化，不论是媒体还是医疗教育。也就是说，这些都应是私有化、商品化的，由追求利润的企业负责销售。尤尔(2003)认为，虽然私有化有很多不同的含义，但其中最具决定性意义的是指向私人股权持有者出售国有企业(SOE)，作为上市公司进行国有股份发行(SIP)来实现其所有权百分之百的变更。

在新自由主义者看来，国家不应插手任何行业。他们声称市场运行效率高于国家，认为国家对公共电信和电视广播的所有权应该转让给以营利为目的的国家商贸公司及跨国公司。私有化进程可以分阶段推进。一家国有企业的一部分职能外包给私营部门承包商时，便完成了部分私有化。有这样一个部分私有化的例子，当公共广播公司将娱乐项目的发展外包给国家商贸公司，尽管广播公司本身仍然是国有的，但公共广播公司为追求利润的企业提供了各种工作岗位，这也就将公共开支流入了私营企业。公私合作伙伴关系反映了国家和国家商贸公司之间的"社团模式"的关系。自 20 世纪 80 年代，在北美、西欧、东欧、拉美、非洲、中东和亚洲的电信和广播系统中，出现了大规模的私有化进程。

从 20 世纪 80 年代至今，自由化、放松管制和私有化的新自由主义政策已在很多国家得以实行。迄今为止，国有电信及公共广播系统已经放开，实现了自由化、放松管制和私有化(Chadha and Kavoori，2000；Freedman，2008)。

全球媒体管理

除了由政策制定者在国家层面执行外，传媒政策由多个公共和私有部门在一个正在兴起的"全球"媒体管理层面进行协商谈判。虽然传媒政策制定历来是国家的任务，但政策制定者正越来越多地受到境外或是"全球层面"管理的影响。雷波伊和帕多瓦尼(2010)指出，"媒体和通信管理的全球环境"是"基于发生在分散的政策实施地区的各种相互作用和相互依存的过程"(152)。结果，出现了"从垂直的、自上而下的调控模式向水平管理模式的转变"(152 - 153)。通过全球媒体管理机构(如世界贸易组织)，美国正在推动一个为国家商贸公司和跨国公司的利润利益代言的新自由主义政策框架(Comor，1997；Costanza-Chock，2005；Dizard，2001；Hill，2002；Thussu，2000)。不过，联合国 (UN)一直以来都反对美国主张的新自由主义。

美国的全球新自由主义媒体政策倡议：在 WTO 的自由流动

在世界体系中，并非所有国家都支持新自由主义政策的全球化。正如莫里斯和卫斯波得（2001）说的那样："美国政府在国际通信政策方面的影响力比其他任何国家都要大；欧盟成员国在全球通信事务中的话语权也胜于广大第三世界国家。"（16）事实上，新自由主义起源于美国。从 20 世纪 80 年代初至今，美国一直致力于普及新自由主义。尽管美国承认其他国家的媒体主权，却很少对此表示尊重，除非这些媒体主权向新自由主义的世界秩序看齐。美国曾斡旋于许多全球性的政府组织，通过制定大量双边、多边和全球性的贸易协定，在很多国家巩固了新自由主义政策，并使其制度化（Flew，2002；Hamelink，2002；Hesmondhalgh，2005；McChesney，2006；McGuigan，2005；Mosco，2004）。

成熟的新自由主义政策的前身是美国"信息主义"的自由流动。席勒（1976）指出，该主义于第二次世界大战之后兴起，与美国外交政策共同致力于帮助企业在世界各地扎根经营。席勒（1976）援引了 1946 年美国国务卿助理威廉·本顿备忘录上的内容：

> 美国国务院计划通过政治或外交途径，尽全力为私有的美国新闻机构、杂志、电影，以及其他传播媒介的全球扩张扫清人为障碍。自由的媒体和自由的信息交换通常是我们外交政策的一部分。（28）

信息主义的自由流动一直被美国外交政策制定者视为战略重点。作为自由国际主义外交政策的延伸，信息主义将信息与媒体的跨国界流动看作在文化交流、经济相互依赖和多元化基础上建立一个自由、民主、和平的世界的至关重要的一点（Rosenberg，1982：215）。在整个 20 世纪 80 年代和 90 年代期间，这一自由流动表现为对视听产品的自由贸易（Comor，1994；1997）。赫尔曼和麦克切斯尼（1997）认为，信息主义的自由流动是"代表美国传媒利益的咄咄逼人的贸易立场。这一原则背后的核心经营理念是应当允许跨国传媒公司和广告商在最少的政府干预下进行全球经营"（17）。目前，自由流动的原则推进了新自由主义传媒政策的核心原则。菲茨杰拉德（2012）认为："美国打着'信息自由流动'的旗帜，通过积极对外输出其私有化和放松管制的政策，大大促进了美国的跨国公司与文化产业公司的发展。"（150）自相矛盾的是，美国诱骗其他国家接受视听产品的自由流动，同时又告诫它们秉持严格的美国版权制度，对于非商品化的电视节目和电影的自由交流进行限制甚至是定罪。

作为美国跨国公司的代言人，美国政府为普及其特定的新自由主义媒体政制度,通过一系列的机构进行了单边、双边以及多边的努力。一百多年来,国际电信联盟(ITU)将国家电信系统视为国有企业和公用事业,但在 20 世纪 80 年代和 90 年代,ITU 被纳入了美国新自由主义的放松管制和私有化政策之中(Comor, 1997;Hills,2002;Thussu,2000)。美国已经通过了一些区域自由贸易协议,如北美自由贸易协定(NAFTA)以及与许多国家签订的视听产品双边自由贸易协定(Jin,2011)。自 2002 年以来,美国已经与多国进行了关于部分和完全视听产品自由贸易协定的双边谈判,包括智利、哥斯达黎加、危地马拉、洪都拉斯、萨尔瓦多、尼加拉瓜、新加坡、多米尼加共和国、澳大利亚、摩洛哥和韩国等。此外,美国通过国际货币基金组织(IMF)和世界银行对发展中国家施加压力,要求其接受新自由主义传媒政策,以此作为获得金融贷款、援助,以及技术转让的条件(Dizard,2001: 178)。美国知识产权法由世界知识产权组织(WIPO)奉为世界级法律(Ryan, 1998)。美国政府代表美国电影协会,要求所有国家坚持并执行版权政策(Bettig, 1996)。

世界贸易组织(WTO)是新自由主义传媒政策最有力的全球推动者(Comor, 1997;Costanza-Chock,2005;Dizard,2001;Hills,2002;McDowell,1994;Thussu, 2000)。WTO 成立于 1995 年,是唯一处理国与国之间贸易规则的全球性国际组织。其核心是世界贸易组织协定,世界大部分进行对外贸易的国家都签署了该协定。WTO 的目标是帮助商品和服务的生产商、进口商以及出口商在全世界经营其商业活动。WTO 推动了所有传媒体系的自由化、私有化和放松管制。(McDowell,1994:110)

WTO 贸易协定中最具重要意义的是影响了许多国家传媒政策的《关税和贸易总协定》(GATT)、《服务贸易总协定》(GATS),以及《与贸易有关的知识产权协定》(TRIPS)(Puppis,2008)。

《关税和贸易总协定》(GATT)处理与国际商品贸易有关的事务。关贸总协定的成员包括经济合作与发展组织(OECD)的成员国。该贸易协定的基本原则是非歧视原则和市场准入原则。非歧视原则意味着每一个缔约国对任何缔约国的产品进入其国内市场时,在税收或其他商业规章等方面,跨国公司应与国家商贸公司享受同等待遇,不应受到歧视,也不能为国家商贸公司的利益牺牲跨国公司的权益。关贸总协定还鼓励各国降低有碍视听媒体跨境流动的贸易壁垒。关贸总协定起初允许成员国设定配额,但在 1993 年关贸总协定乌拉圭回合的谈判中,美国呼吁关贸总协定成员国放弃自己的配额权。加拿大、法国以及其他欧盟国家拒绝接受这一要求(弗里德曼,2008:201)。《服务贸易总协定》(GATS)是一个涵盖视听服务(电影和电视)以及电信服务的贸易协定。通过服务贸易总协定,美国努力把视听媒体和文化定义为服务项目,以便将它们纳入其全球贸易体制之中。

《与贸易有关的知识产权协定》(TRIPS)在 1994 年乌拉圭回合谈判结束前被

最终纳入了关贸总协定，这是美国和其他一些国家激烈游说，以期将版权保护与促进纳入世界贸易规则中的结果。某国若要成为 WTO 的成员国，则必须签署同意该协定。若 WTO 成员方未履行该协定，则有可能受到其他成员国的制裁。"实施贸易制裁大大加强了版权法的执行力，即使是在发展中国家——因为这符合大公司的利益"（Puppis，2008：409）。黑斯孟哈（2008）将版权问题纳入了 CI 范式之中，他认为 TRIPS 代表了"一种由新自由主义支撑的国家与金融力量的新关系，如今这种关系与生产和消费的全球化管理的联结正日益密切"（97）。TRIPS 将美国的版权法奉为世界版权法。通过将文化的地位"降级"为一种商品，TRIPS"从根本上将'西方的'文化观在世界范围内实现了标准化与合法化"（Hesmondhalgn，2008：102）。

通过 WTO，美国政府和跨国公司利用 GATT、GATS 和 TRIPS 向全世界的国家和传媒体系推进了新自由主义传媒政策。当全世界都向新自由主义传媒政策看齐时，美国作为全球最强大的、盈利最多的跨国公司的大本营，也就成了最大的赢家。美国政府"频频采取行动，主动而果断地确保了不断扩大的通信业作为经济发展核心支柱的地位"（Schiller，2000：49）。美国政府作为美国强大的跨国集团的代表，通过国内外监管机构，推进了新自由主义的传媒政策。

美国以外的国家的精英们对美国新自由主义传媒政策制度既有表示欢迎的，也有持反对意见的。美国国家精英就新自由主义进行协商谈判，他们既面临来自美国政府与跨国资本自上而下的压力，也受到了来自企业传媒精英集团由下而上的压力。霍尔（1991）认为，"跨国资本试图与其他经济政治精英联手，统治当地资本"（28）。由此看来，美国和其他国家的精英们往往会进行合作或是共建长期稳定的全球—地方联盟。哈林德拉纳特（2003）指出："国际化的跨国精英们不受国界与民族主义情绪的约束，从新自由主义中获益，支持跨国公司和国家商贸公司。"这意味着在当下，"不应只单纯地认为是美国在控制着其他国家，而应思考谁被吸纳进这个排外的国际精英组织，他们是如何被吸纳的，谁又未能进入，其后果又有哪些"（Harindranath，2003：156）。新自由主义国家服务于"传媒体系及其他行业的企业精英"，这种现象"发生在每个大洲，不论是在发达国家或是发展中国家"（Artz，2003：5）。

尽管要求采用新自由主义传媒政策的压力来自美国甚至全球，国家精英仍然是本国相对独立的传媒政策制定者。"各国政府在国际舞台上仍倡导着本国利益，或许这是其最重要的角色。"（Raboy，2007：345）美国及其跨国公司并不是总能从其他国家的传媒决策者那里得到满意的结果。不过虽然美国要想说服其他国家采用其新自由主义传媒政策是一项艰巨的任务，但在世界各地已有许多国家的精英对其敞开大门。于是有了这样一个观念："全球新自由主义传媒政策"已经得到巩固，并且是无可替代的。显然，这还只是美国和跨国公司的愿望，并非现实。多年来，代表国家传媒公司的国家精英们对美国新自由主义传媒政策表示强烈反对。正如弗里德曼（2003）所说，"除了美国之外，很少有国家愿意以开放本国市场为前提，寻求视听自由化的承诺"（291）。在过去的四十年左右的时间里，许多国家已在联合国形成战略联盟，批评美国在全球传媒中的主导地位。而且就在不久前，许多国家拒绝了美国新自由主义的媒体政策。

联合国，联合国教科文组织，文化主权

联合国教育、科学及文化组织（简称教科文组织，UNESCO）是联合国（UN）的一个专门机构，拥有 196 个成员。联合国教科文组织的目的是通过促进教育、科学、文化等方面的国际合作，促进世界的和平与安全，根据联合国宪章精神为进一步普及对公平、法治以及人权的尊重作出积极贡献。

在批判文化帝国主义的高潮期（20 世纪 70 年代），联合国教科文组织成了对抗美国全球传媒主导及信息主义自由流动这一斗争的爆发点。在 20 世纪 70 年代，为了抗议将发达的西方国家和处于后殖民时期的落后国家区别对待的媒体不对称和不平等现象，知识分子在不结盟运动（NAM）中提出了"世界信息与传播新秩序"（NWICO）的口号（Taylor，1997：47）。这一运动向美国的全球媒体主导地位和支持这种主导优势的信息主义自由流动发起了挑战。文化帝国主义的概念被不结盟运动的支持者用来作为建立这一世界新秩序而抗争的重要政治资源（Boyd-Barrett，2003：39；Taylor，1997：47；Smith，1980：32）。1976 年，不结盟运动要求美国和其他西方新殖民主义国家尊重他们将媒体作为国家发展工具的权利（Thussu，2000：41）。突尼斯信息部长穆斯塔法·马斯穆迪（1979）总结了不结盟运动对美国和西方的文化帝国主义的批判：

1. 由于社会和技术的不平衡，信息流单向地从世界中心流向边缘地带，这也就制造出了发达国家与第三世界之间的鸿沟；

2. 掌握着丰富信息资源的国家将信息"口述"给信息贫乏的国家，这就导致了后者不得不依赖于这些经济、政治与社会的衍生品；

3. 全球信息的垂直流动（相对于理想状态的水平流动）由西方的跨国公司主导；

4. 信息被跨国公司作为一种商品，受制于市场规则；

5. 信息和传播的整个秩序是国际不平等的一部分，这种不平等创造和维持着新殖民主义机制（Thussu，2000：44）。

国际传播问题研究委员会（或称麦克布莱德委员会）是针对不结盟运动的不满而成立的。1978 年联合国教科文组织大会为定义传媒在国家发展中扮演的角色而提出了《大众传媒宣言》。继不结盟运动在 1976 年科伦坡峰会和 1979 年哈瓦那

峰会之后,政府间协调委员会在 1980 年的巴格达会议上通过了不结盟国家信息决议。在该决议中,世界信息与传播新秩序在有关国家文化与传播主权的国际法中被明确地提出(Boyd-Barrett,2003:40;Smitth,1980)。麦克布莱德委员会在 1980 年发布了最后一个报告《多种声音,一个世界》。

不结盟运动为世界信息与传播新秩序所做的斗争后来被批缺乏阶级分析,尤其未将地方后殖民精英从本国传媒业中获取利益这一点考虑进去。麦克布莱德委员会也被批评为高估了"人们在各自文化中所拥有的共同利益"(Hamelink,1997:80),也或许是因为将文化产业归于一个简单概念而饱受非议。无论如何,不结盟运动在联合国教科文组织大会上为建立世界信息与传播新秩序所做的斗争应该被铭记。不结盟运动从意识形态上批判了美国的信息自由流通,揭示了其一贯标榜的作为自由和民主标杆的全球传媒体系其实是非民主的。"世界信息与传播新秩序是用来反抗极不公平的全球传播行业体系"(Boyd-Barrett,2003:35)。"世界信息与传播新秩序提供的是一个道德平台,"托马斯(1997)如是说,"它也指出了重组全球通信体系的目的是平衡南北方差距。"(165)世界信息与传播新秩序使得联合国把对美国文化帝国主义的批评上升为一个严肃的议题。世界信息与传播新秩序在联合国的斗争,在处于后殖民边缘的反帝国主义者和处于都市核心传媒的激进政治经济学家之间架起了一座桥梁(Mosco,1996:76)。这一秩序批判了美国学术界的文化帝国主义,得到了席勒和其他政治经济学家的支持。

然而,世界信息与传播新秩序和麦克布莱德委员会的目标并没有实现(哈姆林克,1997:75)。在这一新秩序提出后的几年里,出现了与其目标背道而驰的现象:美国跨国公司在全球范围快速发展,文化处于更加失衡的状态。这一新秩序自提出以来,便一直受到美国政府和美国传媒公司的反对。20 世纪 70 年代,美国经历了一场经济危机,这场危机本应由美国后福特时代的计算机、信息和电信经济来化解(Roach,1997:102)。世界信息与传播新秩序中关于通信和文化主权的原则被视为对美国传媒公司利润利益的威胁。因此新保守主义智库(如传统基金会等)认为这一新秩序支持国家控制传媒,这样会导致极权主义宣传系统的再现(Roach,1997;Thussu,2000)。由于担心该秩序会促成有碍于其民主传播和利润积累的国家壁垒,美洲新闻理事会、国际新闻学会、世界新闻自由委员会,以及美国新闻媒体共同就意识形态问题向该秩序发起指控(Boyd-Barrett,2003:45;Schiller,1992:23-25)。对这一新秩序的最后一击出现在 1985 年,里根政府紧随志趣相投的撒切尔政府退出了联合国教科文组织。这一举动阻止了对文化帝国主义的批评,也几乎摧毁了世界信息与传播新秩序的理念(Fraser,2003:143;Taylor,1997:49)。

不结盟运动在联合国教科文组织为世界信息与传播新秩序而做的斗争以失败告终,但自 20 世纪 90 年代初以来,许多后殖民主义和新殖民主义国家的精英联手在教科文组织质疑美国新自由主义政策的部分内容和美国跨国公司持续性的主导地位。当美国、跨国公司和世贸组织力争普及新自由主义政策时,许多国家试图将"文化"(电影、电视节目、图书、歌曲)从自由贸易协定中剔除。"文化例外"由法国在1993年关税及贸易总协定的谈判中提出。文化例外的目标是要将文化商品与其他交易的货物和服务进行区别对待,因为它们具有内在的差异性(见第二章)。许多文化政策制定者认为文化商品包括价值观、认同和超越其商业价值的意义,各国需要保护和促进他们的文化(和文化产业)。在联合国教科文组织,各国成功地在美国和跨国公司主导的新自由主义视听贸易自由政策中实现了"文化例外"。

2001年,教科文组织大会通过了《世界文化多样性宣言》,该宣言将文化多样性称为"人类共同的遗产"。也许是预感到教科文组织可能会再次挑战其在视听贸易的统治地位,美国在2003年重新加入了该组织。在2005年秋,来自180多个国家(由加拿大和法国牵头)的代表签署了联合国教科文组织《保护和促进文化表现形式多样性公约》(CPPDCE)。美国和以色列投票反对这项提议。鉴于许多国家无法在WTO谈判中赢得"文化例外",CPPDCE提供了道义上的自由贸易文化例外准则,虽然这并不具有法律约束力。CPPDCE于2007年3月正式生效。CPPDCE声称,"文化方面的发展和经济方面一样重要"(第6条),并宣布民族国家拥有"维护、通过和执行他们认为适于保护和促进其领域内的文化多样性的政策和措施"这一主权(第6条)。这使得国家能够更好地支持民族文化商品的生产和销售,为国家商贸公司提供补贴,以及实施"旨在加强媒体多样性(包括通过公共服务广播)的措施"(Puppis,2008:417)。总之,CPPDCE挑战了美国所追求的新自由主义传媒政策议程,其倡导的自由贸易文化例外准则也被发展成为全球传媒政策规则。

美国决策者、美国电影协会和跨国公司强烈(正如大家所预料的那样)反对CPPDCE。我将简要地列举和评价一些相关的言论。

首先,美国声称CPPDCE是国家用来保护其国家商贸公司(而不是其"文化")以对抗美国跨国公司力量的一种手段。美国政府将CPPDCE视为一种产业政策,因为它在很大程度上支持的是新兴而强大的国家传媒公司在其他国家的利润目标,而不是支持文化多样性。举个例子,美国电影协会指出,"《公约》似乎更多地与贸易和商业活动有关,而非促进文化多样性"(MPAA,2005)。这一点有一定的可取之处。正如道尔(2012)所言,一些声称他们要保护和促进文化多样性的国家"也是热衷于促进这种情况,使他们本土的电视和电影公司在国内市场占据更多份额,在国际市场也更具竞争力"(12)。以加拿大政府为例,其要求美国尊重其保护和促进文化多样性的主权,同时又在容忍其国内高度的媒体垄断,那些垄断性的传媒企业集团指使其电视和电影的生产部门打造用于出口国外市场的娱乐传媒。同样,欧盟声称要捍卫其文化的多样性,同时却又在支持那些强大的欧盟传媒公司"更加有效地与来自美国的视听供应商开展竞争"（Doyle，2012：12）。CPPDCE 可能会涵盖全国媒体资产阶级的利润利益，不过这样一来由资产阶级所雇用的文化工作者能创造并出口更多元的电视节目和电影，在许多情况下，也会有助于促进全球文化的多样性。

其次，美国批评家把 CPPDCE 呼吁各国保护和促进其民族文化的倡议视为对文化多样性的威胁。他们认为文化多样性体现在不同文化之间的互动交流与融合之中，而不是国家支持的文化保护主义。美国国务院发言人路易斯·奥利弗称美国是世界上文化最多元的国家，"通过我们对自由的承诺，对他人的开放以及保持对思想、话语、货物和服务等自由流动的最大尊重"，文化多样性在美国已经得以实现（Oliver L. V.，2005）。从表面上看，美国跨国公司在世界各地以自己喜欢的方式经商，同时那些国家不因促进和保护他们自己的文化和相关产业而对此造成阻碍时，实现了这种更广泛的文化多样性。文化产品在很大程度上从美国向世界其他国家的单向流动被新自由主义自相矛盾地解说为是在支持文化"融合"和更广泛的文化多样性。支持其他国家生产文化产品，并向美国等国出口的 CPPDCE 被视为这种"融合"和文化多样性的一个障碍。此外，美国对 CPPDCE 所倡议的思想交流、文化融合和文化多样性表示明确的支持——"文化多样性是人类的共同遗产，应当为各方利益而珍惜和保存"，同时却又声称，"文化多样性通过思想自由流动、文化不断交流和互动得到加强"（26）。

再次，在美国，CPPDCE 的反对者们将其形容为国家精英们用来维护对其社会文化控制的工具。作为对 CPPDCE 的回应，美国国务院大使路易斯·奥利弗（2005）称，"文本中的含糊之处可能会被政府用作借口，来解释其政策为何会牺牲少数文化的利益以保护并促进其境内主流文化"。文化保护主义可能被国家精英所滥用，同样"自由贸易"也会如此。此外，不是所有的文化保护主义政策都表现为国家对民族文化进行自上而下的控制。事实上，"文化保护主义政策可以支持所有公众自下而上地进行对话参与"（Baker，2002：250-251）。但美国的国家活动者将 CPPDCE 的文化保护主义框定为会导致"最坏情况"的文化方案，很容易会忽略其潜在的文化利益。CPPDCE 被描绘为是国家迫使少数群体融入占多数的民族主义文化之中的工具，而这可能会使少数群体的文化得到蓬勃发展。正如 CPPDCE 所声称的，"保护和促进文化多样性的前提是承认所有文化是平等的并尊重它们，包括属于少数民族和土著群体的文化"（26）。

关于支持或反对 CPPDCE 的各种言论还会此消彼长。无论结果如何，CPPDCE 的存在表明完全的新自由主义媒体政策被许多国家视为对其民族文化和文化产业的威胁，美国的跨国公司所梦想的完全自由化、放松管制、私有化的传媒格局尚无着落。意识到草率推行新自由主义媒体政策可能会导致许多国家商贸公司被美国的跨国公司快速收购，本民族的文化享有的空间也会大打折扣，世界各国利用（有时是滥用）传媒政策来保护和促进国家商贸公司和文化产品的多元化。

结论：传媒政策不做文化保证

主权国家能够而且确实在管理跨国娱乐媒体的制作、发行、营销、展销以及消费过程中发挥重要作用。这使得美国文化帝国主义取得胜利这一说法不攻自破；国家经济、政治和文化共同作用，动摇了美国跨国公司的霸主地位。各国想方设法保护和促进国内的国家商贸公司和自己的"民族"经济、政治和文化。美国的跨国公司想完全控制全球传媒市场；代表这些跨国公司利益的美国政府努力争取新自由主义传媒政策得到多方认可。但跨国公司和美国政府无法确保能进入他们所想要打开的市场，也不能随心所欲大展拳脚，至少在没有经过谈判之前他们不能对此下结论。美国政府和跨国公司为了全球传媒霸权而斗争；有时他们成功地让他国的传媒公司为其服务，但有时也会遭到拒绝。当前，跨国公司和美国政府的利益通过国家把关者之间利益的相互影响来传达，其中包括政治精英、国家传媒企业主、公民以及社会运动（Chadha and Kavoori，2000：42）。查达和卡夫里（2000）指出，"需要认可国家把关者参与的积极意义，并将其纳入现有的理论结构中，例如那些与传媒帝国主义相关的理论框架"（428）。本章支持这一观点。

在世界体系中，各国的政治和商业精英成为重要的把关者。这些人可能利用保护和促进民族文化的说辞来维持政治控制或是提升国家商贸公司的利润利益。那些公开地以国家主人翁的姿态"为捍卫本国文化不受他国威胁而斗争的政客们可能会因此得到选票"（Miller，et al.，2005：80-81）。媒体政策可能会被国家商贸公司的拥有者所利用，他们自称对保护和弘扬民族文化感兴趣，但事实上，他们只对保护和促进自己的业务感兴趣。羽翼未丰的国家商贸公司在与强大的美国跨国公司对抗时会寻求国家干预（保护和促进）。而当其壮大以后，他们便会加入到跨国公司的联盟之中。旨在保护国家不受外来威胁的传媒政策往往问题重重，也容易被国家和商业精英滥用。

然而，旨在保护和弘扬民族文化和文化产业的国家传媒政策并不总会在文化融合和文化多样性之间设立意识形态和法律方面的障碍，或是支持国有企业用一维民族思想的阴谋来灌输给大众。当市场不能维持社会平等、文化多样性和一个充满活力的民主时，国家传媒政策可以用来为此建立可行的条件。据此，国家干预可以为公众的"传播权""文化多样性"以及"公民媒体产品"提供至关重要的支持。它可以通过反托拉斯法防止传媒企业过度集中从而形成市场垄断；它可以支持公共广播和公共文化活动；它也可以防止国家传媒系统受到外国控制，通过补贴来支持小型传媒公司，以及通过内容配额来确保本国的电视节目和电影得以放映。

鉴于美国跨国公司的优势地位，国家传媒政策可以用来保护和弘扬民族文化产业，使更多的和更多样化的传媒声音出现在世界舞台。反过来，这可能会为"文化碰撞和相融提供更多的可能性"(Morris,2002:286)。跨文化理解在面对沙文主义、仇外心理、不容忍和种族主义时,其目标仍然是高尚的。当美国跨国公司和他们的国家商贸公司盟友无法支持这一非经济目标,并且联合起来削减不同文化来源的数量和质量时,国家便可进行干预。国家支持多样化的媒体生产和资源分配,以提升多元传媒资源的数量和质量。对国家文化产业和本国电影、电视节目的保护和促进不一定就会出现意识形态的内容或是管控过度的情况,相反,这样可以随着经济和文化等的变化为"民族性"提供一个协调空间。

　　传媒政策既有积极的影响,也有消极的一面。由传媒政策支持的文化项目可以是霸权性质的,也可以是反霸权的。有些可能是支持精英阶层的利益,而有些也可能代表其对立面以及国内那些被边缘化的民众。例如,在后"9·11"时代,有三部批判新自由主义的影片得到了国家传媒政策的支持。《不朽的园丁》(又译《疑云杀机》)(2005)作为一部批判在非洲的新殖民主义的影片,得到了当时还未解散的英国电影协会的支持。《大企业》(2003)是一部反资本主义的纪录片,讲述的是现代公司的"精神人格",得到了包括安大略电视台、加拿大电视基金、加拿大电视和不列颠哥伦比亚电影在内的加拿大文化政策机构的资助。《噩梦的力量:恐怖政治的崛起》)(2004)这一纪录片分为三个部分,讲述了新保守主义和宗教激进主义之间怪异的聚合,由英国广播公司(BBC)支持。可见,传媒政策能够并且确实支持了多元媒体内容的制作和发行。虽然传媒政策旨在促进和保护本民族利益,但其并非"专制",在其支持下制作和发行的传媒产品"无法保证"一定符合本国文化利益。

第四章　文化劳动在新国际分工中的娱乐生产

引言：全球娱乐媒体的生产环境

通过电视、电脑、移动设备等不同屏幕，全球娱乐媒体出现在观众面前，这种情况在人类历史上未出现过。电视节目和电影是作为自主实体（autonomous）被观众体验的，它们同那些让人身体疲累、需要挑战智力的作品有所不同。一部动作电影的奇观或者一部写实性的叙事电影会让人们忘掉生产这些影片所需要的条件。DVD 影片的幕后花絮可能会让人看到娱乐产品的制作过程，但更多时候这些花絮的作用是为了推销新的电视节目和电影。不论是暂时逃避世界上的重大问题、幸福地沉浸在粉丝管理人建立的虚拟社区里，还是和脸书上的好友讨论自己钟爱的影视节目，我们都习惯性忽略娱乐产品的生产条件，忽略生产者的社会生产关系。2009 年，中国电影人装扮成大黄蜂的样子展现《变形金刚 2》的粉丝形象（Rigney）。他们可能没意识到，在 2007 年美国演员工会罢工的截止日，导演迈克尔·贝曾抱怨这部电影的品质不好，因为罢工导致电影草率完工。在华纳兄弟影业公司支持的互动网站上，《蝙蝠侠：黑暗骑士》的影迷们热情地讨论电影中的动作场面；但他们中很少有人注意到由康威·维基李非完成的虚拟效果工作（他在拍摄一场汽车追逐戏时不幸身亡）（Staff & Agencies，2008）。有着环保意识的观众们认同《阿凡达》反殖民的"回归自然"寓言（2009），可他们也许没意识到这部电影是在一个污染性的产业中诞生的，这个产业"每年排放了超过 14 万吨的臭氧和燃油颗粒"（Burns，2009）。观众们戴上 3D 眼镜沉浸于《创：战纪》的视觉景观中，但很少有人知道为什么电影的拍摄地选在加拿大南本拿比的电影公园、不列颠哥伦比亚省，而不是在洛杉矶、加利福尼亚（Falconer，2009）。

观众如何阐释、使用全球娱乐媒体是民族志研究和接受研究中比较有意思的内容（在第六章中讨论）。但是政治经济学者提醒我们联结并形塑娱乐媒体消费的是领薪工作的生产环境。正如 Deuze（2007）所言：

如果不能理解媒体，那么就很难理解当今世界人们的生活，尤其是西

方资本主义民主社会的生活。理解媒体不单单通过内容,更通过产业中各种元素的组成方式。(10)

　　媒体公司身处市场之中,它们生产娱乐产品并在市场中出售。劳动分工和领薪劳动深刻影响了娱乐媒体(Banks and Hesmondhalgh,2009;Deuze,2007;Garnham,1990,2000;Hartley,2005;Hesmondhalgh,2007;Holt and Perren,2009;McGuigan,2010;Mayer,Banks and Caldwell,2009;Meehan,2007;Mosco,1996;Ross,2009;Wasko,2003)。媒体公司整合技术和人力资源,生产电视节目和电影,并把这些娱乐产品在市场上售卖给消费者。没有哪个电视节目或电影是由某个单一"作者"制作完成的:它们是文化劳动者按照"劳动分工"生产出来的产品。娱乐内容生产划分为明确的、程序化的、标准化的任务;这些任务分配给了特定部门和具备特定技能的劳动者。很多灵巧的双手和创造性的大脑被媒体公司雇用,以完成整个项目。

　　娱乐产品生产过程整合了领薪工作和劳动分工,这种资本化的方式已经全球化了。好莱坞就是如此。"好莱坞从单一的、集中化的基础向全球生产网络的转型改变了电影工业的政治经济基础形式。"(Elmer and Gasher,2005:2)有关好莱坞政治经济"变化"的研究揭示了在"文化劳动的新国际分工"(NICL)背景下文化公司是如何生产娱乐产品的(Miller et al.,2005)。文化劳动的新国际分工揭示了"文化劳动的差异;劳动流程的全球化;好莱坞为了协调并维护文化劳动市场中的主权而采取的手段;国家政府在与跨国公司(TNMCs)的共谋中扮演何种角色"(Miller et al.,2005)。本章描述文化劳动新国际分工(NICL)的经济、政治、技术等基本特征,检视NICL中娱乐生产的两种重要形式:外逃制片(runaway production)和跨国合拍(international co-production)。

⇨案例4.1　《爱丽丝梦游仙境》(2010)文化劳动的分工

　　迪士尼雇用了800多个拥有专业技能的文化劳动者,他们合力生产全球热门影片《爱丽丝梦游仙境》。十个制作人负责影片的创意效果和经济"前景"。一个导演(和9个助理导演)指导演员和技术团队。选角导演面试、挑选演员出演合适的角色。超过100个演员参与了表演(包括声优、临时演员、喷火人等特技演员、替身演员)。服饰艺术家、制鞋人、染色工、裁剪工等制作服装。布景设计师、建筑工、插画师、架构师(prop-maker)、画家、模型师等搭建场景。摄影师、执行摄影、威亚操作人、摄影移动车工、灯光师等创作图像。作曲人为电影加分,他和指挥、合唱班、混音、录音师等共同完成影片音乐。特效、视觉效果、动画效果以及其他图形编辑人员共同参与后期制作。其他工作人员,包括明星的司机、助理、替身、秘书、保镖、工资会计、外景制片主任、制品厂教员、养马人、标题制作人、方言教练等也为项目的完成贡献很多。《爱丽丝梦游仙境》的奇迹就是组织化的文化劳动者在复杂分工下的劳动结果。

NICL 扮演了什么样的经济、政治形象？媒体中心和媒体边缘的历史关系是随之动摇了还是更加固化了？为什么娱乐生产从洛杉矶、加利福尼亚转向了世界各地的城市？什么因素促使洛杉矶的制作公司决定去海外制作项目？外逃制片与合作生产是有助于还是阻碍了本国媒体产业的发展以及特定地域的展现？民族国家是怎样吸引海外生产的，怎样参与到合作生产的？这么做的好处和代价分别是什么？本章对上述问题等的回答将涉及 CI 范式，该范式将"好莱坞"视为美国产业，位处美国境内，雇用美国员工，致力于将"美国的"电视节目和电影出口到全世界。但是娱乐生产不再仅局限在美国这一个国家，卷入其中的还有多个"国家的"产业、地域、文化，这引发了新的社会冲突和政治争论。

全球化的好莱坞和文化劳动的新国际分工（NICL）

20 世纪 60 年代的电影明星约翰·韦恩（John Wayne）曾经说过："好莱坞是一个无法从地理上定义的地方。我们不知道它在哪。"（Bordwell et al.，1985：xiii）和韦恩相反，很多人的确认为他们知道好莱坞在哪里。好莱坞被视为"娱乐"的代名词，是一个源于美国的象征（Braudy，2011）。好莱坞的标志是加利福尼亚州洛杉矶好莱坞山上的 45 英尺（约合 13.716 米）高、45 英尺长的字母。对某些国际型的演员来说，在好莱坞"成名"意味着搬到温暖的加州，把自己的名字印在星光大道的一颗星上，在国会山买一幢大别墅。当政府痛惜外国娱乐产品对本国的特性（和文化产业）产生影响时，他们通常都会抱怨美国特殊的"好莱坞"。好莱坞——美国加州洛杉矶一个特殊的地方——逐渐被美国人和世界公众当成了世界娱乐的大本营。可是好莱坞并不只是"美国"的。"全球化的好莱坞"概念把基于特定国家的媒体公司、州府和文化劳动者看成重要的娱乐生产者，但强调 NICL 条件下娱乐生产并没有弱化任何一个国家的产业、州府或阶级。

跨国媒体公司推动文化劳动的新国际分工，它们拥有洛杉矶及其他城市的大大小小的电影、电视生产公司。跨国公司不仅仅是"美国的"公司，还是世界上最强大的制片厂的母公司。华纳兄弟（时代华纳）、福克斯娱乐集团（新闻集团）、迪士尼动漫影业集团（迪士尼）、派拉蒙影业（维亚康姆）、环球影业（NBC-环球），这些都是世界上最强大的娱乐内容公司。这些巨型公司在全世界范围内投资、生产、发行、营销娱乐产品，追求利润最大化。班克斯说（Banks，2008）："全球化不断强化，各媒体集团从外部推动产业发展，形成复制的经济规则，在这样的背景下，由我们的民族文化、经济和历史想象所建构的好莱坞已经很少存在于'好莱坞'这个形象中了。"(63)全球化的好莱坞无处不在、彼此联结,整合了曾被认为独一无二的民族文化产业。

　　在 NICL 中,媒体公司、主权国家、各国文化劳动者都是全球好莱坞的生产组成部分。完成特定项目这一目标将他们联系在了一起。娱乐生产往往开始并结束于跨国公司拥有的几大"好莱坞"制片厂,但是并不局限在好莱坞这一个地方。跨国媒体公司是金融旗舰,它们组织化、区域化地协调、控制分散的娱乐生产网络(Coe and Johns,2004;Storper and Christopherson,1987,1989)。跨国媒体公司在资本所有权、创意决策、版权控制上高度集权化,而在合作企业方面更加灵活(Wayne,2003)。为了生产娱乐产品,跨国公司雇用了大量的内部附属公司,并与独立制片公司签订合同(或外包)以完成特定任务。跨国公司还将生产项目分散到海外其他国家小的媒体公司,把相关任务从集权化劳动分工的公司转移到一些自由分工的区域型的、分散的媒体公司。自主组装、电子制造、呼叫中心服务已经从美国外包到其他国家了。娱乐产业也是如此。在 NICL 中,由一个城市(如洛杉矶)的一个媒体公司雇用的文化劳动者承担的某些任务,被外包给其他城市(如洛杉矶、多伦多、伦敦)的其他媒体公司的劳动者们(Elmer and Gasher,2005)。在 NICL 中,美国跨国公司以项目为基础,集合或分散了小的媒体公司,以生产电视节目和电影。

　　文化劳动的新国际分工(NICL)是由很多国家协调整合而成的,并非仅仅是美国强势推进媒体公司利益的结果。娱乐生产并非内嵌于任何一个特定国家的领土上,但特定国家的媒体及文化管理机构推动并使之合法化了,这些机构是娱乐生产的监督者和管理人。民族国家并未因跨国公司而丧失主权(Appaburai,1997),也并不是外国文化渗透的"牺牲品"。各个国家彼此竞争争取娱乐生产项目是为了实现经济和文化的"发展"目标。跨国公司及其公司网络"跨越"了国家边界,民族国家反之邀请他们,将其"拉进"本国边界。跨国公司遍行世界寻找能提供服务的合作公司。民族国家把跨国公司引进本地,给它们提供经济激励。例如,来自瑞典、挪威、丹麦、芬兰等国家的八个电影委员会向跨国公司推荐"斯堪的纳维亚拍摄地",作为娱乐生产的理想地点(Rehlin,2010)。

　　大多数娱乐生产都在城市里:"每个城市都培育自己的娱乐生产的生态环境、产业区域、发行渠道、内容创新中心等,这些部门通常彼此平行,互相独立。"(Mayer,2008:72)柯廷(2003:205)使用"媒体首都"(media capital)的概念描述媒体投资、生产、发行的新型城市中心的形成。媒体首都拥有大型"创意集群"(Scott,1999)。世界知识产权组织(WIPO)将"创意集群"定义为"创意产业的地理中心(工艺、电影、音乐、出版、互动软件、设计等),资源在此聚集从而最优化创意、生产、流通、创意开发等"(WIPO,2010)。彼此聚集的媒体公司表现要比孤立的公司好,因为它们能够有效地服务彼此,吸收大学的知识,从周边公司"兴旺的"业务中受益(Amin,1999;Storper and Venables,2004)。

洛杉矶是世界上核心的媒体首都,"深植于本地、地区、全国、全球的关系网络中"(Curtin,2003:204)。但是洛杉矶不是唯一的媒体首都。根据辛克莱、杰卡、坎宁安的"周边视觉主题"概念(peripheral vision thesis),很多特定国家和地区的媒体首都开始涌现,在跨境娱乐贸易上表现抢眼。"单一生产中心主导的、产品销售至边缘地区的单一市场逐渐被取代,兴起的是一系列不同的、重叠的市场"(Sparks,2007:44)。媒体首都还有很多。香港(中国),布拉格(捷克共和国),首尔(韩国),开罗(埃及),拉各斯、埃努古、阿布贾(尼日利亚),豪登(南非),多伦多、蒙特利尔、温哥华(加拿大),孟买(印度)等都是媒体生产、发行、市场活动、文化资源、声望和人才的大本营。在这些(以及其他)城市中心,投资、制作、发行娱乐产品的能力迅速增长。以往被认为是较弱的城市现在已成为强大的媒体首都(Reeves,1993;Sraubhaar,1991;Tracy,1988)。其结果是,娱乐生产不再局限于一个国家,而是在多个国家,娱乐要素的流动也不再是单向的,而是双向或多向的。例如,中国香港的媒体产品流向马来西亚、中国内地、日本、韩国、美国、欧盟国家等(WTO,2010:3)。

很多文化政策制定者、发展顾问和小资市民认为创意媒体首都是城市"发展"的引擎,能实现城市从工业资本主义向后工业资本主义转型。"创意""创意城市"等概念相当流行(Howkins,2007;Landry,2000;Florida,2004,2005;Markuson,2006)。佛罗里达认为后工业城市的发展依赖于"三个 T:技术、人才和宽容度"(6)。高科技的基础设施、大学教育、企业家、创新型劳动者、多文化环境、多样道德文化特性、性别、亚文化等得到注意和认可,从而促进城市再生、工作增长以及扩散效应的成功。

跨国媒体集团将创新型城市视为自己的领土,进而获取"酷资本主义"的佛罗里达式的好处。但是并非所有的创意型城市都能吸引跨国媒体公司。能否满足跨国媒体公司娱乐生产的急切要求使得这些城市有了等级之分。2009 年,《综艺》杂志访谈了几百位外景制片人、项目制片人、摄影师和导演,让他们根据视觉感受、税务激励、电影支持、生产资源、兼容其他外景地等标准评选出他们最喜欢的创意城市。洛杉矶被评为北美最佳摄影地,摩洛哥则位列于国际城市首位(Blair,2009)。

媒体首都的排位表明文化劳动的新国际分工中(NICL)存在位置差异、媒体发展的不均衡等。正如弗里德曼(Friedman,2007)使我们相信的那样,娱乐生产所处的世界不是"平"的。与新自由主义理想化的乌托邦相反,NICL 远非一个水平的运动场。它映射出的是民族国家的层级、媒体产业、文化劳动者之间长期的、非对等的权力关系。历史上经济文化最强大的国家(如美国)位于 NICL 层级中的最高层。卫星国家则位于"媒体首都国际层级中的最底层"(Davis and Kaye,2010)。娱乐生产并非总是一条双向道。大部分的娱乐生产——包括所有权、版权控制、创新影响——都开始于、结束于洛杉矶这个世界上最大的媒体首都。然而,NICL并不完全代表世界体系的中心—边缘模式。位于"单一"美国中心的"美国的"媒体公司并没有"控制"边缘的媒体首都,迫使他们成为弱的生产附属。国家、公司、观众和工作者——中心和附属——并不存在于"非对称性相互依赖"的动力关系中(Strauhbhar,1991),也不存在于支配中。在世界体系里,美国是强大的媒体中心,美国的跨国媒体公司有巨大的经济和文化力量,可以影响其他民族国家的媒体生产、流通、营销和娱乐产品消费。然而,NICL中有更多因素,而不仅仅是媒介帝国主义。

⊡▷案例 4.2　首尔作为媒体首都:"韩流"

洛杉矶是世界上主要的媒体首都,美国的跨国媒体公司统治了世界娱乐市场。然而,非美国的娱乐首都已出现,在世界体系中扮演着越来越重要的角色。

在东亚和东南亚地区(中国的大陆和中国香港、台湾地区以及越南),韩国首都首尔是重要的"媒体首都"(Jin,2007)。韩国媒体公司生产流行的娱乐媒体内容,并出口至东亚及东南亚等国。从 20 世纪 50 年代到 90 年代,韩国媒体产业被美国控制,但 90 年代中期开始韩国政府实施了民族媒体政策体制,有效减少了美国娱乐产品的进口,刺激了本土生产的增长。结果,韩流成了流行文化,遍及周边地区,内容包含了电视剧(《冬季恋歌》《蓝色生死恋》《巴黎恋人》)电影(《生死谍变》《JSA安全地带》《老男孩》《醉画仙》《太极旗飘扬》《春夏秋冬又一春》)流行乐(又称 K-pop,代表人物包括宝儿、少女时代)和电子游戏(Shim,2006)。2011 年,韩流的出口总值达 42 亿美元(Oliver,2012)。为了成为强大的"媒体首都",韩国首尔发展了本土的电视、电影产业,有五大电视网生产内容(分别是 KBS1、KBS2、MBC、EBS、SBS)。

之后,韩国电视集团同其他国家建立了合作生产关系,通过这种方式韩国电视节目和电影能够在国外市场流通。东亚和东南亚的电视网许可了韩国公司生产的与之贴近的娱乐内容。韩国电视节目和电影比美国的电视和电影更贴近东亚、东南亚的观众;它们的故事也跟东亚、东南亚观众相关。韩国电视节目和电影"较典型地涉及了技术变迁时代的家庭关系、爱和孝行,往往强调传统的儒家价值观"(Ryoo,2009:140)。韩流的成功"主要是韩国媒体能够将西方的,或美国的文化转化成适合亚洲口味的文化"(Ryoo,2009:145)。

韩国首尔成为区域性的媒体首都后激起了日本的民族恐慌,他们将韩流视为"文化帝国主义"的一种形式。2003 年,日本电视网花了 628 万美元用于购买韩国电视节目的版权(Takaku,2011)。2010 年,韩国电视产业从日本电视网拿走了

8162万美元。2011年8月7日至21日,上千名日本人在富士电视台前游行,抗议韩流吞噬日本。抗议者要求政府出台政策,限制电视台进口和播出的韩国影视产品的数量(Takaku,2011)。但是富士电视台扮演的是理性资本家的角色:韩国电视节目更便宜,更受日本观众喜欢。比起投资本土节目,富士电视台更愿意从韩国购买影视内容。"同自己生产节目相比,购买国外便宜的节目则更好。韩国电视剧也有很好的订阅率。"富士电视台发言人如是说(Takaku,2011)。

韩国首尔是强大的区域媒体首都,但却受困于美国跨国媒体公司强大的非对等关系。金(Jin,2007)认为,韩国已成为东亚和东南亚地区"多样生产和持续出口的新兴市场",但是"文化帝国主义仍未从韩国消失"(762)。美国跨国媒体公司通过直接投资、联合投资、许可协议等控制了韩国大部分媒体产业。2003年,韩国进口美国的电视内容达到进口电视内容总额的77.8%,而韩国出口到美国的电视内容仅占其出口总额的0.4%——这是相当不平衡的关系(Jin,2007:763)。韩美之间影音贸易的不平衡在未来很可能会扩大,因为两国新自由主义的自由贸易协定(FTA)已于2007年6月30日签订了。FTA给美国娱乐产业提供了更开放广阔的韩国市场,保证了美国跨国媒体公司的市场准入,降低了韩国电视内容的份额,使得美国可以百分百地直接投资、拥有韩国媒体和电信公司。韩国是一个强大的区域媒体首都,但是和美国相比,仍处于一个附属地位。

媒体首都处于等级化世界体系中,他们之间非对称的权力关系由等级化创意阶层体系中的文化劳动者之间非对称的权力关系反映出来。瓦斯科(Wasko,2003)使用"线上"和"线下"等词来描述文化劳动者间彼此隔离的方式,这种隔离是基于劳动者们分到的任务和媒体公司支付给他们的工资。线上劳动者主要是高收入、高技能的执行制片人、交易人、导演、编剧和明星演员。线下劳动者主要是较低收入、较多技术工作的劳动者。场务、服装设计、司机、道具师、工程师、灯光师、前后期编辑、临时演员、保安、喷漆工、特效演员、执镜师、布景师等都位处"线下"劳动者之列。从跨国公司的大本营洛杉矶开始,大批美国"线上"劳动者穿越阶层搬迁至附属媒体首都。在那里,他们雇用"线下"文化劳动者(Wasko,2003)。比起线下文化劳动者,线上文化劳动者流动性更强,对娱乐生产有着更多的经济力量和文化影响。NICL中的劳动者并不是一个整体,而是根据技能、分配的任务、地理位置和收入不同而有所不同。

尽管文化劳动者因物质形式的不同而有所差别,但是他们受雇于娱乐项目,领取薪水,使用信息传播技术(ICTs),通过这种方式他们集合起来。生产娱乐内容的两个或多个媒体首都之间通过电脑、物联网、移动设备和卫星等传递数字信息流。"信息传播技术(ICT)革命既增加了国际扩张的机会和需求,又使得公司能够跨越国界分散自身的资源和能力"(Flew,2007:26)。正如戈德史密斯和奥瑞根

（Goldsmith and O'Regan,2003）所说：

> 信息和传播技术的发展使得电影和电视生产的元素比起之前媒介史的任何时期都能分散得更广泛。单一项目的投资、策划、生产、后期和营销等都能在世界不同地方完成。

汤普森（Thompson,2007）同意这个说法："离岸趋势的一个重要原因是技术的变革给电影整体海外生产提供可能，从前期策划一直到后期制作。"NICL 条件下，ICTs 将中心媒体城市和附属媒体城市连接起来以完成娱乐合作生产，也把地域上彼此分离的文化劳动者实时联系在了一起。ICTs 带来了跨国合作的新形式。娱乐生产可以全天候展开。ICTs 也将生产延伸至人们的私人生活和私人场所，模糊了劳动时间和休闲场所。对很多人来说，"工作日"不再有清晰的开始时间和结束时间。

文化劳动者看似地域分隔，实则联系紧密，因为 ICTs 在劳动者间建立了非正式的反馈回路。但是跨境娱乐生产并非无缝式运行。劳动者间缺乏面对面的交流会导致传达错误。为不同媒体首都的文化劳动者制定和谐一致的生产计划也是很困难的。"生产的难题"也会因特定阶层的冲突和工会斗争而形成，因为不同国家的文化劳动者有着不同的工作价值观、工资收入和工会。

全球好莱坞和 NICL 的一般性的经济、政治和技术特征已经讨论过了。接下来将会通过大量细节来检视 NICL 条件下两种娱乐生产形式的政治经济特征："外逃制片"和跨国合拍。

外逃制片

NICL 中一种重要的娱乐生产模式就是"外逃制片"。这个"短语由美国电影产业创造，描述的是将电影作品从好莱坞外包到更便宜的国外地区"（Johnson-Yale,2008:114）。如果一个洛杉矶的制片厂把部分娱乐生产工序离岸外包给其他媒体首都的线下文化劳动者（有时是线上文化劳动者），"外逃制片"就发生了。1998 年至 2005 年间，美国娱乐生产投入总额的比重从 71％降至 47％，而世界其他国家的投入则增长了（WTO,2010:10）。这很大程度上是由于电影、电视的生产从美国"出逃"至加拿大、英国、澳大利亚、新西兰以及世界其他国家。何种生产会"出逃"？ 和人们一般认为的不同，即：高预算和高概念的热门电影不会离岸生产，因为这样的电影需要制片人自始至终监督生产进程，而低预算的产品（如标准化的、易集成的模式节目）可以离岸生产（Scott and Pope,2007）。这种想法并不是真实的情况。拍摄于新西兰的电影《指环王》（2001,2002,2003）就是一个典型的高预算、高概念、奇观化的离岸生产的娱乐产品。从 2003 年开始,新西兰巨额预算电影制作补助金计划(Large Budget Screen Production Grant)就已经吸引了很多流动工作室,每投入生产 5000 万新西兰元就可获得 12.5% 的税费减免。新西兰的电影产业逐渐繁荣,新西兰也逐渐成为一大批全球化电影的拍摄制作地,包括《最后的武士》(2003)、《纳尼亚传奇》(2005)、《金刚》(2005)、《史前一万年》(2008)、《阿凡达》(2009)、《X 战警前传:金刚狼》(2009)。

外逃制片可分为"创意型"和"经济型"。当一个公司为了达成特定的艺术目标,需要寻找风景地、实现艺术效果,而选择某个遥远的地方来拍摄电视节目或电影时,"创意型海外生产"就发生了(Scott and Pope,2007:1365)。如果一个电视节目或电影需要某个场景,如城市地标、海滩、海洋、森林、峡谷,制片公司就会"外逃"至 NICL 中能提供这些场景的地方。例如,战争电影《现代启示录》(1979)和《野战排》(1986)等就是在菲律宾拍摄的,因为菲律宾丰富的景致可以作为越南的替代。《尖峰时刻 3》(2007)拍摄于有法国巴黎(埃菲尔铁塔附近),电影中某些场景就设置在这里。《加勒比海盗》部分摄制于圣文森特、多米尼加和巴哈马群岛。这些地方有美丽的海滩、热带场景、狭长的海岸等景观。十多年前,电视真人秀节目《幸存者》拍摄于有异国情调的地方,包括加里曼丹岛、澳大利亚、泰国、斐济、巴西、尼加拉瓜等。《拆弹部队》(2008)拍摄于约旦,离伊拉克几公里远,导演凯瑟琳·毕格罗想给电影一种真实战争地带的画面和感觉(Dawson,2010)。制作公司真实展现领土、文化和人民的需要促使创意型海外生产的形成。

"经济型海外生产"是指制片公司出于成本节约和利润的考量,而非"创造性"和现实主义审美追求的一种生产。它是一种"外包"工作,其驱动力是跨国媒体公司对更低廉的生产成本的追求。所有跨国公司都会寻找降低成本的方式。为了风险最小化、利润最大化,媒体公司选择美国之外的摄制地拍摄制作电影和电视节目,从而减少项目成本。哪些地方的特殊因素促成了经济型海外生产?媒体首都如何吸引生产公司?娱乐生产会转移至特定国家的媒体首都,这些地方提供了工资低廉但技能优秀的劳动力、相关补贴和税收减免、合适的区位特征、有利的现金汇率。

娱乐生产会向低成本但高技能的文化劳动集群倾斜。很多美国文化劳动者都加入了工会;由于和媒体权贵多年的谈判,劳动者们获得了不错的工资和良好的福利。然而,跨国媒体公司将劳动者的获益看成利润最大化的障碍。为了克服地域限制,媒体公司将工作转移至海外,送到那些工会薄弱(或不存在)、人力成本低廉的国家。同样的工作内容,制片公司付给非美国劳动者的钱要比美国劳动者的少很多。因此,经济型海外生产是媒体公司对高成本的一种回应,也是"对好莱坞比其他地方高的人力成本的反映"(Scott and Pope,2007:1366)。比如说,制片公司从洛杉矶搬到多伦多,是因为生产成本能降低 20%(Vang and Chaminade,2007:

413）。多伦多文化劳动者的技术并不比洛杉矶的差；制片公司雇用他们是因为他们有竞争力，接受较低的薪水。

　　娱乐生产从洛杉矶转移到其他媒体首都的原因还有国家文化监管、文化遗产部门、媒体委员会等提供的补贴和税费减免。国家利用直接补贴和间接税费减免来吸引媒体公司，还会委派文化专员和商业头目到洛杉矶，向好莱坞的经理人推销自己国家的"附加值"。直接补贴是国家将公共财政直接分配给生产公司。非直接补贴是国家减免企业的部分运营成本或税费。国家补贴能帮企业显著减少娱乐生产成本。这有很多例子。德国电影评论会（FFA）及其联邦电影基金（DFFF），地区性的基金，如柏林·勃兰登堡媒体促进基金，北莱因-威斯特伐利亚电影基金NRW，巴伐利亚电影基金以及 Normedia 等每年发放 8 万美元用于该地区的电影和电视生产（Meza,2009）。法国给媒体公司 20％ 的税费折扣；最近这个节约成本的方式诱使马丁·斯科塞斯前往巴黎拍摄《雨果》（2011）的部分场景，这部电影改编自布莱恩·瑟兹尼克的同名畅销小说，讲述的是划世纪的法国导演乔治·梅里埃。英国也推出了一个大型税费减免项目，为 3180 万美元左右预算的电影返还25％ 左右的税费。澳大利亚、比利时、巴西、加拿大、丹麦、斐济、冰岛、新西兰、南非、瑞士以及其他一些国家都提供了大量的补贴和减免政策，以吸引跨国制片产业。

　　娱乐生产还会被媒体首都特定的区位特征吸引。温和的气候吸引那些需要整年拍摄的项目。"工作室配套服务"项目给媒体公司提供了一系列服务，迎合了媒体公司的需求，是一个重要的"吸引因素"（Goldsmith and O'Regan, 2003, 2005, 2007；Scott and Pope, 2007）。戈德史密斯和奥列根（Goldsmith and O'Regan, 2003）认为：

　　　　当下在国际上有一种大型"工作室配套服务"的风潮，包括摄影棚、标准工场、制作办公室，也许还有水箱、外景地、一系列相关公司等，从而保证某个项目的大量工作可以在同一地点进行。制片厂配套拥有多种摄影棚，能够满足高预算大片的生产要求，同时服务于电视电影、电视剧和广告生产，这种制片厂配套正在全球范围内出现且声势渐显。而现存设备正经历着广泛的、花费极大的翻新工作，以保持技术能力和国际竞争力。（7）

　　发展工作室配套服务是 NICL 中的一门大生意。政府和投资者一般认为"如果建好了制片厂配套服务，制片公司就来了"。在意大利，罗马西奈西塔工作室和洛杉矶的蒙大拿艺术家协会共同投资创建了伊塔洛设施（Italo facilities）。伊塔洛拥有 30 个摄影棚、300 英亩的标准工场，是欧洲最大的工作室配套设施（Vivarelli,

2010)。在加拿大,多伦多的康姆集团建成了 2000 万美元的制片厂配套设施,作为娱乐生产和相关服务的中心(Punter,2010)。在多个英国城市,老的军事基地和工程设施被改建成了动作片的摄制工厂。《诸神之战》(2010)拍摄于长十字制片厂,这里曾是伦敦西南部的一个坦克检测基地。《暮光之城》(2008)中高谭市的场景就是在战机飞机库拍摄的,这个飞机库位于伦敦城北一个叫卡丁顿的村子中。尽管这些电影的制片公司很难携带自己的设备、物资和相关服务配套,伦敦这边的租金也只是洛杉矶的 80% 左右(Dawtrey,2010)。在加拿大、澳大利亚、新西兰、墨西哥、罗马尼亚、南非等国,制片厂配套建成后诱惑了娱乐生产,相关项目合同逃离了洛杉矶。

　　娱乐生产还因为有利的货币汇率而从洛杉矶逃离至其他媒体首都。汇率是一国货币兑换他国货币的比率。某些国家的货币要弱于美元,因此吸引了那些寻求最优价值的制片公司。当其他国家的货币与美元相当或比美元更值钱时,离岸金融动机就消失了。例如,当 20 世纪 90 年代中期加拿大币约值美元的四分之三时,美国公司就从洛杉矶搬迁至渥太华、多伦多、蒙特利尔去制作电影和电视节目。当加拿大币和美元大致相当时,外逃加拿大的制片行为就略微下降了(CFTPA,2008)。到 2007 年秋季,"已经没有基于货币汇率的经济优势促使美国制片公司到北面国家拍摄电影了"(Weeks,2010:94)。其他国家作为外逃制片地的地位衰退了,并将原因归结为国际金融交易的流动和汇率的易变性。比如,澳元兑美元的升值"增加了在澳大利亚黄金海岸拍摄的成本,对于电视制作的吸引力也下降了"(Ward and O'Regan,2007:178)。在 NICL 中,地区性的媒体首都吸引流动制片的能力依赖于金融资本的波动。

⇨ 案例 4.3　《暮光之城:新月》(2009)和《暮光之城:月食》(2009)作为"外逃制片"

　　《暮光之城》是一个颇受欢迎的娱乐影片,改编自斯蒂芬妮·梅尔的超自然浪漫幻想小说。《暮光之城》并非是严格意义上的美国娱乐电影:美国之外的公司、国家、劳动者都参与了这部电影的制作。顶峰娱乐公司(Summit Entertainment)(《暮光之城》制作方)的总部位于加州圣塔莫尼卡,在伦敦也有办事处。顶峰娱乐的所有者不是严格意义上的美国商业阶层,而是跨国企业家,包括了贝恩德·雷霍沃特(一个德国人)、阿尔侬·米尔坎(一个以色列人)、爱德华·瓦加(一个匈牙利人)。《暮光之城》的男主角不是来自美国:罗伯特·帕丁森是从英国招募的,扮演片中的万人迷吸血鬼爱德华·卡伦。《暮光之城》拍摄于美国俄勒冈州波特兰市(作为华盛顿福克斯的"替身")。但是《暮光之城:新月》和《暮光之城:月食》的第一部分和第二部分则拍摄于温哥华——北美最大的媒体首都之一(Gasher,2002;

Tinic,2004,2005)。有着"北部好莱坞"之称的渥太华的娱乐产业每年产值超过 10 亿美元。已有数百部故事片以及电视节目在渥太华拍摄,包括《创:战纪》(2010)、《通天奇兵》(2010)、《博物馆奇妙夜 2》(2009)、《地球停转之日》(2008)、《朱诺》(2007)、《X 战警 3》(2006)、《神奇四侠》(2005)、《银河对决》、《拉字至上》等。2010 年,娱乐生产花费为 317,825,454 美元,其中 277,366,474 美元来自外国制片公司(引自不列颠哥伦比亚省电影委员会,2011)。顶峰娱乐在渥太华制作《暮光之城》是出于国家补贴、货币汇率、地域特色(气候、工作室、风景)等因素。

顶峰娱乐利用了不列颠哥伦比亚省(BC)的税费抵减政策。如果外国公司雇用了该省的文化劳动者,不列颠哥伦比亚省电影委员会就给这些公司 33% 的退税;如果这些公司将拍摄场景放在该省核心制作地区以外,能得到 6% 的退税;如果公司租用该省的数字动画和视觉消费服务,则能得到 17.5% 的退税;如果公司全部工资都是支付给加拿大劳动者的,则公司能得到 16% 的退税。顶峰娱乐充分利用了货币汇率的好处。渥太华是《暮光之城》第一部影片的拍摄选择之一,但最终选定俄勒冈州波特兰市,主要是因为加拿大元价值较高。当加拿大元贬值后,顶峰娱乐又把《新月》《月食》放到渥太华拍摄。"根据加拿大元现在的形势,我们可以再来一部,我们也会成功,在这里也是如此。"渥太华岛北部电影委员会主任约翰·米勒乐观地说(引自 2009 年加拿大新闻)。顶峰娱乐也被加拿大的地域风景所吸引。渥太华距离洛杉矶 1072 英里(约合 1725.216768 千米),二者处在同一时区。这种时空的亲近性使得创意总监易于协调渥太华劳动者的工作。此外,《新月》《月蚀》在渥太华拍摄还因为其便利的工作室配套,包括渥太华电影制片厂(VFS)、狮门影业、桥工作室、北海岸工作室(Will,2009)。渥太华温和的气候、茂密的森林、白云天空、山川等都吸引着顶峰娱乐。在拍摄《新月》期间,电影的合作制片班纳曼说:"对我们来说天气真好:下雨、阴沉、视觉感受、海上薄雾、云彩、古怪的风等等。一切都是它应该有的样子。"(引自 Netherby,2009)总之,《新月》和《月食》是从洛杉矶"外逃"至"北部好莱坞"的经济外逃的案例。

跨国合拍

NICL 中另一种重要的娱乐生产模式是跨国合拍:这是两个或多个国家和媒体公司之间的一种媒体政策及商业的安排,致力于电视节目和电影的生产,保证产品能在两国或多国市场流通。当两国或多国的媒体公司同意"合作经营商品、版权和服务"时跨国合拍就发生了,"合作方的任何一方发现很难以其他方式完成生产",于是便合作生产电影和电视节目(Enrich,2005:2)。合作生产还发生于两个或多个媒体公司及其所属国合作生产某个娱乐项目的情况下,使其之后能在两个或多个国家市场发行和销售。在世界体系中,来自不同国家的本土媒体公司彼此合作生产流行的娱乐产品。国际娱乐合作生产已逐渐成为颇受欢迎的媒体政策及商业策略。例如,《雪季过客》(2006)(这部独立的电视剧讲述了一位自闭症女人和一个车祸受伤的男人之间的情感)就是由多伦多的菱形媒体公司和伦敦的革命影业公司合作生产的。《寂静岭》(2006)是一部由加拿大、法国、日本三国合作生产的电影,改编自东京科乐美公司发行的幸存者网络游戏。电影《盲流感》(2008)改编自葡萄牙作家何塞·萨拉玛戈的小说,讲述了致盲病毒的大量传播和社会崩塌,这部电影是由加拿大(Rhombus Media Inc.)、日本(蜜蜂葡萄树影业)、巴西(02影业)三方合拍的。电影《枪声俱乐部》(2010)讲述了四位摄影记者记录的南非种族隔离制度的过渡时期,这部电影由加拿大(铸造影业,哈罗德格林伯格基金)、德国(本能影业)、南非(走出非洲娱乐公司)三国合拍。电影《雪花秘扇》(2011)改编自美籍华裔女作家邝丽莎的同名小说,由IDG中国传媒上海公司、新闻集团的福克斯探照灯公司和洛杉矶大脚掌制作公司(这家公司的所有人是邓文迪和弗罗伦斯·斯隆)合作拍摄。魔幻电影《永恒的水》(2011)由德国X影音创意公司、俄国FAF制片公司、以色列埃文斯顿影业公司三方合拍而成。《蒙古王》(2007)、《最后一站》(2009)、《另一个周末之夜》(2011)等电影就是德国和俄国公司合拍的成果。获奖影片《透过你的双眼》(2011)是宝莱坞和意大利合拍的作品。美国哥伦比亚影业公司(归日本索尼公司所有)和中国电影集团2010年合作翻拍了《功夫梦》。《宇宙奇迹》是英国和美国联合制作的一个系列电视科学节目。总之,电影和电视节目的生产已由多国的多个媒体公司合作完成了。

尽管娱乐合作生产是近来才流行的,但这种形式的形成已有至少60年了。李(Lee,2007)注意到"不管是在西方或是东方,不同国家媒体产业之间的合作生产实践都有很长的历史"。第二次世界大战之后,法国和意大利签署了第一份合作生产协议,重建毁于第二次世界大战时的各自国家的电影业。到20世纪60年代中期,很多欧洲国家已经合作生产电影(Guback,1969)。70年代早期,中国香港和台湾地区的媒体公司开始在美国资本的支持下合作生产功夫片。70年代开始,尼日利亚和加纳已经利用旧的帝国主义产业在一起合作生产电影(Diawara,1987)。1980年,印度国家电影发展公司与英国戴菊莺电影公司一起拍摄了电影《甘地》(1982)。1950年到1994间达成的双边合作生产协议超过了66个(Kraidy,2005:101)。从90年代中期到现在,产业贸易报纸和杂志报道了国际电影和电视合作生产的增长趋势。其中一个标题为"全球经济中电视合作生产的兴旺表明合作关系的建立"(Binning,2010)。2007年,"欧洲大多数国家的电影生产中,超过30%是合作生产的"(Morawetz et al,2007:422)。欧盟主要的媒体首都中电影产品的三分之一到二分之一是联合生产的(WTO,2010)。在2006年和2007年,加拿大和中国之间达成了7项故事影片的合作生产项目(引自加拿大中国商业委员会,2008)。2008

年,摩洛哥电影产业发行的电影中的 43% 是合作生产的结果,合作国家包括突尼斯、马里、阿尔及利亚、乍得、埃及、塞内加尔、法国、德国和加拿大(Euromed, 2008)。2011 年的前 6 个月,好莱坞制片商与中国电影合作制片公司的股份合作的申请增长了 30%(Coonan,2011)。

　　跨国合拍有两种类型:股份合制(equity co-productions)与条约合制(treaty co-productions)。股份合制通常出现在美国跨国媒体公司和非美国的本土媒体公司之间。条约合制则出现在非美国国家和本土媒体公司之间,二者依据条约或国际法律协议来规范彼此的关系。"股份合制是两个或多个公司间形成的一种策略性的、暂时性的伙伴关系,由利润最大化的目标驱动,通常没有条约地位资格"(Kraidy,2005:101)。股份合制"不会直接涉入文化政策事务以及国族认同"(Kraidy,2005:101)。条约合制是"在国家政府赞助下缔结的正式合作伙伴关系",集合了"艺术家、技术人员、投资人"和"两国或多国的政府人员"(Kraidy,2005:102)。条约合制属于"国家关系领域里的正式事务",涉及文化政策和国族认同(Kraidy,2005:102)。美国是最大的跨国媒体集团的大本营,但没有和其他国家签署合作生产条约。其他很多国家是本土媒体公司的大本营,拥有同其他国家签订的合作生产条约。

　　尽管美国没有合作生产条约,美国的跨国媒体集团却经常投资其他国家的电影和电视节目生产。如果一个美国跨国媒体公司联合投资了另一个国家的某个电视节目和电影生产,股份合制和合资生产就发生了,其回报通常是娱乐成品的发行权。由于制作高品质的娱乐产品的成本高昂,非美国的本土媒体公司往往寻求美国跨国媒体公司的投资。作为投资交换,跨国媒体公司会拿到电视节目或电影成品的国际发行权(Gulder,2011)。例如,电视剧《闪点行动》就是美国 CBS 集团和加拿大 CTV 合制的电视剧。美国跨国媒体公司和加拿大本土公司股份合制的电视产品还有 CBS/CTV 的《桥》、NBC/CTV 的《读心人》、ABC/Global TV 的《雏鹰展翅》等。2011 年,加拿大娱乐一号制片公司(Entertainment One)从三个公司获得了电视剧《糖衣陷阱》的投资(改编自约翰·格里森姆的小说),这三个公司是加拿大的萧氏传媒(Shaw Media)、美国 NBC 环球公司和美国索尼国际网络。这次合作的结果是娱乐一号公司有了自己生产的高品质电视剧。萧氏传媒的环球电视网拿到加拿大的发行权,美国 NBC 环球拿到美国的发行权,索尼娱乐的 Axion 公司拿到了其他 125 个国家的发行权(Krashinsky,2011)。新闻集团的福克斯国际公司为 AMC 的电视剧《行尸走肉》提供了资金,作为回报,福克斯国际公司拿到了这部热门电视剧的全球发行权。股份合制为制片公司注入资金,于是制片公司们可以生产高价值的电视节目;投资实体则得到发行权,并通过他们拥有的媒体平台传播流通。

　　通过股份合制,美国的跨国媒体公司和非美国的本土媒体公司通常能形成较友好的关系;通过条约合制,美国以外的国家和本土媒体公司共同在经济和文化上对抗美国跨国媒体公司的全球主导权。条约合制发生在两个或多个不同国家的媒体公司之间,媒体公司之间彼此合作,利用东道国的资金支持来共同生产娱乐产品。很多国家共享合作生产条约。从 1986 年开始,澳大利亚已经和条约伙伴国家共同生产了 131 部电影和电视节目,这些国家包括英国、加拿大、意大利、新西兰、爱尔兰、德国、中国、新加坡、南非等。1992 年,欧洲电影合作公约正式签署,为欧洲国家间 50 多个合作生产条约的缔结铺平了道路。加拿大也和 50 多个国家签署了合作条约。南非则和加拿大、意大利、德国、法国、澳大利亚、新西兰签署了合作条约。韩国和法国、新西兰签署了合作条约。新西兰首相约翰·基(John Key)说:"印度是该地区快速崛起的参与者,我们希望建立强大的文化和经济联系[……]这份协议也会给新西兰、印度合拍电影的投资人以强大的信心。"(引自 Goundry,2011)从 2011 年开始,俄罗斯电影基金(RCF)——年预算达 8830 万美元的国家基金——已经设法和其他一些国家签订了合作生产条约;2012 年该基金就和德国签订了一项协议(Wiseman,2011)。

合作生产条约指的是"官方的协议,由两国或多国政府签订,为合作生产娱乐项目设定规则,使其具有各国补贴和配额的资格"(Miller et al.,2005)。一项合作生产条约是一个基础的法律框架,为合作生产项目设立规则,管理所有参与项目的本土媒体公司的创意及商业生产行为。合作生产条约的具体细节会有所不同,条约一般会保证参与方之间共享创意、资金、技术等资源。合作生产条约产生于互惠的概念。这种方式鼓励了参与方之间平衡的、对称的资金及创意的交换。条约会涵盖娱乐生产的多个方面,如概念发展(谁写剧本?)、投资(每个国家和公司给项目投多少钱?)、制作(电影或电视节目在哪拍摄?声效在哪完成?后期在哪制作?)、发行(各国媒体公司共享成品的发行权吗?在哪个国家市场?)、劳动分工(导演是谁?选哪国的明星?每个国家雇用多少工作人员?)、拍摄地(在哪个国家或地方取景?哪个地方适合做影片背景地?)、语言(电影或电视节目用哪国语言?)。如果参与公司接受并达到合作条款的要求,就能获得"国家地位",从而保证参与方得到自己国家和东道主国家的支持。只要参与公司遵守合作条约的条款,参与公司就获得"国家地位",同时获得国家补贴、税收优惠等的机会。

本土媒体公司积极参与条约合制的背后是强大的经济驱动(Hoskins and FcFadyen,1993)。第一,合作条约让两个或多个媒体公司共享金融资源,从而跟跨国媒体公司的资金不相上下。本土媒体公司通常没有必要的资金来生产高品质的电视节目或电影,进而处于竞争劣势。条约合制建立另一种共同投资的协定,每个参与者都能从中受益。第二,合作生产条约使得本土媒体公司有机会拿到至少两个国家的投资,只有本土媒体公司的娱乐产品被视作各国的"本土内容"。国家补贴(直接的或间接的)帮助参与公司减少生产成本。第三,合作生产条约允许参与公司进入他国市场,通过建立双边发行链接,以及理解本土观众的特点。第四,合作生产条约使得本土媒体公司有机会"文化接近"第三国市场。例如,很多欧洲国家的媒体公司和加拿大合作生产电视节目和电影,是因为这些国家的媒体公司想进入美国市场。合作生产条约给线上文化工人和线下文化工人交流学习的机会。通过合作,各方主动分享传递了创意、协作、技术等。第五,合作生产条约是本土媒体公司一种重要的降低风险的策略。他们将制作产品的风险分散到了多个国家和公司身上。合作生产条约给参与方提供了更廉价的劳动力。第七,条约合作生产给本土媒体公司提供了有吸引力的电影拍摄地。

当媒体公司利用条约合制打开了经济机会,国家政府通过支持这些条约实现了经济目标和媒体政策目标(Jaeckel,2001)。塞尔兹尼克(Selznick,2008)认为,政府将条约合制视作"提升本国的媒体产业(允许国家支持大预算制作)和本国文化"的一种途径(6)。提到 GDP,政策制定者就说条约合制有利于国家文化产业,能让本国成长为国际性的竞争者。在这方面,国家使用条约合制来发展媒体首都(Jaeckel,2001:155)。合作生产吸引了国外直接投资(FDI),将金融风险分散至多个媒体公司,为文化劳动者提供工作机会,吸引旅游人群,刺激创意产业集群,为合作的媒体公司提供国际市场的发行网络。热心于保护并促进本国文化的政策制定者们将条约合制看成是激发本国文化产业制作高品质产品的手段,这些产品能反映本土的文化。

⇨案例 4.4　作为跨国合拍领导者的加拿大

加拿大是世界上跨国合拍的领导者之一。加拿大首个合作生产条约是在 1963 年同法国签订的。现在,加拿大与 50 多个国家签订了合作生产条约。在过去十年间,加拿大已和其他 50 多个国家共同合作生产了近 800 部电影和电视节目,这些国家包括英国、法国、德国、澳大利亚、墨西哥、爱尔兰、丹麦、波兰、印度、中国、希腊和南非等。2008 年,加拿大共运作了 44 个电视节目生产项目和 14 部电影项目。最近的合作生产项目包括:《巴尼正传》《人工进化》《寂静岭》《都铎王朝》。

加拿大文化遗产部的影视管理局管理合作生产的申请手续,以及合作生产协议的条款和条件。影视管理局对于视听合作生产的阐述如下:合作生产协议让加拿大和外国制作方可以合作经营创意、艺术、技术和金融资源,从而共同生产电影和电视节目,并获得各自国家的本国身份。这些协议给制作方提供更多的资金、更大的市场,可以降低高成本带来的风险。这些双边协议也有助于加强各国的视听产业,强化文化部门的国际合作,提升加拿大文化的海外影响力。

加拿大跨国合拍行为平均每年贡献了 53500 万美元的产值;加拿大人将合作生产当成经济发展战略,一种向国人展示文化的方式,提升加拿大文化产品国际性影响的途径。

相关合作方会针对条约合制进行经济、政治、文化等方面的协商。制作一个电视节目或电影要流转于至少两个国家，这样的过程比较有挑战性。条约合制迫使本土媒体公司要考虑两个或多个国家观众的品位，并据此生产娱乐产品。本土媒体公司要协调不同国家的文化工人一起工作，这个过程也比较有挑战性。与此同时，已制成的娱乐产品要适合在两国或多国传播或放映，这意味着产品必须达到这些国家的媒体政策要求。这是比较难的，因为两个国家都有各自的媒体政策框架（见第三章）。有些国家支持高度商业化品牌的内容，有些国家则会禁止展示这些内容。有些国家禁止黄金时段播出含裸露镜头的内容；有些国家则可以播放。所有参与合作生产的本土媒体公司都努力生产符合合作国政策的娱乐产品。由于这些原因及其他多种原因，合作生产条约下的国际娱乐生产是困难的。

⇨ 案例 4.5　国际合拍电影：《通天塔》(2006)，《月光集市到中国》(2009)，《第九区》(2009)

李（Lee，2007）说："传媒产业从本国生产到跨国生产模式的转变重构了产业运营形态，改变了最终产品的文本品质。"（6－7）合作生产如何改变了娱乐产品的文本形态？跨国合拍会创制什么样的文本？

一些合作生产的媒体产品文本表达了一种后民族的、世界主义的、混合的文化，这种文化将多个不同国家的文化所指、类型和形象等杂糅在了一起。李（Lee，2007）认为，"合作生产类似于，且很好地反映了世界中更大范围的国家之间、人与人之间的互动"，推动"人们跨越界限、空间、意识形态去思考，从而将整个世界联结成了想象的共同体"。（7）更进一步说，合作生产的电影和电视节目"带来了文化的混合，在这种混合中，我们见证了人类经验的普遍性与特殊性的共存，见证了历史和现代的共在"（Lee，2007：7）。最乐观地看，合作生产电影和电视节目再现了全球和地方、外国和本国、国内和国际之间的空间间隙，鼓励人们更深入地理解自己和他人。

电影《通天塔》(2006)就是例证。这是一部股份合制的影片，合作公司来自多个国家：派拉蒙影业、泽塔影业（墨西哥）、中央影业（法国）。线下工作者（below the line workers）来自日本、摩洛哥、墨西哥以及其他地区。《通天塔》拍摄于很多城市：东京、茨城、栃木（日本）；卡萨布兰卡市、瓦尔扎扎特（摩洛哥）；索诺拉省、提华纳（墨西哥）；圣地亚哥、圣易西铎（美国加州）。电影包含了多种语言：英语、阿拉伯语、西班牙语、俄语等。电影主演也是国际性的：布拉德·皮特（美国）、凯特·布兰切特（澳大利亚）、哈丽特·瓦尔特（英国）、克劳丁（摩洛哥）、艾德里安娜·巴拉扎（墨西哥）、菊地凛子（日本）。《通天塔》是多重叙事的电影，展现了多个地域、时区和体验。电影展示了人们所生存的彼此依赖但并不平等的世界体系，强调了人们的相似和差异、联系和区别，试图平衡特殊性和普遍性（Smith，2010）。批判性地说，《通天塔》传达了不同世界之间及世界内部的复杂联系，既是具体的又是想象的。最有意思的合作生产的娱乐媒体产品传递了两国、三国及多国的经历和美学，动摇了假定的国别自然性，展现了当代世界的复杂联系和文化差异。

　　从最坏的角度说，合作生产导致影视产品追求"文化趣味的最低公分母，很少希望获得广泛的社会、政治回应"（Halle，2002：33）。在欧洲环境中，合作生产的娱乐产品被轻蔑地称为"欧洲布丁"（Selznick，2008：23 - 24）。导演、演员、场景、类型、文化元素等不断混杂、融合，人们开始担心本土的、民族的独特性、本真性将被侵蚀（Betz'，2001；Laborde Perrot，2000：106）。蒂尼奇（2003）认为合作生产的文本有时传达了一种"生产形式的大杂烩"，试图"描绘所有国家的文化元素，却没有反映出任何一个元素"（183）。这些产品将很多不同的文化元素杂糅在一起，试图取悦每个人，但是最终没有人与之产生共鸣。其结果是很难理解的（Halle，2002）。布丁、大杂烩、混合的电视节目和电影代表了一种后现代的通俗文化全球混杂的刻板印象。

　　《月光集市到中国》（2009）就是一个合作生产的文化布丁文本，没能取悦投资人和观众。这部动作喜剧冒险歌舞影片由好莱坞和宝莱坞联合制作。由美国华纳兄弟影业、印度 R. S. 娱乐公司、人民树影业、洋葱影业联合投资制作。电影拍摄于泰国、印度和中国。导演来自宝莱坞，明星演员则来自印度和中国。影片语言是英语，投资为 1200 万美元。影片全球收入是 1350 万美元，投资人只赚得 150 万美元。影片受到批评家和观众的严厉批评。互联网电影数据库给这部影片的评分是 4.2，烂番茄网的评价是 44％。《印度斯坦时报》的评论家哈利德·穆罕默德（2009）说这部影片是"太多蚂蚁毁了一锅汤"的例子。《印度时代周刊》的 Nkhat Kazmi 认为"这部电影 IQ、EQ 都低，叙事散漫不连贯，角色之间没有什么情感联系"。《费城询问报》的史蒂文·雷（2009）认为"这部影片是三十分钟的傻瓜娱乐，两个小时的痛苦挣扎"。消极的评论将《月光集市到中国》视为不受欢迎的文化混杂品。

　　最成功的合拍影视作品都避免涉及具体的民族文化。合拍娱乐产品的文化价值总是根据现实主义审美标准来评判，这种标准更倾向再现特殊的/普遍的经验，以及（或者）本国的/跨国的特征。然而，本土媒体公司明白合拍的娱乐产品如果过于大胆地突出某种文化特征或者融合了两种或多种文化特征，就会降低产品潜在的国际性收益和影响力。为了避免文化折扣和文化布丁效果，本土媒体公司合拍的娱乐产品会刻意避免民族文化和混合文化的现实展示。他们制作观众能够识别或者喜欢的文化产品，而会让观众忽略自己的国族身份。在这样的背景下，科幻类的电视节目及电影成为合拍片的理想选择，因为这些内容不会"紧密联系特定国家的社会、政治及语言经验"（Tinic，2010：100）。科幻类型的故事适合跨国合拍贸易

(Cornea,2007;Selznick,2008:35;Shimpach,2005)。

《第九区》(2009)是国家合拍的科幻电影的最佳案例。这部影片是由加拿大、新西兰、南非等国的媒体公司合拍的。参与制作的工作人员来自美国、加拿大、新西兰、南非。电影的导演、编剧、剪辑、配乐分别是尼尔·布洛姆坎普、特丽·塔歇尔、茉莉亚·克拉克、克林顿·肖特。电影的监制是新西兰的全球好莱坞的偶像彼得·杰克森。电影拍摄地位于南非索维托的一个贫民窟,是一个"参差不齐的景象,散落着碎石、烂水坑、摇摇晃晃的水泥房子或者铁罐房子"(Smith,2009)。和《贫民窟的百万富翁》类似,《第九区》也额外拍摄了几个贫民窟的居民。这些人没有基本收入,进不了影院,可能他们永远也看不了自己的表演。电影也选了几个南非的演员。《第九区》的发行公司是三星电影公司(位于加州洛杉矶)。三星电影公司属于哥伦比亚影业公司,而后者属于哥伦比亚三星电影集团。这个集团由索尼娱乐控股,而索尼娱乐又是日本索尼集团分公司。《第九区》这部合拍娱乐产品反映了文化劳动的新国际分工以及复杂的国家分层。

《第九区》讲述的是一艘外星飞船降落在南非约翰内斯堡的故事。和其他热门科幻影片的情节(世界大战、独立日、洛杉矶之战)不同,入侵的外星人不想消灭人类、毁灭城市、殖民地球。他们是和平的,人们一开始欢迎他们。然而,政府没能建立跟外星人沟通的方式,没能将他们整合进社会中。政府希望外星人是动物般的二等公民身份,同时将他们迁居至一个叫"第九区"的贫民窟。在那里,他们吃着垃圾,生活贫困。这些"大虾"被残酷对待,让管理者厌烦,他们是媒体道德恐慌、排外情绪和怨恨的来源。最终,政府雇用一个 MUC 公司来迫使这些"大虾"离开第九区,搬至"第十区"。政府想把第九区变成一个资本累积的地方。外星人在反抗过程中与一个人类交上朋友,这个人类试图帮助这些外星人。《第九区》可解读成南非种族隔离的民族寓言,也是新自由资本主义的当代或未来后果的寓言:一个贫民的星球,错落的贫民区里种族——阶层分化,成百上千的人处在绝望、羞辱的生存境况中。正如导演尼尔·布洛姆坎普所说:"我的确认为约翰内斯堡代表了未来。世界未来的样子就如同约翰内斯堡现在这样。"(引自 Smith,2009)作为一部国际合拍的科幻电影,《第九区》能够传达一个民族性、世界性的共鸣故事,没有经受"文化折扣"。

外逃制片和国际股份合制:批评的观点

美国跨国媒体公司和非美国的本土公司之间的国际股份合制和外逃制片有益于还是有害于一个国家的民族娱乐产业、文化工人和"文化"? 蒂尼奇(Tinic,2004)认为这些跨境生产包含了"一个矛盾的过程,有时限制了本国劳动力和资源的投资,有时提供了超越本国生产所必需的资本和经验"(52)。外逃制片和跨国合拍的支持者强调跨国媒体公司和东道国媒体首都之间互惠的权力关系。他们认为这些生产打破了劳动者之间的民族界限,实现了全球—地方的创意合作,形成了经济上的主权娱乐产业,展现了民族文化,有利于后福特式的服务经济。批评这些生产方式的人强调跨国媒体公司和本土"媒体首都"之间非对称的、不平衡的、不公平的权力关系。其他国家的娱乐生产认为,NICL 中的娱乐生产让跨国媒体公司赚取了利润,所有其他国家的媒体首都付出了代价,它们将自己变成独立服务的提供者,弱化或者抹除自身独特文化的呈现,"通过逐底竞争"规训乃至惩罚工会工人,把公共财富转移到私人手上。

最佳状况是,"媒体首都"俘获了从洛杉矶外逃而来的媒体生产项目,提升并将产业集群的容量、网络和技能专业化。"生产服务使得本地团队按产业前沿工艺要求去生产"(Davis and Kay,2010)。通过向跨国公司学习、共事,小型的媒体公司最终能成长为跨国媒体公司的竞争者,随着时间推移逐渐独立于跨国公司。克莱恩(Klein,2004)阐述了这种积极的观点,他认为:

> 也许,我们应当把外包和外逃制片看成一种标志,即外国电影产业最终寻找到一种路径参与到全球好莱坞的工作中。这些外国电影产业不再仅仅是好莱坞电影的消费者、好莱坞人才的无偿供应者,而逐渐成为好莱坞电影的付费制作者。制作好莱坞产品会增强本土电影产业,因为会兴建摄影棚、投资最新的影音技术、完善数字后期设备等,以满足好莱坞的需要。这些投资给本土电影产业带来基础设施资源,本土公司既可以拍摄好莱坞式的电影,也可以拍本土电影。(3)

通过吸引外逃制片的策略,逐渐建立强大的、主导性的民族娱乐产业,这种希望总是被那些持冷静观点的人辩驳。例如约翰逊·耶鲁(Johnson Yale,2008)认为,某个国家通过与全球好莱坞主要制片公司的合作,发展出强大的、民族性的娱乐产业,这样的期望是一种"内嵌的矛盾"(embedded contradiction)(128)。吸引外逃制片强化了还是弱化了本土文化产业? 在世界范围内,这个问题的答案都是各不相同的,经常会引发争议。

媒体首都的繁荣依赖于生产、掌控、开发娱乐产品的版权。外逃制片和股份合制经常将媒体首都整合进全球好莱坞的服务提供商中,但不会成为版权所有者(Davis and Kaye,2010)。媒体首都给跨国媒体公司提供劳动力,但无法从他们生产的产品中获得长期象征性的、资金上的好处。知识产权法将跨国公司视作娱乐产品的作者和所有者。媒体首都没有"向内"关注本土娱乐生产,而是"向外"关注其他争取生产合同的竞争者。对跨国媒体的服务依赖阻碍了本国娱乐生产,"把原来可用于本国生产的资源给了跨国媒体公司"（Davis and Kaye，2010）。媒体首都合作生产的是美国娱乐产品，在世界不同的屏幕上播出。他们不经常生产在本国屏幕放映的本土娱乐产品（Elmer，2002；Gasher，2002；Tinic，2005）。外逃制片也许会提升本土制作能力，但并不会提升控制版权的能力。例如，多伦多以及澳大利亚黄金海岸都是外逃制片的目的地，但这些城市并没有生产、拥有、发行很多本国的娱乐产品。电影《我盛大的希腊婚礼》（2002）就是加拿大和美国股份合作的。电影编剧是加拿大的，主演之一也是加拿大的，但电影并不归加拿大公司所有。电影版权拥有人是 HBO、金环影业、MPH 公司。

媒体首都和全球跨国媒体公司合作生产了很多娱乐产品。这些产品中的大部分都没有表现拍摄地的本土特点或民族特色。事实上，外逃制片和合作制片将本土地点转化成了美国城市。埃尔默（Elmer，2002）将这种特点称为"替身"效果（body-double effect）："随着影视产业竞争加剧，我只能假定使用'替身'景观地的状况会增加——用便宜的地方代替贵的地方。"（431）非美国城市往往是"面貌模糊、报酬微薄的美国景观的替身"（Elmer，2002：431）。这些城市向跨国媒体公司积极推销自己，作为故事背景地为美国观众讲述美国的城市和文化（Gasher，2002）。在 NICL 中，很多城市强调自己没有辨识性，以此来吸引外逃制片。那些没有特别像世界上某个地方的城市、很容易拍成任何地方的城市（大部分能拍成美国的样子），对于跨国公司来说很有吸引力。没有个性已经成为某个特定地域的卖点。正如斯科特和蒲伯（Scott and Pope，2007）所说：**国外拍摄地制片实际上保证了地域匿名性，国外拍摄地因此不再是可感触的特别的地方，比如像那些特点突出、文化卓越的城市，像洛杉矶、巴黎或纽约。**

蒂尼奇（Tinic，2005）还认为与美国的合作生产不会带来更好的地域特征或国家的媒体呈现。他们建立了国家文化产业的服务部门，国家文化政策对其全力支持，但矛盾的是他们制作的电视节目和电影讲述的是其他地方和其他人，或者讲的故事根本不涉及某个具体地方和人。文化政策的建立是为了控制所谓的美国化威胁，而实际上却培育了文本式的美国化。与跨国媒体公司合作的跨境生产通常生产的是代表美国的娱乐产品。通过合作生产政策，"其他国家的电影产业几乎都建立在回应外部控制的产业政策之上，现在很可能讽刺性地使那种主导性成为可能"（Miller et al.，2004：139）。很多美国跨国媒体公司和非美国的本土媒体公司之间的娱乐合作生产并不能代表本土的、民族的文化、地域、人民或主题。

本土媒体首都转换成美国城市的娱乐形象是不是美国文化帝国主义的象征呢？替身现象表现了美国跨国媒体公司的异常能力，它们能够占领、占用、重塑其他国家的景观，使其成为美国的样子。但是，"强大的"美国跨国媒体公司不会故意将替身城市排除在拍摄之外，或者主导"弱小的"非美国的特定文化（尽管这可能是最终结果）。的确，"替身"抹灭了地域文化特色，但是这种产业实践背后并不存在美国和其他国家间的强制性的政治权力关系。非美国媒体首都的政府管理者、商业领袖、文化工人们出于战略经济的考虑,愿意将自己的城市转换成美国城市的样子。他们似乎更关心钱,而不太关心他们本土文化的完整性。进一步说,美国城市也是替身。公司执行官想象世界各地都能生产娱乐产品。"世界任何地方"——包括美国城市——都可以打扮成酷似某个其他地方的样子。跨国媒体公司不仅把美国之外的地方转变成美国的故事拍摄地,而且将美国本土的拍摄地转变成外国的某个地方。在电影《改朝换代》(2007)中,菲尼克斯马里科帕郡议会、亚利桑那州立大学理工学院校区、亚利桑那沙漠等都被转化成了沙特阿拉伯——拥有丰富石油的美国的专制盟友。

在 NICL 中,所有国家都会成为其他国家的替身。替身迅速成为普遍的产业实践。文化民族主义者对此感到担忧,他们相信国家独特的地域特征被稀释了或消除了。作为对策,一些文化政策推出了。例如,蒂尼奇(Tinic,2005)就认为,加拿大的内容管理规范需要"规定故事(外逃电视制片策划的)必须吸收国内拍摄地的社会文化特征。简单地说,'拍摄地'必须被承认,而不是为了满足'国家'的需要而被抹除"(161 - 162)。威克斯(Weeks,2010)认为外逃至加拿大及其他地方的制片不仅让加拿大观众和其他国家观众无法欣赏不同娱乐特色和独特地域景象,而且也扭曲了美国的"真实性":

> 通过在电影中选择性地呈现美国的城市、乡镇,好莱坞重塑了美国的样子。其结果是,出现在大小屏幕上的美国人不再一定是真实的美国人,这样的电影让人们迷惑甚至感到幻灭。(100)

对于威克斯来说(Weeks,2010),替身对于每个人来说都不好:"当这些重要的视觉文化产品不再真实地反映美国人、加拿大人生活的环境时,这两个社会都会受到严重损害。"(101)

案例 4.6 多伦多作为无地域特征的替身

多伦多(位于加拿大安大略省)是一个"替身"城市。因为洛杉矶的外逃制片落地于此,多伦多在娱乐产品中通常不表现为其原本的样子。多伦多在多部影片中充当了芝加哥:《我们的美国》(2001)、《芝加哥》(2002)、《反恐行动》(2004)、《年度人物》(2006)、《亡灵召唤》(2006)、《日光下的葡萄干》(2006)、《时光旅行者的妻子》(2007)。

在《五角大楼》(2002)和《好莱坞女新人的自白》(2007)中,多伦多代表了洛杉矶;在电视剧《神探阿蒙》(2002)中则代表了旧金山。《发胶》(2006)的故事场景设置在马里兰巴尔的摩,但在多伦多拍摄。在《血溅13号警署》(2004)和《四兄弟》(2005)中多伦多是底特律的替身。在《暴力史》(2005)和《死亡日记》(2006)中多伦多是费城;在《活死人之地》(2004)中则是匹兹堡。在《美国炸炮》(2001)、《寻宝奇遇》(2003)、《鬼水怪谈》(2004)、《要钱不要命》(2005)、《通往911之路》(2005)、《心灵传输者》(2006)、《回声》(2007)、《无敌浩克》(2007)、《灰色花园》(2007)等影片中,多伦多市扮演了纽约。从1996年到2006年,在外逃至多伦多的600多个娱乐产品中,多伦多市"成为自己"的比例只有5%。而在剩余的95%的产品中,多伦多则扮演了其他34个地区的特定地方,特别是美国(Davis and Kaye,2010)。在2001年至2007年间,多伦多成了美国制片公司的选择,拍摄了200多个娱乐产品;而其中仅20项将多伦多呈现为多伦多。只有《迪格拉丝中学:下一代》(2001—2006)很出名,但它是合作生产项目,而不是离岸生产项目。多伦多的特点就是一个无地域特征的替身,而且多伦多影视局完全认可这一点,影视局的网站介绍上说:"多样的场景能满足你的剧本要求;多伦多是纽约、波士顿、华盛顿、芝加哥和其他美国城市的替代者。"

认为替身化娱乐生产对社会有害,持这类观点的批评家如威克斯等,都假定确切而真实反映特定国家地域特征的娱乐产品是对社会有益的。"民族文化"是一个有疑问的概念(如第三章讨论所说)。观众们期待、想要娱乐产品提供确切而真实的国家地域景象吗?观看此类影像究竟能获得什么益处?媒介研究(101)教导学生说,娱乐产品并不"反映"现实,而是部分地、选择性地建构现实。对于替身的批评似乎相信娱乐产品能够反映确切而真实的国家地域。进一步说,他们建议全球娱乐产品应该把特定国家地域确切而真实地反映给观众。于是关于娱乐产品品质的价值判断形成了:领土现实主义是道德标准。关于娱乐产品目的是什么,人们默认的观点就是民族主义的想象。因此,像《法律与秩序》这类电视节目就是"好的",因为故事发生在纽约,拍摄于纽约。美国人在节目中看到了他们自己,看到城市的真实生活。而那些讲述纽约却拍摄于外地的电视节目就是"坏的"。"好"电视节目不会以陌生地点来迷惑观众,"坏"节目则会这么做。

我们将这种争论进一步展开。惊奇娱乐公司制作的动作片《无敌浩克》(2007)将故事设定在纽约,但制作于多伦多。多伦多很多场景被假扮成了纽约,如多伦多大学、居民区、央街。浩克和坏蛋之间的一场史诗性的打斗场景发生在曼哈顿,但这一情节是在央街拍摄完成。录音员山姆、大片披萨店、桑给巴尔岛的脱衣舞俱乐部等都出现在了影片中。多伦多人不会被这种假扮所愚弄。纽约人也可能知道打斗的背景不是在曼哈顿。但是替身的批评者可能会攻击场景"不真实",并认为这"伤害"了多伦多和纽约观众。依据这种逻辑,《无敌浩克》就是一部坏电影,因为它没有真实反映曼哈顿,而理应如实反映。可是,加拿大和美国的电影观众可能不会因为电影声称突出了曼哈顿的动作场景而攻击这部电影，而可能因为他们是漫画迷，或者电视广告激起他们想看电脑特效场景的欲望。

不过，关于替身化的批评提到了很重要的一点，即歪曲呈现独特文化和特定地域可能会带来消极后果。两个和多个非美国的国家之间进行的合作生产也会抹去独特的地方、民族文化（Davis and Nadler，2009；Tinic，2005）。合作生产的媒体公司希望制作的影视产品能够畅销世界，因此往往会忽视展现参与国的特色，抹除每个参与国独特的地理和文化特征。犯罪惊悚片《巨塔杀机》（2007）由加拿大和英国合拍，受到了一系列批评。该片受到加拿大影视局的支持，讲述了发生在伦敦的一个俄国歹徒的故事，片中没有独特的"加拿大"元素。电影《人兽杂交》（2009）是加拿大和法国合拍的科幻恐怖片，讲述了一对年轻科学家将人类和动物的 DNA 杂交的故事。这部影片受到加拿大影视局资助，拍摄于多伦多和汉密尔顿，但在片中这些城市都是无地域特色的。2005 年，加拿大联合投资了电影《美国战士》，这是一部加拿大和英国合作的低成本的影片。电影讲述了 2004 年美国战士在伊拉克的一次袭击后打击"恐怖主义叛乱"的故事。该片拍摄于加拿大汉密尔顿，而片中这个地方被装扮成了饱经战火摧残的伊拉克。在电影中，加拿大成为美国争议性入侵其他国家的故事舞台！这些案例突出展现了合作贸易中文化优先权和经济优先权之间的"核心张力"：娱乐产品如果太地方化、区域化、国家化就无法走得很远；而娱乐产品很努力地闯进了美国及其他多国市场就很可能会牺牲地方和民族的独特性。在合作生产中，经济利益通常都会胜过文化目标（Tinic，2005）。

讨论娱乐产品中地域呈现的文化政治是重要的，但生产这些娱乐产品的文化劳动者很少讨论这些。对于他们来说找到一份工作比电影中的领土现实主义或民族特性的呈现更加重要。外逃制片可能无益于建立强大的娱乐产业或呈现"真实的"民族景象，但它们确实为东道国的工人们创造了工作机会。美国工人丢了工作，而其他国家技能相当的工人得到了工作。产生"新"的创意工作会被认为是好的。在艰难的经济环境下，文化劳动者需要工作，不是吗？外逃制片还带来了"连锁反应"，刺激了当地经济，给媒体首都带来繁荣景象，创造了宾馆、酒店和其他服务部门的工作岗位。外逃制片的确创造了工作机会，但文化产业和服务行业中工作岗位数量的增加无法给我们展现这些工作岗位的质量如何。外逃制片雇用的理想化"创意阶层"的可能只是过度雇用的"不稳定型无产者"阶层（Ross，2008）。

随着福特主义向后福特主义政权转变，新自由主义统治、联盟的解体、新的管理策略的形成，文化产业工作众所周知地变得更灵活、偶然和不确定（Gill and Pratt，2008；Huws，2003，2007；Milleer，2010；Neff，Wissinger and Zukin，2005；Toss，2004，2008，2009；Ursell，2000）。从洛杉矶外逃的相关工作也是一样，它们并没有给文化劳动者提供长期的、稳定的、高待遇的职业工作。外逃制片依赖的是暂时的、合同制的工作。当某个项目外逃到了某个媒体首都，项目方就可能雇用文化工人。当工人们完成工作后,他们的合作随之终止。文化工人从一个合同转至另一个合同,可能会增强一些自力更生、自我管理的意识,但是,长期看来,合同制的工作客观上是剥夺权利的过程。年轻的文化工作者们作为实习生将自己的技能"赠送"给媒体公司,希望可以保证一份并不十分物质化的全职工作。文化工人在耐心等待工作机会或者履行合约的同时,也会在咖啡店或零售店做些最低工资的工作。当这些理想化的合同很难具体化时,文化工人就会系统性地失业,生活要靠刷信用卡或家里人的资助。不安全感成为惯常。为了应对这些剥削性条件,文化劳动者会寻求工会帮助。但外逃制片不是联合的、激进的文化工人的朋友。事实上,为了吸引外逃制片,文化工人不希望形成工会(拒绝工会以及集体谈判),希望更有竞争力(接受低工资、变得更灵活)。与此同时,跨国媒体公司控制了投资和发行,它们把相关工作离岸外包给其他制片公司,迫使这些公司降低成本。这就加剧了对工人的剥削(他们做得更多、用时更少、报酬更低)。外逃制片由跨国媒体公司管理,形成了文化产业中临时的、往往低报酬的工作,而不是长期的、高报酬的职业化工作。

外逃制片不一定能建立一个强大的民族娱乐产业或者创造好的工作岗位。这就导致了很多问题,特别是关于国家给全球好莱坞提供的补贴的净利润问题。马克思主义者可能会认为国家给好莱坞提供补贴是一种"剥夺式积累"行为,通过这种方式公共财富私有化了(Harvey,2005)。新自由主义者认为国家通过税收积累公共财富,然后剥夺这些财富,将其有效地转移到生产娱乐产品的跨国媒体公司个人手中。公民部分投资了娱乐生产项目,但是并不能控制项目运作,也无法分享项目利润。公共财富通过"涓滴效应"(trickles down)渗入组织民主化、所有权公共化的媒体体系中,但是却"逆流"到跨国媒体公司。紧缩政策时期推行的是削减预算、降低政府支出、减少公共服务等政策,财政保守派可能会认为补贴外逃制片是浪费钱。在很多国家,市民、商人、工人和政策制定人都争论全球好莱坞补贴问题。新西兰给高票房影片的补贴,如《指环王》(2001—2003)、《霍比特人》(2012),都引发了政治上的矛盾。很多人认为补贴这些彼得·杰克森的电影对于发展新西兰文化产业是必要的。其他一些人则认为分配给这些巨额预算电影的亿万美元会让国家破产(Chai,2010)。

当全球好莱坞将更多的媒体首都整合成一体后,可能会出现更多关于补贴价值的争论。市民应该参与到资源分配的公共讨论中来。目前,国家给跨国媒体公司补贴,不是因为市民自由对话形成的民主合意给了政府相应的合理性去这么做,而是国家害怕不这么做所带来的后果。很多国家认为整合进全球好莱坞的娱乐投资、制作、发行是与其他国家竞争的先决条件,"进入联结"是经济衰弱的处方。与全球好莱坞整合的无意后果是国家间的"逐底竞争",甚至发生在世界上经济、文化最"强大"的国家之间。其模式如下:NICL条件下,某个兴起的媒体首都给跨国媒体公司提供了比洛杉矶更低的工资、更高的补贴(比如多伦多、渥太华)。跨国媒体公司为了寻求折扣,暂时迁移至这个媒体首都,拍摄电视节目或电影,有效地雇用工人、获得补贴。更多的媒体首都涌现出来,试图超过第一个吸引跨国媒体公司的媒体首都,给它们提供更低廉的人力资源、更高的补贴(如黄金海岸、伦敦)。跨国媒体公司又转移了,搬到最新的"价值更高"的地方。之后,更多媒体首都出现了,它们"增加筹码",提供更低廉的劳动力、更高的补贴(如荷兰、新西兰、匈牙利、南非等国家的城市)。由于税收减少、工作机会减少,加州政府给制作公司提供更多补贴,并与那些"拉走"好莱坞资本的国家一较高下。这种模式自我重复、不断往复,直到 NICL 条件下每个媒体首都都整合进了全球好莱坞之中,每一个都受跨国公司的掌控。

　　这种"逐底竞争"越来越普遍。某些国家力图胜过其他国家,某些城市则和别的城市竞争,试图提供别的城市更低薪资的工作。执政党——保守派或自由派——就这样将"竞争力"内化成"常识"。通过不断运作相应管理机构和文化部门,国家成为保持"竞争力"附加值的地方。只因为跨国媒体公司"投资"到这个国家,因其最符合公司的利益追求,国家就以工作权、民主权为代价跟跨国公司达成交易。跨国媒体公司"既规训了劳动者,也规训了政府。政府为了应对投资下降的可能而勉强施行新的收税、约束和劳动政策"(Miller et al.,2005:52)。很明显,外逃制片业服务于跨国媒体公司的利润追求。NICL 条件下,国家内、国家间对外逃制片的竞争可以让跨国媒体公司"降低成本、提供灵活性、进入新的市场、将(投资)风险转移到较弱的参与方,与此同时,仍然控制着关键的创意、投资、发行、营销决策,还是跟在好莱坞一样"(Davis and Kaye,2010)。大的决策——包括投资、营销、拍摄等通常还是在洛杉矶完成,形成这些决策的跨国媒体公司不再依附洛杉矶这个地域或这里的工作者。

案例 4.7　布拉格的逐底竞争

　　随着 1989 年天鹅绒革命以及苏联的坍塌,捷克共和国将公有的布兰德制片厂私有化了,向外国投资开放了本国媒体市场。以布拉格为中心的媒体精英和好莱坞制片公司形成了联盟。布拉格获得了很多"外逃制片"项目,包括:《碟中谍》(1996)、《谍影重重》(2002)、《天降奇兵》(2003)、《异形大战铁血战士》(2004)、《地狱男爵》(2004)、《魔术师》(2005)、《007:大战皇家赌场》(2006)、《生死新纪元》(2008)、《纳尼亚传奇》(2009)、《通缉令》(2009)、《特种部队:眼镜蛇的崛起》(2009)。

　　跨国媒体公司在布拉格拍摄这些电影有很多原因。制片公司利用了布拉格非工会化的、低报酬的工人资源,减少了制作成本(Davidson,2007)。布拉格的制景费用是美国的一半。捷克临时演员要 30 美元一天,而美国临时演员要 100~150 美元一天。制片公司使用捷克的制片配套服务,包括布兰德制片厂、牛奶和蜂蜜制片厂、史帝金制片厂等。它们也会向政府部门租用捷克部分特色景点作为"自然的"拍摄地(如古城堡、特色建筑等)(Green,2003)。现金汇率也吸引着美国制片公司。在较短的一个时期内,布拉格的文化产业靠吸引外逃制片项目发展起来了。很多记者甚至将布拉格称为"东方好莱坞"(Toumarkine,2004)。

到 2008 年,"东方好莱坞"遭遇到来自其他东欧国家,甚至西方部分国家的激烈的竞争。"布拉格的声音已经降温了。"捷克电影委员会的卢德米拉说。"对于外国电影制作而言,2008 年是很糟糕的一年,甚至会是很长一段时间中最糟糕的一年。"(Holdsworth,2009)。捷克文化部的报告称,总体而言,自 2004 年到 2010 年,从洛杉矶转移至布拉格的制片项目不断减少(Tizard,2010)。原因是什么呢?捷克共和国给全球好莱坞提供了廉价劳动力、制片配套项目、优美的环境、合适的汇率,但这并不够。跨国媒体公司还想要补贴,而捷克政府并未提供。因此,好莱坞制片公司飞离布拉格,降落在其他国家,比如说匈牙利,这里提供了更多的补贴。捷克政府担心经济下行,听从了"布拉格产业委员会"的建议(给好莱坞提供十年以上的返还现金政策),"给符合文化标准及其他条件的电影制片商 20% 的投资返还"(Tizard,2010)。2011 年,捷克电影委员会和捷克外交官卡雷尔领衔的政府代表团一起飞抵洛杉矶。在那里,卡雷尔会见了跨国媒体公司负责人,商议新的税费折扣。随着越来越多的国家提供"竞争性"补贴,有"东方好莱坞"之称的布拉格这颗星星可能要开始暗淡了。

政治及话语策略将全球好莱坞打造成美国的"大本营"

外逃制片威胁到了好莱坞的竞争主导权吗?这个问题的答案取决于回答问题的人以及他们对好莱坞的定义。如果将"好莱坞"定义成少数几个跨国媒体公司,那么好莱坞比之前任何时候都强。从 2001 年到 2008 年,好莱坞主要制片厂获得了空前的利润。2007 年,好莱坞国内票房是 96.3 亿美元,而好莱坞同期全球票房达到历史最高值的 267.2 亿美元(引自院线市场统计,2007:2)。韦恩(Wayne,2003)注意到,"事实上,在过去 25 年间,世界上几乎每个国家都增加了好莱坞影片的进口量"(90)。海外制片让好莱坞的股权人和 CEO 们收获颇丰;同时,他们的主导权却并未下降。当好莱坞被定义成洛杉矶和南加州的媒体首都带时,它一直都是集中的权力方,"是大部分娱乐投资、交易、营销、前后期制作的中心"(Curtin,2003;Pope and Scott,2007;Scott,2004a;Ward and O'Regan,2007)。娱乐项目到海外做了,但这并不意味着洛杉矶终结了自己最大、最强媒体首都的地位。大部分娱乐项目的高层管理控制依然是在洛杉矶——这个全球好莱坞的核心地域。

　　洛杉矶的文化劳动者却描述另一番境况。娱乐制片项目转移至遥远的媒体首都后，文化工人们就开始面临一个艰难的经济时刻。美国媒体工会、商会、地方政府官员等都担心外逃制片侵蚀了好莱坞的产业基础。很多报道描述了洛杉矶好莱坞的衰落、空洞化甚至最终的倾塌。娱乐产业数据与研究中心（CEIDR）的一份报告名为"从美国转移至加拿大电影制片及 2011 年之后"，报告指出美国"正处在急切的危险中，声名卓著的电影产业正遭受着永久性的、不可挽回的破坏"。报告要求商业部通过 WTO 采取措施以对抗"反竞争性"的国家补贴。梅肯研究所 2010年的一份研究报告名为"电影航班：失去的电影项目及其对加州的经济冲击"，报告中讲述了自 1997 年以来从洛杉矶外逃至其他媒体首都的制片项目已经让加州"丢失"了 10600 个娱乐产业工作，超过 25500 个相关工作，24 亿元的工作收入，42 亿美元的经济产值。不论是全部还是部分在加州摄制完成的娱乐项目数量已经锐减，从 2000 年的 272 项滑落至 2008 年的 160 项；加州在北美娱乐产业就业率中所占的比重也下降了，从 1997 年的 40％下降到 2008 年的 37.4％（McNary，2010）。梅肯研究所给出的问题解决方案是给跨国媒体公司增加补贴和税收优惠，从而希望它们留在好莱坞（McNary，2010）。最近形成的"将好莱坞带回家的基础项目"甚至提议给现存五年的 5 亿美元税收项目注资，给跨国媒体公司减税等，从而抑制制片项目从洛杉矶转移至其他媒体首都（Carinacas，2010）。目前好莱坞已经很明显地和自己竞争了。

　　娱乐产业数据与研究中心（CEIDR）以及梅肯研究所的报告强调了现实问题。外逃制片的确减少了洛杉矶线下文化工人的工作岗位数量。外逃制片也逼迫着美国文化工人更具竞争力，在这样的背景下，意味着工作更努力，工资更低廉，期待更简单，向雇主提供更灵活的工作形态，就像那些其他国家没有工会的文化工人那样。每个报告都提出了政策方案以解决这一问题，但是都包含着一种有限的、典型的新自由主义式的对世界的理解。CEIDR 的报告提议美国政府强化"自由贸易"法律，消除外国政府"反竞争性的""违反贸易规则的"补贴体系。这种策略试图剥夺非美国国家保护、提升本国文化产业的自主权，最终让他们敞开市场、由跨国媒体公司掌控。梅肯研究所的报告要求美国政府为跨国媒体公司提供补贴和税收减免，从而在 NICL（文化劳动的新国际分工）环境下同那些争取外逃制片项目的国家竞争。这种策略基本上是让美国参与到"逐底竞争"中，在这场游戏中打败别的国家。这两种政策建议都会导致一个类似的结果：跨国媒体公司获得更大的跨越国界的力量，掌控更多的文化工人。这些对外逃制片的建议方案都不是最终的解决方案。它们服务于跨国媒体公司的强大利益而最终让这个问题一直持续下去。

　　在外交事务中，美国政府仍然宣扬视听市场的"自由贸易"。而在国内，美国政府已经加入了"逐底竞争"。截至 2011 年，几乎美国的每个州都为跨国媒体公司提供了补贴和税收减免,希望这些公司能够留在美国。2006 年,只有路易斯安那州和新墨西哥州提供补贴。自那时起,别的州——不论红蓝——都彼此竞争、相互追随。政府主管的经济激励政策形成,力图抓住好莱坞制片项目,而这些政策并不公平。这些政策代表了跨国媒体公司的权利,让它们获取巨额利润,而以美国和非美国的文化劳动者为代价。它们是 NICL 中不平等的社会等级权力关系的结果。"外逃制片"的相关话语并没有关注跨国媒体公司如何塑造 NICL,如何以各地文化工人长期的物质利益为代价换取自身短期利润,而是挑起了一定时期内有关国家特殊性的残余神话,在这期间,乘坐飞机的 CEO 们飞遍全球好莱坞,可他们实际上并不在乎具体"国家"。跨国媒体公司和文化工人间的阶级冲突被重新打包成一个粗俗的国家主义霸权竞赛,参赛者是受领土约束的国家、产业和工人们。

联合主义者、说客、记者等对外逃制片的批评不太讨论有关跨国阶级冲突的问题。但这的确是处在外逃制片公共讨论的边缘。美国文化工人(包括其他地方的文化工人)面临艰难的处境,因为跨国媒体公司追求利润最大化的目标。从 20 世纪 80 年代中期到现在,"制片公司及其网络形成了一系列降低成本的策略,进一步转变成对劳动者的冲击,主要针对线下劳动者如技工、临时演员、工程人员等"(Christopherson,2011)。在过去的十三年间,除了缩减经验规模,向工人抱怨经济困境,雇用非稳定的、个人化的、临时的劳动者,加强对工人的剥削,跨国媒体公司还使用外包手段作为阶级权力的工具。但是一些评论人士并未将阶级权力看成是对工人物质福利的威胁,而是制造对娱乐媒体外包后果的道德恐慌,将"美国"视为一个整体,使美国政府陷于对抗其他政府、美国文化劳动者对抗其他国家劳动者的境地。评论者们没有挑战跨国媒体所有者的阶级权力,而是为了美国文化工人不稳定的生活而抱怨加拿大、澳大利亚、新西兰等国的文化工人。这是具有保护主义的民族主义说法,不是文化阶级团结的跨国形式。

贸易保护主义者认为好莱坞制片"天然的"大本营是加州的好莱坞,这样的论断一般都是人云亦云。约翰逊-耶鲁(Johnson-Yale,2010)富有洞察力地论述说,"外逃制片的话语体系已经作为真理体制发挥着作用"(21)。当前此类话语代表并强化了"一种特殊的理想化世界观:将好莱坞建构成最好、最真实的媒体制作商,将其他地方(不论是本国的还是外国的城市)建构成罪恶的入侵者"(31)。事实上,娱乐生产的历史已经是流动性的了,而不是静态的。从 20 世纪早期到现在,娱乐生产已经从纽约转移到洛杉矶以及其他美国城市,并向海外转移。外逃制片相关话语以洛杉矶为中心,将其视作好莱坞娱乐的天然大本营,把娱乐生产和娱乐产品定义成一个国家化的术语,支持发挥相反效果的政策手段,将 NICL 权力关系神秘化,建立民族主义的围堵策略,阻止美国及其他国家文化工人间的跨国阶级团结。

由于上述的诸多原因,"外逃制片"这个特定概念可能应该抛弃掉。新的概念,比如说"跨境文化生产"(cross-border cultural production)可能会提供一种关于

NICL 的更准确的观点,这个概念包含了"项目生产从传统中心向外扩张的过程,不论是转移到其他国家还是本国不同城市"(Wasko and Erikson,2009:1),新的概念可能更准确,是因为这些概念把娱乐生产同"外逃"过程剥离开来。这就是说,跨境文化生产的概念同好莱坞是美国大本营的政治、经济元素间会相互角力。比如,美国电影协会(MPAA)——游说团体以提升 NICL 中美国跨国媒体公司的经济利益——将"提升独特的美国产业"这一目标阐述如下:

> 提到美国电影和电视生产,人们一般想到的是"好莱坞"、纽约及其他美国电影制作领军群体。但是在不断发展的当下,电影和电视生产是全国的增长动力,它给全国不同群体带来了新的工作、新的经济机会。今天,从庞蒂亚克到阿尔伯克基,到芝加哥,再到新奥尔良,电影和电视生产提升了我们联邦 50 个州的不同群体。我们是一个有着 250 万创意人才的全国性的大团体,其中造型师打造演员,制景师布景,以及编剧和演员等,大家都是在联邦 50 个州里工作。

对美国电影协会来说,好莱坞娱乐生产的家乡不单单是加州或纽约而是美国的每个州。美国电影协会将美国视为娱乐生产真正的根据地,忽略了成百的新兴媒体首都,忽略了上千的文化劳动者,他们为好莱坞娱乐工厂贡献了大量的补贴、硬件设施、自然环境及人力资源。只有当美国国内及国外强大的参与者不再政治化地、漫然地将好莱坞的家定义成"美国"时,"外逃制片"的概念才可能继续行得通。

第五章　全球娱乐媒体的设计:畅销大片、电视节目模式和全球视角的生活方式品牌

引言:娱乐媒体何以在全球受到追捧?

是什么使得部分电视节目和电影更具有地域适应性,更加得到不同国家观众的青睐呢? 回答这个问题,政治经济学人士大概会强调总部在美国的跨国公司在全球市场纵横推广他们的娱乐媒体的经济实力。新自由主义则会说,娱乐媒体之所以长着"全球化的腿",是因为"消费者的自主选择性"反映和印证了各个国家的观众们都需要它们。对于有些媒体产品为何能在全球受到欢迎这一问题的这两个解释都是把公司控制或消费者自主选择放在更主要的位置,而没有对娱乐媒体的文本格式和内容是否可以被设计得更具国际接受性去做细微分析。毫无疑问,跨国公司对生产和发行的控制支持着部分电视节目和电影在世界各个角落的深入。观众品味和喜好也很重要。如果说跨国公司对媒体市场是"推",不同国际消费者的需求是"拉",那么推拉则是对娱乐媒体全球通行进行设计的文本基础。是什么使得这样的文本在全世界都能受到欢迎呢?

一些学者解释说某些电视节目和电影能在全球流行是因为其文本具有明显的"美国性"。这些风行的电视节目和电影反映了独特的"美国文化"的品质,这种"美国文化"能得到不同国家观众的认可。奥尔森(1999)认为美国娱乐媒体能在全球流行是因为"某些文本具有让人觉得似曾相识的能力,不论它们的起源,观众会觉得似乎这些是自己文化的一部分,即便这些只是精心制作的舶来品"(18)。奥尔森(2000)还表示,美国的电视节目和电影风靡全球是因为它们的文本透明地反映了一个普遍性的美国多元文化的特质,这很容易被各地观众认可。"凭借自身的种族多样性,美国[……]媒体的规划可以做到内外有别,对外可以根据对全球市场口味的预期而做相应的规划"(11)。美国的"电影和电视出口"特别成功,因为它本身是一个"国际观众口味的缩影"(6),这给了美国一个很大的"竞争优势"(Olson,1999:28)。不过尽管奥尔森所认为的"文本"缘故可以部分解释某些娱乐产品的全球普及,这种说法仍然是存在问题的。行销全球的美国电视节目和电影反映了美国的多元文化生活这一论点建立在一个有缺陷的媒体模仿理论之上。美国的娱乐产品

可能部分描绘了(不是反映)这个国家的一些特性,但大多数产品都是虚构的或是只反映了表象。

事实上,全球最受欢迎的美国电视节目和电影大多是科幻类型的。2009 年,全球最火爆的美产电视剧是在黄金时段播出的《超能英雄》(一部科幻电视剧,讲述了一群普通人发现自己具有超常能力后发生变化的生活),《迷失》(一部悬疑科幻剧,讲述了一架飞机在一个神秘小岛上坠毁后生还者的生活和经历),《越狱》(一部监狱题材的动作片,讲述了两兄弟试图越狱的过程),《嗜血判官》(一部黑色喜剧犯罪片,讲述了一个喋血般地维持心中正义的法医的故事),《豪斯医生》(一部医务剧,讲述的是一个医术高超而脾气古怪的医生解决各种疑难杂症的经历),《24 小时》(一部反恐剧情类动作片,讲述的是反恐小组 CTU 进行的一系列反恐行动),《绝望主妇》(一部关于郊区妇女家庭生活的情景喜剧),《终结者外传》(一部基于《终结者》系列电影的科幻剧),《实习医生格蕾》(美国医疗剧),以及《真爱如血》(一部关于吸血鬼和人类的奇幻剧情片)(ADMIN,2009)。2010 年度好莱坞电影全球票房十强分别是:《玩具总动员 3》《爱丽丝漫游仙境》《盗梦空间》《哈利·波特与死亡圣器(上)》《怪物史瑞克 4》《暮光 3:月食》《钢铁侠 2》《魔发奇缘》《神偷奶爸》《驯龙高手》(Mojo 票房网,2011)。这些电影分别讲的是能说能动的美泰玩具,无聊的小女孩追着兔子进了一个洞中,经验老到的窃贼潜入他人梦中窃取潜意识中有价值的信息和秘密,英国口音的魔法师,呆萌的绿色怪物,人类与吸血鬼的缠绵纠葛,漫画里的英雄,长发公主,超级恶棍,维京族小孩和龙交朋友。这些风靡全球的电影并非基于现实主义或美国的多元文化主义。

阿克兰(2003)指出,"当代文化理论的至关重要的课题"是理解如何读取那些全球流行的叙事(38 - 39)。这一章试图理解跨国公司如何制作出符合观众期待的全球流行的电视节目和电影。傅(2006)鼓励学者通过研究"来自美国等出口大国的娱乐传媒产品的内容是否正变得更多元更全球化(而不是一维的、民族主义的)"来扩展美国娱乐传媒风靡全球的政治经济学解释(831)。为此,本章围绕跨国公司的业务、文本编码以及观众定位策略而展开。跨国公司设计出的娱乐商品旨在通行于国际市场。本章探讨了三种跨国公司所设计的为在两个及以上国家吸引人气的娱乐媒体文本:(1)卖座电影(好莱坞大片);(2)电视节目制式;(3)全球视角的本土生活方式品牌。跨国公司通过文本编码或是设计娱乐媒体在全球、国内及跨国市场的发行流通来实现利润最大化。本章还探讨了其他国家的国家商贸公司是通过什么商业策略和文本设计策略来将其娱乐产品杀入美国市场的。

本章中所涉及的两个重要概念分别是文化贴现(文化折扣)和文化接近性。文化贴现是指一种娱乐产品"根植于一种文化,因此在这种文化环境中具有其吸引力,而其他地方的观众因为对其中的风格、价值观、信仰、制度及行为模式等感到难以认同,故而这种娱乐产品的吸引力就会减少,价值也就随之降低"(Hoskins,

McFayden,Finn,1994:367)。娱乐媒体经历了文化贴现,国外观众便无法完全认识到其价值,因为他们缺乏理解这些娱乐产品所需要的文化背景。如果一个电视节目或电影可能只是很容易被一国有着相同文化背景的观众所理解,那这款产品若想走出国门,去吸引许多国家的不同观众,将会是一件很难的事(Hoskins and Mirus,1988:500)。遭遇文化贴现的电视节目和电影可能会在一个国家的市场上站稳,但在大部分国家的市场可能无法获得理想收益。对于跨国公司,文化贴现阻碍了其跨国盈利的能力。为了克服文化折扣,跨国公司设计了特定类型的娱乐媒体,旨在使其可以在许多不同国家市场之间顺利流通。文化接近性解释了为何观众倾向于选择与其拥有相似的文化背景和喜好的电视节目和电影(施特劳普哈尔,1991),有着"文化接近性"的观众不一定得是地域接近,而是在语言、历史、文化、生活方式和品味上有相似之处。跨国公司推测人们可能更喜欢代表自己的文化或类似文化的娱乐媒体,因此他们为各种有着接近文化的观众设计出相应的多种娱乐产品。

风靡全球的娱乐媒体:好莱坞大片

"全球流行娱乐"一词来源于三个词:"全球""流行"和"娱乐"。根据《牛津英语词典》,"全球"是指"整个世界的或是关乎整个世界";"流行"指的是某样事物"被许多人或一个特定的群体所喜欢或是欣赏",或具体到文化产品,则是指其"符合大众的理解与喜好,而不只是专家或知识分子";"娱乐"是指"旨在取悦他人的事件、表演或活动"或是某些旨在向他人提供"娱乐或享受"的事物。好莱坞大片是世界上最名副其实的全球流行娱乐媒体。它们面向整个世界,被世界各国不同的人所喜欢与欣赏,给人们带来娱乐的同时也给传媒公司带来了利润。下文对好莱坞大片的经济和文本特征进行讨论。

好莱坞大片的经济特征

"好莱坞大片"有着庞大的预算、跨国的观众、全球的市场营销活动以及数额巨大的全球票房。"好莱坞大片"的英文表达"blockbuster"有另一个含义,在第二次世界大战期间,"blockbuster"指的是美国军方投在德国和日本的重磅炸弹。如今,它意指跨国公司向全世界投掷的重磅娱乐炸弹。这些叫座的大片兴起于20世纪50年代,当时好莱坞电影制片厂正因"派拉蒙反托拉斯案"(1948)而遭受着财政危机。国家迫使他们出售了旗下的连锁影院,就此早期的横向一体化形式宣告结束。好莱坞的产映垄断受创,同时电视的普及让人们可以足不出户享受娱乐节目,城市影院的利润也就随之下跌。为了解决财政困难,好莱坞电影公司开始探索新的商业策略以吸引电视观众回到影院。他们开始生产更少但是耗资更多、场面更宏大的电影(怀特,1990)。这些重磅电影帮助好莱坞制片厂从竞争传媒手中夺回了观众,显然这种高质量的娱乐享受获得了青睐,而影院作为拥有播放这些影片的特权的地方，也成功实现了复兴(Cucco,2009:216)。

在整个 20 世纪 60 年代和 70 年代初期,旧好莱坞生产出了大量热门电影,包括《埃及艳后》(1963)、《你好,多利!》(1969)以及《虎! 虎! 虎!》(1970)等。然而,史蒂文·斯皮尔伯格的《大白鲨》(1975)成了第一部应用"大规模上映"发行概念的新好莱坞电影。正如库寇(2009)所说:

> 这是电视第一次被用作促进电影(电影业占据了电视大部分黄金时段的广告时间),也是第一次,一部电影在各大影院上映(464 家影院,创造了当时的纪录),同时也开创了一个至今仍在沿用的发行策略。(216)

乔治·卢卡斯的《星球大战》(1977)是紧随其后发行的叫好又叫座的大片。《大白鲨》和《星球大战》预示着一个新好莱坞大片战略的到来:强调高层次、大众市场以及大规模发行的交换价值,并有着针对性的电影观众。在随后的几十年里,好莱坞的一些电影大片越来越少地扮演美国民族文化的代言人,更多地生产科幻想象类的电影。

20 世纪 80 年代最卖座的大片分别是:《E. T. 外星人》(1982)、《星球大战 6:绝地归来》(1983)、《星球大战 5:帝国反击战》(1980)、《蝙蝠侠》(1989)、《失落的方舟》(1981)、《捉鬼敢死队》(1984)、《回到未来》(1985)、《印第安纳·琼斯和最后的圣战》(1989)以及《印第安纳·琼斯和魔宫传奇》(1984)。20 世纪 90 年代的最卖座大片分别是:《泰坦尼克号》(1997)、《星球大战前传一:魅影危机》(1999)、《侏罗纪公园》(1993)、《狮子王》(1994)、《阿拉丁》(1992)、《独立日》(1996)、《第六感》(1999)、《终结者 2:审判日》(1991)、《玩具总动员》(1995)、《黑衣人》(1997)以及《玩具总动员 2》(1999)。21 世纪第一个十年的最卖座大片分别是:《阿凡达》(2009)、《黑暗骑士》(2008)、《怪物史瑞克 2》(2004)、《加勒比海盗:亡灵宝藏》(2006)、《蜘蛛侠》(2002)、《变形金刚:堕落者的复仇》(2009)、《星球大战前传 3:西斯的复仇》(2005)、《魔戒:王者归来》(2003)以及《蜘蛛侠 2》(2004)。以上所列举的,以及其他好莱坞大片的很大一部分都是面向全球市场而生的,相对于面向国内市场的电影,它们有这些经济特色:庞大的预算,大型的营销活动,几乎同时在世界各地发行,交叉销售及协同效应,以及面向全球观众(而不仅仅是国内)(Balio,1998;King,2002;Maltby,2003;Wyatt,1994)。

庞大的预算。好莱坞大片都有着庞大的预算,它们的拍摄成本使它们与低成本电影区分开来。好莱坞电影的成本通常都会超过 1 亿美元。2010 年,好莱坞大片的平均制作成本在 2 亿到 3 亿美元之间。有史以来最昂贵的电影(未计通胀因素)包括《加勒比海盗 3:世界的尽头》(3 亿美元)、《魔发奇缘》(2.6 亿美元)、《蜘蛛侠 3》(2.58 亿美元)、《哈利·波特与混血王子》(2.5 亿美元)、《阿凡达》(2.37 亿美元)、《加勒比海盗2:亡灵宝藏》(2.25亿美元)、《X战警:最后战役》(2.1亿美元)、《超人归来》(2.09亿美元)和《金刚》(2.07亿美元)("史上最昂贵的电影",2012)。这些影片都诞生于21世纪,这凸显了在新世纪的第一个十年高预算战略的主导地位。

大型的营销。跨国公司利用各种传播媒介(交互式网站,影院预告,电视广告,脱口秀节目,报纸和杂志的广告,广告牌,以及海报等)对大片进行前期宣传,让观众感受其"高规格",产生"必看"的心理(Jockel and Dobler,2009:85)。正如阿克兰(2003)所说,"电影营销的延伸也是电影文本拓宽生命周期的功能,从一个地区到另一个地区、从一个媒介到另一个媒介,不断招徕观众"(77)。传媒集团斥巨资宣传其大片以吸引观众。营销计划让人们参与互动及大片传播活动的整个流程,使之成为一项跨国的文化活动。大片超过四分之一的预算都花在大众营销。2004年,一部大片的平均营销成本约为3440万美元。自那时起,营销成本不断增加:2008年,一部大片的平均营销成本约为3600万美元(Friedman,2008)。在2009年的超级杯(一个全球性的传媒活动)期间,好莱坞电影公司专为十部电影支付了高达每半分钟300万美元的广告费,其中包括《怪兽大战外星人》(2009)、《特种部队》(2009)、《星际迷航》(2009)以及《变形金刚2》(2009)等(Eller,2009)。同年,美国电影协会停止公布影片的营销成本(Barnes,2009)。传媒集团尽其所能在尽可能多的国家推销他们的电影和电视节目。索尼公司的全球销售及市场营销负责人杰夫·布莱克指出,"互联网是一个新兴的电影销售媒介,但它尚未达到电视所能达到的覆盖范围"(Eller,2009)。好莱坞巨头们在推销自己的电影时,往往会比其竞争对手花费更多。

大规模发行。好莱坞大片寻求在最短的时间内在尽可能多的国家、尽可能多的市场、尽可能多的影院进行大规模的放映。大片在美国市场和国际市场的首映时间差通常不会超过一个月(Jockel and Dobler,2009)。为了在尽可能短的时间内产生尽可能多的收入,跨国公司旗下的好莱坞制片厂经销商几乎在同一时间,在所有重要的市场推出"一个普遍受青睐的产品[……],以尽快获得收益"(Jockel and Dobler,2009:86)。

巨大的协同效应。大片的目的是创造尽可能多的收益,不仅是通过各地票房收入,还通过一些附属商品。作为协同娱乐传媒专营权的中心(见第二章),好莱坞大片是一部"能够派生更多收入来源的电影,不仅仅从它的电影本身、视频以及电视的收入"(Thompson:2007:4)。电影内容相关商品(公仔、视频游戏、咖啡杯、T恤衫等),与电视网络和按次付费数字内容提供商的授权交易(苹果电视、网飞公司),家庭娱乐(DVD、蓝光光盘),以及"强化的"分拆版本(数字化重新混音,3D版本,导演剪辑版+花絮版)等,所有这些都能产生额外的收入(Jockel and Dobler,2009)。跨国公司旗下的制片厂将大片形容为"搭帐篷的支柱":它们也许可以支撑起整个经济不景气的制片厂，弥补收益不高的电影所带来的财产损失，抑或是让整个制片厂"轰然倒塌"。

好莱坞大片面向的是全世界的观众，而不仅仅是国内的。民族电影是专为一个或两个国家的观众所准备的，大片则走向全球市场。自第二次世界大战到20世纪90年代初，好莱坞电影的受众主要是美国人。以盎格鲁-撒克逊人为主体的中产阶级观众群体是其首选，因其是一个规模庞大而又单一的、以英文为语言的市场。在整个20世纪90年代，好莱坞不再维持"与美国国内观众的特殊关系"，并明确开始瞄准其他国的观众（Wasser，1995：423）。在20世纪90年代末，大约一半的好莱坞全球总票房收入来自美国本土，而近50％的好莱坞全球利润来自全球票房（Scott，2004b：54）。好莱坞的国内利润在1985年至1990年间仅增长了39个百分点，但在同一时期，好莱坞从国外市场所得的利润暴涨了124个百分点（Wagneleitner，1999：482）。到2006年，美国国内票房占利润总额的37％，而跨国票房占到了63％。（Puente，2008）"几十年前，一部电影的海外票房几乎不被好莱坞电影公司的高管放在眼里，而如今，在这个大约320亿美元的全球电影市场中，海外票房占到了近68％。"（Schuker，2010）好莱坞在亚太地区的票房（尤其在中国和日本）增长最快。（Dobuzinskis，2010）其结果是，"电影不再是只为了迎合美国的观众；它们为全球的观众而生产，目的是吸引尽可能多的观众"（Berardi，2006）。

好莱坞大片的文本特征

跨国公司制作的大片旨在面向不同国家的尽可能多的观众。为了能在全球票房获取最大收益，跨国公司主导的好莱坞电影公司开始制作那些不带有明显民族色彩的影片以吸引更多的观众（吉特林，1983）。沃克斯（1990）指出，"对我们来说，全球市场对美产娱乐的大量需求引导着我们自己的（美国的）文化，这使得我们那些适应海外市场的产品项目风生水起，而那些不适合的则可能会被摒弃"。跨国公司批准生产的娱乐产品服务于全球观众的喜好，那些有着明确的美国民族主义的影片（即有关特殊的"美国生活方式"的电影）则被看作其收获全球利润的绊脚石。跨国公司明白，电影所讲述的故事若是太过民族主义，或是地方味太浓，都无法在全球市场立足。他们投资那些具有全球吸引力的电影。派拉蒙影业副主席罗布穆尔表示："我们需要做的就是有能力走向国际的电影。"（Schuker，2010）迪士尼影业前任主席马克·佐拉迪曾说："只有在生产那些会吸引全球目光的影片时，制片厂才愿意花费1.5亿美元至2亿美元这样高额的预算。"（Schuker，2010）

跨国公司制作"全球流行"的电影，吸引着美国及全世界的年轻影迷和家庭观众，以实现利润最大化。（Acland，2003：36）全球卖座电影的目的是在经济上获得成功，能在影院获得相对长的档期，而且容易被人们所接受，因为这不会触及他们对民族文化的敏感性（Cucco，2009）。全球热门电影的文本设计是多义的（Fiske，1988）。他们的目的是对不同的国家的不同观众"开放"。这些全球大片具体的文本特征究竟有哪些？为了引发全球观众的共鸣，跨国公司在设计大片时，通常会使用这些策略：全球明星、国际演员阵容、预售性质、体裁杂糅（通常是科幻小说类）、古典叙事结构、普遍性主题以及视觉奇观。

全球明星。大片往往具有全球公认的明星。明星是一部电影能够风靡全球的一个必不可少的设计特点。在全世界有太多渴望能扮演角色的演员。明星是一个文本间的角色：这个角色由一个演员的特质和他（她）与粉丝间的关系所构成（King，2002：150）。一个明星既可以增加一部影片对观众的吸引力，也可能适得其反。电影制片厂为影片角色所选择的明星对于影片的预售至关重要，因为有些观众会因为影片核心角色的扮演者归属而选择是否观影。作为形象商品，"明星人物的表现在好莱坞电影中往往比其他任何单一因素更具卖点"（King，2002：152）。许多全球卖座大片的主演主要是美国的白人演员，"《哈利·波特》《蜘蛛侠》《暮光之城》《加勒比海盗》《指环王》，以及克里斯托弗·诺兰的《蝙蝠侠》系列影片有什么共同点？"弗兰尼奇如是问（2011）。答案是："白人，无处不在的白种人！"

"白人霸权"在好莱坞的演员阵容里仍占据着主导，但制片厂正在尝试一种新兴的种族融合和多元文化的演员战略，以更好地适应美国和跨国观众。而好莱坞曾经会让那些混血演员扮演与白人主角相对立的或悲惨或罪恶的角色，这些演员包括哈莉·贝瑞、杰西卡·贝尔、基努·里维斯以及迪塞尔等，而现在这些演员已在扮演积极的角色。贝尔特兰和佛哈斯（2008）指出，"不仅是多民族融合本身（或者通俗点说——'民族杂交'）在美国流行文化中已经有了新的含义，混血模特、演员以及电影电视人物似乎已经无处不在"（1）。混血明星更能够吸引年轻的、多元文化的跨国受众。卡特（2008）将这种演员战略称作"混合推销"：混血演员对于向跨国观众预售影片时所起的作用显而易见。除了西欧，"世界上大多数的媒体市场都有着美国少数族裔和移民群体，"克莱蒂（2004）如是说，"很有可能非洲、亚洲和拉丁美洲的观众会被那些有着跟他们一样种族血统演员的电影所吸引"（82）。电影主演中包含混血演员会得到全球性的共鸣，因为它们实现了跨国认同（相对于民族认同而言）。《速度与激情5》（2011）在海外市场的票房收入远高于美国本土市场（其票房总值的33.5%来自美国，其余的66.5%来自世界其他地区），也捧红了很多混血和多元文化的演员，包括迪塞尔、乔丹娜·布鲁斯特、米歇尔·罗德里格兹、里克·尹以及杰·鲁等。风靡全球的《X战警》也包含有一个多元文化的演员阵容。这些电影拥护自由多元文化主义以及文化认同政策（Schrodt，2011）。

国际演员。大片有着国际知名明星的演员阵容。在整个20世纪80年代和90年代，好莱坞电影倾向于让国际演员扮演反面角色或是小角色（Holson，2004），但随着跨国公司开始依赖于全球票房，让国际演员扮演正面角色成了其"盈利通行证"（Holson，2004）。"招募国际人才是电影制作的相关法律之一，"二十世纪福克斯国际电影和家庭娱乐总裁斯蒂芬·摩尔如是说，"这对我们影响很大，毫无疑问这使得我们的电影制作更上一层楼。"(Holson,2004)一些知名的好莱坞巨星并非美国公民。洛杉矶吸引了来自世界各地的演员。肖恩·康纳利、安东尼·霍普金斯、艾玛·汤普森、凯瑟琳·泽塔·琼斯、杰拉德·巴特勒、伊万·麦格雷戈、本·金斯利、迈克尔·凯恩、杰瑞米·艾恩斯、拉尔夫·费因斯、丹尼尔·戴·刘易斯、丹尼尔·克雷格、休·格兰特、科林·费斯、凯特·温斯莱特、裘德·洛、奥兰多·布鲁姆以及凯拉·奈特利等来自英国。基努·里维斯、金·凯瑞、迈克·迈尔斯、基弗·萨瑟兰、内维·坎贝尔、瑞秋·麦克亚当斯等来自加拿大。彼得·奥图尔、皮尔斯·布鲁斯南、连姆·尼森、盖伯瑞尔·伯恩、科林·法瑞尔等来自爱尔兰。梅尔·吉布森、妮可·基德曼、艾瑞克·巴纳、凯特·布兰切特、希斯·莱杰、山姆·沃辛顿等来自澳大利亚。菊地凛子、浅野忠信、丘增以及渡边谦等来自日本。李连杰、成龙、周润发以及王盛德等来自中国。马德斯·米凯尔森来自丹麦。文森特·卡塞尔和奥黛丽·塔图来自法国。本尼西奥·德尔·托罗来自波多黎各。盖尔·加西亚·伯纳尔来自墨西哥。彼得·斯特曼来自瑞典。查理兹·塞隆来自南非。佩内洛普·克鲁兹和哈维尔·巴登来自西班牙。弗里达·平托来自印度。"好莱坞的包罗万象、野心与权力的无与伦比和艺术的包罗万千都是它的传奇和辉煌的一部分。"(Scott,2011)通过国际演员的号召力,好莱坞大片招揽了很多国家的观众,这些观众正是被他们所熟悉的本土明星吸引而来的。

　　预售性质。许多大片的剧本都来源于现存的作品——畅销小说、童话故事、电视剧、漫画或是电脑游戏,它们已经有了大批的粉丝,其故事和人物也已经被许多人所熟知。"在一部高规格的电影放映之前,其基本思想早已在世界各地得到传播"(Jockel and Dobler,2009:85)。例如《魔戒》,这部大片改编自托尔金的小说,在影片放映之前,这部小说已经为其积攒了世界各地的大批粉丝。《蜘蛛侠》和《X战警》取材于《惊奇漫画》,世界各地的人们也早在影片制作前些年就已经耳闻。《哈利·波特》系列电影改编自 J. K. 罗琳的著名系列丛书。早前的作品,如《哥斯拉》(1998)、《世界大战》(2005)、《猛鬼街》(2010)、《空手道小子》(2010)以及《诸神之战》(2010)都被重制或翻拍。这些"预售"策略试图最大限度地唤起观众对已经非常熟悉的内容的兴趣,使他们在电影放映前就充满期待,以此最大限度地减少其金融风险(Sood and Dreze,2006)。跨国公司通过改编和重制"人们早已熟知的故事或人物"(Cucco,2009:220),以保证电影上映后能吸引足够的观众,以及为之后的续集、前传和更多次的翻拍创造动力。

　　体裁杂糅。大片往往要"体裁杂糅"。体裁是划分电影文本类型的方式(包括恐怖片、战争片、西部片、戏剧片、惊悚片、动作片、冒险片、科幻片等)。电影体裁不存在孤立的文本类型,它往往是杂糅的。经常很难将一部电影的体裁和另一部进行明确的区分,因为很多电影都是"互文的":它们通过引用社会和文化中现存的文本向观众传达含义。电影体裁不是固定不变的,它会结合和重组现有的体裁,有时也更会产生出新的体裁（Altman,1999）。跨国公司利用体裁来建立观众期待,并吸引有独特观赏口味和喜好的观众（King,2002:122）。他们通常制作体裁杂糅的大片以吸引潜在的观众（King,2002:137）。制片厂所采用的"让人人都能各取所需"的组合和混搭是为了让一部电影能吸引尽可能多的各式观众。制片厂通过拼凑（将现有的作品拼凑成一部特定的电影文本）和拼装（通过对各种可用的材料的拨用和再利用）,想方设法吸引观众。

幻想和科幻。轰动一时的电影往往是幻想和科幻类型的。汤普森（2003）指出,"幻想和科幻电影在近几年的全球票房表现上屡屡夺冠"（60）。很多大片不是致力于反映现实,而是构造一个新的幻想中的现实。除了《贝弗利山的警察》（1984）和《泰坦尼克号》（1997）,世界上最盈利的大片几乎都是融合了幻想和科幻体裁的影片。这种幻想和科幻的组合:（1）最吸引青少年和岁数不大的成年人,这是好莱坞在全球的目标观众群体（年轻人有着可支配的收入,且往往会花费大量的闲暇时间用以娱乐）;（2）适合于广泛营销和交叉许可（奇幻人物都变成行动玩具,情节成为视频游戏,快餐食品搭售等）;（3）吸引重复观看（人们倾向于买来属于自己的 DVD 版本,然后一遍又一遍地观看）;（4）培养核心观众对其中"深奥知识"的渴望（粉丝和铁杆观众想知道其中的一切关于这一虚构世界的东西,所以他们一起在线上、线下协作,想象,研究,并为电影提供免费宣传）（Thompson,2003）。最重要的是,幻想或超现实的故事和人物不受"文化贴现"的影响。它们不引用特定的"民族"文化或明显的景观;它们以"开放"的形式面向跨国观众,制作的不是仅仅关于国内地方和人物的现实主义电影。大多数全球大片表现的是一个全新的世界、一个新的星球,或是一个发生在想象中的过去的或是遥远未来的地球。

叙事结构。大片的审美和故事结构都趋向于保守。"正式的实验和潜在的激进内容通常不会出现。"（King,2002:79）陌生的镜头、奇怪的照明技术、实验性的摄影角度、间离的情节线索、无关的场景以及不讨喜的主演等都不会出现在大片中。卖座大片是标准化且可预测的:

> 为了避免票房不佳,大片似乎会向公众提供一个简单、直接、易于识别的标识[……],一部高规格的电影[……]可以用一个句子或一幅图来概括,这使得营销变得更容易。（Cucco,2009:219）

大多数大片采用的都是以主角为中心的线性叙事结构。大片的叙事形式是跨国甚至全球通行的。它有一个明确的开始、过程和结束。动作行为以从头至尾的线性顺序展开。一开始,正常的情况或平衡由于冲突或危机而中断。这一冲突或危机推动主角（们）采取行动;主角通过奋斗,克服了某些障碍和挑战,最后冲突或危机得以解决。在大片的结局,世界回到"正常"抑或是改变,无论是好是坏。冲突和危机在大片中占据很大的比例，它们发出威胁和挑战，让整个世界在希望和恐惧中产生共鸣。在科幻灾难大片《2012》（2009）中，人类需要重建被摧毁的世界并设法求生。在《独立日》（1996）和《变形金刚》（2007）中，人类需要团结起来，拯救地球，与入侵的外星机器做斗争。在《指环王》（2001）中，中土世界的各种物种需要团结力量以阻止邪恶的传播。在《侏罗纪公园》（1993）中，人类大战基因恐龙。很多大片倾向于避开细微的民族文化观察，转而将观众作为国际社会的一部分，用普遍认知的冲突矛盾随时随地吸引尽可能多的观众（Dlson，2000）。

奇观。好莱坞大片强调视觉效果，但这不一定就会影响叙述的连贯性。很多都是将视觉奇观与经典的叙事技巧相融合（King，2000）。"壮观的影像往往利用了最新的特效等技术，这也是预算居高不下的主要原因之一。"（King，2002：178）预告片中的视觉奇观会吸引观众走进影院。场面壮观的大片通过大屏（以及3D格式）放映，这就将它们与在小屏幕上播映的B级电影和电视剧区分开来。正如库寇（2009）所言：

> 在越大的屏幕上放映的电影，说明其品质越高。事实上，在越大的屏幕上播放，其中的特效也会显得愈发震撼，这也就突出了在影院看电影和在家中看电视之间在享受上的差异性。（217）

好莱坞向它的观众承诺可以看到奇观，遇到令人敬畏、惊叹、惊奇的时刻。他们的目的是给观众造成"必须要在大屏幕上观看"的心理。大片旨在创造出詹金斯（2006）所说的"高潮必哇"的效果：电影中的视觉和情感高潮，以及一幕幕导致观众感官超负荷的奇观。视觉丰富（而不是以对话为主）的电影使得好莱坞发行商在与国际语言配音相关的成本方面省了一笔开销，这也让不会英语的外国观众很容易就能看懂。包括长期的战斗场景、大型的战役、灾难和玩命的特技表演等视觉上很养眼的无言的暴力动作场面，能深深地吸引跨国观众（Acland，2003：35）。在《独立日》（1996）中，一艘巨大的UFO摧毁了白宫和国会建筑。在《龙卷风》（1996）里，"杀手"龙卷风所到之处满目疮痍，所向披靡。在《绝世天劫》（1998）中，巨大的陨石摧毁了纽约市。在《惊天核网》（2002）中，核弹毁灭了巴尔的摩。在《后天》（2004）中，全球气候变暖，引发了世界范围的致命飓风、地震、洪水和海啸。在《2012》（2009）中，法国的埃菲尔铁塔倒塌，里约热内卢的基督救世主雕像下降，印度被一场巨大的海啸淹没，圣彼得大教堂和西斯廷教堂倒塌，游船被掀翻，飞机坠毁，森林燃烧……由于每个制片厂都试图创造出更大胆、更震撼的奇观，所以观众可能会渐渐对此变得麻木和厌倦。全球大片可能会导致奇观的视觉疲劳。

⏱️案例 5.1　好莱坞大片——《加勒比海盗：世界的尽头》(2007)

　　《加勒比海盗：世界的尽头》(以下简称《海盗》)是一部轰动全球的电影。互联网电影数据库(IMDb)将其列为全球收益最高电影第十二名。其全球票房为958404152美元(其中32.1%来自美国票房,余下的67.9%来自全球票房)。《海盗》展现了一部全球大片标准的经济特性。它有着庞大的3亿美元的预算(科伊尔,2009),这使其成为有史以来最为昂贵的影片。在影片全球发布(2007年5月19—25日)的前几周时间里,《海盗》的电视广告、广告牌、网络标语等纷纷登场。为了在影片公映前在世界范围内更好地宣传这部电影,吸引更多的观众,众多公司纷纷发布《海盗》公仔、棋类游戏、雕塑、T恤、快餐配售、电影原声,以及微软 Xbox 360、索尼 PS3、任天堂 Wii、索尼 PSP、索尼 PS2 和任天堂 DS 等视频游戏。《海盗》里的演员来自多个地区:澳大利亚、英国、中国香港、美国、瑞典等,囊括了约翰尼·德普、娜奥米·哈里斯、周润发等国际巨星。《海盗》是一个预售性质的电影,它的故事是基于著名的迪士尼加勒比海盗主题公园,有着一个典型的好莱坞模式:一个相对标准的围绕主角从头至尾展开的线性叙事。然而,作为一个系列的一部分,它贯穿着前集的人物、戏剧冲突与事件。《海盗》的体裁也很杂糅,结合了幻想、历史、喜剧、恐怖和动作等。影片充满了视觉奇观,紧张和夸张的动作场面以及特效等。

　　《海盗》的文本传达的是关于朋友和敌人、人类和超自然以及善与恶的主题,这些主题对许多人来说再熟悉不过了,无论性别、种族、语言、年龄或地理位置。影片也是受到了神话和历史上有关海盗的故事和人物的启发。《海盗》参考了历史上一个名叫"海岸兄弟"的海盗王国的活动以及这支海盗队伍与大英帝国臭名昭著的英国东印度公司之间的冲突。影片还参考了传说中的北海巨妖和武装商船——飞翔的荷兰人。因为从全球流通的著名故事和人物中取材,《海盗》很好地规避了文化贴现。这部电影涉及跨国(而非国家)冲突。海岸兄弟会(包含不同的海盗首领,代表来自不同文化和地区的人们)与东印度贸易公司(当时世界上最主要的跨国公司)的卡特勒·贝凯特大人发生冲突。造反的海盗象征着地方自治、经济自主和文化多样性,而英国东印度贸易公司象征着帝国主义、资本主义工业化和文化的趋同性。为了打击和抵制大英帝国,兄弟会的成员们必须暂时解决他们内部的冲突并团结起来。《海盗》引用历史上反对西方殖民主义的斗争,也许能和当代与新帝国主义的斗争产生共鸣。影片中的行动空间是全球性的,而不是在一个国家内。《海盗》拍摄于 NICL(帕洛斯弗迪斯、圣文森特和格林纳丁斯、多米尼加、巴哈马群岛,在迪士尼制片厂整合),再现了来自世界各地的场景和地方,而不仅仅是在美国。

娱乐传媒的文化接近性:环球电视节目模式

跨国公司在制作大片时很好地规避了文化贴现,同样跨国公司对区位差异和在文化上接近的国家的持久性有着敏锐的感知。许多加拿大消费者(母语不是法语的加拿大人除外)喜欢收看他们自己国家生产的电视节目和电影,因为那些能代表他们自己的语言、文化、历史、价值观和幽默。正如斯特劳哈尔(1991)所说:"观众喜欢反映或是最接近自己所处文化环境的节目——国内节目,如果当地经济支持的话。"(4)"相对于外来产品,本地节目在文化接近性上有着与生俱来的竞争优势:观众熟悉本土节目中的语言和文化背景。"(Straubhaar,1991)跨国公司设计的全球电视制式可以根据民族国家观众的文化接近性灵活地进行调整。

何谓电视节目模式? 电视节目模式是"一个节目里的模板或一套不变参数,各个片段中的可变参数由其中产生"(Moran,2004:5)。电视节目模式"是节目概念,可以重装以适应特定国家的市场和喜好"(弗里德曼,2003:33)。电视节目模式不是指电视节目成品,而是指电视节目概念或"由国家电视网络面向国内改编或制作节目时的节目理念"(Waisbord,2004:359)。在全世界,电视观众们收看到的国外节目都是经过本国改编后的版本。超过23个国家的电视网络得到了《舞魅天下》的授权,包括美国、以色列等。四十多个国家的电视网络得到了《智者为王》的授权,其中包括智利、希腊和新加坡等。超过120个国家的电视网络得到了《超级模特》的授权。一些学者认为,跨境流动的电视节目模式(真人秀、游戏节目、智力比拼等)标志着传媒全球化的胜利,尽管他们同时又断言本土节目会继续占上风(Moran,2009:116)。美国在英国电视广播公司的帮助下,于20世纪50年代创立了电视节目模式(Chalaby,2012)。建立在英美电视关系上的电视节目模式是"一种通过授权的改编,这种改编是基于附加在广播公司获取并生产的节目中的无形资产权的,这种无形资产权来自于表明该节目是收视冠军的纪录"(Chalaby,2012:37)。在21世纪,电视节目模式的贸易是跨国性质的,尽管大多数全球化电视节目模式起源于英国、美国或西欧(Moran and Keane,2006:80-81),"非洲、中东的部分地区、苏联领域的大部分地区,以及南亚和东南亚各地都在国际电视节目模式平台上有一席之地"(Moran,2009:123)。英国、美国、荷兰和日本的传媒公司主导着全球电视节目模式贸易(*Economic Bulletin*,2011c)。

英国独立电视台、英国广播公司娱乐台,以及弗里曼特尔传媒有限公司(欧洲传媒巨头卢森堡广播电视集团旗下)拥有至少43个电视节目模式,包括有《谁想成为百万富翁?》《价格猜猜猜》《家庭问答》《偶像》《达人秀》等。美国拥有许多媒体企业家,他们声称至少拥有22个电视节目模式的所有权。超模泰拉·班克斯打造了热门选秀节目《全美超模大赛》;艾什顿·库彻、杰森·戈德堡和尼克·桑多拉打造了真人秀《男才女貌》;马克·伯内特首创的电视节目模式包括有《生还者》、《你比第五年级生聪明吗?》、《名人学徒》(又名《飞黄腾达》)等。来自荷兰的恩德莫(属意大利的梅迪亚塞特旗下)在 23 个国家开展业务,其所拥有的电视节目模式包括《老大哥》(在全球 70 多个国家播出)、《一锤定音》(在超过 100 个国家播出),以及《冒险极限:谁敢来挑战》(80 多个国家播映)等。恩德莫(美国)总部设在加州洛杉矶,制作出了广受欢迎的电视节目模式,包括在美国 ABC 电台播出的《彻底改变之家庭再造》和《让我赚大钱》,为美国哥伦比亚广播公司定制的《老大哥》和《儿童王国》,以及为美国透纳广播公司而制的《午夜为钱狂》。日本朝日电视台等日本公司拥有的电视节目模式有《名人节俭挑战赛》《女人眼中的女人》《北野武的城堡》,以及《我为家务狂》等,这些也在美国、英国等地的电台播出(Brook,2010;Ryall,2008)。以上所有的这些传媒公司设计的电视节目模式"包含着一种'属性',这种属性使得一部已制作完成的创意节目最终可以让多个国家的观众欣赏到"(Keane and Moran,2008:157)。

电视节目模式涉及制作电视节目并出售其临时转播权的电视制作公司和播出这些电视节目的国内电视网络之间的跨界业务关系(Waisbord,2004)。电视节目模式贸易是近几年才流行的。以前,电视制作公司为本国市场量身定制电视节目,译制后出口到其他国家。在电视诞生之后的前 40 年里,这种跨国电视产销模式是一种常态(Waisbord,2004)。美国电视制作公司将风靡的美国电视节目的译制版本授权给其他国家的电视网络,包括有《太空仙女恋》、《贝弗利山人》(又译《豪门新人类》)、《达拉斯》、《考斯比一家》、《迈阿密风云》、《辛普森一家》,以及《海滩游侠》等。例如,1994 年,美国全国广播公司(NBC)与斯达夫电视制片厂、昆西·琼斯公司联合制作了《新鲜王子妙事多》,并在 NBC 电台向全美观众播出了这部热播电视剧。不久之后,华纳兄弟买断了这部电视剧,译制以后授权不同国家的电视网络播出。再加上更为灵活的电视节目模式策略之后,这种将美国电视节目的译制版本授权给他国电视网络播出的产销逻辑依旧盛行。

在全球电视节目模式的贸易中,国家电视网络从其他公司购得许可,以制作外国电视节目模式的国内版本。这一贸易过程涉及许多不同的国家传媒公司之间的全球性合作业务关系。许可方(电视节目模式的生产公司)"对其节目模式有着深刻的认识,他们明白其中的缺陷和困难,以及潜在的胜利和成功"(Moran,2009:118-119)。被许可方(国家电视网络)"对本国的观众文化有着更为深切的认识,更直观地知晓哪些节目会适合其观众"(Moran,2009:119)。许可方与被许可方之间通常是亲密合作关系,而非对立冲突。有时许可方会要求被许可方将电视节目内容原样照搬上屏幕;有时许可方也会允许被许可方做些微调或一些有创造性的改编。电视节目模式的改编过程可能是"封闭的",也可能是"开放的"(Moran,2009)。

许可方要求被许可方通过标准方式对电视节目模式进行改编,也就是封闭式改编。在进行这种改编时,其形式、内容或风格不能改变或调整。戈登(2009)将其称为"节目建模":

> 在不因地制宜的前提下,将外来节目的设计、形式和内容原搬照抄过来,由国家或电视网络进行商业性传播并由当地观众收看。(313)

封闭式改编再现了原有的电视节目模式,莫兰(2009)认为,封闭式改编的目的在于:

> 制作出一个与原版电视节目模式看上去很接近的版本。这种要求表面近似的译制强调了对原版的高度忠诚,即便这样的改编对观众来说索然无味。(119)
>
> 例如,英国广播公司娱乐台(许可方)要求各地的电视网络商(被许可方)通过标准化的方式改编《谁想成为百万富翁?》。若许可方允许被许可方为了迎合观众的口味和喜好对原有的电视节目模式进行改编,那就是开放式改编。在这种情况下,"当地电视节目生产团队的创造性主权在改编和生产过程中大大提高"(Moran,2009:119)。

为何电视节目模式在全球都如此受欢迎? 为何电视网络商对电视节目模式如此渴求? 为何有那么多的国家电视网络购买和改编电视节目模式? 全球电视节目模式的流行有其经济、政治以及文化因素的影响。出于其利润目标,商业电视网络总是想方设法在尽量缩减生产成本和减少风险的情况下,最大限度地提高收视率和广告收入。他们想要收购那些不必花费太多成本来制作的电视节目,与此同时又希望能通过高收视率为其广告商客户提供尽量多的观众。在世界范围内,国家电视网络收购电视节目模式的原因有以下几点:它们的制作成本和制作难度都不高,风险低,可以灵活调整以适应全国观众的喜好,符合国家传媒政策条件,由于品牌效应还能产生额外的效益。电视节目模式的这几个方面将在下面进行讨论。

电视网络商选择购买电视节目模式是因为相比于"从零开始",这样的方式能节约成本。因为他们无须为此高额聘用专业导演、编剧和演员。"购买电视节目模式是一个节约成本的策略,它免去了一些在制作这些节目时所需的固定成本"(Waisbord,2004:365)。同时,电视节目模式使得电视生产更为标准化,也更为"高效"。它们帮助电视网络避免了出现"创造性浪费"和未充分利用的劳动力。电视节目模式就像宜家家具。他们拥有"该如何制作"的小册子,这种教学手册列出了制作电视节目的"最好的方法"。电视节目模式的科学管理使得电视台的工作人员可以迅速地理解他们正在制作的是一个什么样的节目,并且列出一个可预期的完成时间表。电视节目模式给电视网络商提供了低生产成本和高生产效率的(而非创新的)节目,而这也许正是电视节目模式风靡的原因。

电视网络商购买电视节目模式的另一个原因在于它能帮助他们降低财务风险。许多电视网络的高管认为,观众将倾向于他们所熟悉的电视模式,而不是全新的,或者审美前卫的电视节目。高管们对电视节目模式情有独钟是因为它们在国际电视市场都有着良好的反响,而且已经有了全球广告业的支持。电视网络的高管往往倾向于追寻全球电视节目模式引领者的足迹,而不是自己创造新的电视节目。全球电视网络收购和编排电视节目模式的行为反映了一个行业的"低风险策略"(Keane and Moran,2008:157)。电视节目模式的全球化反映了这样一个事实:"复制别人的成功比自己冒险开创一个新的想法"更容易(Keane and Moran,2008:168)。电视节目模式降低了国家电视网络的收视风险。这种模式是"节目制作风险最小化的终极策略"(Waisbord,2004:365)。

电视网络采用电视节目模式的另一个原因是为了满足国家传媒政策在内容配额等方面的要求。许多国家强制国家电视网络每天播放一定数量的"本国"媒体内容(见第三章)。全球电视节目模式的版权可能属于外国传媒公司,但是当这个模式被本国电视网络用来制作国产节目时,它就可以成为一个"本国的"电视节目。因此,为了安抚国家监管机构,并在未制作原创电视节目的情况下完成内容配额,电视网络购买全球电视节目模式并将其"国有化":"这样一来,节目模式的编制成了一个绕过当地节目配额的商业战略。电视台通过对电视节目模式的改编利用,播放外国节目的国内版本,那他们便是在完成指标要求,但如果他们只是购买并播出外国节目本身,那就另当别论了。"(Waisbord,2004:363)

此外,电视网络购买电视节目模式是因为它们很容易适应国内观众的口味和偏好。电视节目模式是"一种非特定的、普遍的或者说非民族化的节目范式或模板","它可以根据当地环境,为特定的消费者进行定制"(Moran,2009:116)。电视节目模式依赖于"馅饼和馅饼皮模型,模式本身是馅饼皮,而各种本地化了的产物便是馅饼"(Keane,2002:7)。电视节目模式的"馅饼皮"为了满足观众内心对本国产品的需求,塞满了在文化和语言上为观众所熟悉的演员、参与者、主题和象征。卫斯波得(2004)指出,电视节目模式提供机会让"观众认识到自己是国家社区的成员之一"(72)。通过这样做,电视节目模式可以让观众不再抱怨他们自己国家的电视网络在为"美国化"添砖加瓦。电视节目模式允许国家电视网络的出现,就好像他们是在支持"原创的"国家娱乐媒体。威廉·莫里斯经纪公司副总裁汉斯·希夫曾表示,"电视节目模式的关键在于你得到了一个想法的基本模板,并将其运用在你的国内市场。这样当人们打开电视时,他们会认为这是一个国内节目"(Freedman,2003:36)。电视网络调整电视节目模式以增加观众的错觉,让他们误以为自己在观看本国的电视节目。而事实上，他们是在收看一个全球电视节目模式，只不过里面的内容已经被进行了与本国相关的改编。

最后一点，电视网络和广告商之所以支持电视节目模式，是因为它们提供了品牌以及植入式广告的机会。电视节目模式可以灵活地适应任何广告客户的需求，是最受欢迎的品牌娱乐形式。根据 2011 年尼尔森报告，美国电视节目模式吸引了最多的植入式广告或是"曝光"：《美国偶像》[577 个植入性广告和产品曝光，其中包括可口可乐、福特、美国电话电报公司（AT&T）、雪佛兰、苹果等]，《减肥达人》（533 个植入性广告和品牌曝光，其中包括赛百味、24 小时健身馆、益达无糖口香糖、密保诺、缪尔格伦有机西红柿罐头等），《名人学徒》（391 个产品曝光），《与星共舞》（390 个产品曝光），《X 音素》（312 个产品曝光），《彻底改变之家庭再造》（224 个产品曝光），《美国达人》（220 个产品曝光），《全美超模大赛》（178 个产品曝光），《极速前进：未尽之旅》（161 个产品曝光）。

总之，电视节目模式使得国家电视网络实现了利润最大化（观众越多广告收入越大），而这所运用的只是一个生产成本低、标准化、灵活而又高度商业化的媒体形式。

全球化的电视节目模式会是文化趋同性或文化多元化的驱动力吗？戈登（2009）曾提到，在牙买加，电视节目模式推动了文化的趋同性。在 20 世纪 90 年代，牙买加国家实施新自由主义媒体政策，将国有电视台转化为各种各样的商业电视网络。其目标是限制信息的国家垄断，建立有利可图的牙买加国家商贸公司，鼓励不同的媒体声音。而前两个目标都已实现，第三个却没有。营利的电视网络出现了，但是他们没有制作出高质量的原创节目，主要充当了"进口的（外国）西方节目的分销系统"的角色（311）。牙买加在完成新自由主义媒体转型后不久，它的三个国家电视网络（TVJ 电视台、CVM 电视台以及 LOVE 电视台）编排了 61% 的美国电视节目，4% 的非美国国际电视节目，以及 34% 的"牙买加制造"的电视节目（Gorden，2009）。许多牙买加电视网络播出的国家电视节目与源自美国和其他地方的电视节目模式没有区分度。戈登（2009）说道："尽管牙买加人更喜欢看能反映他们当地文化的节目，但他们所能看到的却只是美国流行文化的本地化版本。"（309）牙买加电视网络的节目建模阻碍了高质量的本土电视节目的成长，在很大程度上加剧了从美国到牙买加的单向媒体流，深化了牙买加传媒体系与美国跨国公司的一体化。戈登（2009）认为电视节目模式加速了文化的同化，而非多样性。"两者之间的差异很明显，多样化意味着一种相互关系或和谐[……]而同化则使得事物趋向于相同，不再拥有其个性。"（323）

然而，全球电视节目模式可能并非全球文化同化或相似的驱动力：

　　电视节目模式的成熟[……]似乎不会以国家层面为代价来强化全球

和地方层面,而是对国家层面进行重新配置,去掉那些可能会不利于其他两个层面的障碍。[······]电视节目模式密切依赖于国家层面。(Moran,2009:123)

电视节目模式再现并折射出了平实民族主义(Billig,1995)。"在节目模式的改编适应过程中,国家的地位在各种细节中被体现,包括某种颜色、一个测验问题、一种室外设置、一个故事情景、一种口音、一首主题曲等等"(Moran,2009:123)。经由国家电视网络改编的全球电视节目模式所代表的"国家"毫无意义:它应该是从深厚的民族经验、地方政治和历史中抽象而来。而电视节目模式反映的是"民族文化在网络世界里的持久性"(Waisbord,2004:368)。电视节目模式将一个国家里的那些也许可以代表经济、政治以及文化多样性的高质量电视节目推向边缘化。正如弗里德曼(2003)所说,电视节目模式是"为了实现企业利润最大化而存在,而不是刺激节目多样性或增进本地认同"(26)。

案例 5.2　环球电视节目模式——以《超模大赛》为例

作为一种全球电视节目模式,《超模大赛》已经被世界各国的电视网络所改编。《超模大赛》由泰拉·班克斯首创,由 10×10 娱乐公司和班克宝制作公司制作。第一季《超模大赛》在美国的联合派拉蒙电视网(UPN)播出,后来由于 UPN 和 WB 电视台合并成了 CW 电视网,故后来改由 CW 电视网播放。"超模大赛"是围绕一群雄心勃勃的女模特之间的竞争而展开的真人秀节目。每周,活力四射的女模特们都会通过模特挑战和摄影照片接收点评,最后确定淘汰其中一位,直到最后一集选出冠军。胜出者将得到很多奖励,包括与知名模特公司签约、为著名杂志拍摄封面照以及现金奖励等。《全美超模大赛》最初面向美国国内市场制作,但至今已在170 多个国家进行转播。《超模大赛》的节目模式也被 46 个国家采用,以改编出自己国家的超模大赛。《超模大赛》的节目模式版权由美国哥伦比亚广播公司出售给其他国家的电视网络,这些国家的电视网络在经过改编后,将节目向其国内观众播出。

《超模大赛》是一种封闭式改编。电视网络在基于国家层面对这一全球电视节目模式进行改编时都遵循着一套高度标准化的程序。所有改编后的节目成品都是基于原始的《全美超模大赛》的节目模式。每一集都是围绕参赛者每天的经历展开。一季共有 9～13 集,每季共有 10～20 名入围的参赛选手。大约一周时间更新一集。每集展现的都是模特相关的任务,包括有节食、健身、走秀、新闻专访、盯着相机、推销品牌产品、与可能签约的经纪公司相处等等。同样,在每一季即将收官之时,参赛者们都会被送往以下这些城市为参加全球时尚巡演而接受训练,包括:

巴黎、米兰、东京、伦敦、开普敦、曼谷、伦敦、悉尼、巴塞罗那、罗马、阿姆斯特丹、圣保罗和威尼斯等。每集的叙事结构都如出一辙：模特挑战、硬照拍摄、导师点评，以及最后的淘汰环节。每集开头都是一次挑战环节，选手们互相竞争以赢得挑战，胜者有奖励。接下去就是拍摄照片的环节，包括有：特写镜头、裸照、内衣写真、泳装照、与男模或动物合拍等。在点评环节，模特的个性、表现以及照片质量都会接受犀利的审查，在选手的商业价值被评估之后，导师最终确定将谁淘汰。主持人通过把照片发给选手本人，来表示该选手本轮安全过关。最后剩下两名选手没有拿到自己的照片，导师会通过点评告诉她们是因为哪些地方不到位，最终悬念揭晓，其中一位选手拿到了自己的照片，而另一位没有拿到，也就成了被淘汰的那位。淘汰的选手当场离开。虽然每个地方的《超模大赛》在节目模式上一样，但是每个国家电视网络都将模特挑战注入本地化的因素，选取本国有抱负的模特，聘用全国知名的时尚偶像作为导师。《超模大赛》在经过"国有化"改编之后，同样也可以让参赛者和观众探索具有他们自己国家特色的时尚产业。《超模大赛》同时也证实了平实民族主义和消费者世界主义。

⇨案例 5.3　环球电视节目模式——以《偶像》为例

《偶像》是一个风靡全球的真人选秀节目模式。它由英国著名电视制作人西蒙·福勒创办，由洛杉矶 19 娱乐公司操刀，为英国富曼传媒所有并由其负责发行，英国富曼传媒属德国贝塔斯曼旗下的 RTL 集团。《偶像》是一个名副其实的跨国电视节目模式，已在世界各地得到改编。

《流行偶像》起源于英国，在 2001 年由英国独立电视台推出。美国福克斯公司在其基础上加以改编，于次年推出真人秀节目《美国偶像》，从此风靡全球。近 100 个国家的电视台对其进行了"本土化"改编并且重新命名。黎巴嫩未来电视台面向所谓的"阿拉伯世界"播出了《超级明显》。巴西当地系统电视(SBTV)播出了《巴西偶像》，越南国家电视台则是《越南偶像》。保加利亚电视网络 BTV 将其命名为《音乐偶像》，法国以及其他讲法语的地区的人们看到的则是由都市六台播放的《法国星光大道》。东非人收看的是《东非偶像》，马来西亚人则是《马来西亚偶像》。在印度，人们通过索尼娱乐电视台收看《印度偶像》，这是一个使用印地语的娱乐频道。在全球各地，国家和商业电视广播公司都遵循着这一标准而又普遍化的电视节目模式。

与此同时，观众们所收看的都是本国的《偶像》版本，其中的评委和歌手都是国内的人才，使用的语言也是本国语言，迎合的也是本国的文化喜好。每个《偶像》节目基因相似却各有万千。每个《偶像》在布景设置、灯光、摄像角度、颜色和标识上有着特定的外观,其标识通常是椭圆形的,在其中心位置用大大的自定义字体水平地书写着电视节目的名字。每个《偶像》也有着听起来相似的主题歌曲。每个《偶像》里的主持人扮演着相同的角色。每个《偶像》都为媒体声誉和财富做出了贡献:就像来自海德拉巴的斯里兰姆·钱德拉(《印度偶像》第五季优胜者)或来自胡志明市的阮鸳灵(《越南偶像》第三季优胜者)那样,在与其他选手竞争时,演唱全球和本地流行专辑的热门歌曲。每个《偶像》都有一组由本国音乐节专家所组成的评审团来评判每位选手的表现。每个《偶像》都有一个可预测的事件发生顺序,整个歌唱比赛会通过一系列的阶段:海选、几进几、半决赛以及决赛。随着比赛的进行,观众通过投票一一淘汰选手。每个《偶像》都很重视与观众的互动,鼓励人们通过付费电话、短信或是在线为他们最喜爱的选手投票。总之,《偶像》是一种环球电视节目模式和商品化的理想类型。

跨国卫星电视时代里全球视角的生活方式品牌

卖座大片和环球电视节目模式是娱乐媒体的两个重要类型。跨国公司所设计的另一个跨国娱乐媒体类型既不是为了有直接的全球吸引力(卖座大片),也不是为了有平衡各方利益的吸引力(全球电视节目模式),而是旨在将不同国家里有着类似"生活方式"的观众联系在一起。跨国公司将那些为不同的跨国文化生活方式定制品牌产品的观众设定为这一类型的目标。为了利用这种差异,跨国公司开始发展生活方式媒体品牌以统一这一群体,使其成为品牌媒体社区的成员。为了实现这一目标,他们注意到那些特定的文化认同和人口信息。企业管理书籍的出版反映出跨国公司已经注意到了文化差异,并将其纳入了利润最大化策略,这样的书籍包括:玛丽莲·沃特的《为认同而消费:族群营销》(2000),艾尔弗雷德·施雷伯的《多元文化营销》(2000),以及贾宁·科斯塔的《在一个多元文化的世界里营销:种族,民族主义,以及文化认同》(2000)等。

品牌媒体内容的出现恰逢许多商品化和跨国化的卫星电视网络和渠道的快速增长(Chalaby,2002,2005;Chan,2005b;Curtin,2005;Thussu,2006)。在早前,一些公共电视台在一国领土范围内经营,聚焦于国内市场。虽然电视广播绝不是一种后公共或后民族的现象(Morris and Waisbord,2001),在许多国家广播电视台也越来越丰富、商业化,以及跨国化。在世界范围内,电视广播从公共的、免费的传统性广播向私有化电缆、数字和卫星电视全套装备持续转变。1989年,在整个欧盟地区仅有47个持牌电视频道;到了2010年,已经有了近1万个授权的电视频道(Doyle,2012:6)。查拉比(2005:1)认为,"跨国电视的崛起是当前全球重塑媒体产业和文化的核心"。新闻集团旗下的天空电视台和美国国家地理杂志,时代华纳旗下的美国有线电视新闻网和特纳经典电影网,以及维亚康姆公司旗下的MTV、尼克隆顿和 VH1 等都是跨国卫星电视的实例。查拉比(2003)指出,跨国电视频道是"去地域化广播"的一种形式,它不同于国家电视频道:

> 它们的观众是跨国的,其覆盖范围跨越了边界,日程安排也跨越了时区。他们正在适应全球化的时代,与过去的地方和电视之间的传统关系划清了界限。(462)

虽然跨国卫星电视可能会重组领土、文化和媒体之间的关系,但它总会受到民族国家特有的物质和文化力量及驻留其中的人群所影响(Curtin,2005)。拥有卫星电视网络和频道的跨国公司适应着国家的地理、政治和文化的独特性。

生活方式媒体品牌通过跨国卫星电视网络和频道的展示与一个相对较新的企业战略交织在一起,这种企业战略被称为"全球本土化"或"全球化的思想,本土化的操作"。全球本土化源于日本语 dochakuka,它原本的意思是农业技术对当地条件的适应(Robertson,1995:28)。比如麦当劳通过本土化实现了全球定位。伯克(2009)指出,麦当劳的菜单已经适应了他们做生意的地方的口味:"公司在乌拉圭销售荷包蛋汉堡,在墨西哥贩卖特色卷饼,在印度售卖'王公大汉堡'(羊肉代替牛肉)。"(53)虽然麦当劳是美国的象征,但它不寻求公开地对文化进行美国化。麦当劳通过本土化和在产品中使用当地原料,结合当地口味与喜好,来实现其全球化定位。麦当劳通过对不同文化的适应与展现,实现了自身的利益。

跨国公司在设计"全球本土化的生活方式品牌"时表达了这种辩证逻辑。在传媒业,全球本土化指的是跨国公司如何保持规模经济的同时灵活应对文化偏好。当产品成为出色的国际品牌时,可以在产品设计、品牌命名、包装、营销或广告之中运用定制手段(Averill,1996:219)。

跨国公司所制作和销售的全球本土化的生活方式品牌为引起国家、区域和人口敏感性的共鸣而定制(Aysha,2004:249;Averill,1996:219;Chang,2003)。辛克莱、杰华和坎宁安(1996)指出,跨国公司使传媒娱乐适应特定的地理语言和文化市场:"由此产生的情况不是文化帝国主义理论家所担心的世界电视的被动同化,相反的,是它的异化。"(13)全球本土化策略不是用来保护或促进不同文化,而是利用这一策略获取商业利益(Averill,1996:203)。

维亚康姆公司旗下的 MTV 便是跨国公司通过全球本土化实现了利润最大化的最好例子(Chalaby,2003;Cullity,2002;Fung,2006;Sowards,2003)。查拉比(2003)指出,MTV 于 1981 年开始在美国开展业务,1987 年将业务扩展到了欧洲,在随后的 90 年代进入了拉美地区,于 90 年代中期进入亚洲市场。现如今 MTV 已是全球最大的跨国电视网络。"MTV 是一个有着本土化思想和行为的全球品牌。"大卫·弗莱克如是说,身为 MTV 音乐电视网亚洲区内容和创意部高级副总裁,他指出:

> 虽然 MTV 是一个全球品牌，但是我们因地制宜。我们会迎合不同
> 地区观众的不同喜好与要求。因此我们需要在每个国家设立特定的频道
> 来满足我们目标观众的需求。（Santana，2003）

1987 年，维亚康姆公司开通了 MTV 国际网络，开始了 MTV 的全球扩展。通过卫星，MTV 向全球 164 个国家播送节目，使用的语言多达 18 种，每天至少有 10 亿人次的年轻人接收到了其流行音乐等全球本土化了的节目（MTV 国际网络，2006）。MTV 在很多国家的市场实现了全球本土化，其方式有：与当地公司（一些为国有企业）建立合资企业，遵守那个国家的文化民族主义政策制度，使用当地或土著语言制作节目、聘用当地的文化工作者和电视录像节目主持人，以及将美国流行音乐和本地流行音乐相融合（Chalaby，2006）。2007 年，维亚康姆推出 MTV（沙特阿拉伯）和尼克隆顿（沙特阿拉伯）卫星广播服务（Arango，2008）。通过在欧洲、非洲、拉丁美洲和中东地区的全球本土化，MTV 开发出了混合娱乐产品，其文化主题和内容合成于两个或更多的国家。MTV 在其电视节目中将美国流行文化与当地文化进行了创造性的融合。查拉比（2006）点出了全球本土化如何成为 MTV 实现利润最大化战略的关键：维亚康姆正在世界各地争取到有线付费电视市场，这正是因为其"对改编和杂合技术的掌握"（46）。

跨国公司同样也利用文化特性设计生活娱乐品牌。这些品牌包括付费的专业电视频道，它将跨国界、跨文化语言的成员作为其目标观众。生活娱乐品牌按"年龄、种族、收入、性别和地区"这样有着不同的"生活方式"分组来识别和表达不同的文化品位和喜好（Becker，2006）。这对人们的吸引力在于它们关注的是其特定的生活方式，而不是其民族身份。由此，观众不再是被集中到一个巨大的"国家盒子"之中，而是被细分在越来越小的"人口盒子"中。在发展生活方式品牌时，跨国公司会聘用营销人员、时尚猎奇者，以及民族人口学专家来识别、监测和评估不同群体的特性。他们将不同群体的人们看作不同类型的潜在消费者，然后尝试在电视中反映他们特殊的生活方式，这一企业战略反映了差异是如何用来创造销路的。差异确实能够创造销路（Frank，1997；Heath and Potter，2004）。跨国公司通过旗下的电视网络、频道以及节目来反映不同的身份和生活方式，以期收获利润。虽然"资本主义媒体除了致力于找寻新的多样化趋势以及探讨另类文化之外，没有什么新的创意"（Curtin and Streeter，2001：229），但跨国公司现在还是在全球范围继续这样做。以前被认为是危险的、急躁的，或是颠覆性的电视节目和电影，现在正成为主流（Curtin，1999）。

以维亚康姆为例，它拥有许多生活娱乐品牌，面向不同的"品牌至上"的生活群体。为了可以在各国的 LGBT（同性恋、双性恋及变性者）群体中发挥影响，维亚康姆推出了名为"Logo"的电视频道（"囊括了世界各地的新闻、20 多个原创节目、纪

录片、电影、音乐等，'Logo'为 LGBT 群体以及喜欢收看这类节目的观众提供了最前沿的相关娱乐信息")；对于那些老一派的"男人"，维亚康姆则向他们提供了"Spike 电视台"（"Spike 赞美男人以及所有他们的激情。这一品牌展现了男人勇敢、冒险的一面：走得更高，更努力地工作，变得更强。当然，与此同时，在这一旅程中也能接受到这份娱乐")；对于那些"黑皮肤的人"，维亚康姆推出了"黑人娱乐电视"（BET）（"它成为为全世界非裔美国人和黑人文化消费者提供娱乐节目的领头羊。超过 9000 万户的家庭收看到了 BET 的主频道，分布在美国、英国、加拿大、中东、非洲和加勒比地区")；学龄前儿童的父母则可以选择"诺金电视台"（"'诺金'的使命是成为孩子在上幼儿园之前就能接受教育的平台")；对于那些年龄大些的孩童，维亚康姆则提供了"尼克儿童电视台"。维亚康姆的高端电视品牌在定义目标观众时是根据他们的文化生活方式，而不是根据普遍的性质或严格的"民族文化"来划分。

　　让传媒民主人士和文化民族主义者担忧的是，诸如维亚康姆这样的全球传媒巨头的崛起会减少媒体来源的多样性（Baker，2007；Noam，2009）。然而新自由主义者认为跨国公司的集中并没有导致媒体来源或媒体产品的稀缺，相反地，创造出了丰富而多样的媒体（Compaine，2005；Thierer and Eskelsen，2008）。相比之前的任何时代，美国和跨国媒体消费者接触到了更大、更广泛的电视和电影内容。像维亚康姆这样的跨国传媒集团制作和发行各种包含多元化主题和故事的电视节目和电影。然而，数量不断增加的娱乐选择（大量定制电影、电视节目、有线电视、电台和网站）掩盖了来源多样性日渐收缩的事实（Meehan，2010）。然而，结果可能并不是 CI 范式所担心的文化趋同性，而是文化分裂。

　　相比于"同化全球流行文化"，跨国公司更致力于"组织和利用不同形式的创新来达到赢利的目的"（Curtin，1990：60）。这种跨国传媒策略正是克莱蒂（2004）所指的"企业跨文化主义"范例："一种积极、系统地寻求利用文化融合和流动身份的利益驱动策略"（90）。美国的跨国传媒公司不一定会制作那些旨在促进美国的"国家文化"的娱乐内容。"但只要它们能够在全球市场上作为商品销售，它们就意味着可以代表一切。"

　　全球本土化和生活方式品牌所展现的并不是美国跨国公司实力的削弱，而是他们的活力。这样的娱乐形式消除了当地的担忧，不论是由外而来的"文化美国化"所带来的（文化由外来力量主导）还是由内而发的排他性的文化民族主义同化所带来的（来自内部的同化作用）。然而，尽管全球的文化上层建筑在变化，经济基础可能并没有改变。文化多样性与统一的跨国公司所有权结构之间的矛盾，这类娱乐的国家化和精英化消费与全球占多数的工薪阶层之间的脱节，全球文化多样性的商业业态与往往很残酷的物质现实（遍布世界的阶级歧视、种族歧视、性别歧视等）之间的无效分离等，都揭示了全球文化经济中持续性的紧张和冲突。

娱乐倒流：从他国到美国

美国跨国公司运用大量的商业战略和文本策略来制作卖座大片、环球电视节目模式，以及全球本土化的、定位生活方式的跨国电视频道，并将其出口全球。其他国家的国家商贸公司制定精明的企业战略和文本策略通过娱乐倒流进入美国市场（Keane，2006）。娱乐不仅仅从美国流向其他地区，也有来自其他地区的娱乐进入美国市场。在打开美国市场的时候，其他国家的那些国家商贸公司将会面临什么样的挑战呢？它们在这一过程中又会使用什么样的经营方式、文本编码，以及生产和销售策略？这些国家商贸公司在打开美国市场时无疑面临着巨大的障碍和壁垒，为了克服这些困难，他们采用三个"逆向流动"策略：（1）通过文化上接近的媒体将目标观众指向侨民；（2）允许改制；（3）外来性"文化汇融"。

若要在美国市场发行其电影或电视节目，他国的国家商贸公司面临着诸多门槛限制。自20世纪60年代以来，非美国电影在美国发行的比例有所下降。在20世纪60年代，进口影片占美国总票房的10％；到了20世纪80年代，降到了7％；进入21世纪后的第一个十年里，这一比例已经不到1％（Christopherson，2011）。美国的文化制度并不封闭，但其媒体市场很难进入（Kaufman，2006）。其他国家的国家商贸公司为何难以打入美国市场？首先，尽管美国"地大物博"，像其他国家的观众一样，许多美国观众也喜欢文化上接近的娱乐内容，有着"狭隘的"口味和偏好。斯科特（2011）指出，"虽然在时尚、游戏、流行音乐、社交媒体等的共同作用下，国家间的文化和品味差距正日益缩小，但美国电影观众似乎仍在坚持其谨慎，甚至孤立的娱乐方式"。有字幕、配音，并不断创新的"外国"电视节目和电影通常无法吸引大多数说英语的美国观众。根据美国的娱乐评估规范，这些外来的娱乐往往被认为是无聊或艰涩的。其次，美国跨国公司成为其他国家的娱乐流入美国时的一大阻碍。他们认为美国观众不会收看非美国的娱乐，因为这个原因，许多非美国的电视节目和电影都未吸引他们来购买。通过阻止非美国娱乐的进入和要求流通企业只发行由他们旗下的制片厂制作的娱乐节目，跨国公司寡头垄断的市场力量得以加强。再次，非美国的国家商贸公司未按照美国电影协会的电影分级制度来制作电视连续剧或电影。"R级"或"NC-17级"的评级可能就会被美国主流观众、经销商，以及电视网络拒之门外。尽管困难重重，还是有一些美国之外的国家商贸公司带着他们的媒体产品成功地进军了美国市场。下面将讨论他们所使用的策略。

针对外来侨民。通常非美国的国家商贸公司会通过将美国的侨民作为其目标观众来打开美国市场。一些人选择背井离乡去寻找机遇（比如更高的工资、更高的生活标准等），也有一些人是因为自然灾害（海啸、地震、饥荒等）或国家压迫（种族灭绝、种族清洗、战争）而不得不去往异国他乡。美国是一个移民国家，其接受合法移民成为永久居民的数量比其他任何国家都要多。从 2000 年到 2010 年，近 1400 万人移居到美国。截至 2010 年，美国的合法与非法移民人口总数达到了 4000 万。美国的移民人口与 1990 年相比翻了一番，是 1980 年的三倍、1960 年的四倍(Camarota,2011)。美国移民的主要原籍国有墨西哥、印度、菲律宾和中国(James and Rytina,2009)。移民到美国的人们往往对自己的祖国魂牵梦萦。数以百万计的人生活在不同文化之间。移民到美国后，他们仍然同远在祖国的家人和朋友保持着联系。他们同样还关注着在祖国发生的一切。由于占主导地位的国家框架和国家传媒体系，通常新移民到美国是孤立的、处在边缘的。他们寻找着与祖国的联系，来找到认同感和归属感。那些非美国的国家商贸公司正是利用了这一点。他们用文化上接近的新闻和娱乐媒体吸引着那些侨民。移民们都渴望通过纸质和电子媒体保持与他们祖国的联系(Thussu,2006:188)。非美国的国家商贸公司制作和发行在文化和语言上接近的电视频道、电视节目和电影，以引起身处美国的本国移民的共鸣，进而产生消费。

⊳案例 5.4　西班牙语电视台，拉丁裔移民与《丑女贝蒂》

拉美国家的国家商贸公司将在美国的拉丁裔移民作为其目标观众，因为他们在文化和语言上都有接近性。"在迈阿密的古巴流亡者、在加利福尼亚州的墨西哥非法移民和拉美国家的城市人口之间的差异感与拉美裔移民发现自己身处一个播放西班牙语电视节目的社区时的感觉相比，简直不值一提。"(Sparks,2007:143)墨西哥电视公司和阿兹特克电视台，委内瑞拉电视四台，巴西环球报，以及哥伦比亚的 RCN 和卡拉科尔电台面向美国拉丁裔人口以及同样针对这类人群的美国电视网络，比如 Univision[美国第一大西班牙语门户网站，美国私募股权投资公司"德太投资(TPG Capital)"和"托马斯—李合伙公司(Thomas H. Lee Partners)"旗下]，以及 NBC—环球旗下的德莱门多西语世界电视台(Telemundo)。拉丁美洲的国家商贸公司热衷于和美国的拉丁网络进行合资、股权联盟，签订合作生产协议和授权协议。西班牙语娱乐流从南到北进入美国，再由北向南流出，标志着一个双向和多向的流动。拉美的国家商贸公司主要针对三大市场：本国市场、有着文化接近性的市场以及美国市场。通过与美国西班牙语电视台签订许可协议，他们将其节目受众定位于讲西班牙语的美国观众。此外，他们还可能会向美国电视网络授权一档电视节目的改制权，后者则会将其改编并本土化(Miller,2010)。

由南至北最为频繁的娱乐流便是电视肥皂剧，这类电视节目在拉丁美洲国家中最受欢迎。电视肥皂剧起源于拉丁美洲。在 20 世纪 50 年代，古巴广播连续剧模式演变成了古巴电视连续剧。古巴革命之后，很多连续剧编剧和制片人外逃，最终在拉丁美洲各国建立起一个个连续剧产业。虽然电视连续剧起源于拉美，但它们现在已经是风靡全球的电视形式,几乎每个大洲都有观众在收看电视连续剧,无论非洲、亚洲,还是欧洲各地。电视连续剧可以分为幽默剧(往往用幽默的方式处理严重的问题)、浪漫剧(异性间的爱恨纠葛)、不可思议事件(由赤贫到暴富的幻想性故事情节)和闹剧(主题具有普遍性,有着夸张的情节和原型人物)等。这种电视连续剧与美国肥皂剧有不同的叙事模式。美国肥皂剧是开放性的叙述(可以永远拍摄下去,没有大结局);而这种电视连续剧有结尾(通常共有 75~150 集)。美国肥皂剧里的戏剧性冲突往往永远得不到解决,而电视连续剧则不然。

《丑女贝蒂》讲述的是一名相貌不佳但才华出众的经济师在一家时装公司担任秘书的故事。这部热播剧可以称为进入美国市场的电视剧典范。哥伦比亚 RCN 电视台从 1999 年到 2001 年三年间一共拍摄制作了 169 集《丑女贝蒂》。从 2001年到 2010 年的十年间,这一哥伦比亚电视节目红遍全球。在印度,《丑女贝蒂》被命名为《非凡的杰茵》;在土耳其则被命名为《没你不行》;在俄罗斯叫作《不要漂亮要幸福》;在德国有一个浪漫的名字《柏林之恋》;在墨西哥则称为《最美丽的丑女孩》;在克罗地亚/塞尔维亚的名字叫《不要放弃,尼娜》;在越南直接叫作《丑女孩》;在菲律宾被命名为《我爱丑女贝蒂》;在波兰改名为《丑乌拉》;在巴西叫作《丑女贝拉》;而在美国、加拿大、英国、澳大利亚等,播出的则是 ABC 电视台改编版的《丑女贝蒂》。正如米勒(2010)所说:"贝蒂,在哥伦比亚电视剧中原型叫作 Betty la Fea,她完成了一次全球旅行,回来以后已经学会说各种方言了。"(198)

授权翻拍。非美国的国家商贸公司的电影和电视节目可以在重拍后获准进入美国音像市场。虽然这些国家商贸公司的目标观众是移民、流亡者和在美国的外籍人士,但他们的电影和电视节目作品仍旧吸引了美国的跨国公司来购买其翻拍权。长期以来,美国电影和电视制作公司一直在购买和改编非美国的电视节目和电影。《三人行》(1977—1984)改编自英国的《一家之主》;《全家福》(1971—1979)改编自英国的《直至死亡将我们分开》。1987 年,沃尔特·迪士尼将法国喜剧《三个男人和一个摇篮》改编为《三个男人和一个婴儿》。授权重拍来自东亚的非美国电影也是常见的(Keane,2006),如:《午夜凶铃》(2002)和《鬼水怪谈》(2004)(日本);《我的野蛮女友》(2001)和《我的老婆是大佬》(2001)(韩国);以及《无间道》(2001)和《见鬼》(2003)(中国香港)。2010 年,美商自由媒体集团发布了瑞典戏剧奇幻恐怖片《血色童话》(2008)的改编版本——《生人勿进》。索尼旗下的哥伦比亚影业则将瑞典电影《憎恨女性的男人》(2009)改编为《龙文身的女孩》(2011)(King,2011)。

美国的跨国公司在翻拍外国电影和电视节目时认为他们的故事必将吸引美国观众。利维(2010)列出了十大最具代表性和广受欢迎的好莱坞重拍的外国电影:《生人勿进》(2010)/Let the Right One in(2008)(瑞典)、《热情似火》(1959)/

Fanfaren der Liebe（1952）（西德）、《12 只猴子》（1996）/La Jetée（1962）（法国）、《七侠荡寇志》（1960）/The Seven Samurai（1954）（日本）、《闻香识女人》（1992）/Profumo di Donna（1974）（意大利）、《飞向太空》（2002）/ Solyaris（1972）（苏联）、《无间道风云》（2006）/Infernal Affairs（2002）（中国香港）、《荒野大镖客》（1964）/Yojimbo（1961）（日本）、《假凤虚凰》（1996）/La Cage aux Folles（1978）（法国—意大利），以及《趣味游戏》（2007）/Funny Games（1997）（奥地利）。批评者们说，这些翻拍反映出美国制片企业无力开发出新的电影思路。美国跨国公司反驳了这一说法：他们是想制作出一个比原作更优秀的版本，使更多的观众能看到，并通过克服其文化贴现把一个重要的故事很好地推广出去。虽然非美国的国家商贸公司通过出售英文版翻拍权，将自己的娱乐打入了美国市场，但美国的跨国公司往往仍是这一过程中受益最多的：

> 卖给好莱坞的每部电影虽然能获得短期利益（通过出售英文版的翻拍权），但它却更多地将电影公司在国际市场上的主导地位"割让"给了好莱坞，同时削弱了非美国电影业杀出自己边界之外的能力。（Goldman，1993）

　　然而，美国跨国公司并不是唯一翻制他国娱乐媒体的公司。非美国的国家商贸公司经常"掠夺"好莱坞的知识产权作品，来制作出他们自己版本的美国娱乐媒体（Prigge，2010）。土耳其在未经斯皮尔伯格同意的情况下，改编了他的经典作品，从《E. T. 外星人》（1982）到《巴迪》（1983），从《星球大战》（1977）到《救世英雄》（1982）；意大利将《偷天情缘》（又名《土拨鼠日》）（1983）改编为《鹳的一天》（2004）；宝莱坞翻拍了电影《搏击俱乐部》（1999），将其命名为《搏击俱乐部：只限会员》（2006），另将《窈窕奶爸》（1993）翻拍成了《恰奇 420》（1998）；俄罗斯把《十二怒汉》（1957）翻拍成《12》（2007）；日本把《杯酒人生》（2004）翻拍成了《酒佬日记》（2009）。美国跨国公司和非美国的国家商贸公司互相改编、修改或重拍对方的故事，这常常会形成奇怪而有趣的版本。

　　文化嫁接。非美国的国家商贸公司试图将源于本地和本国传统的故事"文化嫁接"以适应美国观众的口味和喜好，进而实现其娱乐产品在美国市场的流通。吴和陈（2007）将"文化嫁接"定义为"非美国的国家商贸公司将本地或本国的故事进行改编以使其适应美国或是更为广阔的全球市场，在这一过程中将国际化的规范和理念纳入当地文化产品的制作过程，从而使其更容易被广泛接受"（198）。举个例子，中国香港的传媒公司制作出了在美国乃至全球受欢迎的电影，如《卧虎藏龙》（2000）、《英雄》（2002）和《十面埋伏》（2004），这些都是将中国传统的故事进行了改编，然后制作成了场面恢宏的热门大片的例子。他们的制作过程得到了美国跨国公司的资金和发行支持。非美国的国家商贸公司试图制作出吸引美国和西方观众的娱乐产品,同时又保持其文化的独特性和传统感(Wu and Chan,2007:211)。

➡️案例 5.5　文化汇融的《卧虎藏龙》

《卧虎藏龙》是第一部在美国票房超过 1 亿美元的外语电影。该片出席了 2000 年和 2001 年的奥斯卡颁奖典礼,并获得了 10 项奥斯卡提名。吴和陈(2007)指出,《卧虎藏龙》之所以能进军美国甚至更广阔的全球市场并大获成功,与它的"地方—全球"商业战略和文本战略密不可分。为了使《卧虎藏龙》能进军美国市场,中国国家商贸公司(亚洲影视娱乐联盟、中国电影合作制片公司、安乐影片有限公司以及纵横国际影视股份有限公司)与美国跨国公司旗下的制片厂和发行商[索尼经典电影公司、好机器电影公司、哥伦比亚电影制作(亚洲)有限公司、华纳兄弟电影公司以及哥伦比亚三星影业等]进行了战略合作。这种"地方—全球"的商业联盟正是《卧虎藏龙》能够走出中国的至关重要的因素。为了能让影片吸引美国观众,中国和美国公司对影片文本进行了文化汇融。考虑到"文化贴现",制片方淡化了影片中关于中国的具象的文化因素,以免让美国观众觉得"差异太大、太过遥远,从而失去了吸引力"。许多特定的中国文化因素在影片中有涉及,比如武侠故事、标志性的背景、中国习俗、服饰、音乐、建筑以及普通话的应用,但其中融合了更具有普世意义的主题:关于个人争取自由和爱情,限制社会规范,荣誉的理想以及无私的责任。通过将这些主题融入影片,制片方希望能够吸引中国、美国乃至全世界的观众(210)。从总体上看,东西方的娱乐流是不平衡的,没有实现相互流动。然而,像《卧虎藏龙》这样的全球本土化产品证明了从东方向西方的娱乐倒流不是没有可能的。

结论:超出美国帝国主义媒体内容之外?

本章研究了美国跨国公司为了"走出去"所采用的商业战略和文本策略。跨国公司设计全球大片、全球国家电视节目模式以及全球本土化生活方式品牌,其目的是使其媒体内容在全球市场流行,而不仅仅是在美国。美国跨国公司是世界体系中经济实力最强大的角色,但它们并不总是文化"美国化"的推手,这也公然向 CI 范式发出了挑战。CI 范式认为美国跨国公司的全球入侵使得全球文化被"美国化",媒体内容的多样性也被减少。本章的研究结果表明,CI 范式在阐述美国跨国公司制作和发行的媒体内容时,存在着一系列的待定假设。

首先,文化帝国主义批评家依赖于福特主义时代的垄断媒体模型,还没有认真对待新的后福特主义的积累逻辑。正如柯廷(1999)指出的那样:"关于庞大媒体集团的同化力量的假设[……]推动了一个错误的认识,没有认清在当代文化产业中真正起作用的力量在哪里。"(2)从福特主义时代的垄断媒体资本主义(集中化、垄断化的媒体所有权，为一个大规模的观众群体批量生产娱乐商品）到后福特主义灵活的专业化（去集团化、去集权化、权力分散式的企业，为多样的观众群定制娱乐产品）的完全转变还未彻底发生（Christopherson and Storper，1986，1989；Storper，1989，1993）。但有一些显著变化需要指出。尽管媒体所有权仍是集中化的，美国为主的 TNMCs 是去中心化的跨境生产网络的关键。它为多种受众群体制作了一系列专门化和客制化的电视节目和电影。一个全景式的媒体集团（比如沃尔特·迪士尼等）控制和缩短电视和电影制作公司的差异是为不同的观众群（全球的、本地的或是跨地域的）灵活地定制品牌媒体产品。美国跨国公司生产和销售各种娱乐商品，卖座大片、电视节目模式、生活方式品牌等，它们有时反映的是美国文化，但也塑造了许多其他的文化。

其次，文化帝国主义的批评者心照不宣地默认媒体来源的收缩和媒体内容的一致性之间的因果关系。当然，美国跨国公司是许多在全球发行的电视节目和电影的主要来源。他们的电视节目和电影在许多国家占主导地位，但是跨国公司授权给国家商贸公司或与之共同制作的电视节目和电影有着一系列不同的文化表征，并不都是"美国的"。此外，也不能保证增加非美国公司的媒体资源就可以使得电视节目和电影多样丰富。事实上，许多非美国国家商贸公司生产的是标准化的娱乐媒体。滕斯托尔（2007）指出，"在过去的二十年中，大多数国家的电视系统一直制作低成本但流行的节目，包括肥皂剧、游戏节目和真人秀等"（322）。与许多小型媒体公司相比，一些跨国公司也许能够更好地创造各种媒体产品，因为他们控制着充足的资本资源。美国跨国公司的全球性增长而导致的全球媒体来源多样性的收缩并不一定会导致娱乐内容在文化上的同化。美国跨国公司统治着全球视听市场，但并不是所有他们制作的电视节目和电影都是文化"美国化"的推手。

文化帝国主义学者认为跨国公司的首要目标是支配市场，在这一点上他们是正确的。但他们在追求这个目标时所制作的文化内容的种类已经发生了变化。跨国公司知道制作和出口公然的"美国化"的电影和电视不是一个稳固的商业战略。正如《经济学家》（2002）所指出的那样："用地方思维想想：文化帝国主义没有销路。"当然，许多电视节目和电影还是美国和"美国生活方式"的代表，但美国跨国公司正在将电视节目和电影的内容"去美国化"，使他们可以更容易地捕捉和控制全球、国家和跨地域生活市场。为了扩大自己的利润空间，跨国公司正在设计面向世界、国家和地方等不同观众团体的娱乐媒体，不仅仅是针对美国观众。总之，文化帝国主义残余的商品形式（旨在向美国及其以外的世界推进"美国的生活方式"这一单向、同化目标的美国民族主义电影和电视节目）与新兴的全球性的、跨国的以及地方的商品形式共存。跨国公司的高管和线上项目创意工作者都很重视"文化贴现"和"文化接近性"这两个概念。他们试图通过设计全球大片、全球电视节目模式以及生活方式品牌来尽量减少"美国化"的威胁感知。

第六章　全球娱乐媒体、本地观众

引言:观众形象

　　学者们谈论起"观众"具体指的是什么人,到底是指谁呢？提到"观众"时又有哪些含义？不管是积极的或消极的,排斥性的或受管制的,自主选择的或全盘接受的,"观众"往往是关于观众的系统讨论的"主观效应"。研究人员、新闻工作者和政策制定者对观众写了不少,说了不少。全球娱乐媒体的观众通常是一块"空白屏幕",就像一块白板,学者、政策制定者及其他人认定观众是什么样子,就在白板上投影出什么样子,都把自己对观众的理解投射到上面。实际的观众——观看、消费、生活在娱乐媒体其中的百万计的人们——反而很少有机会开口。观众是用来讨论和代言的,本身却不说话。"观众"的概念——它是什么,意味着什么,和娱乐媒体有何关系——是模糊的、被主观化了的,观众是流动的、具体的——他们是什么、指的是谁、同娱乐媒体的关系如何(Butsch,2003;Livingston,2004)。观众的概念就是关于观众的讨论所构建出来的,人们怎么说,怎么描述它,它就是怎样的。当我们说起观众,通过一系列描述"观众"的话语(谈论和描绘的方式),"观众的形象特征"就被建构了(Allor,1996:209),或者说在全球娱乐媒体与本地观众之间的"观众形象"的理想的关系模式也形成了。米勒等人曾经说过,"观众是一个人工概念,是工业、国家和学者共同创造出来的产物,依赖他们的意念而行事"。(32)

　　本章将讨论跨国公司、政府和学者们是怎样为全球娱乐媒体构建观众概念的,我们会分析全球娱乐媒体本地观众的"五个形象":(1)新自由主义者眼中作为有自主选择权消费者的观众形象;(2)政治经济学者眼中作为商品的观众形象;(3)CI范式教化效果研究者眼中作为美国化和资本消费理想主义受害者的观众形象;(4)文化研究者眼中作为积极的意义创造者的观众形象;(5)新媒体研究者眼中作为互动用户的观众形象。

新自由主义:作为市场/主权消费者的观众

　　新自由主义是描述全球娱乐媒体的本地观众的一个较有影响的路径。新自由主义理论将人们描述成"主权消费者"。"消费者主权"的概念源自新古典经济学家的著作,如 Adam Smith(2012)、Friedrech von Hayek(2007)。消费者主权的支持者认为:(1)人是私密的、理性的、利己的个体,有主权并且能够决定自己的需求。(2)个人的需求通过市场表达出来,市场是最有效的需求反应机制,并将消费者需求和产品供应商联系起来。塔克(Tucker,2004)总结如下:

> 消费者主权是消费者用钱投票的自由,他们按竞争市场决定的价格购买(商品)。其结果是消费者的花费决定了公司提供的产品和服务种类。在资本主义体系下,大多数配置决定是消费者和生产者通过市场协调互动而形成的。(443)

新自由主义者将观众当成产品的"消费市场"。广泛而有利可图的消费者(市场)有能力决定跨国公司生产和发行哪些电视节目和电影。消费者是娱乐市场的王者,成为跨国公司所认为的重要的人。"媒体和娱乐工业努力迎合当前消费者'随时、随地'的内容需求",约翰如是说(市场研究公司负责人)(Staff Writer,2006)。美国的跨国公司之所以能将娱乐产品售卖到世界各地是由于他们给了跨国消费者想要的东西(Cowen,2002)。新自由主义者认为主权消费者推动了好莱坞电视节目和电影的全球化生产和流通。经济规模使得美国跨国公司在全球推销自己的产品十分容易,本土公司则很难与其竞争(Scott,2004b;Segrave,1997)。跨国公司有大笔生产预算,能生产高品质的娱乐产品,控制了国际发行网络。然而,新自由主义者认为,当观众在全球化的好莱坞产品和本土娱乐产品之间做选择时,他们宣称更愿意选美国制造的产品。美国娱乐产品的全球流行可以看成是全球消费需求的反映(Balko,2003;Olson,1999)。全球的主权消费者需要高品质的娱乐内容。美国的跨国公司为他们生产娱乐产品,有效地满足了他们的需求。

新自由主义者描述的主权消费者的形象还有另一些含义。跨国公司有能力生产发行他们选择的任意产品,但是如果商品不能迎合消费者的口味和偏好,这些商品很难走得较远,也难获得更多利润。如果消费者抵制某个影片或电视节目,跨国公司就赚不到钱,也没法将产品利润最大化,所以跨国公司会生产那些反映已感知的、已成型的消费者需求的产品。跨国公司投入巨大的资金、时间和能量,试图了解消费者想要什么。但是,最终,主权消费者决定了一部电影的票房,一档电视节目的成功。消费驱动娱乐生产。新自由主义者认为,跨国公司的增长或衰退、上升或下降、赚钱或破产依赖于能否有效地满足主权消费者的需求。

美国跨国公司的 CEO 和经理们认同新自由主义者关于主权消费者形象的描述,以此挑战 CI 范式,诋毁文化保护主义,为美国娱乐产业的全球卓越性提供道德上的例证。例如,1990 年,时代华纳的前主席、CEO 理查德・芒罗(Richard

Munro)在加利福尼亚市政厅发表的一个名为"再见好莱坞"的演讲,他警告那些"希望美国停止出口媒体和娱乐产品的有影响力的人"。芒罗声称好莱坞并没有强迫哪个国家开放自己的市场:

> 没有哪个士兵或者政府代表成为好莱坞的强制执行者。我们没有要求哪个国家、省府、个人购买我们的杂志,看我们的电视节目,参与我们的电影,或者听我们的唱片。

芒罗说,主权消费者应对美国娱乐产业的全球主导性负责:"当人们购买好莱坞……他们的行为自由,且出于自己的意愿……因为他们想用最合适的价钱买到最有价值的东西。"主权消费者自由地选择美国电视节目和电影,因为这些产品"类似或者优于其他国家生产的产品"。主权消费者喜欢美国娱乐产品,因为它象征了:

> 听麦当娜或莫扎特的权利;进一家店购买你想要的颜色和款式的衣服的权利;打开电视有选择权,而不是看文化部决定的那些内容。

芒罗不同意美国娱乐媒体的全球化使得文化变得单一,而坚持认为这是全球文化多样性的表现。美国娱乐媒体被认为是最易懂的文本,吸纳了最广泛的观点和品位表达,这是因为美国有着"比其他国家更广泛的多样性"。芒罗总结道,美国娱乐媒体是地球村的反映,它号召美国政府和"时代华纳的同事们通过协商和常识来扭转经济—文化保护主义"。芒罗依据市场和主权消费者的选择,解释了美国娱乐媒体的全球主导性,却忽略了美国政府推动并保护美国跨国公司的利益等其他层面的问题。

然而,新自由主义者的论据(如芒罗的言论)面临着一些批评。第一,新自由主义把娱乐产品从公共协商领域中抽出(娱乐被认为是公共物品,塑造了我们的生活方式),而把娱乐产品放到了市场环境中(娱乐被认为是一个商品,能够用钱买卖)。一些观点认为跨国公司的行为应该由国家支持的非市场化的目标指导(如公共利益、公民性、民族文化等),新自由主义者为了挑战这些观点,提出了一个以市场为根本的良好社会构想。新自由主义者认为娱乐产品在世界范围的流动应该由"市场力量说了算",娱乐产品的生产和发行选择也最好由市场说了算。他们认为政府对娱乐市场的干预是不必要的、毫无根据的。新自由主义者争辩称消费者选择的自由是社会最大的价值。如果中国消费者每年想看 14 部以上的美国大片(14 部是中国政府配额),那么他们应该可以这么做。如果美国年轻一代喜欢在电视上重复收看真人秀而不是公民新闻内容,那么他们有权利这么做。中国观众消费过多的美国大片可能会削弱中国官方文化；美国年轻一代在成长过程中可能知道最新《美国偶像》冠军比较多，知道第一修正案的比较少。但是别担心！消费者知道哪些东西最好。新自由主义者把消费者的选择权放在其他社会权利之上，忽略了娱乐市场消极的文化外部性。新自由主义者宣称消费者的选择权是良好社会的标准，忽视了这种选择权的经济、政治或文化的后果。新自由主义者把娱乐媒体描述成商品，将观众描述成为主权消费者市场，而忽略了娱乐媒体是如何成为一个强大的、有影响力的传播中介的。

　　第二，新自由主义者将市场上的选择自由等同于政治自由。他们指责政府试图管制娱乐市场，并将国家干预视作对自由的威胁。例如，阿皮亚（Appiah）争辩称，任何地方的人都有自由选择他们喜欢的任意娱乐产品的权利。佩勒林说（Pellerin，2006），"美国支持全世界扩大文化自由，但代价是限制了人们消费任何他们想要的文化产品"。这里，消费者选择消费全球娱乐产品被认为是一种自由行为。但是，这种消费选择很少是"自由的"。消费者挑选的商品是被其他人选择过的——投资人、执行人、广告商、文化工作者等。在公司集中化和寡头市场的时代，自由市场是一个神话，是公司资助的智囊团吆喝出来的。更进一步地说，市场上没有"免费的午餐"。为了享用娱乐产品，人们首先得付钱（用自己的注意力或者很难挣到的薪水）。市场根据个人消费能力选择或排除消费者。不论是在富裕国家或贫穷国家，有钱人都能自由地消费全球化的娱乐商品，而那些每天只有 2 美元收入的大量穷人则消费不起。不是每个人都有钱能加入知名娱乐群体。世界上大量消费者被系统性地排除在跨国媒体娱乐市场之外，市场上代表他们的人很少。因为跨国公司更看重并迎合有消费能力的消费者的需求，作为自由、平等消费者的富裕阶层的品位和偏好逐渐为跨国公司所看重，而其他消费者则被边缘化，被排除在了市场之外。世界氛围内，由于社会经济不平等，娱乐市场难以成为自由选择的来源。

　　第三，新自由主义者宣称美国娱乐产品全球市场供应反映了主权消费者的需求。消费者被建构成一个理性的行为人和选择者。但是对新自由主义者的主权消费者概念的批评意见提出了下列问题：消费者需求是消费者主动自发产生的吗（即内在性界定）？或者说这些需求是被他人社会性建构的（即外部性界定）？新自由主义者将"主权消费者"描述成独立的决策者，但是假如消费者的决定很大程度上受群体规范影响（政治及宗教意识形态），或者受强大的广告宣传影响，那将会是如何？跨国公司每年投入上亿美元用于多媒体营销战役，试图让消费者相信娱乐产品能满足他们特定的需求。跨国公司设定了文化需求：他们使用广告塑造了"需求"的含义，影响了消费者对电视节目和电影的需求。正如加尔布雷斯（Galbraith，1998）批判主权消费者观点时说：

消费者的需求可以是奇怪的、轻率的,甚至是不道德的。可以为社会制造出一个广受好评的案例,来满足消费者的需求。但是,如果满足需求的过程创造了需求本身,那么这个案例就不能成立。(125)

广告的存在影响了消费者的决策过程,也使得新自由主义者关于全球市场王者的主权消费者形象成为一个问题。

第四,新自由主义者想象着媒体公司(卖方)提供给付费消费者(买方)想要的电视节目和电影,随时随地满足他们的需求,就好像消费者的选择是电视节目和电影存在于世的最重要的原因。他们掌握消费者的需求和偏好,并以此决定生产、发行、播映哪些电视节目和电影。但是,娱乐媒体商品在市场上流通并不仅仅是消费者选择的结果。事实上,个体消费者对娱乐产品的需求在影响娱乐产业流程上作用很小,通过这个流程,娱乐媒体商品流通至世界各地。任何国家的消费者所认为的对电视节目和电影的需求其实都预先被娱乐产业获利人选择过了。认为个体消费者自己能够随时随地决定市场上的娱乐产品,这样的想法无疑过于简单了。消费者的确"选择"了他们想看的电视节目和电影(通过电影院或电视网的播出平台,从大量可供选择的商品中挑选出来),但是生产、发行、营销、播映什么样的电视节目和电影却主要是由掌握资本的公司决定的(见第二章)。新自由主义者关于神奇市场和主权消费者的论述隐藏了电视节目和电影的人类起源。个体消费者的意愿创造了电视节目和电影出现在任何市场的可能性(地区的、国家的、全球的),这样的观念抽离了生产这些商品的人类起源——领薪劳动。媒体商品被物化,并呈现为自主的物品,它们的存在是由消费者决定的,是消费者将它们召集到市场中的。如此,新自由主义者有了"商品拜物教"的过错(Jhally,1987)。

第五,新自由主义者把娱乐市场描述成一种民主力量,是因为市场提供给消费者他们想要的内容。新自由主义把经济范围内的市场交易同政治范围内的民主过程混为一谈。商业历史学家托马斯·弗兰克(Thomas Frank,2000)把这种混合现象称为"市场民粹主义"(market populism)。这个概念由新自由主义的智囊团、政治家、产业精英等发展显扬,将市场视为"比民选总统更民主的组织论坛",认为市场"不仅是交换的中介",更是"赞同的中介"(14)。市场民粹主义者把全球娱乐媒体看作民主的典范。《时代周刊》上一篇名为《民主规则,流行文化依存其中》的文章,将互动真人秀节目模式看成是民主的典范:"受福克斯《美国偶像》节目的启发以及网络开放文化的推动,以选举为基础的竞争机制正在娱乐世界的每个角落扩散激增。"(Leeds,2007)真人秀节目模式让每个人可以表达自己,让每个人可以被认识、被回应。政治自由被认为等同于消费者的互动,代表着民主中的公共商议被简化成消费者的投票行动。付费投票选出一个最喜欢的偶像、下一个超模或者最棒的超级碗广告可能比选举更有效、更有意义地表达了普通人的流行意愿。然而,市场不是必然民主的（Klein,2007），大部分的电视节目和电影都没有模拟草根民主的模式。在一个自由民主化的国家，每个公民都有投票的权利。跨国媒体公司只是将人们囊括进电视节目和电影的自由而平等的选择者中，如果他们有能力付钱的话。

政治经济学：观众作为商品

　　政治经济学者进一步批评新自由主义关于主权消费者的形象，他们看到了跨国公司反映市场化观众需求的这一观点的复杂性。默多克和戈尔丁（Murdock and Golding,2005）说："当主流经济学关注主权（消费者）个体时，批判的政治经济学开始关注社会关系和权力展示。"（62）政治经济学者认为跨国公司利用娱乐将观众（更确切地说，是观众的注意力）商品化，将这些作为商品的观众转卖给广告公司（Smythe,2001；Meehan,2005,2007）。政治经济学者将全球娱乐媒体的观众描述成商品，他们由跨国媒体公司制造，被收视率公司估值，然后被卖给广告公司。

　　在资本主义世界中，所有公司都卖东西，并说服人们购买他们出售的东西。整个世界规模的商品生产需要大量的消费。没有消费意味着无法赚取利润，也就无法实现资本循环再生产。正如斯德肯和卡特锐特（Sturken and Cartwright,2001）所指出的："一个资本主义社会生产出的商品远远超出其功能所需，因此消费商品的需求成为其意识形态的重要组成部分。"（192）金融、工业及服务公司每年花费大量金钱用于跨国销售，不仅说服人们去消费，也教导世界数以万计的人如何把自己视作消费者。这些公司雇用广告公司，在任何可能的地方为商品投放广告。广告业聚集、集中、受控于少数大的垄断集团。广告公司代表其他公司承担了关键的制造消费者需求的功能，而其他公司则要每天生产出大量商品以获取利润。广告商将商品广告投放到广告牌、杂志、报纸、电影、电视节目和网站上等，以此制造消费者需求。他们帮助那些生产类似使用价值商品的商家打造不同的商品形象或符号价值，使这些商品区别于其他竞争商品（Klein,2000）。某些批评观点认为广告是"人类历史上最有力、最持续的宣传体系"（Jhally,2000:27）。广告发展出一种环境上灾难性的、情感上骚动性的全球消费主义文化，在这种文化里，人们通过商品社会化了，并用商品评估自己的身份、自我价值以及生活品质。

⬚▷ 案例 6.1　六大全球广告公司, 2011

公　司	总部所在地	市场价值(亿美元)
WPP 集团	英国、爱尔兰	158
伟达公关公司		
奥美广告公司		
智威汤逊广告公司		
TNS 广告公司		
宏盟集团(Omnicom group)	美国	140
天联广告		
恒美广告		
李岱艾广告		
浩腾媒体		
阳狮集团(Publicis Groupe)	法国	102
李奥贝纳广告公司		
盛世长城广告		
阳狮广告		
电通(Dentsu)	日本	87
IPG 集团	美国	62
麦肯广告		
博达广告		
灵狮广告		
博报堂(Hakuhodo)	日本	24

　　政治经济学者认为媒体公司可用于通知系统紧急事件。本土公司和跨国公司控制着生产和发行娱乐媒体的资源,是广告的主要渠道。广告公司通过他们推销商品品牌形象,试图制造跨地域的需求。于是,跨国的、本土的以及全球的娱乐媒体处于中心位置,跨国推销"消费主义文化意识形态","这种文化推动了资本主义体系,给整个体系特定的意义,在某种真实的观念上,提供了一种道德和精神价值的普遍的替代品"(Sklair,2001:85)。正如席勒(Schiller,1979)所说:"每个广告信息媒介制造了明显的饱和,这种饱和创造了观众,他们的忠诚度捆绑在品牌商品上,他们对于社会关系的理解通过商品满意度来传达。"(23)依据赫尔曼和麦克切斯尼(Herman and McChesney,1997)的观点,娱乐媒体提供了一种信息化的、意识

形态化的环境,为商品营销提供了政治的、经济的和道德的基础,并使利润驱动的社会秩序合法化(10)。沃夫(Warf,2007)说,媒体巨头"为广告提供了便利,促进了大量消费的可能,参与到了世界经济中。这个过程不止是出售商品,而是塑造了观众的感知、渴望、愿景和生活方式"(104)。

　　世界范围内,广告市场持续增长。继 2008 年至 2009 年的衰退低谷后,"2010年是广告产业的恢复年"(Nielsen,2011b)。2010 年,所有地区、所有媒介——电视、广播、报纸、杂志、网络——广告销量都持续增长。广告付费最大的增长出现在中东、非洲和拉美(Airlie,2011)。在 2010 年,世界范围内娱乐产品和媒体广告花费是 1.4 万亿美元。同年,美国广告花费是 4430 亿美元(Elliot,2011)。每年,本土媒体公司和跨国媒体公司很大一笔广告收益是通过向广告公司出售时段和位置(或"地点")获得的。广告收入为娱乐媒体产品的生产和发行提供支持,反过来,媒体公司又支持广告公司培养消费者。娱乐专营权的起落取决于他们满足广告公司需求能力的强弱。这是因为媒体公司的生意不仅是向消费者生产、销售娱乐产品,而且是向广告公司出售观众(Napoli,2009:163)。它们在"二元市场"中运行:媒体公司制造内容吸引观众,观众再吸引广告商。媒体公司利用娱乐媒体——电视节目和电影——吸引观众,使之商品化,并把观众注意力交付给广告公司(Smythe,2001)。

　　电视广告。电视产业是二元商品或双边市场。有两种商品被购买和出售:电视节目和观众。电视公司编排电视节目,将观众引诱至一个稳定的广告流。然后电视公司把观众的注意力出售给广告公司,这是电视网的主要收益来源。大公司为推广自己的商品和服务向电视网购买广告时段。电视网将节目编排至广告中,安排广告抵达观众的顺序,将其排进特定的时间段:一天、一周或一季。没有定时移位录像设备或数字录影机的观众们就被绑定在了电视网的节目编排中:为了收看 X 节目,观众必须在 Y 时间打开电视,调至这个频道。电视网利用节目表吸引、捕获观众,对其分类并交付给广告公司,广告公司再购买节目间的广告时段,如此一来节目表成为一个场所,观众对节目的需求和广告公司对注意力的需求在此汇集。广告公司希望特定产品的广告向观众曝光,于是电视网编排特定节目以满足这种需求。如此一来,广告公司影响着哪些节目可被概念化、生产、许可、播映和观看。电视节目编排是媒体管理的主要部分,不同时代的观众随之成长,电视节目编排依赖于此,并因这种规律性和预测性而感到舒适。

　　广告公司利用电视网将商品信息传送至广大观众。反过来,电视网将观众视作商品(可以买卖的东西)。斯迈思(Smythe,2001)认为,电视网生产和交换的基本商品是"观众",通过观看电视节目,观众无意间为电视网"工作"了:

　　　　我以为广告商从电视网购买的是具备预测参数的观众服务,哪些特定数量的观众会关注,在哪个特定时间,以何种传播方式,这些观众作为集合体成为商品(270)。

自斯迈思的时代开始,电视传播、电视广告和观众商品化逐渐走向全球。从全球来看,到 2015 年,电视广告总额有望达到 2219 亿美元。虽然北美是最大的电视广告市场,但在世界市场上通过电视网交付给观众的商品正持续增长(全球娱乐媒体展望,2011)。根据相关报道,观众商品交易额占到全球电视产业利润的 50% 左右(Doyle,2012:4)。

广告资金流入媒体公司的多少主要取决于收视率的高低。电视网必须说服广告公司,某些"观众"(一定数量的人,有特定的人口统计学特征)一定会观看电视台编排的娱乐内容。它们这么做是以观众收视率为基础的:一定数量的人在特定时间收看娱乐节目的相关信息。于是收视率公司出现了,它们迎合了媒体公司和广告商的需求,以中立的研究机制来获取"客观"的观众信息。媒体公司从尼尔森购买收视率信息,尼尔森则专注于测量收视人群、收视内容、收视时长等。通过收视率信息,媒体公司设定、校正其出售给广告公司的时段和位置的价格。尼尔森总部在美国,其业务遍及世界 100 多个国家,是全球观众测量领域的领军者。广告公司依据收视率决定投放广告的时间和地点,并且向那些工业客户做一些保证,即这些广告能够抵达特定观众。媒体公司和广告商之间交易的核心是某种信任,即尼尔森提供的观众图景是相对准确的。但这是有疑问的。

收视率公司使用日志、调查、个人收视记录仪以及其他测量手段来决定谁在何时观看何种电视节目,但这不能把每个人都算入其内(Meehan,1990)。计入收视率中的观众是那些被收视率公司测量的人。收视率公司对"观众"的推断来自它们所选择测量的较小的观众样本组,观众被等同于较少的几百或几千用于测量的观看者,更多的观众未被计入。因此,收视率公司并未反映出整体的"观众"。它们测量部分的、经过筛选的观众图景,以满足媒体公司和广告商的商业需求。收视率公司聚集观众,将其作为商品转卖给电视网和广告商。收视率不太能告诉我们实际收看电视的观众的样子。在收视率描述的观众和实际收看某个节目或电影的观众之间存在一个巨大的区隔。广告产业最感兴趣的是抵达那些可任意支配收入的观众群体,这就导致电视网只为那些有能力消费的观众竞争。其结果是,世界上数以万计的人没被收视率公司统计在内,也不会成为电视网节目的目标观众。因为广告公司不会为穷人的注意力付费,电视网不会为他们头脑中的穷人订购、编排电视节目或电影。

电影院内的广告。电视网吸引了最大量的观众,获取了最多的广告收益,但是广告商仍然开发新渠道、扩大抵达率。电影院就成为观众收看广告的主要场所。利用名为"电影院内广告"的策略(Nielsen,2008),电影院将观众注意力售卖给广告商,从而获取收益。电影院内广告是"任意广告,出现在屏幕外或屏幕内,位于电影院内"(Nielsen,2008)。屏幕内广告(On-screen)指的是电视类型的商业广告,可在任何地方展示,时长为15~30分钟,主要出现在电影开始前的一段时间。屏幕外的广告指的是放置在电影院大厅、走廊、影厅等处的广告。销售员和宣传员利用电影景观引诱目标观众进入影院综合体。电影院内广告和电影体验不同,它干扰且延迟了电影体验。电影放映前或放映后,观众要观看广告——不仅包括其他电影预告片,还有其他多种商品广告:汽车、手机、饮料等。自2005年开始,全球电影院内广告收益持续增长,到2009年,美国电影院广告收益已达5亿美元,全球则为21.1亿美元(引自影院广告委员会,2010)。全球广告商喜欢电影院内广告,因为这些广告的观众位置固定,注意力集中(Nielsenwire,2008)。在电影院内,观众在字面上可被认为是"俘获的":因为没法挑选频道,不能通过个人录像机跳过广告。电视观众可以边看电视边讲话,电影观众很少能这样做。电影院内广告强迫这些被"俘获"的观众关注眼前的广告,观众很少有机会打破赞助商的意图。

植入广告和品牌娱乐。媒体公司和广告公司合作,在电视节目和电影中植入品牌商品广告,并将其呈现给观众。当品牌商品和服务被植入娱乐产品的情节内容中,植入广告就形成了。电视网和电影公司与广告公司合作,将产品植入剧本中(Hesmondhalgh,2007:196)。2008年1月至7月,美国电视节目中共植入20多万个产品(Harris,2009)。每年电影中的产品植入广告费约为12亿美元(Kivijarv,2005)。20世纪20年代开始,产品就和电影联系在了一起(Newell,Salmon and Chang,2006),1982年电影《E.T.外星人》将一个好莱坞产品植入电影情节中。在电影里,一个可爱的外星人跟随好时巧克力的轨迹来到美国一个乡下小屋,它和这里的一个伤心小男孩成了朋友。从E.T.时代开始,植入广告就制度化了。随着技术发展,观众逐渐碎片化,卫星电视、家庭录影带、DVD租赁服务、互联网和新媒体等给电影带来新的竞争,制片厂开始投入更大预算,制作更具奇观效果的热门影片(Grainge,2008:14-15)。由于媒体集团合并了电影制片厂,大片就成为推广产品的强大手段。正如瓦斯科(Wasko,2003)所观察到的那样,"电影不再仅仅代表自己本身这个产品,还成为其他商品的中介,且不断产生附加的商品"(170)。电影商品在世界范围内的影院、家庭和移动娱乐空间中流通,捕获观众注意力,并将其交付给成千个植入商品的品牌形象广告。

广告植入的叙事策略和营销手段的融合模糊了娱乐内容和广告之间的界限,形成了"品牌娱乐"模式(branded entertainment)(Donaton,2005)。品牌娱乐将一个品牌产品或服务编排进某个品牌电视节目或电影的叙事情节中。品牌娱乐成为电视节目和电影叙事的组成部分,在与故事主角的价值观、类型和行动的互动中往往能获得额外的意义(McChesney,2004:148)。植入广告和品牌娱乐二者之间的差别是什么?传统的产品植入是在剧本成形后再将商品置入。品牌并非因特定含义而进入故事中,而主要以背景和道具为特征。品牌娱乐试图将特定品牌商品编排进剧本中。在某些案例中,品牌商品成为故事的前提,塑造了这个故事的概念。总之,媒体集团和全球广告公司将世界各地的观众拉到最新的产品和服务的广告面前,而这些广告往往伪装成电影和电视娱乐的样子。

⇨案例 6.2 《极限特工》作为品牌娱乐

《极限特工》(2002)是品牌娱乐的一个案例(跨文化动作明星范·迪塞尔饰演了影片男主角桑德·凯奇)。品牌产品是凯奇亚文化造型的一部分。凯奇运动时穿着箭牌皮夹克,比尔邦牌冲浪衣和范斯鞋。"孩子们知道你有没有骗他们。"范斯营销副经理杰·威尔逊如是说。"我们尝试和孩子们进行情感沟通,寻找做事情的新方式。在这件事上我们得到的公共关系超出了我们的预想。"(引自 Pinsker,2001)电影中,凯奇在密集的动作场景里踢腿、跳跃、翻越,穿的鞋都是范斯的。他补充能量喝的是红牛能量饮料,他的那些结实的俄国敌人喝的是 J&B 威士忌。凯奇还使用新媒体技术设备,如摩托罗视频手机、柯达装备、索尼二代游戏机、IBM电脑以及微软产品。凯奇戴的是瑞士猎人军表。革命影业表达了"在影片中穿戴瑞士军表的兴趣",瑞士军表营销副经理谢利·麦肯齐如是说。瑞士军队品牌的个性特征同凯奇的形象比较吻合。"猎人手表的确适合这个角色。手表独特的外观和气质符合角色形象。"关于品牌经理塑造电影剧本的力量,麦肯齐还补充道:在同意将产品置入片中任何角色之前,我们都会对电视或电影故事情节进行分析评论。我们看故事情节和内容,确保不会和我们的品牌形象有冲突。我认为猎人手表是强大的,看上去粗糙但很光滑,它很现代、很高科技,和电影的形象和类型非常贴合。(引自 Stranberg,2002)

《极限特工》的广告主角还有汽车品牌,包括克尔维特和吉普。在部分场景里,凯奇开的是旁蒂克 GTO 汽车,该车的轮胎供应商是百路驰。旁蒂克决定在《极限特工》的 DVD 中植入 GTO 2004 款车型,它还投资了该片的续集(引自品牌频道杂志,2004)。

培养力量/意识形态研究:被影响的观众

CI 理论学者、培养理论学者和媒介效果研究者会将全球娱乐媒体的本地观众看成是跨国媒体公司意识形态影响的牺牲品。培养理论学者认为,娱乐媒体展示的是再现的世界,观众不断观看这些产品,会影响他们的自我感知及对世界的认识(Gerbner,1998;Gerbner et al.,1994)。个人或群体接触再现现实的时间越长,就越有可能相信再现的现实是正当的、正常的、合理的。如果个人或群体长期接触部分的、选择性的媒体再现的世界，他们对世界的感知很有可能会类似于或基于媒体再现。核心问题在于娱乐媒体对现实的再现绝不是价值中立的，电视节目和电影再现的本地或全球的现实是意识形态化的。"意识形态"是社会统治阶级或群体的一套价值观念体系，或是正确的、客观的知识对比下的虚幻的、错误的、歪曲的观点（Williams，1977）。电视节目和电影会影响人们对世界的感知和行动，这主要通过让观众接触那些支持权贵阶层利益、歪曲生活现实的意识形态来实现。

　　全球化的电视节目和电影会影响人们的观点、信仰和行为吗？在某些条件下，社会中的强势群体（大集团、政府、统治阶级等）利用娱乐媒体影响一般群体（观众、下级、边缘群体、工人阶级、年轻人等），让他们的思考和行动违背自身的最佳利益。对于某些 CI 学者和激进的马克思主义批评学者来说，全球娱乐媒体以多数人为代价满足了少数人的利益。它是美国民族主义和资本消费主义意识形态跨国横行、影响观众的一种手段。娱乐媒体将这些意识形态传至世界各地，威胁到那些已经确立的传统、信仰和身份特征。跨国媒体公司和观众间的交换关系是非对等的，不是互惠的。娱乐媒体的全球流通让跨国媒体公司从观众那里得到一些东西（注意力、金钱、赞同），也导致观众失去一些东西（知识、时间、身份特征）。全球娱乐媒体的本地观众形象就是一个牺牲者，他们承受了"美国化"的消极意识形态和文化效果，以及资本主义消费者的教化思想。

　　输出美国生活方式、意识形态。对于文化帝国主义作为美国化的一种形式的批评长期以来都认为全球娱乐媒体是将美国民族主义意识形态传至全球的手段。在 1901 年，英国记者 W. T. 斯特得的著作《世界的美国化》（*The Americanization of the World*）出版了。斯特得观察到美国产业生产模式、消费主义和文化价值观是如何走向全球的，以及世界美国化正在形成的趋势（Rydell and Kroess，2005：9）。第二次世界大战后，很多国家都表达了对"美国化"的担心。在《识字的用途》（*The Uses of Literacy*）中，理查德·霍加特（Richard Hoggart，1957）十分惋惜美国商业文化浸透下的英国。霍加特将英国传统工人阶级团体"审美的崩溃"与进口青少年奶吧、运动套装、唱片、图片领带、自动音乐唱机联系起来，认为年轻人逐渐同化于"一个（媒体）神话世界，这个世界由少数简单元素混合而成，彰显了美国的生活方式"（204）。从第二次世界大战到 20 世纪 70 年代联合国教科文组织的辩论，再到现在关于文化例外的争论，学者、活动家和文化政策制定者都在不断争论全球化的美国娱乐媒体是否将本地观众的思想和行为美国化了。这些论述认为，电视节目和电影代表了美国，引发本地观众认同其所主导的美国价值观、身份和对外政策，其代价是本土的（即民族主义的）文化身份特征的削弱。加纳酋长和文化部长 S.K. 鲍弗（Boafo）说，"外国的，尤其是美国的电影、音乐、时尚、语言，削弱了加纳文化"（引自《政治家》，2007）。加拿大人民评议会主席莫德·巴洛（Maude

Barlow,2001)认为"以消费者为基础的、自由市场的意识形态驱动着美国和西方的价值观和生活方式,通过大量的美国娱乐产品来传播",渗透到了"世界每个角落",摧毁了本土的传统、知识、技能、艺术和价值观。

略萨(Llosa,2001)总结了那些把全球化视为"美国化"的批评意见:

> 国家边界逐渐消失、通过市场联结的世界开始形成,地区和民族的文化、传统、风俗、神话和更多决定该国与该地区文化身份特征的东西都将遭受致命的打击。由于世界上大部分国家都无法抵抗发达国家文化产品的入侵,特别是来自超级大国美国的产品,这些国家都不可避免地追随大型跨国公司的轨迹,北美文化最终强化了自身,使世界趋于标准化,并消灭了多元文化群。在这种方式中,所有其他人(不仅仅是那些弱小者)都成为21世纪的"殖民地"——新的(美国)帝国主义文化规范下的僵尸或讽刺漫画,强加其上的是美国的语言、思维方式、信仰、享乐和梦想。

对于美国化的批评者来说,全球化的美国电视节目和电影主导且破坏了本土文化。它们是外国渗透的代理人,将美国形象的相关信息强加给那些无助的本土观众。全球娱乐媒体将非美国人转向背离自己生活的一面,鼓励他们思考、梦想(或有一天)成为"美国人"。正是如此,全球娱乐媒体威胁到"以领土为基础的民族文化,或者某个国家、民族、种群发展形成的文化身份特征"(Morris,2002:279)。在这种论述中,某种国外的(全球娱乐媒体)东西污染、腐化、破坏了某种本国的东西(民族身份特征)。

一些非美国的文化政策制定者、商人和观众们担心他们本土和民族文化的美国化,而美国的对外政策制定者则关心娱乐媒体的全球化不足以实现美国化生活方式的全球赞同。美国战略家争论美国跨国媒体公司对于美国在全球事务中的形象和影响是有利还是有害。全球化的电视节目和电影给本土观众呈现何种美国形象?全球娱乐文本如何再现美国的价值观、民族身份和对外政策?全球化的电视节目和电影培养的是赞同美国的情感还是反感美国的情感?美国的媒体再现是有益于还是有害于美国的地缘政治利益?娱乐媒体将人们吸引到美国还是让他们憎恨美国?对于这些全球娱乐媒体的地缘政治问题,自由派学者和保守派学者各有不同的答案。

自由派学者认为全球好莱坞娱乐化是美国"软实力"的代表。奈伊(Nye,2008)将"软实力"描述成"通过合作和吸引力获取的能力,而非通过强制和贿赂"(95)。对于奈伊和其他学者来说,全球娱乐媒体是美国软实力的有力工具,能够把人们吸引到美国的价值观、身份和对外政策上来。例如,弗雷泽(Fraser,2003)说:"美国软实力(电影、流行乐、电视、快餐、时尚、主题公园)拓展、巩固、强化了一般的

（美国）价值观、信仰和生活方式。"他说："没错，美国全球主导性主要基于美国强权的绝对优势。但是新兴美利坚帝国的影响力、声望和正当性则主要依赖于其软实力的有效性。"(13)像奈伊、弗雷泽这样的自由派学者认为全球娱乐媒体提升了美国的全球领导力，它们传播的"美国"形象具有吸引力，展示了多元文化、民主、自由、资本主义、消费主义、向上流动性和技术进步等元素。全球娱乐媒体提升了美国对娱乐手段的运用，建立了支持美国的世界观。

然而，保守派学者认为全球好莱坞娱乐媒体引发了反美主义（Gentzkow and Shapiro, 2004; Graber, 2009; Wellemeyer, 2006）。美国外交关系委员会2003年的一份报告指出，反美主义的出现部分是由于"美国文化的广泛传播。好莱坞的电影、电视、广告、商业活动、快餐连锁等都引发了强烈冲突"(24)。在这种CI范式右翼修正观点中，全球娱乐媒体强加给观众消极的观点，培养了一种关于美国的"错误的意识"，将美国再现为充斥着性、暴力、笨拙青年、消费、政治冲突的地方（Defleur and Defleur, 2003）。科耐（Kuhner, 2009）说：

> 反美主义憎恨情绪最大的来源是我们颓废的流行文化……世界上大部分的人——不论是在中东、非洲、拉美、亚洲或是东欧——都是传统型的。他们深信上帝和亲人、温暖而舒适的家。美国MTV的道德观不仅肤浅、深深地反人类，而且很宿命。它不能维持或启发任何文明，使之更有意义。

理查德·金博尔和约书亚·穆拉夫奇亚（Richard Kimball and Joshua Muravchick）是美国企业学会的公共政策研究学者，他们认为好莱坞电影伤害了美国，引发了左翼国际主义者的担心（Wellemeyer, 2006）。吉姆·菲利普斯（Jim Phillips）是遗产基金会的研究人员，他认为好莱坞是美国阴谋论的根本来源，好莱坞的电影激起了人们对美国对外政策的妄想（Wellemeyer, 2006）。总之，保守主义者将全球化的美国娱乐媒体视为国外反美主义的使者。他们批评美国的娱乐化再现，因为这种再现和他们对于"美国"的保守看法不相符。电视节目和电影无法再现严格的基督价值观、幸福的家庭、对军人的尊崇、亢奋的民族主义，年轻人性的纯洁/压抑是"非美国的"，这样才会引发国外的反美主义。

关于全球娱乐媒体对于美国软实力或领导权的作用，自由派和保守派不断争论，其中充斥着有疑问的论断以及隐含的假设。首先，自由派和保守派对于"美国"是什么的理解过于简单，对于"美国"和娱乐媒体之间的关系的理解也有问题。"美国"不是一个完整的事物。美国的含义是变迁的，美国和非美国的公民也经常为之冲突。美国不是可化解成血液或灵魂的某个整体，而是争夺自然化、标准化含义的一个过程。美国的不同政治群体整日争斗，就为了争论美国是什么，以及美国的含义。所有赞同或批评"美国化"的人都应该具体指明他们所谓的"美国"是什么,然后才能赞美或哀悼它的文化效果。

其次,全球娱乐媒体并不再现"美国",而是反映部分的、选择过的美国形象。娱乐媒体呈现了关于美国含义的霸权和反霸权的斗争,因为它们展现了美国和更广阔的世界。正如格雷(Grey,2007)所说:"在美国的全球媒体中存在多种竞争性的美国(形象),在更快乐、热情积极的美国媒体产品中,一些美国(形象)还攻击另一些美国(形象)。"(131)格雷(Grey,2007)鼓励全球媒体研究的学者"不要构想流动的媒体意义,将美国和好莱坞看成是同样的、标准化的、可预测的"(146)。从美国出口到全世界的电视节目和电影代表了美国这一概念,也就类似于"所有美国人共享一个国家形象这样荒谬"(Grey,2007:146)。全球化的娱乐媒体给世界提供了竞争性的美国形象:自由的和保守的、乌托邦的和反乌托邦的、有吸引力的和令人厌恶的。"如果我们要理解世界是如何想象美国的话,我们必须研究更多情况。"(Grey,2007:146)

再次,保守派和自由派都假定反对或认同美国的情绪的主要来源是全球娱乐媒体展现的美国,但这种看法是有风险的,因为它夸大了娱乐媒体塑造政治思想和行为的能力。在某些国家,进口美国娱乐媒体内容可能会强化本土的、民族的身份,或者引发对美国影响带来的威胁的强烈反对(Kang and Morgan,1988)。为了应对美国化的恐惧,很多国家都复兴或重塑了传统的身份特征。这些抵制和保守特征"为上帝、国家、种族、家庭或地方建起了战壕"(Castells,1977:356)。例如,埃及文化委员会秘书长贾思姆·阿斯弗尔教授(Jassim Asfour)就认为,必须对抗美国化,要"保卫我们的民族性,复兴我们阿拉伯、穆斯林文化"(引自 Za'za,2002)。2008 年 9 月 14 日,沙特阿拉伯最高法院酋长萨利赫在沙特政府运营的沙特阿拉伯电视台发布了一项裁决令,以抵制西方卫星电视节目(Abu-Nasr,2008)。在这些案例中,全球娱乐媒体的确同反美化相联系,甚至使之恶化,但并不是直接原因。反美情绪的根源是高层政治,不是《变形金刚》或《怪物史莱克》。

美国娱乐媒体的全球化也许不会影响人们对于美国的政治判断。人们或许不喜欢美国的对外政策,但是喜欢消费美国娱乐产品。人们也许讨厌美国电视节目,却认同或支持美国对外政策。对待美国的积极和消极的态度最有可能通过政治表达出来,以回应美国对外政策的决议和行动,而不是通过美国的娱乐内容来表达。在 2001 年到 2008 年间,美国的跨国媒体公司利润屡创纪录。2009 年,美国出口到全世界的电影收入达到 299 亿美元(MPAA,2009)。然而,在同一时期,因为美国的单边及军事对外政策,反美主义十分盛行。在这一时期,全球化电影和电视节目并未引起反美主义,而是美国外交政策使然。2001 年至 2006 年间,反美情绪在土耳其形成。2006 年,一部位列土耳其票房榜几周的卖座电影是《加菲猫:两个凯蒂的故事》(Bronk,2006)。土耳其的反美主义要归咎于加菲猫吗? 大概不是。但"首先谴责好莱坞的大众们不去面对战争的残酷现实和国际外交手段,而是抱怨土耳其的非流行化是这只猫造成的"(Bronk,2006)。在那些对美国外交政策有消极体验的国家,全球娱乐媒体也许造成或强化了反美情绪,但电视节目和电影并没有直接引起反美主义。当娱乐媒体美化不受欢迎的美国外交政策,将它强加于其他人群、地域和文化身上,或者试图制造意识形态认同时,反美主义情绪就有可能形成。正如米勒(Miller,2005)所描述的那样,"在最后的实例中,流行文化和美国政府的目标和政策之间的关系是反美主义的关键,而不是流行文化的内容"本身(27)。

出口资本主义—消费主义意识形态。马克思主义者宣称全球娱乐媒体传播了一种资本主义—消费主义的意识形态(Artz,2003)。随着资本主义走向全球,需要一种观念和信仰的体系使这种行为合法化、自然化。娱乐媒体产品将资本主义—消费主义"意识形态"传至全球,使人们成为顺从的工人和消费者,并整合进资本主义体系。正如赫尔曼和麦克切斯尼(Herman and McChesney,1997)所说:

> 国际公司的力量不仅是经济的、政治的,还延伸至思想的基本假设和模式……这套体系是否稳定很大程度上取决于对全球性公司意识形态的接受程度。(35)

根据马克思主义者的观点,全球资本主义是一个建立在不平等关系上的体系。社会的根本矛盾是所有权人和工人、富人和穷人之间的矛盾。意识形态从富人的角度表现世界,而声称反映了美国人的观点。资本主义意识形态由娱乐媒体承载,表现了顽强的个人主义、极端自我利益、竞争等对人们有利的元素;自由财产不可侵犯;资本主义创造了广泛的、向上流动的、不断扩大的中产阶级社会的神话;富人生来就优于穷人;公司的利益和社会的利益一致("有利于全球经济的元素也有利于每个人")。

全球娱乐媒体还是消费主义意识形态的承载者。由广告支持的消费主义促使人们相信过度消费、追求占有越来越多的商品、通过商品表达个性等都是正常的、理想的。消费主义意识形态将追求、表达个性和消费、使用商品联系起来。在经历资本主义消费者转型的国家中,广告和娱乐媒体鼓励观众模仿影片中超现实的消费者类型和生活方式(Wei and Pan,1999)。与此同时,娱乐媒体可能是不断扩张的资本主义体系的一种方式,这种方式象征性地补偿了数百万计观众疏离的、被剥削的、忍受着的日常工作(Jameson,1979)。消费者市场给人们提供了针对性的、飞逝而过的满足感,使人们默许生产中的不自由(Horkheimer and Adorno,1972)。总之,马克思主义者宣传全球娱乐媒体携带了资本主义消费的意识形态,使其在跨国范围内不断扩张。全球娱乐媒体是全球资本主义体系的一种功能和效果。

⊡→**案例 6.3 美国理想之美的全球化**

　　美国的全球化和西方理想化的美是否影响并鼓励了非西方文化中的女性改变认知自身的方式？通过"美丽的""有魅力的"商品化的女性形象，广告公司得以销售自己的产品。美容产品被设计成解决媒体一代焦虑的神奇办法。广告推动了错误的认知，认为单一的某套品质可代表理想的美，这让世界上成千上万的女人都觉得自己好像很丑或在某个方面很不足（Wolf,1992）。尽管"美丽"在文化上是可能的——世界上没有关于美的一致意见——西方美的标准（白皮肤、金发、年轻、苗条、纯洁、上流社会）正逐渐在世界范围内成为主导标准（Patton,2006）。这种美的标准通过广告、电视节目、电影传播被逐渐标准化，它"教会"人们美意味着什么。很多媒体产品告诉女人们通过占有和展示外物（商品）来定义自己，而不是培养她们内在的品质（性格）。在美国和其他地方，美丽成为商场里可以买卖的东西。身份是可以试穿、佩戴、丢弃的东西。年轻的女人经常迫于广告的压力购置产品，将自己装扮成理想化的、媒体所呈现的美的类型，这样会导致自我憎恨、自我激励和饮食失调。全球媒体中美的形象有很多负面的、具体的效果。

　　偏颇的、选择过的美国和西方的典范的美正通过广告、电视节目和电影出口到全世界。全球娱乐媒体将美国和西方的典范的美传至世界各地，促使女人认知自我方式的转型。世界范围内，成年女性和青少年女性都在使用全球化的美国和西方的典范美的标准，这种使用既是创造性的，也是自我摧残性的。例如，韩国标准的美在某段时期是指平均尺寸或超重。但是美的形象已经变了（Jung and Lee,2006）：韩国女人现在追求节食后的苗条身材，她们花钱做眼部手术，希望变得更"西化"，能获得一份好工作，或者在男人面前更显魅力（不论是东方男人还是西方男人）（Rainwater-McClure, Reed and Kramer,2003）。根据比塞尔和钟（Bissell and Chung,2009）的研究，全球化的电视剧《欲望都市》现在是韩国年轻女性购物的生活方式标杆（233）。

　　在斐济，全球化的美国娱乐媒体已经培养了斐济年轻女性对美的新认知（Becker,2004）。在斐济电视台进口美国电视节目之前，斐济人把"胖"看成美的身体。肥胖的身材不仅吸引着斐济的男人，也是女人努力工作、有母性关怀的象征。节食不存在，苗条不好看。斐济女人不会通过节食、运动和购物来塑形。但是自从进口了美国电视节目，展示了美国的美的典范后，很多斐济女人开始模仿影片角色的样貌和生活方式。她们相信，跟电视中的角色越像，她们越能找到一个好工作，获得更好的社会身份，更被男人喜欢。斐济的女人们模仿电视角色，是为了让自己更有竞争力，以适应斐济新兴的资本主义经济。很悲哀的是，在这个过程中她们出现了心理的、身体的痛苦。为了更像电视里的美国女人，斐济女人更频繁地节食、运动，甚至饮食失调。她们开始拒绝传统的身体样子,把它看作贫穷、落后和懒惰的象征。

贝克尔(Becker,2004)认为"西方形象和习俗的行为模范已经从底部切断了制造身份的文化资源"(552)。在斐济,很多女学生认为变得漂亮是指像电视中那些美国女人一样苗条、白皙、消费化。年轻的斐济女人已经加入了北美数百万女性的阵营,这些女性每日绝望地用超现实的美的典范来塑造自己。正如贝克尔(Becker,2004)所说:

> 饮食失调也是斐济年轻一代焦虑和冲突的体现,他们正经历着社会的快速变革,个人和集体都在发生变化……不同人群中处于弱势的女孩和女性在关乎声名和地位的当地主导文化中被边缘化。然而,媒介引入的观念、价值和图像使得一些被广泛认可的关于声名的文化符号逐渐流行起来,这也许使她们可以稳固自己的身份。(555)

文化接受研究/民族志:观众作为积极的意义制造者

当 CI 学者和马克思主义者将全球娱乐媒体视作美国化、意识形态影响和文化变革的工具时,文化研究学者将全球娱乐媒体视作"流行文化"的一种形式。威廉姆斯(Williams 1976)说,"流行"这个词有四种含义:"众人喜好的文化","不登大雅之堂的文化","刻意取悦人的文化作品","人们自己创造的文化"(198 – 199)。全球娱乐媒体受到很多人喜爱;文化批评人士认为某些娱乐产品在审美上很低级,他们对好娱乐和坏娱乐进行价值判断(或文化区分)以满足自己的文化品位;几乎所有的娱乐内容都是为了和特定观众产生共鸣而设计制作的,这些观众已经是广告商的目标;娱乐内容不是由观众制作的,但观众的确很积极地阐释这些内容。文化研究学者很感兴趣,为什么特定娱乐产品能"赢得人们的喜爱",能在观众中流行开来。对文化研究学者来说,全球娱乐媒体的本地观众不是美国化或意识形态愚弄的牺牲品,而是积极的意义制造者,他们改编、回应、阐释、本土化这些进口的内容。

文化研究学者认为部分娱乐内容之所以流行是因为其多义文本的娱乐性。多义文本传达了不止一种意义,它向很多阐释者开放。费斯克(Fiske,1988)认为美国电视剧《豪门恩怨》(Dallas)在不同国家的阐释环境中形成了不同的意义:"在美国、北美、澳洲,《豪门恩怨》都是不同的文本,的确,单单在美国,它也是不同的文本。"(14)对于费斯克来说,全球娱乐媒体文本不包含单一的信息以满足于特定的意识形态宣传;这些文本是积极的/消极的、自由的/保守的、批判的/肯定的。文化研究学者还认为观众是积极的意义制造者。他们试图理解、使用、制造有意义的电影和电视节目(Ang,1985;Appadurai,1997;Buell,1994;Fiske 1988;Gillespie,1995;Classen and Howes,1996;Liebes and Katz,1990;La Pastina,2003;Morley,1992;Strelitz,2003)。所有本地观众会按预想的那样毫不批判地接受全球电视节目中的形象吗？好莱坞电影传至世界各地的信息对每个地方的每个人都意味着一样的东西吗？娱乐媒体的全球流动一定带来消极的本地影响，或者会支持、强化消费吗？观众如何使用娱乐媒体？电视节目和电影对观看者来说"意味着"什么？

　　文化研究学者给这些问题提供了很多有意思的答案，使得文化帝国主义的某些解释更加复杂，特别是在鼓吹媒体公司意识形态力量方面。

　　文化研究学者认为 CI 范式强调跨国媒体公司的经济力量，而低估了观众的中介力量。弗雷泽（Fraser，2003）说，"文化帝国主义理论假设电视观众是外国电视内容的被动接收者"。莫利（Morley，2006）认为，"观众在很多方面都是积极的，他们按自己的意图选择要消费的内容，并对其进行阐释"（39）。文化研究超越 CI 范式，在跨国媒体公司、全球娱乐媒体内容和本地观众之间加入了更多动态的、互动的权力关系。

　　霍尔（Hall，2000）的"编码/解码"的传播模式扮演了重要角色，以研究全球娱乐媒体的本地观众的意义制造行为。霍尔认为，"生产、流通、分配/消费、再生产等环节彼此相连又特征明显，这些环节彼此接合，制造并维持了某种结构，而传播就是这个结构的一部分"（167）。霍尔还认为传播——信息从发送者到接收者的移动过程——是资本积累循环的一部分。媒体公司（发送者）将电视节目和电影编码（携带"优先的"信息），发行这些产品（和产品中编码过的信息），观众（接收者）则以多种方式阐释（解码）这些信息。这个过程的结果是无法保证的，因为"每个环节都是整个回路中的必要部分，没有哪个环节能够确保其所关联的另一个环节"（Hall，2000：167）。在生产环节，媒体公司（编码者）制作娱乐媒体内容。而在消费环节，观众（解码者）阐释、再现、批评甚至重组相关信息。

　　霍尔（Hall，2000）指出了三种假设的观众解码类型：（1）主导霸权式解码（a dominant hegemonic decoding），观众被动地、非批判性地接受电视节目或电影的预设意义；（2）协商式解码（a negotiated decoding），观众理解预设的意义，但是稍微不同意；（3）对抗式解码（an oppositional decoding），观众理解电影或电视节目中的主导的、预设的意义，但是以不同的、可能在政治上颠覆性的方式阐释、再现、重组这些意义。尽管生产语境限制了消费语境中的意义制造（观众不能脱离编码文本随心所欲地制造意义），生产语境却不能保证或决定在消费语境中会发生什么。霍尔（2000）说，编码"在设置某些限制和参数上是有效果的，解码也以此展开。如果没有限制，观众就可以随意解读这些信息了"（173）。全球娱乐媒体的生产和消费是资本积累循环中的一部分，但它们不是一模一样的过程。在生产语境中，媒体公司建构意义、设置议程、制作信息，试图告知、说服、取悦（观众）。在消费语境中，观众争夺文本的隐含含义，这些文本是多义的、多音的、开放性的。

　　文化研究学者延伸了霍尔的传播模式，使用接受研究和民族志方法来检视本地观众是如何解码全球化电视节目和电影的。接受研究学者记录了不同的观众是如何解码娱乐媒体的意义的(Murphy,2005),以及娱乐内容的意义是怎样既出现"在文本里",又出现在观众、文本和接受语境之间的关系中的。他们研究了哪些人看特定的电视节目和电影,哪些人边看电视边思考、感受,人们在哪看,为什么看,人们是怎么解码自己所看的电视节目和电影的。民族志研究者则研究了哪些娱乐媒体内容对特定观众群体产生意义,人们如何体验、使用娱乐媒体,并将这些内容同自己的日常生活联系起来。"民族志研究者往往沉浸在异己的文化中,重述特定文化中的人的生活,描述他们的习俗和传统,理解并解释他们的文化实践。"(La Pastina,2003:125)民族志研究者想了解某个群体的娱乐接受/消费实践,并按同样的方式去理解另一个群体的接受实践。他们使用参与式观察、非正式谈话、深度访谈等方法,探索全球娱乐媒体和本地观众之间的生动关系。

　　昂(Ang,1984)的文化研究民族志关注跨国观众如何以及为何收看美国电视剧《豪门恩怨》。在《观看豪门恩怨(Dallas)》中,昂批评了法国前文化部长杰克·朗、美国纽约批评家苏珊·桑塔格和米歇尔·马特拉,他们宣称《豪门恩怨》是"美国文化帝国主义的象征"(《豪门恩怨》是一部开放性的电视剧,讲述了一个富裕的美国家庭通过石油开采和贸易发家致富的故事)。昂认为文化帝国主义这样的认知无助于学者理解为什么有那么多人收看这部电视剧。然而,"象牙塔中的政策制定者和其他民族文化的卫护者"都担心文化帝国主义:

　　　　在成千上万的客厅里,电视机中都播放着《豪门恩怨》,这不仅是一种娱乐。我们必须接受一件事:《豪门恩怨》之所以流行是因为很多人喜欢看。(Ang,1984:3-4)

　　为了证明收看《豪门恩怨》给人们带来欢乐,昂开展了一项研究,通过观看这部电视剧的经历,她将自己的身份定义成"一个知识分子和女权主义者"(12)。昂以快乐的方式商议电视剧的叙事、内容、主题时遭遇了资本主义消费者意识形态。昂还开展了一些松散的民族志观众研究,意在发现新西兰的女性观众如何从《豪门恩怨》中获得快乐。昂还在荷兰女性杂志VIVA上做了一个广告,让荷兰中产阶级女性谈谈她们为什么喜欢或不喜欢《豪门恩怨》。调查结果表明,女性观众从《豪门恩怨》中获得快乐的原因多种多样。

　　利贝斯和卡茨(Liebes and Katz,1990)关于《豪门恩怨》的著作检视了以色列阿拉伯人、从俄国和墨西哥来以色列的新移民以及洛杉矶本地观众是如何以不同方式解码《豪门恩怨》的,这种解码取决于他们的社交网、道德文化背景、政治观念以及他们所处的地域。在论文阐述中,作者挑战了CI范式:

　　　　关于美国电视节目海外传播的批判研究已经将这个过程标签化为

"文化帝国主义"。批判研究者认为,为了实现出口国的经济利益和意识形态,全球化电视文本将霸权信息传递给世界上毫无反抗之心的观众,对此,批判研究者几乎没有疑问,也许是如他们所认为的那样。但是将某些东西定义成文化帝国主义并不像事实所证明的那样。为了证明《豪门恩怨》是一种文化帝国主义式的强加,研究者需要证明:(1)节目中存在某种特意设计的信息,有利于美国的海外利益;(2)接收者解码信息的方式和发送者编码的方式是一致的;(3)观众非批判性地接受了这些信息,并允许这些信息渗入自己的文化中。(4)

利贝斯和卡茨通过民族志和文本分析相结合的办法,研究"电视节目和观众之间真实的互动",试图揭露 CI 范式的论断(4)。他们将《豪门恩怨》流行的原因部分归结于美国大众市场、经济规模,以及对发行的控制("美国电视节目在一个市场中占有绝对的可能性,本地制作者尽管很嫉妒,但也无法提供填补部分时长的内容"),他们最主要的观点是《豪门恩怨》在以色列和美国不同文化群体间流行是因为这部电视剧的普遍性的文本。"主题和叙述方式的普遍性、原始性使得美国电视节目从心理上变得可接受","很多故事都呈现多元性,有开放的可能,故事中作为投射机制的价值观也如此,在男人为主的家里作为协商的材料亦是如此"(4)。

文化研究学者还研究了全球娱乐媒体的本地"使用和满足"(Jiang and Leung,2012)。人们为何选择某些娱乐产品而不选择另一些产品?人们在日常生活中如何使用电视节目和电影?使用和满足研究者不追问"全球娱乐媒体如何改变人们的想法和行为",而探求"全球娱乐媒体在人们的本地生活中扮演何种角色"。人们用娱乐媒体做什么?特定电视节目和电影是怎样满足观众需求的?人们使用娱乐媒体而获得满足没有一个单一的解释,而是存在多种可能性。人们使用全球化电视节目和电影,获得有关流行趋势的印象、消费者生活样式、世界性媒体首都中"哪些东西很热门,哪些不是"。观众转向全球娱乐媒体可能是为了保持或模仿世界其他地方的生活方式。在这方面,娱乐媒体成为中产阶级消费者文化区分的一种方式。当全球娱乐媒体内容进入本地语言环境中,某些英文的电视节目和电影就可能成为观众学习、练习英文的途径,从而掌握世界通用语,发展并表达世界性身份(Parameswaran,1999)。本地观众还通过全球娱乐媒体逃离枯燥的日常生活,获得放松、欢愉和情感释放。全球娱乐媒体还给本地观众类似远游的体验。梅罗维茨(Meyrowitz,1986)说,全球化电子媒体联结了地域和社群;通过消费全球娱乐文本,观众和遥远的故事主角以及他们生活的环境形成了一种"类社会关系"(para-social relationships)(Livingstone,1990)。最后,观众使用媒体了解不同的社会、文化和生活方式。

关于全球娱乐媒体和本土身份构建与自我表达之间的关系,文化研究学者贡献良多。昂（Ang，1996）说，"需要去理解媒体消费过程中积极的意义制造实践——创造自我生活方式的一部分"（12）。观众接触、使用全球娱乐媒体并产生意义的过程取决于种族、阶级、性别、地域和宗教等身份特征（Ang，1996）。身份通过多种散漫的行为建构，是同主体位置"暂时联系的一点"（Hall，1996：5－6）。特殊的观众——女性观众（Ang，1996）、儿童（Buckingham，1993）、种群（Gillespie，1995；Naficy，1993）——都按照娱乐媒体所塑造的方式和塑造的身份来消费这些媒体内容。全球娱乐媒体通常是观众建构本土身份的资源，他们"游戏式地认同、分享某些角色。因此，有时候他们改变了，也许在生活中就按不同的方式处世了"（Wilson，2001：91）。简单地说，全球娱乐媒体的消费选择不仅受身份影响，同时也促使本土观众建构新的身份（Strelitz，2002）。观看娱乐媒体内容是观众认同剧中角色的一种方式，他们根据这些角色建构、展示自己的身份。观众可能会认同或不认同角色的行为或生活方式（Breakwell，1992；McQuail，1997；Seiter，1996；Wilson，2001）。观众使用全球化电视节目和电影来塑造身份。

　　威尔逊（Wilson，2001）用民族志的方法研究了马来西亚观众对美国谈话节目《奥普拉秀》的反应，该研究强调了四种对全球娱乐媒体的不同的本地认同：开放认同（open identification）、私有认同（privatized identification）、选择认同（selective identification）和批判疏离（critical distancing）（98）。开放认同是观众认同或者强调所看内容中的角色的行为方式和生活方式。在地域疏远的前提下本土观众和全球娱乐媒体之间的文化接近实现了。国外娱乐媒体展示的内容让观众感觉很舒服，像"在家"一样。观众经由这些内容认知自己、唤起经历，很容易和自己的生活联系起来。"观众既认同剧中人物，又认同生活中的自己，于是观众为他人和自己消化了一个故事。"（Wilson，2001：100）私有认同发生于观众使用全球娱乐媒体内容来谈论自己的私人生活，使之公共化时。本地观众公开谈论异国虚构角色或非虚构角色的生活，从而进入一种非直接的公共治疗中（communal therapy）。通过谈论全球化电视节目，观众将私人事务（不幸福的婚姻、暴力倾向的丈夫、对外貌的焦虑、性愉悦等）带到公共讨论中，成为一种分享生活、彰显意义的方式（Gillespie，2002）。"私有认同是维持'面子'的一种方式，是必要的优雅社交，不经意间将那种生活视作他者。"（Wilson，2001：102）选择认同发生在本地观众按照外国娱乐内容中的社会角色来调整自身行为时。在这里，观众对文化差异更多疑、小心和淡漠，但仍会选择性地使用这些内容。批判疏离发生在本地观众将全球娱乐媒体内容与本土娱乐媒体内容区别开来时，他们更肯定自己的社会文化差异。在这些例子中，本地观众将国外的生活方式看成全球娱乐媒体所展示的那样，也将其看成自己和他者无法跨越的分歧。这样一来，观众不认同全球娱乐媒体，强化了这里／那里、我们／他们、自己／他者等概念。

　　为了探求全球媒体和本土身份之间的关系，文化研究学者研究了青年文化中的娱乐内容的接受、使用和效果。跨国媒体公司试图将自己的产品与音乐、时尚和偶像联系起来，吸引"尖端""酷"的年轻人（Moore，2007）。通过使用亚文化市场研究和跨越本土"捕获冷酷"的策略，跨国媒体公司挖掘跨国年轻人的类型、气质和音乐，以此设计电视节目和电影，从而和"营销人员所说的'身着制服'迈进全球市场的年轻人队伍"形成共鸣（Klein，200：129）。现在，很多国家的年轻人都由 ICTs（卫星、互联网和移动媒体）连接，分享共同的指称体系，包括品牌标志、娱乐影像和着装风格（Heaven and Tubridy，2003；Havens，2001；Kellner and Kahn，2003；Lemish et al.，1998；McMillin and Fisherkeller，2009）。哈文斯（Havens，2001）指出，"在当下媒介充斥的社会中，年轻人注意到重制、再传播大众媒体呈现的文本，以表达个人和群体的梦想、忧愁、体验和个性"（61）。全球娱乐媒体是年轻人自我制造和再创造的来源。全球电视节目和电影可能会鼓励年轻人远离本地的历史、文化和传统，拥抱一个类似美国资本主义—消费者社会的超现实形象的未来（或者是西方资本主义—消费者社会的修订版本）。这对年轻人来说可能是一种强化的经验。他们观看国外故事片中的角色和场景，暂时性地、想象性地逃离地域和物质界限以及现实的边界。汤普森（Thompson，1995）指出，全球娱乐媒体吸引本地观众的原因是这些内容提供了某种意义，能够"象征性地远离日常生活的时空环境"（175）。美国现代化理论者认为后殖民国家的年轻人可能会利用全球媒体想象不同于他们"传统"的生活方式（也许是更好的方式）（Pye，1963；Rogers，1965；Schramm，1963）。全球娱乐媒体将年轻人引领到"外面的世界"（Gillespie，1995）。

然而，看到"外面的世界"可能会让年轻人对自己、对生活环境深深失望，因为结构性障碍压制了他们的解放（包括阶级、种族和性别）。大量全球化娱乐媒体将世界表现成全球大商场，那里全是幸福的年轻人，他们有能力购买、拥有任何他们想要的东西。可是数以万计的年轻人（特别是年轻的、下层的女性）仍然处在毫无权利的状态，没有工作、十分贫穷。梅约罗维茨和马奎尔（Meyorowitz and Maguire，1993）认为，全球化电视节目"使我们熟识了自己无法成为的那种人，认识了那些去不了的地方，认识了那些无法拥有的东西"，于是"对社会多个部门来说"，娱乐媒体"提高了人们的期待却提供了很少的新机会"（43）。全球电视节目和电影也许鼓励了年轻人想象一种他们可能永远达不到的生活的标准，鼓励他们成为他们可能永远也成为不了的那种人。正如鲍德里亚（Baudrillard，1997）所说，美国娱乐文化"在全世界吸引了那些接受这种文化的人，之所以会这样是因为这种文化制造了深刻且疯狂的信念：它正在让这些人美梦成真"（77）。

▷ 案例 6.4 全球娱乐媒体和马耳他的年轻人

在 20 世纪 90 年代中期，马耳他实行了新自由主义媒体政策（自由化、无管制、

私有化），马耳他的商业电视网开始混合编排本国节目和外国节目。如今马耳他有
线电视网有很多英美节目。在一项重要的民族志研究中，格里斯蒂（Grixti,2006)
记录了全球娱乐媒体是如何影响马耳他的年轻人，并为他们所接受的。格里斯蒂
（Grixti,2006)说，马耳他媒体进口英美电视节目导致了"年轻人更清楚了他们选择
的可能性——不仅是消费者商品，更重要的是接触不同生活方式和信仰体系而获
得新观念"（110)。全球娱乐媒体是如何影响马耳他的年轻人，并为他们所接受的？
下面就是对格里斯蒂研究发现的相关总结。

　　第一，马耳他的年轻人开始远离传统的马耳他文化（如罗马公教定义的那样），
转而拥抱"西方社会"（如全球娱乐媒体定义的那样）。当下马耳他年轻人的文化身
份特征是混合型的，既本土又全球、既本民族又跨民族，是本国传统和全球媒体共
同混合塑造的。第二，尽管本国制造、文化上更接近的节目出现于屏幕之上，本国
中产阶层年轻人还是更喜欢消费全球娱乐媒体内容。他们认为马耳他的电视节目
质量很差。第三，中上阶层年轻人比工薪阶层年轻人更容易接受全球娱乐媒体内
容，工薪阶层年轻人则更爱看接近本国文化的节目。中上阶层年轻人"更喜欢那些
年轻的、前瞻的、现代的、技术先进的、使人愉悦的、来自海外的内容，具体来说是那
些来自西欧、美国的内容，特别是通过媒体传达的内容"（Grixti,2006:111)。他们
将传统的、本土的马耳他文化视为他者、次品和落伍的东西。"这些年轻人选择割
裂自己和居住地的文化关联，而形成和国外的联系。"（Grixti,2006:111)第四，很多
马耳他年轻人不再使用本民族语言。马耳他语是马耳他文化传统的制造者，是区
分本国人与外国人（说的是英语）的主要方式。可是，很多马耳他年轻人都开始说
英语，认为英语比母语更"高级"。他们用英语表达自己的现代感。正如格里斯蒂
（Grixti,2006)所说：作为马耳他人口的重要组成部分，年轻人选择英语作为沟通的
唯一语言，这成为他们远离本土偏狭的一种方式，将自己归入到外人的行列。
（114)第五，通过消费全球娱乐媒体，马耳他年轻人认为自己同更大的全球群体联
系起来，是属于这个高度物质化的世界的。"他们受消费主义驱使，不断看到各种
新鲜事物，可却不知道他们想要的是什么。"（117)尽管如此，格里斯蒂仍认为在马
耳他全球化电视的结果是混合性的。

混合身份和本土化消费

　　后殖民主义学者认为全球娱乐媒体也许不会侵蚀本土和民族的文化，但事实
上，可能会融合本土文化，形成新的去疆域的族裔性和混杂融合化。雷伯尼·穆罕
默迪（Sreberny-Mohammadi,1996)指出，CI范式关于美国文化主导性的简单形象
掩盖了不同国家文化的互动实质。汉内斯（Hannerz,1997)使用术语克里奥尔化

（欧洲语与殖民地语的混合化）（creolization）"来描述中心和边缘之间持续的、历史性累积的文化联系"（126）。文化混合增加了娱乐媒体的跨境流动。全球娱乐媒体和本土观众之间的联系改变了文化，也改变了彼此。当电视节目和电影从一个地方移动到另一个地方，它们创造出混杂的效果，因为本土观众会根据自己的生活改编、内化、再造这些文本。克拉森和豪斯（Classen and Howes，1996）认为，"借由外国产品形成的重新语境化过程被接受文化赋予意义和用法，这个过程可称之为杂交"（6）。达林·沃尔夫（Darling-Wolf，2000）同意这种说法，"如果某个文本由不同的文化资源构成，并出口到某个不同的文化环境中，也许不会出现所期待的阐释"（173）。文化杂交的效果描述了一种混合性，其来源是全球娱乐媒体和本地观众之间的联系。柯文（Cowen，2007）注意到文化杂交效果使得 CI 范式变得复杂：

> 詹姆斯·布朗的爵士乐有助于西非音乐的形成；印度作家对查尔斯·狄更斯加以利用；阿拉伯流行乐集中在法国和比利时……在历史长河中，很多不同的（文化）传统共同成长，繁荣兴旺……某种文化的进入不一定意味着降低了另一种文化的高度。

不论何时，全球文化和本土接受语境碰触之后，意义和身份便逐渐混合。根据一些文化杂交的支持者的观点，全球娱乐媒体正在促成一种跨国的"超级文化，它的前提是当代文化活动的本质就是混杂"（Lull，2001：157）。这种超级文化"是基于一种核心观点，即文化是象征性的、综合性的，当代的综合性可以通过象征性的、物质性的资料构建，这些资源可以来自地球上任何地方"（137）。

全球娱乐媒体接受研究 2.0
观众作为互动的产销者（prosumer）

新媒体研究学者认为网络 1.0 向 2.0 的转变、新媒体技术的扩散已经改变了媒体集团和媒体使用者之间的权力关系，给观众带来新的形象："产销者"。

网络 1.0 和网络 2.0 指的是用户使用互联网的不同阶段。网络 1.0 一般指的是 1993 年到 2001 年。在这个阶段用户和互联网公司之间的关系是被动的。一些人参与到聊天室中，在《星球大战》和《吸血鬼》粉丝网站上发帖，但很多用户只是简单地阅读网站上的新闻，浏览相关内容，查阅邮件，购物，看情色视频。通过网络 1.0，媒体公司将媒体内容通过网络传递给消费者。网络 2.0 不太一样，因为这时的网络设计促进了用户的互动体验。

在网络 2.0 时代，人们不仅是媒体内容的消费者，还是媒体内容的积极创造者。在网络 2.0 模式下,曾经被动的媒体消费者成为互动的媒体生产者,或是学者所称的"产销者"。托夫勒(Toffler,1984)在《第三次浪潮》中创造出"产销者"这个词,他预测生产者和消费者的角色可能某天会融为一体。产销者时代已经来临,媒体内容已经由消费、使用这些内容的人来生产。任何阅读某个电视节目博客的人都可以即时创建一个相关博客。每个人都可以创建关于喜爱或不喜爱《普罗米修斯》(2012)的视频,将其上传至 YouTube 网站,同时可以在网站上观看其他世界各地的粉丝上传的视频。在电影和电视节目网站上,粉丝们阅读其他人的评论,同时发表自己的看法。网络 2.0 让用户与媒体内容互动,生产媒体内容,在虚拟社区中和其他用户一起分享、合作。

产销者的互动依赖于技术设施(硬件和软件)。由于个人电脑的普及、互联网的发展,生产、传播媒体内容渠道的形成,数以万计的人才能成为产销者。个人电脑以及硬件、软件等比刚问世时要便宜很多。以前被排斥在专业制作、传播手段之外的人们如今动动手指就可以获得接近专业水准的生产、传播媒体内容的能力。网站、聊天室、电子邮件、博客以及网络 2.0 的媒体平台(Facebook,YouTube,MySpace,Twitter)都为用户提供了渠道,使他们将自己的媒体内容传得更远、传得更广。

技术乐观主义者赞美网络 2.0 时代的互动产销者,认同媒体集团和观众间旧的权力关系的变革(Shirky,2008)。我们曾经生活的世界体系中,少数媒体巨头控制了生产、流通、播映媒体内容的渠道。随着网络 2.0 时代的到来,个人电脑、软硬件等成本下降,全球娱乐市场的门槛降低了。网络 2.0 给人们一种感觉:大家正在成为一个个微型媒体公司,生产、传播、展示自己制造的媒体内容,可供世界各地的人观看。普通人成为媒体内容的来源,而不再仅是媒体集团。网络 2.0 培育了多元化表达,比起之前任何时候,个人自制内容更能够跨国生产、传播和展示。人们越来越会利用新的方式来表达自己,他们创造内容、上传影片、撰写博客、发布信息,并展示给更大的群体,世界体系不再自夸拥有更多的媒体内容来源,而是在整体上拥有更多的媒体内容。通过网络 2.0 技术,人们把日常生活中更私人化的细节公开化,让大家阅读、观看。私人化的公共表达、业余化的创造形式不断增加。不同国家人民的私人生活、情感和表达成为全球娱乐媒体的新形态。

为了回应产销者活动的增长、自助媒体内容生产的扩大,新媒体研究的学者不太关心全球娱乐媒体内容对本地观众做了什么(满足他们的需求,给他们展示广告,将他们洗脑,破坏他们的文化,催生混合身份等),新媒体更关心产销者和娱乐媒体的互动关系,新媒体是如何被使用、评价和表达的。对于新的(逐渐全球化的)"融合文化"(Jenkins,2004)的支持者而言,人们观看电视节目和电影的方式有了很大变化,时空参数都发生了改变。人们用各种技术设备收看电视节目和电影,从而出现融合。人们能在高分辨率的平板电视上看节目,还能在电脑、移动设备上看

（iPod、智能手机、平板电脑等）。以前，人们的观看时间由电视网、电影院线决定，在融合文化中，观众不断创造自己的时间表。通过基于需求的点播服务，人们可以在任何时间看任何自己喜爱的内容。人们从网上下载电视节目和电影（合法或非法的），制造个人影音内容库，并和其他群体成员分享这些内容。人们可以通过数字录像技术（DVR）先录下来无法准时收看的节目，等有空了再看。以前，电视节目一般在家里收看，电影一般在影院观看，现在观看场所也变了。电视节目和电影被储存到笔记本电脑、游戏机或其他移动设备里，供人们在不同场所观看：酒吧、商场、街道、地铁、电梯、航班、公共汽车等等。

融合文化代表了一系列无声的转变，美国和其他国家的人们体验娱乐媒体的方式正在变化。来自不同国家的人利用互联网和他人互动，人们在 IMDb 之类的网站中谈论自己喜欢的电影和电视节目。他们创建、更新博客，交流电视节目和电影中的角色、情节和主题等。他们参与到跨国粉丝网络或"知识社区"中，分享娱乐媒体的相关信息，载取、吸收、转化所爱的节目内容，从而卷入新型的合作方式中（Jenkins，1992，2006，2008），这些都是不用质疑的有意义的用户体验。但是这些体验如某些技术乐观派所说的那样是"革命性"的吗？全球性的"草根融合文化"（Jenkins，2004）促成的新的"互动"和"参与"，突破了媒体公司和消费者之间非对称的权力关系吗？并非完全如此。政治经济学者关注到媒体公司如何授权、推动、支持产销者互动，从而将利润最大化。媒体集团利用网络 2.0 以及产销者的能量获取自己的经济利益，他们发展互动网站：（1）培养忠诚于品牌的消费者；（2）获取无须付费的文化劳动资源；（3）收集用户生产的内容并将其商品化。

媒体集团创建网站意在培养、维持自己的商誉，对"忠于品牌"的消费者做情感投资。媒体公司努力争取普通观众，通过版权化的电视节目和电影构建身份，形成一个群体（Jenkins，2008：70）。他们希望观众和娱乐内容品牌之间形成一辈子的联系，他们可以在走路时、吃饭时、睡觉时都在延展、想象电视节目和电影中的剧情世界。这是因为观众对某个内容长期的好感是利润的重要来源（尽管很难量化），对特许娱乐内容的积极感受通常有助于形成"品牌资产"和"品牌价值"。如果一个媒体公司掌握颇受欢迎的娱乐内容，它就能出售版权获取更多的利润，比那些拥有较少优质内容的公司要赚得多。如果一个节目比另一个节目更受欢迎，那么拥有这个节目版权的发行公司就能向播出方收取更多的费用。这里的交换价值不仅取决于商品，还取决于大量观众对该商品的积极态度，而这些观众则是媒体的资产。

为了形成电视节目和电影的品牌资产，媒体公司竭尽全力培养忠于品牌的观众。网站就是策略之一，观众通过网站可以和电视节目、电影产生互动。布鲁克（Brooker，2001）认为互动网站结构"能让观众和媒体内容展开沉浸的、参与式的约会"，这些内容"跨越多个媒体平台，吸引观众积极地参与；他们不仅来自常年追随产品的粉丝，还来自一般的'主流'观看群体"（Brooker，2001：470）。例如，影片《超凡蜘蛛侠》(2012)的网站允许观众互动参与,通过网站观众可以了解影片、观看图片、收看花絮、下载壁纸、推特皮肤、脸书蜂蜜、动画礼物等,还可以下载手机应用、玩蜘蛛侠游戏、听电影原声。观众被邀请在脸书、推特、YouTube、博客上追随蜘蛛侠。《超凡蜘蛛侠》网站设计出来是为了让人们沉浸其中,使其成为影像世界中的品牌忠实消费者,蜘蛛侠由此"漫溢"到观众的日常生活中。公司设立网站积极提升了观众的情感、品牌忠实度,为电视节目和电影获取了大量的资金。

媒体集团设计网站还为了让产销者执行某些任务,而这些任务以往是分配给文化工人的。豪(Howe,2006)将之称为"群众资源"(crowd-sourcing)。媒体公司设立网站,邀请粉丝向制作公司分享他们的创意(Shefrin,2004)。粉丝网站获取观众品味和喜好的相关数据,辅助市场研究(Andrejevic,2007)。媒体公司还利用消费者的互动做免费的推销。聊天平台上粉丝的讨论给电视节目和电影制造了舆论。上传至网站的粉丝小说、博客、视频等贡献了无形的品牌价值。在这些例子中,产销者不是"文化笨蛋"或者"抵抗的"意义制造者,而是一个不用付工资的文化工人。网络2.0时代媒体公司可以雇用大量产销者作为内容生产者、人口统计研究者以及数据输入者(Andrejevic,2007)。在这种互动合作的融合文化中,生产领域(领薪劳动)和媒体消费(休闲)逐渐模糊,非生产性的时空转变成价值创造的空间。

此外,媒体公司利用互动网站收集用户信息,这些信息是用户自己创造并提交的。网络2.0的公司,如谷歌、MySpace、YouTube、Facebook等,都是数据监控公司。它们都依赖于用户的互动和内容创制。它们收集用户上传的内容,将其集合成一个接近具体个人的形象,形成一个数字化的个人。个人数据是一种个人档案——用户的个人品位和喜好。新媒体公司通过各种渠道收集用户内容(网站广告点击、搜索、会员卡、网络购物车等),创建具体的个人数据档案。之后,它们将这些数据卖给广告公司,广告公司再用这些数据制作广告。通过数据档案,广告公司了解到消费者是什么样的人,想要什么样的产品。由此出发,广告商将广告传播至目标群体,希望可以怂恿消费者购买。数据监督的过程将消费者转变成浏览数据(这个过程包括收集用户内容、将内容分类整理成数据档案、把数据作为商品卖给广告商、广告公司展开目标销售活动)(Fuchs,2001)。产销者为新媒体公司工作,但是并没有拿工资。

尽管全球化的融合文化给人们体验娱乐媒体和互动方式等带来了重要变化,全球电视节目和电影的商业功能依旧存在。历史上统治全球娱乐媒体的政治经济力量的结构仍然存在,没被网络2.0革命掉。此外,美国媒体集团是全球融合文化最重要的拥有者。全球性的数字鸿沟(通信技术的不均匀分布及不平衡使用)使世界上很多人无法通过融合文化互动。不到世界总人口30%的人可以使用互联网,而美国近80%的人都能上网。2010年,共有2亿人使用了互联网,这个数字是

1998 年的 10 倍。但世界人口的 70％ 仍然没有互联网入口（Winseck，2011：36）。目前，全球融合文化主要涵盖媒体文化、技术理解、多个国家中上阶层的人。融合文化主要由美国媒体公司出口到全世界，在很多国家都是一种新兴现象，体验者往往都是最有权势的、受过良好教育的、社会经济地位较好的人。然而，随着通信技术的扩散、媒介素养的提升，数字鸿沟不断缩小，更多国家更多的人将会"容括进"全球融合文化中。随着融合文化全球性的拓展，媒体公司会把更多互动产销者转变成公司利润的免费贡献者。

结语：抵抗什么？

这一章讨论了全球娱乐媒体的本地观众的五种形象。主权消费者的新自由主义形象是主导性的，这是令人质疑的。政治经济学将观众看作商品，这种解释提供了一种思路，可以理解跨国媒体公司和本土媒体公司是如何买卖观众注意力的。CI 学者、培养理论学者以及马克思主义学者强调全球娱乐媒体可能存在的消极心理和行为结果。文化研究混合了接受研究和民族志方法，试图实地接触真实的观众，了解他们是如何与全球化电视节目和电影相处的。新媒体研究学者将观众看作互动的产销者。媒介形象和信息的跨国流动涉及本地观众的阐释、转译和改编。在很多国家，本地观众暴露于全球娱乐媒体之中，有多种不同的结果，并不总是能简单理解成美国化。

观众消费全球娱乐媒体的过程是一个复杂的文化过程，有时是很矛盾的。观众阐释这个中介需要以娱乐媒体广泛的政经决定性为语境，需要考虑观众与媒体之间的权力关系：

> 学者们必须平衡这样一种接受方式，即观众在某些方面是积极的，如选择内容、消费媒体、阐释文本等；要认识到这种行为是如何被文化力量的动态性所建构的，有何局限；清楚它的不同形态及多样性。（Morley and Robins，1995：127）

巴莱特（Boyd-Barrett，2006）说，过多强调观众的阐释和理解的多样性"将文化产品的意义延伸至内容分析的迹象之外，而哪些文化意义被广泛传播，哪些意义丢失了，对于这个过程则关注较少"（22）。学者们不该过度强调互动媒体消费和阐释的抵抗性政治（或政治功效）。在融合时代更是这样，因为媒体公司有意识地利用消费者的互动性来获取最大化的利润。我不是暗示说"抵抗"跨国媒体公司的权力是不可能的或不需要的；而是，当使用"抵抗"这类的词时，需要弄清在何种材料和论证语境下"抵抗"发挥作用，也要区别不同类型的"抵抗"以及它们的实践局限。

结　论　文化帝国主义和文化全球化之间的全球媒体研究

　　在对于全球媒体的研究上,我想通过一些能够调节 CI(文化帝国主义)和 CG(文化全球化)这两种范式的论断来总结这本书。一种范式,着重考虑源于美国的跨国传媒公司相对于其他民族传媒公司所具有的持续的统治。在跨国的视听贸易中的不对称和不平等,美国本土和非本土媒体资本之间的关联与联系,重商主义的扩散以及这种进程的后果对于那些能够影响电视节目和电影的跨国制作、发行、展映和消费的经济、地理和文化的权力关系的理性投资都非常重要。一种折中的范式将会保留 CI(文化帝国主义)范式饱受批判的焦点:资本主义、帝国主义和权力关系;同时将学习 CG(文化全球化)范式的内涵。CI(文化帝国主义)和 CG(文化全球化)最突出的方面可以被合二为一,从而建立一个对于研究全球娱乐媒体重要的而非还原的范式。

　　现在所呈现的世界体系的结构是资本主义和威斯特伐利亚体系的历史产物。这个世界体系一直由在不对称的结构层次和不公平的权力关系中发展不平衡的国家所构成。这种现状也是不可能在短期内得到改变的。目前,没有一个全球政府能够提出一种替代国家领土主权的方法,尽管在全球范围,资本主义仍然是被领土所属国所调控的。冷战结束之后,因为资本主义的全球化、信息扩散和通信技术的普及,以及新自由主义的政策方针,世界体系中的所有国家,无论是核心的、半边缘的还是边缘的,都变得更加团结和独立。但是由于不同国家的监管政策和制度,资本主义仍以不同方式受到政府控制。美国仍然是世界体系中的超级大国和霸权强国,不管是经济上、军事上还是文化上(Agnew,2003;Ahmad,2004;Anderson,2002;Arrighi,2003;Bacevich,2002;Harvey,2003,2004;Panitch and Gindin,2004)。美国同样也是世界娱乐媒体融资、制作、发行、展映和营销的中心,而且,源于美国的跨国传媒公司也矗立在世界传媒结构层次的顶端。

　　在世界体系中,所有国家都被"民族利益"所驱使,公司集团则被利润所驱使。尽管国家和公司从法律意义上来讲是截然不同的,但他们的利益却是一致的。各个国家——不仅仅是美国这个帝国——促进并使民族的和跨国的传媒公司的利益合法化。相应的,传媒公司则为国家要求的民族、文化和经济目标而努力贡献。不是每个国家对于传媒行业的政策都是传媒公司利益的直接反映。不是每个跨地域的以营利为目的的行为都和国家的"民族利益"紧密相连。但是国家经常促进和使营利性的传媒公司合法化。并且,传媒公司也不断地将自己视作肩负实现民族利益者。在对于全球媒体的研究中,关于国家和传媒公司之间的协同关系需要更多的比较研究:地域化的政治逻辑和去地域化的资本主义逻辑。

我们生活在拥有许多媒体资本的世界体系中,但是最强有力的资本媒体却一直位于美国加利福尼亚州的洛杉矶。在每个国家,源于美国的跨国传媒公司都使美国的经济表现和文化影响力得到增长。全球最强大和最受欢迎的娱乐媒体单一出口国是美国。媒体会在各个方向传播流动,但是美国和其他国家的传播流动方向却仍然没有改变。然而,许多国家——不管是新殖民主义国家还是旧殖民主义国家都一样——都发展了民族传媒公司,来控制媒体制作、发行和展映的整个网络体系。尽管全世界的人民都在消费来自美国的跨国传媒公司所带来的娱乐媒体,那些非美国的民族传媒公司也在努力去控制区域市场并进入巨大的美国市场。在NICL(新国际文化劳动组织)里,源于美国的跨国传媒公司通过国际和当地的联盟与民族传媒公司进行竞争与合作,他们共同制作电视节目和电影,目的是能够更好地在各个市场中适应与发行。国家电视广播总局会调度和加载包括国内和国外(通常是美国)的电视节目和电影以至于能够吸引观看者和广告投资。尽管源自美国的跨国传媒公司一直是电视节目和电影最主要的全球制作人、发行人、营销和参展商,那些非美国的民族传媒公司却也没有因此而消失。

站在美国的跨国传媒公司的利益角度来看,美国国务院和MPAA(美国电影协会)都在努力通过一些双边、多边和全球金融机构和贸易协定来普及"美国制造"的新自由主义传媒政策制度。固守于由国家主权制定的美国新自由主义媒体政策的一些要素,使得美国的跨国传媒公司更容易开展商业活动,无论何时何地。但是美国的新自由主义传媒政策对于未来的计划只有部分得到了其他国家政治和经济"把关人"的认可。也就是说,许多新自由主义的政策制定者们赞同"市场是最好的调节"这一观点。"放宽限制、解除管制和私有化"则被许多国家和商界精英所认同。源于美国的商业媒体模型在全球占有主导地位,同时,公众和国有媒体体系面临预算削减和合法性问题。这意味着,被商业媒体模型所取代是政治斗争的结果,而不是源于必然的市场或技术压力。

受国家控制的资本主义能够与美国的核心相融合,而非一味地孤立,使得非美国的媒体资本得以在其他迄今为止还是边缘或半边缘的国家兴起(Keane,2006)。融合的结果不是经济的停滞或者完全的文化依赖,而是令人兴奋窒息的选择以及可能更平等和民主的发展道路。

在许多国家中,对于美国商业媒体模式的采用,许多媒体资本与美国媒体核心的融合,以及NICL(新国际文化劳动组织)的巩固都对其起到了各种影响:不是完全消极的,也不是完全积极的。与美国媒体核心相结合打开了该国对美国境外直接投资(FDI)的通道，自由民主的思想、传媒工作者专业培训和技能转移的观念、消费者主权的意识，以及比以前更多的电视节目和电影的传播，这些都将可以获得(Thussu，2006：182)。但是与美国核心相融也有可能侵蚀独特的民族媒体行业，消费者资本主义意识形态传播，公共领域遭到破坏，公共广播被粉碎，强化了文化工作者的开发，降低了公民的价值，并且将全世界的电视网络和屏幕都束缚在了美国娱乐媒体之中。

　　一体化进程的文化后果有时候——也并不总是这样——相当于"美国化"。美国的电视节目和电影产品相当于很多国家的"第二文化"(Gitlin，2001)。尽管发生在美国国家和美国的跨国传媒公司领导下的跨国资本主义一体化已经在很多国家出现——并且一直在进行——但是想要将整个世界都美国化的美梦在目前来说是被民族媒体政策所避及的：保护和促进民族文化。主权国家试图去保护和促进他们的"民族文化"，同时，文化创意产业有时候能够挑战美国的跨国传媒的主导地位，并对显而易见的美国化的媒体文化所带来的影响起缓冲作用。国家媒体政策建立在非美国的民族传媒公司和媒体资本之上。因而，担心国家政策制定者对于民族主义言辞的使用和滥用，害怕国家支持的民族文化会被排除在外，这些疑虑都是实实在在存在的。国家和民族的存在是领土斗争的结果，但作为公民却不应该放弃任何的权利。民族国家的媒体政策制度可能会被媒体资本的统治集团所控制，但他们并没有完全偏向于那些利益。他们可以被进步的社会力量所控制和使用，以达到反对全球资本根源的目的。

　　有些全球流行的电影和电视节目都带有来源于美国社会的标识、主题和故事。但是很多在美国之外流行的娱乐媒体并不能代表美国民族，被跨国传媒所有的电视节目和电影因为美国"民族"特性而不能在全世界流行，其传播也不是因为那些主权消费者极力要求的关于美国的一切(的电影和电视)所带来的后果。麦克切斯尼(2005)曾说过，只要是阻碍了传媒集团获得利益的事物，不论是传统还是习俗，都将不被予以尊重。但是传媒集团为了实现利润最大化，会努力将他们的娱乐媒体推销至全球各国、各个民族以及各个当地习俗。全球化的娱乐文本——卖座电影、电视制式、全球化生活方式品牌——被越来越多地设计成多义的，对于大范围的全球各国、各民族和地区的翻译译制都较为开放。娱乐媒体传达了各种各样的故事、叙事、角色和主题。有些产品肯定了民族主义和跨国主义的现状，而其他的则处于紧张对立的一面。同样的，有很多电视节目和电影由非美国的媒体资本制作和产出。所有的全球化的娱乐文本应该在其专业中被好好研究。在对历史的挖掘、对经济现状的调查和对那些能够跨国流行的娱乐文本的特性研究中，还有很多值得去做的工作。

　　全球娱乐媒体和观众之间的关系较为复杂(理论上和实际上都是如此)。认同主要媒体消费者代表去积极反对进口信息和反对年轻观看者在传媒中所占有的主导地位同样不具有建设性意义。这种在全球化美国娱乐和非美国观看者之间,以及在非美国娱乐和美国观看者之间的关系对于受众研究分析是一个硕果累累的研究方向。对于当地的娱乐媒体受众研究中,以下几个问题有重要的研究意义:谁在挪用何种文化材料/文本/项目? 这些文化产品从何而来? 还有,谁从何处挪用了更多的什么? 谁从何处挪用了更少的什么? [……]当文化抵制发生时,到底是什么/谁被抵制了? 这种抵制如何表现? 比如,它在用什么样的方式进行抵制? 最后,也可能是最重要的,这种抵制现象已经到了什么阶段? (Demont-Heinrich,2011:671)

娱乐媒体不是文化,尽管它在影响文化和社会意识形态方面有很重要的作用。电视节目和电影在社会认同和个性形成上是非常有效的资源,但他们并不是唯一的资源。文化不是纯净的、基本的抑或是固定的,而是由各种不同资源的要素杂交混合而成的。也就是说,文化融合是不平等的、不对称的,也通常不会是一个双行道。美国政府和美国的跨国传媒在历史上(现在也一直是)有更多的生产资料和象征性资源,因此就有更大的能力去构造一个稳定的文化标识,并将其传递到世界各国,且不受非美国政府和非美国传媒公司的互换交流影响。霍尔(1990)曾说过在帝国主义的国家和其他从属国之间的"接触区域"容易出现文化杂糅的现象。美国政府和美国的跨国传媒比其他国家拥有更具有建设性的能力去计划和促进那些混在一起的文化要素。

美国的跨国传媒公司和娱乐媒体的确能够跨越国界,但有些界线——像生产资料和象征符号——仍然起到决定性作用。ICTs(信息通信技术)和电子媒体的普及营造了我们都生活在一个"地球村"的感觉。但是,当 ICTs(信息通信技术)和电子媒体塑造了一种"我们是一体"的结构感觉时,它们并没有超越具体的具有地方特性的分歧,它们根植于民族沙文主义、阶级主义、种族歧视、性别歧视、民族中心主义和宗教狂热中。Lule(2011)说道,传媒的全球化已经构建了这个"地球村"所需要的条件,但是这个"村庄"却远不是我们想要的"乌托邦"。"这不是一个理解而同意的村庄,而是由贪婪、冲突和痛苦所构成的村庄。"(10)ICTs(信息通信技术)和媒体的融合使得后民族主义的、离散的和全球性的认同和想象成为可能,但也保留了能够使那些讨厌的想法扩散的工具手段。尽管与远方的人共同的,具有世界性的认同可能会一起发生(也许不那么频繁),但其实我们并不生活在一个特别适合真正的国际团结主义的世界体系中。

但是,我们所生活的这个世界体系确实支持跨国的(尽管没有排除美国在外)集团权利。正如赫伯特·席勒(1992)曾说,美国的文化帝国主义没有消亡,但它不再能够充分地描述全球文化的现状。如今,跨国集团文化坚持带着美国味的媒体技术与源自长期的市场和娱乐传媒技能和实践的经验,将其视为中心力量则更具实际意义。(14-15)

　　文化帝国主义在很多文本中可能是一个事实，但对于美国和其他国家的信息、娱乐媒体的跨国制作、发行、展映和销售来说，它不是唯一的形容词。然而，文化帝国主义的历史结构和影响持续地作用于现在的世界体系，但有着非常明显的不同。在 21 世纪初期，那些电视节目和电影的跨国制作、发行、展销和消费所带来的能够影响和被影响的政治经济和文化仍然是理论、研究和实践的重要领域。本书中我的目标就是能够对此提出一种有效的介绍并对更深入的研究、讨论和辩论进行支持。我解决了以下一些问题：全球娱乐媒体到底帮助了还是阻碍了民族的民主生活？它是否支持了社会公正、平等和人权的主题？它是否有助于培养知情的公民审慎地参与到公共领域？或者它使得消费者集体失声？它是否滋养和启发了抑或是粉碎和疏远了世界文化工作者的创作生涯？它引发了被地理所隔绝的人们对于跨文化的理解和共鸣，还是使之产生更大的隔阂？有很多国家的人们都认为跨国文化是自己所需要的，但是这种文化能否带给他们对战争、对文化压迫、对日益增长的贫富差距和对世界环境危机的理解？这种新的跨国文化帝国主义——或者"文化全球化"——帮助还是阻碍了那些为了创造比现在更好的未来而奋斗的跨国社会活动家？这些都是和全球问题紧密相连的重要的问题，我希望我能够激发更多的全球娱乐媒体的文化唯物主义的研究。

参考文献

AAP. (2011, November 18). Inquiry hears calls for media ownership caps. Retrieved from http://www.sbs.com.au/news/article/1606083/inquiry-hears-calls-for-media-ownership-caps

Abramson, B. D. (2001). Media policy after regulation? *International Journal of Cultural Studies*, 4(3):301-326.

Abu-Nasr, D. (2008, September 15). Saudi Fatwa pans 'immoral' TV. Retrieved from http://www.thestar.com/news/world/article/499265-saudi-fatwa-pans-immoral-tv

Acland, C. R. (2003). Screen Traffic: Movies, *Multiplexes and Global Culture*. Durham and London: Duke University Press.

Adegoke, Y. (2011, May 3). Satellite TV provider Dish Network Corp has been sued by Walt Disney and Starz Entertainment for giving away popular movies, including Disney's "Toy Story 3" and "Alice in Wonderland." Retrieved from http://www.reuters.com/article/2011/05/03/us-dish-disney-idUSTRE7425MC20110503

Adegoke, Y. and Levine, D. (2011, June 29). Comcast completes NBC Universal merger. Retrieved from http://www.reuters.com/article/2011/01/29/uscomcast-nbc-idUSTRE70S2WZ20110129

Adler, T (2010). *House* set to be most popular U. S. TV export to Europe for 2nd year. Retrieved from http://www.deadline.com/2010/01/house-set-to-be-most-popular-u-s-tv-export-to-europe-for-2nd-year-running/

ADMIN. (2010, Januray 9). 10 Most popular TV shows on the International Primetime in 2009. Retrieved from http://www.cinemarearlm.com/2010/01/09/10-most-popular-tv-shows-internationally-2009/

AFP. (2006, March 24). George Lucas attacks US cultural imperialism. Retrieved from http://www.smh.com.au/news/film/george-lucas-attacks-us-culturalimperialism/2006/03/24/1143083953256. html

Agrell,S. (2010,January 13). Earthlings take issue with Avatar. *The Globe and Mail*,A13.

Ahmad,A. (1992). *In theory:Classes,Nations,Literatures*. New York:Verso.

Ahmad,A. (2004). Imperialism of Our Time. In L. Panitch and C. Leys(Eds),*The New Imperial Challenge:Socialist Register 2004*(pp. 43-63). London:Merlin Press.

Ahn,H. and Litman,B. R. (1997). Vertical integration and consumer welfare in the cable industry. *Journal of Broadcasting and Electronic Media*,41(1): 453-477.

Airlie,C. (2011,April 4). Global advertising spending rose in 2010,Nielsen says. Retrieved from http://www. bloomberg. com/news/2011-04-03/global-ad-spending-in-2010-rose-11-on-soccer-s-world-cup-neilsen-says. html

Albarran, A. B. (1996). *Media Economics:Understanding Markets, Industries and Concepts*. Ames:Iowa State University Press.

Albarran, A. B. . (2010). *The Media Economy*. New York:Routledge.

Allor,M. (1996). The Politics of Producing Audiences. In J. Hay,L. Grossberg, and E. Wartella (Eds),*The Audience and its Landscape*(pp. 209-219). Boulder,CO:Westview.

Altman,R. (1999). *Film/Genre*. London:British Film Institute.

Amin,A. (1999). An institutionalist perspective on regional development. *International Journal of Urban and Regional Research*. 2(1):365-378.

Anderson,B. (1991). *Imagined Communities*. New York,NY:Verso.

Anderson,P. (2002). Editorial:Force and Consent. *New Left Review*(17)(Sept-Oct):5-29.

Andrejevic,M. (2007). *iSpy:Surveillance and Power in the Interactive Era*. Kansas:University Press of Kansas.

Andrejevic. (2008). Watching Television Without Pity:The productivity of online fans. *Television & New Media*,9(1):24-46.

Ang,I. (1985). *Watching Dallas:Soap Opera and the Melodramatic Imagination*. London:Methuen.

Ang,I. (1990). Culture and communication:towards an ethnographic critique of media consumption in the transnational media system. *European Journal of Communication*,5(1):239-260.

Ang,I. (1996a). In the realm of uncertainty:the global village and capitalist postmodernity. In H. Mackay and T. O'Sullivan, (Eds), *The Media Reader: Continuity and Transformation* (pp. 366-384). Thousand Oaks: Sage.

Ang I. (1996b). *Living Room Wars: Rethinking Media Audiences for a Postmodern World*. London: Routledge.

Appadurai, A. (1997). *Modernity at Large*. Minneapolis: University of Minnesota Press.

Appiah, K. A. (2006, January 1). The case for contamination. Retrieved from http:// www. nytimes. com/2006/01/01/magazine/01cosmopolitan. html? pagewanted=all

Arango, T. (2008, December 1). World falls for American media, even as it sours on America. Retrieved from http://www. nytimes. com/2008/12/01/business/ media/01soft. html

Aronowitz, S. and Bratsis, P. (Eds). (2002). *Paradigm Lost: State Theory Reconsidered*. Minneapolis: University of Minnesota Press.

Arsenault, A. (2011). The structure and dynamics of global networks in the media, telecoms, gaming and computing industries. In D. R. Winseck and D. Y. Jin(Eds), *The Political Economies of Media: The Transformation of the Global Media Industries*. New York: Bloomsbury Academic. Retrieved from http://www. bloomsburyacademic. com/view/PoliticalEconomiesMedia_9781849664264/chapter-ba-9781849664264-chapter-003. xml? print

Arsenault, A. and Castells, M. (2008). The structure and dynamics of global multi-media business networks. *International Journal of Communication*, 2, 707-748.

Artz, L. (2003). Globalization, media hegemony and social class. In L. Artz and Y. R. Kamalipour(Eds), *The Media Globalization of Corporation Media Hegemony* (pp. 3-32). Albany: State University of New York Press.

Artz L. (2007). The corporate model from national to transnational. In C. J. Hamelink, L. Artz, and Y. R. Kamalipour(Eds), The Media Globe: *Trends In International Mass Media*. (pp. 141-162). Plymouth: Rowman & Littlefield.

Artz, L. and Kamalipour, Y. R. (2003). *The Globalization of Corporate Media Hegemony*. New York, NY: State University of New York Press.

Associated Press. (2002, June 5). Disney sues over bears similar to Pooh. Retrieved from http://articles. latimes. com/2002/jun/05/business/fi-rup5. 9

Averill, G. (1996). Global imaginings. In R. Ohman(Ed.), *Making and Selling Culture* (pp. 203-33). Hanover: New England UP.

Avery, H. (2006, October). Hedge funds and film finance: Show me the money. Retrieved from http://www. euromoney. com/Article/1079895/Title. html

Aysha,E. (2004). The limits and contradictions of Americanization. In L. Panitch and C. Leys(Eds), *The New Imperial Challenge*: *Socialist Register* 2004(pp. 245-61). London:Merlin Press.

Babe,R. (2009). *Cultural Studies and Political Economy*: *Toward a New Integration*. Lanham,MD:Lexington Books.

Bacevich,A. (2002). *American Empire*: *The consequences and Realities of U. S. Diplomacy*. Cambridge:Harvard UP.

Bagdikian,B. (1997). *The Media Monopoly*. Boston,MA:Beacon Press.

Bagdikian,B. (2004). *The New Media Monopoly*. Boston,MA:Beacon Press.

Bah,U. (2008). Daniel Lerner,Cold War propaganda and US development communication research:an historical critique. *Journal of Third World Studies*,25(1):183-198.

Baker, C. E. (2002). *Media*, *Markets and Democracy*. Cambridge: Cambridge University Press.

Baker. (2007). *Media Concentration and Democracy*: *Why Ownership Matters*. Cambridge:Cambridge University Press.

Balio, T. (1998). A major presence in all world's important markets: The globalization of Hollywood in the 1990s. In S. Neale and M. Smith (Eds), *Contemporary Hollywood Cinema* (pp. 58-73). New York:Routledge.

Balko, R. (2003). Globalization and culture: Americanization or cultural diversity? Retrieved from http://globalpolicy. org/globaliz/cultural/2003/03american. htm

Banerjee,I. and Seneviratne,K(Eds). (2006). *Public service broadcasting in the age of globalization*. Asian Media Information Centre.

Banks,M. (2008). Company town: production communities and the myth of a unified Hollywood. *Velvet Light Trap*,62,(Fall):62-64.

Banks,M. and Hesmondhalgh,D. (2009). Looking for work in creative industries policy. *International Jorunal of Cultural Policy*,15(4):415-430.

Banks,M. and O'conner, J. (2009). Introduction:after the creative industries. *International Journal of Cultural Policy*,15(4):365-373.

Baran,P. (1957). *The Political Economy of Growth*. New York:Monthly Review Press.

Barber, B. (2008). Shrunken sovereign: consumerism, globalization, and American emptiness. Retrieved from http://www. worldaffairsjournal. org/article/shrunken-sovereign-consumerism-globlization-and-american-emptiness

Barlow,M. (2001). The global monoculture: "free trade" versus culture and democracy. *Earth Island Journal*. Autumn,2001.

Barnes, B. (2009, March 31). MPAA decides it's too hard to measure film production and marketing costs. Retrieved from http://carpetbagger. blogs. nytimes. com/2009/03/31/showest-report-mpaa-decides-its-too-difficult-to-measure-film-production-and-marketing-costs/

Barrionuevo, A. (2009, October 10). Argentina enacts law on broadcasters. Retrieved from http://www. nytimes. com/2009/10/11/world/americas/11argentina. html

Barrionuevo, A. (2010, April 10). Tribes of Amazon find an ally out of "Avatar". Retrieved from http://www. nytimes. com/2010/04/11/world/americas/11brazil. htm

Basu, I. (2010, February 10). Hollywood finds a piggy bank in Bollywood. Retrieved from http://www. atimes. com/atimes/South_Asia/LB10Df01. html

Baudrillard, J. (1997). *America*. New York: Verso.

Baxter, M. (2011, October 17). Local programs no longer need quotas to survive. Retrieved from http://www. theaustralian. com. au/media/opinion/local-programs-no-longer-need-quotas-to-survive/story-e6frg99o-1226168014370

BBC. (2008, April 3). Indian soaps face Afghanistan ban. Retrieved from http://news. bbc. co. uk/2/hi/7328485. stm

BBC. (2009, September 27). Venezuela Bans Family Guy Cartoon. Retrieved from http://news. bbc. co. uk/2/hi/8277129. stm

BBC. (2011, April 27). Royal Wedding: In Numbers. Retrieved from http://www. bbc. co. uk/news/uk-13248642>

Becker, A. E (2004). Television, disordered eating, and young women in Fiji: negotiating body image and identity during rapid social change. *Culture, Medicine and Psychiatry*, 28(4):533-559.

Becker, R. (2006). *Gay TV and Straight America*, Piscataway, NJ: Rutgers University Press.

Bell, T. (2008, February 18). Banned Rambo film hot property in Burma. Retrieved from www. telegraph. co. uk/news/uknews/1579082/Banned-Rambo-film-hot-property- in-Burma. html

Beltran, L. R. (1978). Communication and cultural domination: USA-Latin America case. Media Asia, 5:183-192.

Beltran, M. and Fojas, C. (Eds) (2008). *Mixed Race Hollywood*. New York: New York University Press.

Berardi, D. M. (2006, May 15). Chaotic: globalization, the media and American popular culture. Retrieved from http://www. associatedcontent. com/article/

32308/chaotic_globalization_the_media_and_pg3. html

Betig, R. V. (1996). *Copyrighting Culture: The Political Economy of Intellectual property*. Boulder, CO: Westview Press.

Betz, M. (2001). The name above the (sub)title: internationalism, co-production, and polyglot European art cinema. *Camera Obscura*, 46, 16(1): 1-44.

Bielby, D. D. and Harrington, C. L. (2008). *Global TV: Exporting Television and Culture in the World Market*. New York: New York University Press.

Billig, M. (1995). *Banal Nationalism*. London: Sage.

Binning, C. (2010, March 22). TV co-ventures thriving as global economy dictates partnerships. Retrieved from http://playbackonline. ca/2010/03/22/coventures-20100322/

Bissel, K. L. and Chung, J. Y. (2009). Americanized beauty? Predictors of perceived attractiveness from U. S. and South Korean participants based on media exposure, ethnicity and socio-cultural attitudes toward ideal beauty. *Asian Journal of Communication*, 19(2): 227-247.

Blair, I. (2009, October 23). World's greatest film locations. Retrieved from http://www. variety. com/article/VR1118010354? refCatId=3782

Block, A. B. (2011, November 2). Copyright industries provided $931 billion to US economy in 2010, according to study. Retrieved from http://www. hollywoodreporter. com/news/copyright-industries-provided-931-billion-economy-256778

Bloomberg (2011, October 21). Top ten News Corp voting shareholders. Retrieved from http:// www. telegraph. co. uk/finance/newsbysector/mediatechnologyandtelecoms/media/8841452/ Top-ten-News-Corp-voting-shareholders. html

Blum, W. (2004). *Killing Hope: U. S. Military and CIA Interventions Since World War II*. Monroe, Maine: Common Courage Press.

Bodo, B. (2011, March 7). Media piracy in emerging economies. Retrieved from http:// cyberlaw. stanford. edu/blog/2011/03/media-piracy-emerging-economies

Bonné, J. (22 July 2003). Simpsons evolves as an industry: Fox's much-loved TV show is a guaranteed cash cow. Retrieved from http://today. msnbc. msn. com/id/3403870/t/ simpsons-evolves-industry/#. UJBe2sXA98E

Bordwell, D. Staiger, J. , and Thompson, K. (1985). *The Classical Hollywood Cinema: Film styles and Mode of Production to 1960*. New York: Rutledge.

Bourdieu, P. (1998). The essence of neoliberalism: utopia of endless exploitation. Retrieved from http://mondediplo. com/1998/12/08bourdieu

Bowls, S. and Edwards, R. (1985). *Understanding capitalism: Competition, command and change in the U. S. economy.* New York: Harper & Row.

Box Office Mojo. (2011). Toy Story. Retrieved from http://boxofficemojo. com/ movies/? page=intl&id=toystory3. htm Box Office Mojo (2011).

Box Office Mojo. (2012). *Avatar.* Retrieved from http://boxofficemojo. com/ movies/? id=avatar. htm

Boyd, D. A. (1984). The Janus effect? Imported television entertainment programming in developing countries. *Critical Studies in Mass Communication*, 1(2):379-391.

Boyd-Barrett, O. (1977). Media imperialism: towards an international framework for the analysis of media systems, In J. Curran, M. Gurevitch, and J. Woolacott, (Eds) *Mass Communication and Society*, (pp. 116-135). London: Arnold.

Boyd-Barrett, O. (1997). International communication and globalization: contradictions and directions. In A. Mohammadi (Ed.), *International Communication and Globalization:A Critical Introduction*(pp. 11-26). London: Sage.

Boyd-Barrett, O. (1998). Media imperialism reformulated. In D. K. Thussu (Ed.), *Electronic Empires:Global Media and Local Resistance* (pp. 156-176). New York: Arnold.

Boyd-Barrett, O. (2003). Global communication orders. In B. Mody (Ed.), *International and Development Communication:A 21st-century Perspective* (pp. 35-52). Thousand Oaks, CA: Sage.

Boyd-Barrett, O. (2006). Cyberspace, globalization and empire. *Global Media and Communication*, 2(1):21-41.

Bratich, J. Z. Packer, J. and McCarthy C. (Eds). (2003). *Foucault, Cultural Studies, and Governmentality.* New York: State University of New York Press.

Braudy, L. (2011). *The Hollywood Sign:Fantasy and Reality of an American Icon.* New Haven, Connecticut: Yale University Press.

Breakwell, G. M. (E. d). (1992). *Social Psychology of Identity and the Self Concept.* London: Surrey University Press.

British Columbia Film Commission. (2011). British Columbia Film Commission Production Statistics 2010. Retrieved from http://www. bcfilmcommission. com/database/rte/ files/2010FinalStats%20Package. pdf

Bronk, R. (2006, December 11). Hollywood has not fueled anti-americanism abroad. Retrieved from http://abcnews. go. com/International/story?id=2717175

Bronk, S. (2010, April 5). Britain leads the way in selling global TV formats. Retrieved from http://www. guardian. co. uk/media/2010/apr/05/britain-tv-formats-sales/print

Brooker, W. (2001). Living on Dawson's Creek: teen viewers, cultural convergence an television overflow. International Journal of Cultural Studies, 4 (4): 456-472.

Brooks, D. (2008, May 2). The Cognitive Age. Retrieved from http://www. nytimes. com/2008/05/02/opinion/02brooks. html? em&ex = 1209960000&en = 1628bc39165590dc&ei=5087%0A

Brown, G. (14 Nov. 2011). Unless forced to, networks won't show local content. Retrieved from http://www. theaustralian. com. au/media/opinion/unless-forced-to-networks-wont-show-local-content/story-e6frg99o-1226193924090

Buckingham, D. (1993). *Children Talking Television: The Making of Television Literacy*. London: Falmer Press.

Buell, F. (1994). *National Culture and the New Global System*. Baltimore and London: Johns Hopkins.

Burke, P. (2009). *Cultural Hybridity*. Cambridge, UK: Polity Press.

Bruns, D. D. (2009, October 9). Hollywood air pollution heading to Miami. Retrieved from http://www. examiner. com/film-industry-in-miami/hollywood-air-pollution-heading-to-miami

Butsch, R. (2003). Popular communication audiences: A historical research agenda. *Popular Communication*, 1(1):15-21.

Byoungkwan, L. and Hyuhn-Suhck, B. (2003). The effect of screen quotas on the self-sufficiency ration in recent domestic film markets, *Journal of Media Economics*, 17(3):163-176.

Cabral, A. (1973). *Return to the Source: Selected Speeches of Amilcar Cabral*. New York, NY: Monthly Review Press.

Camarota, S. (2011). Immigrant population at record 40 million 2010. Retrieved from http:// www. prnewswire. com/news-releases/immigrant-population-at-record-40-million-in-2010-131205954. html

Canada China Business Council. (2008). *Cultural Industries. Market Overview*. Retrieved from http://wwvv. ccbc. com/rescarch-reports/sector-research/cultural-indusrries

Canadian Heritage. (2009). Minister Moore announces Canada media fund to give viewers what they want, when they want it. Retrieved from www. pch. gc. ca/eng/1294862439605

Caranicas, P. (2010, March 15). Hollywood stems outflow. Retrieved from http://www. variety. com/article/VR1118016502

Cardoso, F. and Faletto, E. (1979). *Dependency and Development in Latin America*. Berkeley: University of California Press.

Carter, G. T. (2008). Form blaxploitation to mixploitation: male leads and changing mixed race identites. In M. Beltran and C. Fojas (Eds), *Mixed Race Hollywood* (pp. 203-222). New York: New York University Press.

Castells, M. (1997). *The Power of Identity*. Oxford, UK: Blackwell Publishing.

CBC Arts. (2006, November 14). Hollywood's leading role: air polluter. Retrieved from http:// www. cbc. ca/news/arts/film/story/2006/11/14/hollywood-pollution. html

CBC News. (2010, 14 October). Chilean mine rescue watched by millions online. Retrieved from http://www. cbc. ca/news/technology/story/2010/10/14/tech-chile-miner-video-stream. html

CFO Staff. (2005, September 1). *Hollywood hits up Wall Street*. Retrieved from http://www. cfo. com/article. cfm/4334616/c_4334841? f=insidecfo

CFTPA/APFTQ. (2009). 09 Profile: An Economic Report on the Canadian Film and Television Production Industry. Retrieved from www. cftpa. ca/newsroom/pdf/profile/profile2009. en. pdf

Chadha, K. and Kavoori, A. (2000). Media imperialism revisited: some findings from the Asian case. *Media, Culture & Society*, 22(1): 415-32.

Chai, P. (2010, June 15). Minister defends Kiwi film subsidies: Treasury report charged Hollywood films of bankrupting state. Retrieved from http://www. variety. com/article/ VR1118020691

Chakravartty, P. and Sarikakis, K. (2006). *Media Policy and Globalization*. Edinburgh: Edinburgh University Press.

Chalaby, J. K. (2002). Transnational television in Europe: The role of pan-European channels. *European Journal of Communication*, 17(2): 190-215.

Chalaby, J. K. (2003). Television for a new global order: transnational television networks and the formation of global system. *Gazette: The International Journal for Communication Studies*, 65(6): 457-472.

Chalaby, J. K. (2005). *Transnational Television Worldwide: Towards a New Media Order*. London: IB Tauris.

Chalaby, J. K. (2006). American Cultural primacy in a new media order: a European perspective. *The International Commuication Gazette*, 68(1): 33-51.

Chalaby, J. K. (2012). At the origin of a global industry: The TV format trade as an Anglo-American invention. *Media, Culture & Society*, 34(1): 36-52.

Chalaby, J. M. (2005b). Trans-border broadcasters and TV regionalization in Greater China: processes and strategies. In J. K. Chalaby (Ed.), *Transnational Television Worldwide* (pp. 173-105). New York: I. B. Tuarus.

Chan, J. M. (2005a). Global media and the dialectics of the global. *Global Media and Communication*. 1(1):24-28.

Chan, K. (2010, March 8). Will Avatar's environmental message change us? Retrieved from http://www. metronews. ca/vancouver/comment/article/471316-will-avatar-senvironmental-message -change-us\

Chan-Olmsted, S. M. (2005). *Competitive strategy for media firms: Strategic and brand management in changing media markets*. Mahwah, NJ: Lawrence Erlbaum Associates.

China Daily. (2011, March 23). Writer sues Disney/Pixar alleging stolen "Cars". Retrieved from http://www. china. org. cn/arts/2011-03/23/content_22204590. htm

Chmielewski, D. C. (2001, October 27). Broadcast version of Disney Channel to launch in Russia. Retrieved from http://latimesblogs. latimes. com/entertainment newsbuzz/ 2011/10/disney-channel-russia-launch. html

Chrisman, L. (2004). Nationalism and Postcolonial Studies. In N. Lazarus (Ed.), *Postcolonial Literary Studies* (pp. 183-198). Cambridge: Cambridge University Press.

Christian, O. (2012, February 10). South Korea's K-pop takes off in the west. Retrieved from http://www. ft. com/cms/s/ddf11662-53c7-11e1-9eac-00144feabdc0, Authorised=false. html? _i_location=http%3A%2F%2Fwww. ft. com%2Fcms%2Fs%2F0%2Fddf11662-53c7-11e1-9eac-00144feabdc0. html&_i_referer = http%3A%2F%2Fen. wikipedia. org%2Fwiki%2FKorean_Wave♯axzz1mQZCA2ah

Christopherson, S. (1996). Flexibility and adaptation in industrial relations: the exceptional cas of the US media entertainment industries, In L. S. Gray and R. L. Seeber. (Eds), *Under the Stars: Essays on Labor Relations in Arts and Entertainment* (pp. 86-112). Ithaca and London: Cornell University Press.

Christopherson, S. (2008). Beyond the self-expressive creative worker: an industry perspective on entertainment media. *Theory, Culture & Society*, 25(7-8): 73-95.

Christopherson, S. (2011). Hard jobs in Hollywood: how concentration in distribution affects the production side of the media entertainment industry. In D. R. Winseck and D. Y. Jin (Eds), *The Political Economies of Media: The Transformation of the Global Media Industries*. New York: Bloomsbury

Academic. Retrieved from http://www. bloomsburyacademic. com/view/ Political EconomiesMedia_9781849664264/chapter-ba-9781849664264-chapter-006. xml? print

Christopherson,S. and Storper,M. (1980). The effects of flexible specialization on industrial politics and the labour market: the motion picture industry. *Industrial and Labour Relations Review*,42(3):331-347.

Christopherson,S. ,Garretsen,H. ,and Martin,R. (2008). The world is not flat: putting globalization in its place. *Cambridge Journal of Regions, Economy and Society*, 1,343-349.

Cieply,M. (2009,November 9). A movies's budget pops from the screen. Retrieved from http://www. nytimes. com/2009/11/09/business/media/09avatar. html? pagewanted=all

Cieply,M. (2012,February 6). China fund to support film projects worldwide. Retrieved from http://www. nytimes. com/2012/02/06/business/media/800-million-chinese-fund-to-back-film-projects. html

Cinema Advertising Council (CAC). (2010). Cinema advertising continues strong growth. Retrieved from http://www. cinemaadcouncil. org/docs/press/9g5oihw4 vzthr59z. pdf

Classen,C. and Howes, D. (1996). Epilogue: the dynamics and ethics of cross cultural consumption. In D. Howes,(Ed.),*Cross-Cultural Consumption*(pp. i-xi). New York:Routledge.

Clover,J. (2010,August 17). Viasat secures Universal movie exclusivity. Retrieved from http:// www. broadbandtvnews. com/2010/08/17/viasat-secures- universal-movie-exclusivity/

CME. (2009, March 23). Time Warner Inc. to acquire 31% interest in central European media enterprises,a leading central and Eastern European media company. Retrieved from http:// www. cetv-net. com/en/press-center/news/ 115. shtml

Coe, N. and Johns, J. (2004). Beyond production clusters. Towards a critical political economy of networks in the film and television industries. In D. Power and A. J. Scott (Eds),*Cultural Industries and the Production of Culture*. (pp. 188-204). New York:Routledge.

Comor,E. (1994). *The Global Political Economy of Communication*. New York: St. Martin's Press.

Comor, E. (1997). The Re-Tooling of American Hegemony: U. S. Foreign Communication Policy form Free Flow to Free Trade. In A. Sreberny-Mohammadi et al. (Eds.) *Media in a global context: A reader* (pp. 194-206). London: Arnold.

Compaine, B. (2003). The media monopoly myth: how new competition is expanding our sources of information and entertainment. New Millenium Research Council. Retrieved from http://newmillenniumresearch. org/archive/Final_Compaine_Paper_050205. pdf

Compaine, B. (2005). Global media. In E. P. Bucy (Ed.), *Living in the information age: A new media reader* (pp. 97-101). Belmont: Wadsworth Thomson Learning.

Conference Board of Canada. (2008, 26 August) Arts and cultural industries add billions of dollars to Canadian economy. Retrieved from http://www. conferenceboard. ca/press/2008/valuing-culture. asp

Coonan, C. (2011, June 21). Chinese international co-productions rise. Retrieved from http:// www. variety. com/article/VR1118038882? refCatId=19

Cooper-Martin, E. (1991). Consumers and movies: some findings on experiential products. *Advances in Consumer Research*, 18(1): 756-761.

Costa, J. and Bamossy, G. J. (1995). *Marketing in a Multicultural World: Ethnicity, Nationalism and Cultural Identity*. London: Sage.

Costanza-Chock, S. (2005). The Globalization of media policy. In R. McChesney, R. Newman, B. Scott and B. Meyers (Eds), *The Future of the Media: Resistance and Reform in the 21st century*. Pp. 259-274. New York: Seven Stories Press.

Couldry, N., Hepp, A., and Krotz, F. (Eds). (2009). *Media Events in a Global Age*. New York: Routledge.

Cowan, T. (1998). *In Praise of Commercial Culture*. Cambridge, MA: Harvard University Press.

Cowen, T. (2002). *Creative Destruction: How Globalization is Changing World Cultures*. Princetown, NJ: Princeton University Press.

Cowen, T. (2006). *Good and Plenty: The Creative Successes of American Arts Funding*. Princeton, NJ: Princeton University Press.

Cowen, T. (2007, February 22). Some countries remain resistant to American cultural exports. Retrieved from www. nytimes/2007/02/22/business/22scene. html? _r=D.

Cox, M. (2001). Whatever happened to American decline? International relations and the new United States hegemony. *New Political Economy*, 1(6): 311-340.

Coyle, J. (2009, December 14). From "Cleopatra" to "Lord of the Rings", "Avatar" joins tradition of the Hollywood colossus. Retrieved from http://

www. startribune. com/templates/Print_This_story? sid=79210367

Crispin Miller, M. (2001, December 20). What's wrong with this picture? Retrieved from http:// www. thenation. com/article/whats-wrong-picture-0 #

CRTC. (2008, January 15). CRTC establishes new approach to media ownership. Retrieved from http://www. crtc. gc. ca/eng/com100/2008/r080115. htm

Cucco, M. (2009). The promise is great: the blockbuster and the Hollywood economy. *Media, Culture & Society*, 31(2):215-230.

Cullity, J. (2002). The global desi: Cultural nationalism on MTV India. *Journal of Communication Inquiry*, 26(4):408-425.

Cunningham, S. (2009). Trojan Horse or Rorschach Blot? Creative industries discourse around the world. *International Journal of Cultural Policy*, 15(4): 375-386.

Curran, J. and Park, M. J. (Eds), *De-Westernizing Media Studies*. New York: Routledge.

Curtin, M. (1993). Beyond the vast wasteland: the policy discourse of global television and the politics of American empire. *Journal of Broadcasting and Electronic Media*, 37(2):127-145.

Curtin, M. (1997). Dynasty in drag: imagining global tv. In L. Spigel and M. Curtin (Eds), *The Revolution Wasn't Televised* (pp. 244-262). New York: Routledge.

Curtin, M. (1999). Feminine desire in the age of satellite television. *Journal of Communication*, 49(2):55-70.

Curtin, M. (2003). Media capitals: towards the study of spatial flows. *International Journal of Cultural Studies*, 6(2):202-228.

Curtin, M. (2005). Murdoch's dilemma, or "what's the price of TV in China?" *Media, Culture and Society*, 27(2):155-175.

Curtin, M. (2007). *Playing to the World's biggest Audience: The Globalization of Chinese Film and TV*. Berkeley and Los Angeles: University of California Press.

Curtin, M. and Streeter, T. (2001). Media In R. Maxwell (Ed.), *Culture Works: The Political Economy of Culture* (pp. 225-250). University of Minnesota Press: Minneapolis.

Dadush, U. and Wyne, Z. (2011, November 10). Don't be afraid of the service sector. *International Economic Bulletin*. Retrieved from http://carnegieendowment. org/2011/11/10/ rise-of-services-sector/8mtf

Dakroury, A., Eid M., and Kamalipour, Y. (Eds). (2009). *The right to communicate: historical hopes, global debates, and future premises*. Dubuque, IA: Kedall Hunt.

Darling-Wolf, F. (2000). Texts in context: intertextuality, hybridity and the negotiation of cultural identity in Japan. *Journal of Communication Inquiry*, 24(2): 134-155.

Davis, C. and Kay, J. (2010). International production outsourcing and the development of indigenous film and television capabilities: the case of Canada. In G. Elmer, C Davis, J. McCullough, and J. Marchessault (Eds). *Locating Migrating Media*. (pp. 57-78). New York: Rowman & Littlefield.

Davis, M. (2006). *Planet of Slums*. New York: Verso.

Davidson, S. (2007). A chronology of Hollywood in Post-'89 Prague. Retrieved from http:// prague. tv/articles/cinema/a-chronology-of-hollywood-in-post-89-prague

Dawson, N. (2010, March 5). Time's up: Kathryn Bigelow's The Hurt Locker. Retrieved from http://www. filmmakermagazine. com/news/2010/03/times-up-kathryn-bigelows-the-hurt-locker-by-nick-dawson/

Dawtrey, A. (2009, April 14). Michigan nabs $146M movie studio: Unity Studios to build complex in Detroit suburb. Retrieved from http://www. variety. com/article/VR1118002418

Dawtrey, A. (2010, April 9). The new Brit backlots: Hollywood finds stages in old warehouses, military bases. Retrieved from http://www. variety. com/article/VR1118017349

Dean, J. and Fong, M. (2008, September 8). Opening ceremonies aim to illustrate rise to global power. Retrieved from online. wsj. com/article/SB121819051298123857. html

Debord, G. (1983). *Society of the spectacle*. Detroit: Black and Red Press.

Defleur, M. L. and Defleur, M. H. (2003). *Learning to Hate Americans: How U. S. Media Shape Negative Attitudes Among Teenagers in Twelve Countries*. Spokane: WA: Marquette.

De Mesa, A. (2007, July 23). True colors of nation branding. Retrieved from http://www. brandchannel. com/features_effect. asp? pf_id=377

Demont-Heinrich, C. (2011). Cultural imperialism versus globalization of culture: riding the structure-agency dialectic in global communication and media studies. *Sociology Compass*, 5(8): 666-678.

Denning, M. (2004). *Culture in the Age of Three Worlds*. New York: Verso.

Deuze,M. (2007). *Media Work*. New York:Polity.

Diawara,M. (1987). Sub-Saharan African film production: technological paternalism. *Jump Cut:A Review of Contemporary Media*,32:61-65.

Dick,K. (2011). The MPAA vs. Gay Sexuality. Retrieved from http://www. thewrap. com/ blog-post/mpaa-vs-gay-sexuality-3114? page=0,0

Dizard,W. (2004). *Inventing Public Diplomacy:The Story of the U. S. Information Agency*. Boulder:Lynn Rienner Publishers.

Dobuzinskis,A. (2010,March 10). Global movie box office nears $30 billion in 2009. Retrieved from http://www. reuters. com/article/2010/03/10/ boxoffice-idUSN1013895820100310

Domhoff,W. G. (2009).*Who Rules America? Challenges to Corporate and Class Dominance*. New York:McGraw-Hill.

Donaton,S. (2005). *Madison and Vine:Why the Entertainment and Advertising Industries Must Converge to Survive*. New York:McGraw-Hill.

Dore,S. (2010,June 24). Bollywood flies to Santa Fe for Kites. Retrieved from http://www. variety. com/article/VR1118021011

Dorfman,A. and Mattelart,A. (1975). *How to Read Donald Duck:Imperialist Ideology in the Disney Comic*. New York:International General Editions.

Dorman,V. (2011, May 16). Building a market for creativity. Retrieved from http://rbth. ru/ articles/2011/05/16/building _ a _ market _ for _ creativity _ 12867. html

Doyle,G. (2010). From television to multi-platform:More for less or less from more? *Convergence*, 16(4):1-19.

Doyle,G. (2012).*Audio-visual services:international trade and cultural policy*. ABDI Working Paper 355. Tokyo:Asian Development Bank Institute. Retrieved from http://www. abdi. org/working-paper/2012/04/17/5049. audiovisual. srvc. intl/trade. cultural. policy/

Drache,D. (1995). (Ed.), *Staples,Markets,Change:Harold A. Innis,Selected Essays*. McGill-Queen's UP:Montreal and Kingston.

During,S. (1997). Popular culture on a global scale:a challenge for cultural studies? *Critical Inquiry*, 23(2):808-26.

Eagleton,T. (2000). *The Idea of Culture*. Oxford:Blackwell Publishers.

Economic Bulletin. *Don't be afraid of the service sector*. Retrieved from http:// carnegieendowment. org/2011/11/10/rise-of-services-sector/8mtf

Egan,J. (2009,September 11). Canada at war over tax incentives. Retrieved from http://www. variety. com/article/VR1118008490

Eligon,J. (2008,September 9). Judge rules for Rowling against writer of lexicon. Retrieved from www. nytimes. com/2008/09/09/nyregion/09potter. html? ref ＝media.

Eller,C. (2009, April 20). Studios struggle to rein in movie marketing costs. Retrieved from http://articles. latimes. com/2009/apr/20/business/fi-ct-movies20

Elliot,S. (2011, June 14). Study finds rebound in entertainment and media spending. Retrieved from http://mediadecoder. blogs. nytimes. com/2011/06/14/study-finds-rebound-in-entertainment-and-media-spending/? ref＝media

Elmer,G. (2002). The trouble with the Canadian "body double": runaway productions and foreign location shooting. *Screen*,43(4):423-431.

Elmer,G. and Gasher,M. (2005). *Contracting out Hollywood:Runaway Production and Foreign Location Shooting*. Latham,MD:Rowman & Littlefield.

Enrich,E. (2005). Legal aspects of international film co-production. Retrieved from http:// www. obs. coe. int/online _ publication/expert/coproduccion _ aspectos-juridicos. pdf. en

Epstein,E. J. (2005, April 25). How to Finance a Hollywood Blockbuster. Retrieved from www. slate. com/articles/arts/the _ hollywood _ economist/2005/04/how_to_finance_a_holiy-wood_blockbuster. html

Euromed. (2008,July 15). Interview with Abdelhak Sakhi,Head of Production at the Moroccan Cinema Centre (CCM). Retrieved from http://www. euromedcafe. org/newsdetail. asp? lang＝ing&documentID＝12727

European Commission. (2010a). Commission Launches public consultation on future of cultural and creative industries. Retrieved from http://www. organzanetwork. eu/news/commission-launches-public-consultation-future-cultural-and-creative-industries

European Commission. (2010b). Green Paper:Unlocking the potential of cultural and creative industries. Retrieved from http://ec. europa. eu/culture/our-policy-development/doc/ GreenPaper_creative_industries_en. pdf

European Federation of Journalists. (2005). Media power in Europe: the big picture of ownership. Belgium:Aidan White. Retrieved from http://www. ifj. org/assets/docs/245/202/08737f5-ec283ca. pdf

Falconer,R. (2009,April 8). First location shot from "Tron 2. 0". Retrieved from http://www. cinemaspy. com/movie-news/first-location-shot-from-tron-2-0-2213/

Fanon,F. (1963). *The Wretched of the Earth*. New York,NY:Grove Press.

FCC. (2011). Obscenity, indecency and profanity. Retrieved from http://www.fcc. gov/guides/ obscenity-indecency-and-profanity

Feigenbaum, H. B. (1996). *Why Hollywood is like Japan—only better*. Business in the Contemporary World, 8(1):36-42.

Feigenbaum, H. B. (2003). Digital entertainment jumps the border. *Scientific American*, 56-57.

Feigenbaum, H. B. (2009). The paradox of television privatization: when more is less. *Policy and Society*, (27):299-237.

Fejes, F. (1981). Media imperialism: an assessment. *Media, Culture and Society*, 3 (1):281-92.

Fernandes, R. (26, May 2012). Legal actions pushing down Bittorrent popularity in the U. S. Retrieved from http://tech2. in. com/news/general/legal-actions-pushing-down-bittorrent-popularity-in-the-us/310542

Film and Television Action Committee (FTAC). (2002). *Send a letter to congress*. Retrieved from http://www. ftac. net/index. html

Fiske, J. (1988). *Television Culture*. New York: Routledge.

Fitzgerald, S. W. (2012). *Corporations and Cultural Industries: Time Warner, Bertelsmann, and News Corporation*. Lanham, Maryland: Rowman & Littlefield Books.

Flew, T. (2002). Broadcasting and the social contract. In M. Raboy (Ed). *Global Media Policy in the New Millennium* (pp. 113-129). Luton: University of Luton Press.

Flew, T. (2007b). *Understanding Global Media*. New York, NY: Palgrave Macmillan.

Flew, T. (2011). Media as creative industries. In D. Winseck and D. Y. Jin (Eds), *The Political Economies of the Media: The Transformation of the Global Media*. New York: Bloomsbury Academic.

Flew, T. (2012, May 24). Resurrecting media imperialism. Retrieved from http://terryflew. com/2012/05/resurrecting-media-imperialism. html

Florida, R. (2004). *The Rise of the Creative Class*. New York: Basic Books.

Florida, R. (2005). *Cities and the Creative Class*. New York: Routledge.

Forbes Profile: Rupert Murdoch. Retrieved from http://www. forbes. com/profile/ rupert-murdoch/

Foreign Policy. (2009). The world's most popular TV shows. Retrieved from http://www. foreignpolicy. com/articles/2009/10/19/the _ worlds _ most _ popular_tv_shows

Foster, J. B. (2000). Monopoly capital at the turn of the millennium. *Monthly Review*, 51 (11). Retrieved from http://monthlyreview. org/2000/04/01/monopoly-capital-at-the-turn-of-the-millennium

Foster, J. B. , McChesney, R. W. , and Jonna, R. J. (2011). Monopoly and Competition in Twenty First Century Capitalism, *Monthly Review*, 62 (11):1-23.

Fourie, P. J. (Ed.). (2010). *Media Studies: Policy*, *Management and Media Representation*. Juta Academic.

Francia, R. (2007, November 23). 5 Hollywood studios sue Chinese website for copyright infringements. Retrieved from http://tech. blorge. com/Structure:%20/2007/11/23/5-hollywood-studios-sue-chinese-website-for-copyright-infringements/

Franich, D. (2011, 26 April). *The Fast and the Furious*: Five reasons this franchise has lasted a freakin's decade. Retrieved from http://popwatch. ew. com/2011/04/26/ the-fast-and-the-furious-five-reasons-this-franchise-has-lasted-a-freakin-decade/

Frank, A. G. (1966). *The Development of Underdevelopment*. New York: Monthly Review Press.

Frank, A. G. (1969). *Latin America: Underdevelopment or Revolution*. New York: Monthly Review Press.

Frank, A. G. (1975). *On Capitalist Underdevelopment*. Bombay: Oxford University Press.

Frank, A. G. (1972). *Lumpenbourgeoisie: Lumpenproletariat. Dependency, Class and Politics in Latin America*. New York, NY: Monthly Review Press.

Fraser, M. (2003). *Weapons of Mass Distraction: American Empire and Soft Power*. Toronto: Key Porter Books.

Freedman, D. (2003a). Cultural policy-making in the free trade era: an evaluation of the impact of current World Trade Organization negotiations on audio-visual industries. *International Journal of Cultural Policy*, 9(3):285-298.

Freedman, D. (2003b). Who Wants to be a Millionaire? the politics of television exports. *Information, communication and society*, 6(1):24-41.

Freedman, D. (2006). Dynamics of power in contemporary media policy-making. *Media, Culture and Society*, 28(6):907-23.

Freedman, D. (2008). *The Politics of Media Policy*. Cambridge: Polity Press.

French, P. (2010, March 14). Avatar was the year's real milestone, never mind the results. Retrieved from http://www. guardian. co. uk/film/2010/mar/14/avatar-kathryn-bigelow-hollywood-history

Freund,C. P. (2003). We aren't the world:American culture is not dominating the globe. Retrieved from http://www. reason. com/0303/cr. cf. we. shtml

Friedman,J. (2008,March 6). Movie ticket sales hit record. Retrieved from http://articles. latimes. com/2008/mar/06/business/fi-boxoffice6

Friedman,T. (2000). *The Lexus and the Olive Tree :Understanding Globalization*. New York,NY:Anchor Books.

Friedman. (2007). *The world is Flat* 3. 0:*a Brief History of the Twenty First Century*. New York,NY:Farrar,Straus and Giroux.

Friedman. (2010). Globalization. Retrieved from http://2010. newsweek. com/top-10/most-overblown-fears/globalization. html

Fu,W. W. (2006). Concentration and homogenization of international movie sources:examining foreign film import profiles. *Journal of Communication* ,56 (1):813-835.

Fu,W. W. (2009). Screen survival of movies at competitive theaters:vertical and horizontal integration in a spatially differentiated market. *Journal of Media Economics* ,22(2):59-80.

Fu,W. W. and Govindaraju,A. (2010). Explaining global box-office tastes in Hollywood Films: homogenization of national audience's movie selections. *Communication Research* ,37(2):215-238.

Fuchs,C. (2010). New imperialism:information and media imperialism? *Global Media and Communication* , 6(1):33-60.

Fuchs, C. (2011). Web 2.0, prosumption, and surveillance. *Surveillance and Society* ,8(3):288-309.

Fung, A. (2006). Think globally, act locally:China's rendezvous with MTV. *Global Media and Communication* ,2(1):71-88.

Furtado,C. (1964). *Development and Underdevelopment*. Berkeley:University of California Press.

Galbraith,J. K. (1998). *The Affluent Society*. New York:Mariner Books.

Galbraith,J. K. (2007). *The New Industrial State*. Princeton, N. J. :Princeton University Press.

Gara,T. and Hagey,K. (2010,March 10). Unleash your creativity,Murdoch tells Arab world. Retrieved from http://www. thenational. ae/news/uae-news/unleash-your-creativity-murdoch-tells-arab-world

Garcia-Canclini,N. (1997). Hybrid cultures and communicative strategies. *Media Development* ,44(1):22-29.

Garcia-Canclini. (2005). *Hybrid Cultures : Strategies for Entering and Leaving Modernity*. Minneapolis : University of Minnesota Press.

Gardels, N. and Medavoy, M. (2009). *American Idol After Irag : Competing for Hearts and Minds in the Global Media Age*. Malden, MA : Wiley-Blackwell.

Gardiner, N. (2009, December 25). Avatar: the most expensive piece of anti-American propaganda ever made. Retrieved from http://blogs. telegraph. co. uk/news/nilegardiner/100020721/avatar-the-most-expensive-piece-of-anti-american-propaganda-ever-made/

Garnham, N. (1990). *Capitalism and Communication : Global Culture and the Economics of Information*. London : Sage Publications.

Garnham, N. (1998). Policy. In A. Briggs and P. Cobley (Eds), *The Media : An Introduction*. (pp. 210-23) London : Longman.

Garnham, N. (2000). *Emancipation, the Media and Modernity : Arguments about the Media and Social Theory*. Oxford : Oxford University Press.

Garnham, N. (2005). From cultural to creative industries: an analysis of the creative industries approach to arts and media policy making in the United Kingdom. *International Journal of Cultural Policy*, 11(1): 15-29.

Gasher, M. (2002). *Hollywood North : The Feature Film Industry in British Columbia*. Vancouver : University of British Columbia Press.

Gentzkow, M. A. and Shapiro, J. M. (2004). Media, education and anti-Americanism in the Muslim world. *Journal of Economic Perspectives*, 18(3): 117-133.

Gerbner, G. (1997). Comparative cultural indicators. In G. Gerbner (Ed.), *Mass Media Policies In Changing Cultures* (pp. 199-205). New York, NY: John Wiley and Sons.

Gerbner, G. (1998). Telling stories, or how do we know what we know ? The story of cultural indicators and the cultural environment movement. *Wide Angle*, 20: 116-131.

Gerbner, G. , Gross, L. , Morgan, M. , and Signorielli, N. (1986). Perspectives on media effects. In J. Bryant and D. Zillmann (Eds), *Living with Television*. Hillsdale : Erlbaum.

Gerbner, G. (1994). Growing up with television: the cultivation perspective. In J. Bryant and D. Zillman (Eds), *Media Effects : Advances In Theory and Research* (pp. 61-90). Mahwah, NJ : Erlbaum.

Gershon, R. A. (1993). International deregulation and the rise of transnational media corporation. *Journal of Media Economics*, 6(2): 3-22.

Gershon, R. A. (1997). *The Transnational Media Corporation: Global Messages and Free Market Competition*. Mahwah, NJ: Lawrence Erlbaum Associates.

Giddens, A. (1991). *The Consequences of Modernity*. Cambridge: Polity Press.

Gilbey, R. (2008, December 10). I'm not shocked by Italy's bowdlerised Brokeback. Retrieved from http://www.guardian.co.uk/film/filmblog/2008/dec/10/ brokeback-mountain-gay-censorship

Gill, R. and Pratt, A. (2008). In the social factory? Immaterial labour, precariousness and cultural work. *Theory, Culture and Society*, 25(7-8): 1-30.

Gillan, J. (2010). *Television and New Media: Must-Click TV*. New York: Routledge.

Gillespie, M. (1995). *Television, Ethnicity and Cultural Change*. London: Routledge.

Gillespie, M. (2002). Television, ethnicity and cultural change. In W. Brooker and D. Jermyn (Eds), *The Audience Studies Reader* (pp. 315-321). New York, NY: Routledge.

Gitlin, T. (1983). *Inside Prime Time*. New York: Pantheon Press.

Gitlin, T. (2001). *Media Unlimited: How the Torrent of Images and Sounds Overwhelms Our Lives*. New York, NY: Metropolitan Books.

Global Entertainment and Media Outlook. (2011-2015). Retrieved from http://www.pwc.com/ gx/en/global-entertainment-media-outlook/data-insights. jhtml

Goff, P. M. (2007). *Limits to Liberalization: Local Culture in a Global Marketplace*. Ithaca, NY: Cornell University.

Golding, P. and Murdock, G. (1991). Culture, communication and political economy. In J. Curran and M. Gurevitch (Eds), *Maas Media and Society* (pp. 15-32). London: Edward Arnold.

Goldman, S. (1993, July 4). Reborn in the USA. *Sunday Times*. p. 6.

Goldsmith, B. (2008, November 8). Beijing opening night lures 15 percent of world. Retrieved from www.reuters.com/article/2008/08/11/us_olympics_viewers_id USPEK15134720080811.

Goldsmith, B., and O'Regan, T. (2003). *Cinema Cities, Media Cities: The Contemporary International Studio Complex*. Screen Industry, Culture and Policy Research Series. Sydney: Australian Film Commission.

Goldsmith, B., and O'Regan, T. (2005). *The Film Studio: Film Production in the Global Economy*. Lanham, MD: Rowman and Littlefield.

Goldsmith, B., and O'Regan, T. (2009). International film production: interests and motivations. In J. Wasko and M. Erikson (Eds). *Cross Border Cultural*

Production；*Economic Runaway or Globalization*. Amhorst；Cambria Press.

Gomery，D. （2000a）. Interpreting media ownership. In B. M. Compaine and D. Gomery （Eds），*Who Owns the Media ？ Competition and Concentration in the Mass Media Industries*，（pp. 507-536）. Mahwah，NJ：Lawrence Erlbaum Associates，Inc.

Gomery，D. （2000b）. The Hollywood film industry. Theatrical exhibition，pay TV and home video. In B. M. Compaine and D. Gomery （Eds），*Who Owns the Media ？ Competition and Concentration in the Mass Media Industries* （pp. 359-436）. Mahwah NJ：Lawrence Erlbaum Associates，Inc.

Gordon，N. S. A. （2009）. Globalization and cultural imperialism in Jamaica. *International Journal of Communication*，3，307-331.

Goundry，N. （2011，June 29）. New Zealand and India sign co-production location filming deal. Retrieved from http：//www. thelocationguide. com/blog/2011/ 06/ new-zealand-and-india-sign-co-production-location-filming-deal/

Government of Singapore. （2010，August 12）. Singapore awards ＄2. 7 million in creative industries scholarship and bursaries. Retrieved from http：//www. thegovmonitor. com/world _ news/asia/singapore-awards-2-7-million-in-creative-industries-scholarships-and-bursaries-36986. html

Graber，D. （2009）. Looking at the United States through distorted lenses： entertainment television versus public diplomacy. *American Behavioral Scientist*，52 （5）：735-754.

Grainge，P. （2008）. *Brand Hollywood：Selling Entertainment In A Global Media Age*. New York，NY：Routledge.

Gray，C. （2007）. Commodification and Instrumentality in Cultural Policy. *International Journal of Cultural Policy*，13（2）：203-215.

Gramsci，A. （1971）. *Selections from the Prison Notebooks*. International Publishers Co.

Grant，P. S. and Wood，C. （2004）. *Blockbusters and Trade Wars：Popular Culture in a Globalized World*. Vancouver：Douglas and McIntyre.

Gray，J. （1998）. *False Dawn：The Delusions of Global Capitalism*. London ； Granta Publications.

Gray，J. （2007）. Imagining America：*The Simpsons go global*. *Popular Communication*，5（2）：129-148.

Green，E. （2010，March 31）. Kick-Ass banned in Korea. Retrieved from http：// www. frontrow-reviews. co. uk/news/kick-ass-banned-in-korea/4633

Green，P. S. （2003，July 30）. Prague is fighting to remain in the picture. Retrieved from http:// www. nytimes. com/2003/07/30/business/prague-is-fighting-to-remain-in-the-picture. html

Greenberg,A. (2012,May 9). HBO's Game of Thrones on track to be crowned most pirated show of 2012. Retrieved from http://www. forbes. com/sites/andygreenberg/2012/05/09/ hbos-game-of-thrones-on-track-to-be-crowned-most-pirated-show-of-2012/

Greenslade,R. (2011, September 12). Bangladesh introduces TV censorship. Retrieved from http://www. guardian. co. uk/media/greenslade/2011/sep/12/bangladesh-freedom-of-speech

Grixti,J. (2006). Symbiotic transformations:youth,global media and indigenous culture in Malta. *Media,Culture and Society*,28(1):105-122.

Guback,T. H. (1969). *The International Film Industry*. Bloomington:Indiana University Press.

Gulder,E. (2011,January 1). Studios focusing on co-financing high-profile TV series with foreign broadcasters. Retrieved from http://www. hollywoodreporter. com/news/studios-focusmg-financing-high-profile-75607

Habann,F. (2000). Management of core resources:The case of media enterprises. *The International Journal on Media Management*, 2(1):14-24.

Hafez,K. (2007). *The Myth of Media Globalization*. Cambridge:Polity Press.

Hagey,K. (2011,May 6). Most of the highest paid CEOs lead media companies. Retrieved from http://www. politico. com/blogs/onmedia/0511/Most_of_the_highestpaid_CEOslead_ media_companies. htm

Hall,S. (1991). The local and the global:globalization and ethnicity. In A. King (Ed.),*Culture,Globalization and the World System*. London:MacMillan.

Hall,S. (1996a). Introduction:who needs "identity"? In S. Hall and P. du Gay (Eds),*Questions of Cultural Identity*(pp. 19-38). London:Sage.

Hall,S. (1996b). The West and the Rest:discourse and power. In S. Hall et al. (Eds),*Modernity*(pp. 184-224). Cambridge:Polity Press.

Hall, S. (1997). Introduction. In S. Hall (Ed.), *Representation: Cultural Representations and Signifying Practices*(1-12). London:Sage.

Hall, S. (2000). "Encoding/Decoding". In M. G. Durham and D. M. Kellner (Eds), *Media and Cultural Studies:Keyworks* (pp. 116-76). Blackwell:New York.

Hall,S. (2011). The march of the neoliberals. *The Guardian*. Retrieved from http://www. guardian. co. uk/politics/2011/sep/12/march-of-the-neoliberals

Halle,R. (2002). German film,aufgehoben: ensembles of transnational cinema. *New German Critique* , 87:7-46.

Halter,M. (2002). *Shopping for Identity: The Marketing of Ethnicity*. New York,NY:Longman.

Hamelink,C. J. (1983). *Cultural Autonomy in Global Communications*. New York NY:Longman.

Hamelink,C. J. (1997). MacBride with hindsight. In P. Goiding and P. Harris (Eds), *Beyond Cultural Imperialism :Globalization,Communication and the New International Order*(pp. 69-94). London:Sage.

Hamelink,C. J. (2002). The civil society challenge to global media policy. In M. Raboy (Ed), *Global Media Policy in the New Millennium* (pp. 251-260). Luton:University of Luton Press.

Hamelink,C. J. and Hoffmann,J. (2008). The state of the right to communicate. *Global Media Journal:American Edition*, 7(Fall). Retrieved from http:// lass. calumet. purdue. edu/cca/gmj/ fa08/gmj-fa08-hamelink-hoffman. htm

Hancock,D. and Zhang,X. (2010). Europe's top 100 film distributors. Retrieved from http:// www. screendigest. com/reports/2010116a/10_11_europes_top_ 100_film_distributors/view. html

Hannerz,U. (1989). Notes on the global ecumene. *Public Culture*,1(2):66-75.

Hannerz,U. (1996). *Transnational Connections: Culture, People, Places*. New York:Routledge

Hannerz,U. (1997). Scenarios for peripheral cultures. In A. King (Ed.),*Culture, Globalization and the World-system* (pp. 107-128). Minneapolis:University of Minnesota Press.

Harabi,N. (2009). *Creative industries: case studies from Arab countries*. Retrieved from http:// mpra. ub. uni-muenchen. de/15628/l/MPRA_paper_15628. pdf

Hardware Top Ten. (2011). Retrieved from http://www. hardwaretop100. org/ hardware-companies-top-100-2010-edition. php

Hardy,J. (2010). *Cross-Media Promotion*. New York:Peter Lang Publishing.

Harindranath,R. (2003). Reviving cultural imperialism: international audiences, global capitalism,and the transnational elite. In L. Parks and S. Kumar (Eds), *Planet TV:A Global Television Reader* (pp. 155-168). New York:New York University Press.

Harrington,C. L. and Bielby, D. D. (1995). *Soap Fans: Pursuing Pleasure and Making Meaning in Everyday Life*. Philadelphia:Temple University Press.

Harris,J. (2009,April 1). TV advertising is dying and PVRs are the culprit. Retrieved from http://www. backbonemag. com/Magazine/2009-04/tv-advertising- is-dying. aspx

Harris,N. (2007,March 1). Why Fifa's claim of one billion TV viewers was a quarter. Retrieved from right. http://www. independent. co. uk/sport/football/ news-and-comment/why-fifas-claim-of-one-billion-tv-viewers-was-a-quarter-right- 438302. html

Harris,N. (2011,May 9). REVEALED:Royal Wedding TV audience closer to 300m than 2bn (because sport,not royalty,reigns). Retrieved from http:// www. sportingintelligence. com/2011/05/08/revealed-royal-wedding's-real-tv- audience-closer-to-300m-than-2bn-because-sport-not-royalty-reigns-080501/

Hartlaub,P. (2002,July 16). Spanish-language TV war/competition fierce among Bay Area stations on Espanol. Retrieved from http://articles. sfgate. com/ 2002-07-16/ entertainment/17552374_1_sabado-gigante-univision-tv-azteca-english- language-networks

Hartley,J. (Ed.) (2005). *Creative Industries*. Malden,MA:Blackwell.

Harvey,D. (1990). *The Condition of Postmodernity:An Enquiry into the Origins of Cultural Change*. Cambridge MA and Oxford UK:Blackwell.

Harvey,D. (2004). The new imperialism of our time. In L. Panitch and C. Leys (Eds), *The New Imperial Challenge:Socialist Register* 2004 (pp. 63-88). London:Merlin Press.

Harvey,D. (2005a). *A Brief History of Neoliberalism*. New York:Oxford.

Harvey, D. (2005b). *The New Imperialism*. New York: Oxford University Press.

Harvey,D. (2006). *Spaces of Global Capitalism:Towards a Theory of Uneven Geographical Development*. London:Verso.

Harvey,D. (2007). Neoliberalism as creative destruction. *The ANNALS of the American Academy of Political and Social Science*, 610(1):21-44.

Harvey,D. (2010). *The Enigma of Capital:and the Crises of Capitalism*. London:Profile Books.

Harvey,S. (Ed). (2006). *Trading Culture:Global Traffic and Local Cultures in Film and Television*. East Leigh:John Libbey Publishing.

Haselton, T. (2011, June 27). Consumers will spend $2.1 trillion on digital information and entertainment products in 2011,Gartner says. Retrieved from http://www. bgr. com/2011/06/27/ consumers-will-spend-2-1-trillion-on-digitalinformation-and-entertainment-products-in-2011-gartner-says/

Havens, T. (2001). Subtitling rap: appropriating The Fresh Prince of Bel-Air for youthful identity formation in Kuwait. *Gazette: The International Journal for Communication Studies*, 63(1): 57-72.

Havens, T. (2003). On exhibiting global television: the business and cultural functions of television fairs. *Journal of Broadcasting and Electronic Media*, 47(1): 18-35.

Havens, T. (2008). *Global Television Marketplace*. London: British Film Institute.

Havens, T., Lotz, and Tinic, S. (2009). Critical media industry studies: a research approach. *Communication, Culture and Critique*, 2(1): 234-253.

Hay, C. and Lister, M. (2006). Introduction: theories of the state. In C. Hay, M. Lister and D. Marsh, (Eds), *The State: Theories and Issues* (pp. 1-20). New York: Palgrave Macmillan.

Hayek, F. A. (2007). *The Road to Serfdom: Texts and Documents*. Chicago: University of Chicago Press.

Headrick, D. (1981). *The Tools of Empire: Technology and European Imperialism in the Nineteenth Century*. New York and Oxford: Oxford University Press.

Headrick, D. (1988). *The Tentacles of Progress: Technology Transfer in the Age Imperialism*, 1850—1940. New York and Oxford: Oxford University Press.

Headrick, D. (1991). *The Invisible Weapon: Telecommunications and International Politics*, 1851-1945. New York, NY: Oxford University Press.

Heath, J. and Potter, A. (2004). *The Rebel Sell: Why Counterculture Became Consumer Culture*. New York: Harper Collins.

Heaven, C. and Tubridy, M. (2003). Global youth culture and youth identity. In J. Arvanitakis (Ed). *Highly Affected, Rarely Considered: The International Youth Parliament Commission's Report on the Impacts of Globalisation on Young People* (pp. 149-160). Sydney, Australia: Oxfam/International Youth Parliament.

Held, D. and McGrew, A. (Eds). (2000). *The Global Transformations Reader*. Cambridge: Polity Press.

Helewitz, J. and Edwards, L. (2004). *Entertainment Law*. New York: Thomson Delmar.

Hellmann, C. (2006). *On Location: Cities of the World in Film*. Munach: C. J. Bucher.

Herman, E. and McChesney, R. (1997). *The Global Media: The New Missionaries of Corporate Capitalism*. London: Continuum Press.

Hesmondhalgh, D. (2005). Media and cultural policy as public policy: The case of the British Labour Government. *International Journal of Cultural Policy*, 1 (1): 1-13.

Hesmondhalgh. (2007). *The Cultural Industries*. (2nd ed.). Thousand Oaks, CA: Sage.

Hesmondhalgh. (2008). Neoliberalism, imperialism and the media. In D. Hesmondhalgh and J. Toynbee (Eds), *The Media and Social Theory* (pp. 95-111). New York: Routledge.

Hicks, D. (2007). The right to communicate: past mistakes and future possibilities. *Dalhousie Journal of Information and Management*, 3 (1). Retrieved from http://djim. management. dal. ca/issues/issue3_l/hicks/index. htm

Hilderbrand, L. (2007). Where cultural memory and copyright converge. *Film Quarterly*, 61(1): 48-57.

Hills, J. (2007). *Tele-communications and Empire*. Urbana and Chicago: University of Illinois Press.

Hirst, P. and Thompson, G. (1999). *Globalization in Question: The International Economy and the Possibilities of Governance*. Cambridge: Polity Press.

Hobsbawm, E. (1994). *Age of Extremes: The Short Twentieth Century*, 1914-1991. Great Britain: Abacus.

Hoggart, R. (1957). *The Uses of Literacy*. London: Chatto and Windus.

Ho Kim, P. and Shin, H. (2009). The birth of "rok" cultural imperialism, nationalism, and the glocalization of rock music in South Korea, 1964-1975. *Positions: East Asia Cultures Critique*, 18(1): 199-230.

Holdsworth, N. (2009, April 9). Film production competition heats up in Eastern Europe. Retrieved from http://www. variety. com/article/VR1118002301

Holloway, K. (2009, April 7). Twilight stars filming New Moon at Vancouver high school. Retrieved from http://www. vancouversun. com/entertainment/Twilight+stars+filming+Moon +vancouver+high+school/1471218/story. html.

Holson, L. M. (2004, July 5). International actors as passport to prosperity. Retrieved from http://www. nytimes. com/2004/07/05/business/media-international-actors-a-passport-to-profitability. html? pagewanted=1

Holt, J. and Perren, A. (Eds). (2009). *Media Industries: History, Theory and Method*. Malden, MA: Wiley-Blackwell.

Hopewell,J. (2007). EU court backs Spain's TV quota:Ruling throws out union's 2007 action. Retrieved from http://www. variety. com/article/VR1118000878 ? refCatId＝14

Hopkins,K. (2010,February 8). Indian tribe appeals for Avatar director's help to stop Vedanta. Retrieved from http://www. guardian. co. uk/business/2010/ feb/08/dongria-kondh-help-stop-vedanta

Hopper, D. (2007). *Understanding Cultural Globalization*. Cambridge:Polity Press.

Horkheimer,M. and Adorno, T. W. (1972). The culture industry:enlightenment as mass deception. *Dialectic of Enlightenment*. New York,NY:Herder and Herder.

Hoskins,C. and Mirus, R. (1990). Television fiction made in the USA. In P. Larsen (Ed). *Import/Export:International Flow of Television Fiction*. (pp. 83-90) Paris:NUESCO.

Hoskins,C. and McFadyen,S. (1993). Canadian participation in international co-productions and co-ventures in television programming. *Canadian Journal of Communication*,18(2). Retrieved from http://www. cjc-online. ca/index. php/ journal/article/view/745/651

Hoskins, C. and Mirus, R. (1998). Reasons for the U. S. dominance of the international trade in television programes. *Media,Culture and Society*,10 (4):499-515.

Hoskins,C. ,McFadyen,S. ,and Finn,A. (1997).*Global Television and Film:An Introduction To the Economics of the Business*. Oxford,England:Clarendon.

Hoskins, C. (2004). *Media Economics:Applying Economics to New and Traditional Media*. London:Sage Publications.

Hough,A. (2011,April 15). Chinese censors attack frivolous time travel dramas. Retrieved from http://www. telegraph. co. uk/culture/culturenews/8452907/ Chinese-censors-attack-frivolous-time-travel-dramas. html

Howe,J. (2006). The rise of crowdsourcing. Retrieved from http://www. wired. com/wired/ archive/14.06/crowds. html

Howes, D. (Ed.). (1996). *Cross-cultural Consumption:Global Markets,Local Realities*. New York:Routledge.

Howkins,J. (2007). *The Creative Economy:How People Make Money From Ideas*. New York:Penguin.

Huang,A. (2002,April 7). *Taiwan fights Starbucks with teahouses*. Associated

Press.

Huffington Post. (2010,January 12). Evo Morales praises "Avatar". Retrieved from http:// www. huffingtonpost. com/2010/01/12/evo-morales-praises-avata_ n_420663. html

Huws,U. (2003). *The Making of the Cybertariat：Virtual World in a Real World*. New York：Monthly Review Press.

Huws,U. (Ed.). (2007). The Creative Spark in the Engine：Special Issue of *Work，Organization，Labour and Globalization*,(1)：1-12.

I-chia,L. (2011,October 24). Block media merger, say academics. Retrieved from http://www. taipeitimes. com/News/taiwan/archives/2011/10/24/2003516555

IMAGI (2012,March 27). IMAGI signs second broadcast agreement with Disney Channel. Retrieved from http://en. acnnewswire. com/press-release/english/ 8966/imagi-signs-second-broadcast-agreement-with-disney-channel

InfoComm International. (2010, February 2). Commercial audiovisual industry grows worldwide. Retrieved from http://www. infocomm. org/cps/rde/xchg/ infocomm/hs. xsl/12811. htm

Innis,H. A. (1950). *The Bias of Communication*. Toronto：University of Toronto Press.

Innis,H. A. (1972). *Empire and Communication*. Toronto：University of Toronto Press.

Innis,H. A. (1995). Great Britain,the United States,and Canada. In D. Drache (Ed.), *Staples，Markets and Cultural Change：Harold A. Innis，Selected Essays* (pp. 271-289). Montreal and Kingston：McGill-Queen's University Press.

International Telecommunications Unions (ITU) (2011). *The World in* 2011： *ITC facts and figures*. Retrieved from http://www. itu. int/ITU-D/ict/ facts/2011/index. html

Izon,L. (2010). That beautiful scenery in Brokeback Mountain was Alberta. Ready to Travel Canada? Start by Exploring the Canada Cool Map Which Will Help You Discover Fascinating Facts, Intriguing Sites and Hundreds of Reasons Why Canada Is Cool. Retrieved from http://www. canadacool. com/ COOLFACTS/ALBERTA/BrokebackMountain. html

Jaff,G. (2011,March 24). Will the great film quota wall of China come down? Retrieved from http://www. guardian. co. uk/business/2011/mar/24/china-film-quota

James, M. (2011, May 29). Viacom execs at top in media pay. Retrieved from http://articles. latimes. com/2011/may/29/business/fi-executive-pay-media-20110529

Jameson, F. (1979). Reification and Utopia in mass culture. *Social Text*, 1(1): 130-48.

Jameson, F. (1998). Preface. In F. Jameson and M. Miyoshi (Eds), *The Cultures of Globalization* (pp. xi-xvi). Durham and London: Duke University Press.

Jancovich, M. and Lyons, J. (Eds). (2008). *Quality Popular Television: Cult TV, the Industry and Fans*. London: British Film Institute.

Jap. (2011, January 1). Anti-Semitic Turkish blockbuster denied release in Germany. Retrieved from http://www. spiegel. de/international/germany/0, 1518,741780,00. html

Jenkins, H. (1998). Star Trek rerun, reread, rewritten: Fan writing as textual poaching. *Critical Studies in Mass Communication*, 5(2):85-107.

Jenkins, H. (1992). *Textual poachers: Television Fans and Participatory Culture*. New York, NY: Routledge.

Jenkins, H. (2004). The cultural logic of media convergence. *International Journal of Cultural Studies*, 7(1):33-43.

Jenkins, H. (2006a). *Fans, Bloggers and Gamers: Media Consumers in a Digital Age*. New York, NY: New York University Press.

Jenkins, H. (2006b). *The Wow Climax: Tracing the Emotional Impact of Popular Culture*. New York: New York University Press.

Jenkins, H. (2008). *Convergence Culture*. New York: New York University Press.

Jenkins, H. (2010), September 18). Avatar activism: pick your protest. Retrieved from http://www. theglobeandmail. com/news/opinions/avatar-activism-pick-your-protesc/articlel712766/

Jensen, R. and Oster, E. (2008, September 23). The power of TV: cable television and women's status in India. Retrieved from http://home. uchicago. edu/~eoster/tvwomen. pdf

Jenson, J. (1992). Fandom as pathology. In L. A. Lewis (Ed.), *The Adoring Audience: Fan Culture and Popular Media* (pp. 9-29). London: Routledge.

Jessop, B. (2002). *The Future of the Capitalist State*. London: Polity Press.

Jessop, B. (2012). Marxist approaches to power. In E. Amenta, K. Nash, and A. Scott, (Eds), *The Wiley-Blackwell Companion to Political Sociology* (pp. 3-15). Malden, MA: Blackwell Publishing.

Jha, S. K. (2009, December 31). Directors' choice: Paa, 3 Idiots, Avatar! Retrieved

from http:// articles. timesofindia. indiatimes. com/2009-12-31/news-interviews/
28060568_1_avatar-idiots-balki

Jhally, S. (1987). *The Codes of Advertising: Fetishism and the Political Economy
of Meaning in the Consumer Society*. New York, NY: Routledge.

Jhally, S. (2000). Advertising at the edge of the Apocalypse. In R. Anderson and
L. Strate (Eds), *Critical Studies in Media Commercialism* (pp. 27-39).
Oxford: Oxford University Press.

Jhunjhunwala, U. (2011, November 5). Competition fierce but there's no Khan-
test. Retrieved from http://www. hindustantimes. com/Entertainment/Bollywood/
Competition-fierce-but-there-s-no-Khan-test/Articlel-765265. aspx

Jiang, Q. and Leung, L. (2012). Lifestyles, gratifications sought, and narrative
appeal: American and Korean TV drama viewing among internet users in urban
China. *The International Communication Gazette*, 74(20): 159-180.

Jimbo, M. (2010, January 20). Why Did China Kill Avatar? Retrieved from
http://www. theatlantic. com/business/archive/2010/01/why-did-china-kill-
avatar/33817/

Jin, D. Y. (2007). Reinterpretation of cultural imperialism: emerging domestic
market vs. continuing U. S. dominance. *Media, Culture and Society*, 29 (5):
753-771.

Jin, D. Y. (2011a). A critical analysis of U. S. cultural policy in the global film
market: nation-states and FTAs. *The International Communication Gazette*, 73
(8): 651-669.

Jin, D. Y. (2011b). Deconvergence and deconsolidation in the global media
industries. In D. *Winseck and D. Y. Jin (Eds), The Political Economies of the
Media: The Transformation of the Global Media Industries*. New York:
Bloomsbury Academic.

Jockel, S. and Dobler, T. (2009). The Event Movie: Filmed Entertainment for
Transnational Media Corporations. *The International Journal on Media Management*, 8
(2): 84-91.

Johnson-Yale, C. (2008). So-called runaway film production: countering Hollywood's
outsourcing narrative in the Canadian press. *Critical Studies in Media
Communication*, 25(2): 113-134.

Johnson-Yale, C. (2010). *Runaway Film Production: A Critical History of
Hollywood Outsourcing* Discourse. *Doctoral Dissertation, University of Illinois at
Urbana-Champaign*.

Johnston, R. (2009, December 11). Review: AVATAR —the most expensive american film ever... and possibly the most anti-American one too. Retrieved from http://www.bleedingcool.com/2009/12/11/review-avatar-the-most-expensive- american-film-ever-and-the-most-anti-american-one-too/

Jon Bonne, J. (2003, July 11). Simpsons evolves as an industry. Retrieved from http://today.msnbc.msn.com/id/3403870#.TtKlV2Mk4qQ

Jung, J. and Lee, S. H. (2006). Cross-cultural comparisons of appearance self-scheme, body image, self-esteem and dieting behavior between Korean and U. S. women. *Family and Consumer Sciences Research Journal*, 34(4):350-365.

Kackman, M. and Binfield, M. (2010). *Flow TV: Television in the Age of Convergence*. New York, NY: Routledge.

Kafka, P. (2006, September 19). Son, Universal land $600 million in film financing. Retrieved from http://www.forbes.com/2006/01/19/sony-universal-0119markets15.html

Kang, G. J. and Morgan, M. (1988). Cultural clash: impact of U. S. television in Korea. *Journalism Quarterly*, 65, 431-438.

Katz, S. (2002). The Migration of Feature Film Production from the U. S. To Canada Year 2001. Production Report Center for Entertainment Industry Data and Research (CEIDR). Retrieved from www.ceidr.org/y2k1report.pdf

Katz, S. (2002). *The migration of feature film production from the U. S. to Canada year* 2001 *production report*. The Center for Entertainment Industry Data and Research (CEIDR). Retrieved from http://www.ceidr.org/y2k1report.pdf

Kaufman, A. (2006, June 22). Is foreign film the new endangered species? Retrieved from http://www.nytimes.com/2006/01/22/movies/22kauf.html?_r=1

Kazmi, N. (2009, January 15). *Chandni Chowk to China*. Retrieved from http://timesofindia.indiatimes.com/entertainment/movie-reviews/hindi/Chandni-Chowk-to-China/movie-review/3985572.cms

Keane, M. (2002). As a hundred television formats bloom, a thousand television stations contend. *Journal of Contemporary China*, 11(3):5-16.

Keane, M. (2006). Once were peripheral: creating media capacity in East Asia. *Media, Culture & Society*, 28(6):835-55.

Keane, M. and Moran, A. (2008). Television's new engines. *Television & New Media*, 9(2):155-169.

Keane, M., Fung, A., and Moran, A. (2007). *New Television, Globalization, and*

The East Asian Cultural Imagination. Hong Kong：Hong Kong University Press.

Keating，J. (2010，January 17). Avatar：an all-purpose allegory. Retrieved from http：//blog. foreignpolicy. com/posts/2010/02/16/avatar _ an _ all _ purpose _allegory

Keith W. S. (2002，August 28). Swiss Army goes "XXX" with Vin Diesel. Retrieved from http：//www. allbusiness. com/services/museums-art-galleries-botanical-zoological/4358883-1. html.

Kellner，D. and Kahn，R. (2003). Global youth culture. Retrieved from http：// www. gseis. ucla. edu/faculty/kellner/essays/globyouthcult. pdf

Kelly，S. (2011). Does Star Wars belong to the fans or George Lucas? Retrieved from http：//www. guardian. co. uk/commentisfree/2011/sep/18/star-wars-fans-george-lucas

Kelsky，K. (2001)，*Women on the Verge*：*Japanese women*，*Western Dreams*. Durham and London：Duke University Press.

Kenny，C. (2009，November/December). Revolution in a Box. Retrieved from http：//www. foreignpolicy. com/articles/2009/10/19/revolution _ in _ a _ box? hidecomments＝yes

Khattab，U. (2006). Non Mediated Images：Public Culture and (State) Television in Malaysia. *The International Communication Gazette*，68(4)：347-61.

Khurshid，S. (2011，September 3). What the bleep is happening? Retrieved from http：//www. hindustantimes. com/Entertainment/Television/What-the-bleep-is-happening/Article 1-741294. aspx

King，G. (2000). *Spectacular Narratives*：*Hollywood in the Age of the Blockbuster*. London：I. B. Tauris.

King，G. (2002). *New Hollywood Cinema*：*An Introduction*. New York：I. B. Tauris.

King，R. (2007，July 31). Foreign remakes fuelling Hollywood. Retrieved from http：//www. winnipegfreepress. com/arts-and-life/entertainment/movies/ foreign-remakes-fuelling-hollywood-99681144. html

Kivijarv，L. (2005). *Product Placement Spending In Media* 2005：*History*，*Analysis and Forecast*，1975-2009. Stamford，CT：PQ Media.

Klein，C. (2004，April 30). *The hollowing out of Hollywood*. Retrieved from http：//yaleglobal. yale. edu

Klein，N. (2000). *No Logo*：*Taking Aim at the Brand Name Bullies*. Toronto：

Vintage.

Klein, N. (2007). *The Shock Doctrine: The Rise of Disaster Capitalism*. Toronto: Alfred A. Knopf Canada.

Knee, J. A. , Greenwald, B. C. , and Seave, A. (2009). *The Curse of the Media Mogul: What's Wrong with the World's Leading Media Companies*. New York, NY: Portfolio.

Kornbluh, P. (2003). *The Pinochet File: A Declassified Dossier on Atrocity and Accountability*. New York: The New Press.

Kraidy, M. (1999). The global, the local, and the hybrid: a native ethnography of globalization. *Critical Studies in Mass Communication*, 16(4): 456-476.

Kraidy, M. (2002). Hybridity in cultural globalization. *Communication Theory*, 12(3): 316-339.

Kraidy, M. (2004). From culture to hybridity in international communication. In M. Semati (Ed.), *New Frontiers in International Communication Theory* (pp. 247-262). London: Rowman & Littlefield.

Kraidy, M. (2005). *Hybridity or the Cultural Logic of Globalization*. Philadelphia: Temple University Press.

Krajewski, A. (2011, November 1). UPDATE 2-Canal+to gain foothold in TVN, merge pay TVs. Retrieved from http://www. reuters. com/article/2011/11/01/tvn-idUSNlE7A01YV20111101

Krashinksy, S. (2011, May 17). NBC joins forces with Global to launch TV series. Retrieved from http://m. theglobeandmail. com/report-on-business/nbc-joins-forces-with-global-to-launch-tv-series/article2024187/? service=mobile

Kuhner, J. T. (22 Feb 2009). Hollywood's culture of death. Retrieved from http://www. washingtontimes. com/news/2009/feb/22/hollywoods-culture-of-death/? page=all

Kumaravadivelu, B. (2008). *Cultural Globalization and Language Education*. New Haven, CT: Yale University

Kunz, W. M. (2007). *Culture Conglomerates*. Lanham, MD: Rowman & Littlefield.

Kunzle, D. (1991). Introduction to the English Edition. A. Dorfmann and A. Mattelart, *How to Read Donald Duck: Imperialist Ideology in the Disney Comic* (pp. 11-24). Hungary: I. G. Editions.

Laborde, A. and Perrot, M. (2000). Programme making across borders: the Eurosud news magazine. In J. Wietan, G. Murdock, and P. Dahlgren (Eds), *Television Across Europe* (pp. 94-112). London: Sage Publications.

Landers, D. E. and Chan-Olmsted, S. M. (2004). Assessing the changing network TV market: A resource-based analysis of broadcast television networks. *Journal of Media Business Studies*, 1(1):1-26.

Landry, C. (2000). *The Creative City: A Toolkit For Urban Innovators*. London: Earthscan.

La Pastina, A. C. (2003). Now that you're going home, are you going to write about the natives you studied? Telenovela reception, adultery and the dilemmas of ethnographic practice. In P. Murphy and M. Kraidy (Eds), *Global Media Studies: Ethnographic Perspectives* (pp. 125-146). New York: Routledge.

Lash, S. and Lury, C. (2007). *Global Culture Industry*. Cambridge: Polity Press.

Lash, S. and Urry, J. (1987), *The End of Organized Capitalism*. Madison, WI: University of Wisconsin Press.

Lazarus, N. (2002). The Fetish of the West in postcolonial theory. In C. Bartolovich and N. Lazarus (Eds), *Marxism, Modernity, and Postcolonial Studies* (pp. 43-65). Cambridge, MA: Cambridge University Press.

Lee, B. and Bae, H-S. (2004). The effect of screen quotas on the self-sufficiency ratio in recent domestic film markets. *Journal of Media Economics*, 17(3): 163-173.

Lee, C. C. (1980). *Media Imperialism Reconsidered: The Homogenizing Of Television Culture*. Beverly Hills: Sage.

Lee, H-S. (2007). Hybrid media, ambivalent feelings, media co-productions and cultural negotiations. *Spectator*, 27(2):5-10.

Lee, J-Y. (2011, March 1). CJ consolidates media operations: CJ E&M hopes to maximize synergy in film, music, broadcasting and gaming. Retrieved from http://koreajoongangdaily. joinsmsn. com/news/article/article. aspx? aid=2932840

Lee, J. and Rytina, N. (2009). Naturalizations in the United States: 2008. Annual Flow Report. Office of Immigration Statistics. Retrieved from http://www. dhs. gov/xlibrary/assets/statistics/ publications/natz_fr_2008. pdf

Leeds, J. (2007, February 2). Democracy rules, and pop culture depends on it. Retrieved from http://www. nytimes. com/2007/02/02/business/media/02idol. html

Legrain, P. (2003, Summer). In defense of globalization: why cultural exchange is still an overwhelming force for good. *The International Economy*, 62-65.

Lemish, D. , Drotner, K. , Liebes, T. , Maigret, E. , and Stald, G. (1998). Global culture in practice, a look at children and adolescents in Denmark, France and

Israel. *European Journal of Communication*, 13(4):539-556.

Lessig, L. (2004). *Free Culture：How Big Media Uses Technology and the Law to Lock Down Culture and Control Creativity*. New York：Penguin.

Levy, G. (2010, October 1), Top 10 Hollywood remakes. Retrieved from http://entertainment. time. com/2010/10/01/top-10-hollywood-remakes/#let-me-in-2010-let-the-right-one-in-2008

Lewis, J. and Miller, T. (Eds). (2003). *Critical Cultural Policy Studies：A Reader*. Malden MA：Blackwell.

Leys, C. (2001). *Market Driven Politics：Neoliberal Democracy and the Public Interest*. London：Verso.

Liebes, T. (1988). Cultural differences in retelling of television fiction. *Critical Studies in Mass Communication*, 5(4):277-92.

Liebes, T. (1996). Notes on the struggle to define involvement in television viewing. In J. Hay, L. Grossberg, E. W artella (Eds). *The Audience and its Landscape*, pp. 177-186. Boulder, CO：Westview.

Liebes, T. and Katz, E. (1990). *The Export of Meaning：Cross-cultural Readings of Dallas*. Oxford：Oxford University Press.

Lipsey, R. and Chrystal, A. (1995). *Positive Economics*. Oxford：Oxford University Press.

Litman, B. R. (1998). *The Motion Picture Mega-Industry*. Boston：Allyn & Bacon.

Litman, B. R. (2000). The structure of the film industry：windows of exhibition. In A. N. Greco (Ed.), *The Media and Entertainment Industries：Readings in mass communications* (pp. 99-121). Boston：Allyn & Bacon.

Liu, F. and Chan-Olmsted, S. M. (2002). Partnership between the old and the new：examining the strategic alliances between broadcast television networks and Internet firms in the context of convergence. *The International Journal of Media Management*, 5(1):47-56.

Livingstone, S. (1990). Interpreting television narrative：how viewers see a story. *Journal of Communication*, 40(1):72-82.

Livingstone, S. (1998). *Making Sense of Television：The Psychology Of Audience Interpretation*. New York, NY：Routledge.

Livingstone, S. (2004). The challenge of changing audiences：or, what is the audience researcher do in the age of the internet? *European Journal of Communication*, 19(1):75-86.

Llosa, M. V. (2001, January 1). The Culture of Liberty. Retrieved from http://

www. foreignpolicy. com/articles/2001/01/01/the_culture_of_liberty

Lotz, A. (2007), *The Television Will be Revolutionized*. New York: New York University Press.

Lotz, A. (Ed.). (2009). *Beyond Prime Time : Television Programming in the Post-Network Era*. New York: Routledge.

Lublin, J. S. (2010, November 14). The Year's Top 10 Highest Paid CEOs. Retrieved from http://online. wsj. com/article/SB10001424052748704393604575614852198144276. html.

Luce, H. (1944). *World Communications*. Fortune.

Lukinbeal, C. (2004). The rise of regional film production centers in North America, 1984-1997. *Geojournal*, 59(1): 307-321.

Lull, J. (2001). Superculture for the communication age. In J. Lull (Ed.), *Culture in the Communication Age* (pp. 132-63). New York: Routledge.

Lule, J. (2011). *Globalization & Media : Global Village of Babel*. Lanham, Maryland: Rowman & Littlefield.

Ma, E. (2000). Rethinking media studies: The case of China. In J. Curran and M. J. Park (Eds), *De-Westernizing Media Studies* (pp. 17-28). New York: Routledge.

MacBride, S. and Roach, C. (2000). The new international information order. In F. J. Lechner and J. Boli (Eds), *The Globalization Reader* (pp. 286-292). Malden: Blackwell Publishers.

McChesney, R. (1999). *Rich Media , Poor Democracy : Communication Politics in Dubious Times*. New York, NY: The New Press.

McChesney, R. (2002). The global restructuring of media ownership. In M. Raboy (Ed.), *Global Media Policy in the New Millennium* (pp. 149-162). Luton: University of Luton Press.

McChesney, R. (2003). Theses on media deregulation. *Media, Culture and Society* , 25 (1): 125-33.

McChesney, R. (2004). *The Problem with the U. S. Media : Communication Politics in the 21st Century*. New York: Monthly Review Press.

McChesney, R. (2004). *The Problem of the Media*. New York, NY: Monthly Review Press.

McChesney, R. (2005). The new global media. In E. P. Bucy (Ed.), *Living in the Information Age : A New Media Reader* (pp. 92-96). Belmont: Wadsworth Thomson Learning.

McChesney, R. (2008). *The Political Economy of Media : Enduring Issues, Emerging Dilemmas*. New York : Monthly Review Press.

McChesney, R. and Schiller, D. (2003). *The Political Economy of International Communications : Foundations for the Emerging Global Debate about Media Ownership and Regulation*. United Nations Research Institute for Social Development (Technology, Business and Society Programme Paper Number 11).

Macdonald, P. and Wasko, J. (Eds). (2005). *The Contemporary Hollywood Film Industry*. Malden, MA : Blackwell.

McGuigan, J. (2003). Cultural policy studies. In J. Lewis and T. Miller (Eds), *Critical Cultural Policy Studies : A Reader* (pp. 23-42). Malden MA : Blackwell.

McGuigan, J. (2004). *Rethinking Cultural Policy*. England : Open University Press.

McGuigan, J. (2005). Neoliberalism, culture and policy. *International Journal of Cultural Policy*, 11(3) : 229-41.

McGuigan, J. (2009). *Cool Capitalism*. London : Pluto.

McGuigan, J. (2010). Doing a Florida thing : the creative class thesis and cultural policy. *International Journal of Cultural Policy* 16(3) : 323-335.

McKenzie, W. (1994). *Virtual Geography : Living with Global Media Events*. Indiana University Press.

McKinley, J. C. (2004, September 28). No, the Conquistadors are not back. It's just Wal-Mart. Retrieved from http://www. nytimes. com/2004/09/28/international/americas/28mexico. html? _r=0

McLean, I. and McMillan, A. (2003). *Oxford Concise Dictionary of Politics*. New York : Oxford.

McLuhan, M. (1964). *Understanding Media : The Extensions of Man*. New York : McGraw Hill.

McLuhan, M. and Nevitt, B. (1972). *Take Today : The Executive as Dropout*. New York : Harcourt Brace Jovanovich.

McLuhan, M. and Powers, B. R. (1989). *The Global Village : Transformations in World Life and Media In The 21st Century*. New York, NY : Oxford University Press.

McMillan, D. C. (2007). *International Media Studies*. Malden, MA : Blackwell Publishing.

McNary, D. (2010, 22 June). Study : bring shoots back to Cali : Milken study says

$ 2. 4 billion lost since 1997. Retrieved from http://www. variety. com/ article/VR1118022060.

McPhail,T. L. (1987) *Electronic Colonialism: The Future of International Broadcasting and Communication*. Newbury Park,CA: Sage.

McQuail,D. (1992). *Media Performance*. London: Sage.

McQuail,D. (1997). *Audience Analysis*. London: Sage.

Madger,T. (2006). International agreements and the principles of world communication. In J. Curran and D. Morley (Eds), *Media and Cultural Theory* (pp. 164-76). New York: Routledge.

Magro,M. (2011,January 13). Brazil's communications minister wants rule that limits regional media ownership. Retrieved from http://knightcenter. utexas. edu/blog/ brazils-communications-minister-wants-rule-limits-regional-media-ownership

Maltby,R. (2003). *Hollywood Cinema*. Oxford,England: Blackwell.

Mansell,R. and Raboy,M. (2011). *The Handbook of Global Media and Communication Policy*. Malden,MA: Wiley-Blackwell.

Marks,V. (2011,March 30). India v Pakistan: ultimate cricket derby brings two countries to a standstill. Retrieved from http://www. guardian. co. uk/sport/ 2011/mar/30/india-pakistan-ultimate-cricket-derby.

Markusen,A. (2006). Urban development and the politics of a creative class: evidence from a study of artists. *Environment and Planning A*, 38 (1): 1921-1940.

Marlow,I. (2010, September 10). BCE-CTV deal remakes media landscape. Retrieved from http://www. theglobeandmail. com/globe-investor/bce-ctv-deal-remakes-media-landscape/ article1702385/.

Marlowe,A. (2009,December 23). The most neo-con movie ever made. Retrieved from http://www. forbes. com/2009/12/23/avatar-neo-con-military-opinions-contributors-ann-marlowe. html

Marx,K. (1848). *The Communist Manifesto*. New York,NY: International,1995 [1848].

Marx,K. (1976). *Capital*,1,777-80. London: Penguin.

Marx,K. (1977). *Capital*,1,125. New York,NY: Vintage.

Marx,K. and Engels,F. (1978). Manifesto of the Community Party. In R. C. Tucker (Ed.), *The Marx-Engels Reader* (pp. 489-500). New York and London: W. W. Norton Company.

Massey,D. (1991). A global sense of place. *Marxism Today*, 38,24-29.

Massey, D. (1992). A place called home, *New Formations*, 17, 3-15.

Mastrini, G. and Becerra, M. (2011). Media ownership, oligarchies, and globalization: media concentration in South America. In D. R. Winseck and D. Y. Jin (Eds), *The Political Economies of Media : The Transformation of the Global Media Industries*. New York: Bloomsbury Academic. Retrieved from http://www. bloomsburyacademic. com/view/PoliticalEconomies Media _ 9781849664264/ chapter-ba-9781849664264-chapter-003. xml? print.

Mattelart, A. (1979). *Multinational Corporations and the Control of Culture : The Ideological Apparatuses of Imperialism*. Brighton: Harvester.

Mattelart, A. (1994). *Mapping World Communication*. Minneapolis: University of Minnesota.

Mattelart, M. and Mattelart, A. (1998). *Theories of Communication : A Short Introduction*. London: Sage.

Matthews, S. (2007, Feb. 1). Strike Devastating Film Industry. Retrieved from http://urbantoronto. ca/forum/showthread. php/3451-Strike-devastating-Toronto-film-industry.

Maxwell, R. (2003). *Herbert Schiller*. New York: Rowman & Littlefield.

Mayer, V. (2008). Where production takes place. *Velvet Light Trap* 63, 1, 71-73.

Mayer, V. , Banks, M. , and Caldwell, J. , (Eds). (2009). *Production Studies : Cultural Studies of Media Industries*. New York: Routledge.

Mead, B. (November 28, 2011). Digital vanguard: Asian market leads the way in D-cinema deployments. Retrieved from http://www. filmjournal. com/filmjournal/content_display/ news-and-features/features/technology/e3i5068fd91e4de2296429587e935e04817.

Media Centre for National Development of Sri Lanka. Retrieved from http:// www. development. lk/about_us. php.

Meehan, E. R. (1990). Why we don't count: the commodity audience. In P. Mellencamp (Ed.), *Logics Of Television : Essays In Cultural Criticism* (pp. 117-137). London: BFI Press.

Meehan, E. R. (2005). *Why TV is Not Our Fault : TV Programming Viewers and Who's Really in Control*. Lanham, MD: Rowman & Littlefield.

Meehan, E. R. (2007). Understanding how the popular becomes popular: the role of political economy in the study of popular communication. *Popular Communication*, 5 (3): 161-170.

Meehan, E. R. (2010). Media empires: corporate structures and lines of control. *Jump Cut : A Review of Contemporary Media*, 52, 1-14. Retrieved from http://www. ejumpcut. org/currentissue/ MeehanCorporate/text. html.

Meyrowitz,J. (1986). No *Sense of Place: The Impact of Electronic Media on Social Behavior*. New York:Oxford University Press.

Meza,E. (2009, September 11). Nordmedia brings projects to Lower Saxony, Bremen. Retrieved from http://www. variety. com/article/VR1118008496.

Miller, D. E. (2011, July 20). Saudi Arabia's "Anti-Witchcraft Unit" breaks another spell. Retrieved from http://www. jpost. com/MiddleEast/Article. aspx? id=230183.

Miller,D. and Shamsie,J. (1996). The resource-based view of the firm in two environments:The Hollywood film studios from 1936 to 1965. *Academy of Management Journal*, 39(3):519-543.

Miller,J. L. (2010).*Ugly Betty* goes global:global networks of localized content in the telenovela industry. *Global Media and Communication*, 6(2):198-217.

Miller,M. (2005, August 27). Hollywood on the Vltava:Cheap labour, historic architecture, and local talent bring filmmakers to Prague. Retrieved from http://www. filmcommission. cz/ medialinks. php? i-20.

Miller,T. (2005). Anti-Americanism and popular culture. Retrieved from http://cps. ceu. hu/publications/working-papers/antiamericanism-and-popular-culture.

Miller,T. (2010a). *Culture + labour = precariat. Communication and Critical/ Cultural Studies*,7,(10):99.

Miller,T. (2010b). *Television Studies:The Basics*. New York:Routledge.

Miller,T. and Yudice,G. (2002). *Cultural Policy*. London:Sage Publications.

Miller,T. ,Govil, N. , McMurria, J. , Maxwell,R. , and Wang, T. (2005). *Global Hollywood* 2. London:British Film Institute.

Mills,C. W. (2000). *The Power Elite*. New York:Oxford University Press.

Ministry of Mass Media and Information. Retrieved from http://www. media. gov. lk/about_the_ ministry. php.

Mody, B. (2003). Foreword: global and local influences on the shape of media institutions. In Be Mody (Ed.) *International and Development Communication:A 21st Century Perspective* (pp. vii-xi). London:Sage Publications.

Mohamed,K. (2009). Chandni Chowk to China. Retrieved from http://www. hindustantimes. com/Entertainment/Reviews/Review-Chandni-Chowk-To-China/ Article1-367433. aspx.

Mohammadi,A. (1995). Cultural imperialism and cultural identity. In J. Downing, A. Mohammadi,and A. Srebery-Mohammadi (Eds). *Ouestiooning the media :A critical introduction* (pp. 362-378). London: Sage.

Molly, M. (2005, October 21). UN body endorses cultural protection: US objections are turned aside. Retrieved from http://www. globalpolicy. org/ globaliz/cultural/2005/1021body. htm.

Moore, J. (2011, February 17). Arts, culture and delivering results from Canada. *Canadian Media Production Association Prime Time Conference*. Ottawa, Ontario, Canada. Retrieved from http://www. jamesmoore. org/PT11Speech/

Moore, R. (2007). Friends don't let friends listen to corporate rock: punk as a field of cultural production. *Journal of Contemporary Ethnography*, 1 (36): 438-474.

Moran, A. (1998). *Copycat Television: Globalization, Program Formats and Cultural Identity*. Luton: University of Luton Press.

Moran, A. (2004). Television formats in the world/the world of television formats. In A. Moran & M. Keane (Eds), *Television across Asia: Television Industries, Programme Formats and Globalization* (pp. 1-8). London: Routledge.

Moran, A. (2009). Global franchising, local customizing: the cultural economy of TV program formats. *Continuum: Journal of Media & Cultural Studies*, 23 (2): 115-125.

Moran, A. and Keane, M. (2006). Cultural power in international TV format markets. *Continuum: Journal of Media & Cultural Studies*, 20 (1): 71-86.

Morawetz, N. , Hardy, J. , Haslam, C. , and Randle, K. (2007). Finance, policy and industrial dynamics—the rise of co-productions in the film industry. *Industry & Innovation*, 14 (4): 421-443.

Morley, D. (1980). *The Nationwide Audience*. London: BFI.

Morley, D. (1992). *Television, Audiences and Cultural Studies*. New York: Routledge.

Morley, D. (1994). Postmodernism: the highest stage of cultural imperialism In M. Perryman (Ed.), *Altered States: Postmodernism Politics, Culture*. London: Lawrence and Wishart.

Morley, D. (1996). The geography of television: ethnography, communications and community. In J. Hay, L. Grossberg & E. Wartella (Eds), *The Audience and its Landscape* (pp. 317-42). Boulder, CO: Westview.

Morley, D. (2000). *Home Territories: Media, Mobility, and Identity*. New York, NY: Routledge.

Morley, D. (2006). Globalization and cultural imperialism reconsidered: old questions in new guises. In J. Curran and D. Morley (Eds), *Media and Cultural Theory* (pp. 31-43). New York, NY: Routledge.

Morley, D. and Robins, K. (1995). *Spaces of Identity: Global Media, Electronic Landscapes and Cultural Boundaries*. New York, NY: Routledge.

Morris, N. (2002). The myth of unadulterated culture meets the threat of imported media. *Media, Culture & Society*, 24(2): 278-289.

Mosco, V. (1996). *The Political Economy of Communication*. London: Sage.

Mosco, V. (2004). *The Digital Sublime*. London: MIT Press.

Mosco, V. (2008). Current trends in the political economy of communication. *Global Media Journal: Canadian Edition*, 1(1): 45-63.

Mosco, V. (2009). *The Political Economy of Communication*. London: Sage.

Mowlana, H. (1996). *Global Communication in Transition*. Thousand Oaks, CA: Sage.

Motion Picture Association of America (MPAA). (2007). *Theatrical Market Statistics 2007*. Retrieved from www. mpaa. org/2007-US-Theatrical-Market-Statistics-Report. pdf

Motion Picture Association of America (MPAA). (2009). Theatrical Market Statistics. Retrieved from http://www. womeninfilm. ca/Library/docs/MPAAT heatricalMarketStatistics2009. pdf

Motion Picture Association of America (MPAA). (2010). Trade Barriers to Exports of U. S. Filmed Entertainment. Retrieved from http://www. mpaa. org/resources/69721865-ac82-4dc4-88ec-01ee84c651a1. pdf

Motion Picture Association of America (MPAA). (2011). Advancing a unique american industry. Retrieved from http://www. mpaa. org/policy.

Motion Picture Association of America (MPAA). (2005). Glickman expresses disappointment at outcome of cultural diversity discussions. Retrieved from http://www. mpaa. org/press_releases/2005_10_21. pdf

Mukherjee, D. (2011, September 16). Why animation outsourcing to India is good for you. Retrieved from http://vepro. articlesnare. com/software-articles/why-animation-outsourcing-to-india-is-good-for-you. htm.

Munro, J. R. (1990, February 14). Good-bye to Hollywood. *Delivered, to Town Hall of California*. Los Angeles, California.

Murdock, G. (2006a). Cosmopolitans and conquistadors: Empires, nations and networks. In O. Boyd-Barrett (Ed.), *Communications Media, Globalization and Empire* (pp. 17-32). Eastleigh, UK: John Libbey.

Murdock, G. (2006b). Notes from the number one country. *International Journal of Cultural Policy*, 12(2): 209-227.

Murdock, G. and Golding, P. (1977). Capitalism, communication and class relations. In J. Curran, M. Gurevitch, and J. Woollacott (Eds), Mass *Communication and Society* (pp. 12-43). London: Arnold.

Murdock, G. and Golding, R. (2005). Culture, Communications and Political Economy. In J. Curran and M. Gurvitch(Eds), *Mass Media and Society* (pp. 60-83). London: Arnold.

Murphy, P. D. (2005). Fielding the study of reception: notes on "negotiation" for global media studies. *Popular Communication*, 3(3): 167-180.

Murray, S. (2005). Brand loyalties: rethinking content within global corporate media. *Media, Culture & Society*, 27(3): 415-435.

Naficy, H. (1993). *The Making of Exile Cultures: Iranian Television in Los Angeles*. Minneapolis: University of Minnesota Press.

Nain, Z. (2000). Globalized theories and national controls: the state, the market and the Malaysian media. In J. Curran and M. J. Park (Eds), *De-Westernizing Media Studies* (124-136). New York: Routledge.

Napoli, P. M. (2006). *Bridging cultural policy and media policy in the U. S. : challenges and opportunities.* Working paper, The Donald McGannon Communication Research Centre, September 6, 2006.

Napoli, P. M. (2009). Media economics and the study of media industries. In J. Holt and L. Perren(Eds), *Media Industries: History, Theory, and Method* (pp. 161-170). Malden, MA: Wiley-Blackwell.

Neff, G. , Wissinger, E. , and Zukin, S. (2005). Entrepreneurial labor among cultural producers: "cool" jobs in "hot" industries. *Social Semiotics*, 15(3): 307-334.

Netherby, J. (2009, March 17). Twilight sets on Oregon as film moves to Canada. Retrieved from http://www. oregonbusiness. com/articles/17-march-2009/l80-twilight-sets-on-oregon-as-film-heads-to-canada

Newell, J. , Salmon, C. T. , and Chang, S. (2006). The Hidden History of Product Placement. *Journal of Broadcasting & Electronic Media*, 50(4): 575-594.

Newitz, A. (2009, December 18). When will white people stop making movies like Avatar? Retrieved from http://io9. com/5422666/when-will-white-people-stop-making-movies-like-avatar

News Editor. (2008, April 10). Singapore censors fine Cable TV operator $ 10, 000 for ad featuring lesbian kiss. Retrieved from http://www. fridae. asia/ newsfeatures/2008/04/10/2040. singapore-censors-fine-cable-tv-operator-s-10000- for-ad-featuring-lesbian-kiss

New Zealand. (2009, December 16). Weta Technology inspires "Avatar" world. Retrieved from http://www. newzealand. com/travel/media/pressreleases/2009/ 12/film&television_weta-technology-inspires-avatar_press-release. cfm

Nielsen. (2011a). Top 10 Internet. Retrieved from http://www. nielsen. com/us/ en/insights/ top10s/internet. html

Nielsen. (2011b). Global advertising rebounded 10. 6% in 2010. Retrieved from: http:// www. nielsen. com/us/en/insights/press-room/2011/global-advertising-rebound-2010. html

Nielsenwire. (2008, November 3). In praise of cinema advertising. Retrieved from http:// blog. nielsen. com/nielsenwire/consumer/in-praise-of-in-cinema-advertising/

Noam, E. M. (2009). *Media Ownership and Concentration in America*. New York, NY: Oxford University Press.

No Author. (2011a, May 6). Chinese TV: a history of bans and censorship. Retrieved from http://www. telegraph. co. uk/newsworldnews/asia/china/ 8496823/Chinese-TV-a-history-of-bans-and-censorship. html

No Author. (2011b, June 4). Paid TV market and fierce competition. Retrieved from http://www. vneconomynews. com/2011/06/paid-tv-market-potential-and- fierce. html

Nolte, J. (2009, December 13). REVIEW: Cameron's "Avatar" is a big, dull, America-hating, pc revenge fantasy. Retrieved from http://www. freerepublic. com/focus/f-chat/2406793/posts

Nordenstreng, K. and Schiller, H. (Eds). (1979). *National Sovereignty and International Communication*. Norwood, NJ: Ablex.

Nordenstreng, K, and Varis, T. (1974). *Television traffic: a one-way street?* Reports and papers on Mass Communication # 70. Paris: UNESCO.

Nrkumah, K. (1965). *Neo-Colonialism: the Last Stage of Imperialism*. London: Thomas Nelson & Sons, Ltd.

Nurse, K. (2007, February 12). Creative industries as growth engine, policy innovations. Retrieved from http://www. policyinnovations. org/ideas/innovations/ data/creative_cultural

Nye, J. (2004). *Soft Power: The Means to Success in World Politics*. Toronto:

Harper Collins.

Nye, J. (2008). *Public diplomacy and soft power*. The ANNALS of the American Academy of Political and Social Science 616(1):94-109.

Oba, G. and Chan-Olmsted, S. (2007). Video strategy of transnational media corporations: a resource-based examination of global alliances and patterns. *Journal of Media Business Studies*, 4(2):1-25.

Ofcom. (2010). International communications market report. London: Ofcom. stakeholders. Retrieved from ofcom. org. uk/binaries/research/cmr/753567/../ICMR_ 2010. pdf

Ogan, C. (1988). Media imperialism and the video cassette recorder: The case of Turkey. *Journal of Communication*, 38, 93-106.

O'Hara, K. and Stevens, D. (2006). *Inequality. Com: Power, Poverty and the Digital Divide*. Oxford: OneWorld Books.

Ohmae, K. (1995). *The Borderless World: Power and Strategy in an Interdependent Economy*. New York, NY: Harper Business.

Oliveira, O. S. (1986). Satellite TV and dependency: an empirical approach. *Gazette*, 38, 127-145.

Oliver, C. (2012, February 10). South Korea's K-pop takes off in the west. Retrieved from http://www. ft. com/intl/cms/s/0/ddf11662-53c7-11e1-9eac-00144feabdc0. html#axzz2BbbSjopO

Oliver, L. V. (2005, October 20). Explanation of vote of the United States on the convention on the protection and promotion of the diversity of cultural expressions. Retrieved from http://geneva. usmission. gov/Press2005/2010Oliver. htm.

Olsen, M. (2008, September 8). Hurt Locker a soldier's-eye view of the Iraq war. Retrieved from http://articles. latimes. com/2008/sep/08/entertainment/et-hurt8

Olsen, S. (2008, July 22). Viacom CEO: "Great" content is king. Retrieved from http://news. cnet. com/8301-1023_3-9996614-93. html

Olson, S. R. (2000). The globalization of Hollywood. *International Journal on World Peace*, XVII (4):3-17.

Olson, S. R. (1999). *Hollywood Planet: Global Media and the Competitive Advantage of Narrative Transparency*. Mahway, N. J. : Lawrence Erlbaum.

O'Neill, M. J. (1993). *The Roar of The Crowd: How Television and People Power are Changing the World*. New York, NY: Times Books Randomhouse.

Pacenti, J. (2011, April 26). Disney, Hanna Barbera sue Costume World. Retrieved

from http://www. dailybusinessreview. com/PubArticleDBR. jspPids1202491
6979318cDisney_Hanna_Barbera_sue_Costume_World&·slreturn＝1iew

Pacheco,W. (2010,August 12). Walt Disney faces ＄200,000 lawsuit in alleged
Donald Duck groping case. Orlando Sentinel. Retrieved from http://articles.
orlandosentinel. com/2010-08-12/travel/os-disney-donald-duck-groping-lawsuit2010
0812_1_michael-c-chartrand-lawsuit-federal-court

Pagello,F. (2010). The *Lord of the Rings* as global phenomenon:a review of the
Frodo franchise,watching the Lord of the Rings and studying the film event.
New Review of Film and Television Studies,8(2):233-245.

Palfrey,D. H. (2010,March 19). New media park opens gateway to Chapalawood.
Retrieved from http://www. focusonmexico. com/New-Media-Park-opens-
Gateway-to-Chapalawood. html

Panitch,L. (1996). Rethinking the role of the state. In J. Mittelman, (Ed.),
Globalization:Critical Reflections (pp. 83-113). Boulder:Lynn Rienner.

Panitch,L. and Gindin,S. (2004). Global capitalism and American Empire. In L.
Panitch and C. Leys (Eds), *The New Imperial Challenge：Socialist Register
2004* (1-45). London:Merlin Press.

Parameswaran,R. (1999). Western romance fiction as English-language media in
postcolonial India. *Journal of Communication*, 49(3):84-105.

Parks,L. and Kumar,S. (Eds). (2003). *Planet TV:A Global Television Reader*.
New York,NY:New York University Press.

Pathania-Jain,G. (2001). Global parents,local partners:A value-chain analysis of
collaborative strategies of media firm in India. *Journal of Media Economics*,
14(3):169-187.

Patton,T. (2006). Hey girl,am I more than my hair? African American women
and their struggles with beauty,body image,and hair. *NWSA Journal*,18(2):
24-51.

Pauwels,C. and Loisen,J. (2003). The WTO and the Audiovisual Sector:Economic
Free Trade vs Cultural Horse Trading? *European Journal of Communication*, 18
(3):291-313.

Pauwelyn, J. (2005, November 15). The UNESCO Convention on Cultural
Diversity,and the WTO:Diversity in International Law-Making? ASIL Inside.
The American Society of International Law.

Pellerin,B. (2006). Can pop-cultural imperialism be stopped? Give us this day our
daily Brad Pitt. Retrieved from http://www. globalenvision. org/library/

33/775

Pendakur,M. (1990). *Canadian Dreams and American Control: The Political Economy of the Canadian Film Industry*. Toronto:Garamond Press.

Perry,A. (2011,April 10). Africa's starring role. Retrieved from http://www.time.com/time/magazine/article/0,9171,2063730,00.html#ixzz1JJH35vZi

Petrazzini,B. (1995). *The Political Economy of Telecommunications Reform in Developing Countries: Privatization and Liberalization in Perspective*. Praeger Westport,Connecticut and London.

Pevere,G. (2009,May 2). Homer Simpson goes to mosque. Retrieved from http://www.thestar.com/comment/columnists/article/627746

Phillips,M. (2010,January 10). Why is Avatar a film of Titanic proportions? Retrieved from http://articles.chicagotribune.com/2010-01-08/ entertainment/1001070518_1_critics-avatar-james-cameron

Phillips,R. (2004). The global export of risk: finance and the film business. *Competition & Change*, 8 (2):105-136.

Phillipson,R. (2003). *English-Only Europe*? New York:Routledge.

Pickard,V. (2010). Reopening the postwar settlement for U.S. media: the origins and implications of the social contract between media,the state,and the polity. *Communication,Culture & Critique*,3(1):170-189.

Pierce,B. (2009,September 28). How is Family Guy a threat to the Bolivarian Revolution? Retrieved from http://blog.foreignpolicy.com/posts/2009/09/28/how_is_peter_griffin_a_threat_to_the_bolivarian_dream

Pieterse,J.N. (2003). *Global Melange: Globalization and culture*. Lanham: Rowman & Littlefield.

Pike,R.,and Winseck,D. (2004). The politics of global media reform,1907-23. *Media Culture & Society*,26(5):643-675.

Pomerantz,D. (2010,April 4). Why Hollywood loves a remake. Retrieved from http://www.forbes.eom/2010/04/07/hollywood-remakes-business-entertainment-remakes_print.html

Porter,M. (1985). *Competitive Advantage: Creating and Sustaining Superior Performance*. London:Collier MacMillan.

Potts,J. (2008). Creative industries & cultural science: a definitional odyssey. *Cultural Science*, 1(1). Retrieved from http://cultural-science.org/journal/index.php/culturalscience/ article/viewArticle/6/16

Powers,L. (2011,March 17). Lady Gaga's "Born This Way" lyrics censored in

Malaysia. Retrieved from http://www. hollywoodreporter. com/news/lady-gagas-born-way-lyrics-168800

Price, M. (2002). *Media and Sovereignty: The Global Information Revolution and Its Challenge to State Power*. Cambridge, MA: The MIT Press.

Prigge, M. (2010, September 14). Six foreign remakes of American films. Retrieved from http://www. philadelphiaweekly. com/screen/Six-Foreign-Remakes-of-American-Films. html

Pryke, S. (1995). Nationalism as Culturalism. *Politics*, 15(1): 63-70.

PTI. (2010, May 9). Finmin advisors moots incentive for film industry. Retrieved from http://articles. economictimes. indiatimes. com/2010-05-09/news/27602262_1 _service-tax-tax-subsidy-film-industry

Puente, M. (2008, February 27). The Oscars had a strong foreign accent this year. Retrieved from http://www. usatoday. com/life/movies/movieawards/oscars/ 2008-02-27-oscar-international_N. htm

Punter, J. (2010, May 7). New studio planned for Toronto. Retrieved from http://www. variety. com/article/VR1118018909

Puppis, M. (2008). National media regulation in the era of free trade: the role of global media governance. *European Journal of Communication*, 23(4): 405-424.

Pye, L. (Ed.). (1963). *Communications and Political Development*. Princeton NJ: Princeton University Press.

Raboy, M. (2002). Media policy in the new communications environment. In M. Raboy (Ed.), *Global Media Policy in the New Millennium* (pp. 3-16). Luton: University of Luton Press.

Raboy, M. (2007). Global media policy—defining the field. *Global Media and Communication*, 3 (3): 343-361.

Raboy, M. and Padovani, C. (2010). Mapping global media policy: concepts, frameworks, methods. *Communication, Culture & Critique*, 3(1): 150-169.

Raboy, M. and Shtern, J. (2010). *Media Divides: Communication Rights and the Right to Communicate in Canada*. Vancouver: University of British Columbia Press.

Rainwater-McClure, R., Reed, W., and Kramer, E. (2003). A world of cookie-cutter faces. In E. Kramer (Ed.), *The Emerging Monoculture: Assimilation and the "Model Minority"* (pp. 221-233). Westport CT: Praeger.

Ramachandran, N. (2011, May 27). Star, Zee merge distrib'n arms. Retrieved from http://www. variety. com/article/VR1118037701 ? refCatId=1442.

Rantanen,R. (2005). *The Media and Globalization*. London:Sage.

Rao, N. (2010, January 7). Anti-imperialism in 3-D. Retrieved from http://socialistworker. org/2010/01/07/anti-imperialism-m-3D

Rea,S. (2009,January 16). A Slumdog this one surely is not. Retrieved from http://articles. philly. com/2009-01-16/entertainment/24984723 _ 1 _ akshay-kumar-deepika-padukone-chandni-chowk

Reel Toronto. (2008). The Incredible Hulk. Retrieved from http://torontoist. com/2008/11/reel_toronto_the_incredible_hulk. php

Reeves,G. (1993). *Communications and the Third World*. London:Sage.

Reeves,T. (2006). *The Worldwide Guide to Movie Locations*. London: Titan Books.

Rehlin,G. (2010,April 9). Scandinavia unites to lure filmmakers:Nordic nations develop resources,promote production. Retrieved from http://www. variety. com/article/VR1118017421

Reich,R. B. (2010).*Aftershock:The Next Economy and America's Future*. New York:Knopf.

Renton,D. (2001). *Marx on Globalization*. London:Lawrence and Wishart.

Reuters (2010, May 11). Disney forms joint venture in South Korea. Retrieved from http://www. reuters. com/article/2010/05/12/disney-southkorea-idUSN 1113600020100512

Reuters. (2011, May 31). Telmex:DISH no substitute for Mexico TV license. Retrieved from http://www. reuters. com/article/2011/05/31/telmex-idUSN 3110210120110531

Ribes, A. J. (2010). Theorizing global media events:cognition, emotions and performances. *New Global Studies*,4(3):3.

Rigney,M. (2009,June 24). Chinese fans celebrate Bumblebee and Transformers 2 release. Retrieved from http://www. motorauthority. com/news/1021703_chinese-fans-celebrate-bumblebee-and-transformers-2-release

Riordan,M. H. and Salant,D. J. (1994).*Exclusion and Integration in the Market for Video Programming Delivered to the Home*. Boston:Boston University, Industry Studies Program.

Ritzer,G. (Ed.). (2002). *McDonaldization:The Reader*. Thousand Oaks: Pine Forge Press.

Roach,C. (1997). Cultural imperialism and resistance in media theory and literary theory. *Media,Culture & Society*,19,47-66.

Robertson, R. (1995). Globalization: Time-Space and Homogeneity-Heterogeneity. In M. Featherstone et al. (Eds). *Global Modernities* (pp. 25-44). London: Sage.

Robertson, W. (2007, August 14). Viacom backs MLK memorial. Retrieved from http://www.variety.com/article/VR1117970248

Robinson, W. I. (2004) *A Theory of Global Capitalism: Production, Class and State in a Transnational World*. The John Hopkins University Press.

Rodney, W. (1981). *How Europe Underdeveloped Africa*. Howard University Press.

Rogers, E. M. (1962). *Diffusion of Innovations*. New York, NY: Free Press.

Rogers, E. M. (1965). Mass media exposure and modernization among Colombian peasants. *The Public Opinion Quarterly*, 29(4): 614-625.

Rogers, E. M. (1976). Communication and development: the passing of the dominant paradigm. *Communication Research*, 3(2): 213-240.

Rosenberg, E. S. (1982). *Spreading the American Dream: American Economic and Cultural Expansion 1890-1945*. New York: Hill and Wang.

Ross, A. (2004). No-Collar: The Humane Workplace and its Hidden Consequences. Philadelphia, PA: Temple University Press.

Ross, A. (2008). The new geography of work. *Theory, Culture & Society*, 25(7-8): 31-48.

Ross, A. (2009). Nice Work If You Can Get It: Life and Labor in Precarious Times. New York and London: New York University Press.

Rothkopf, D. (1997). In praise of cultural imperialism? *Foreign Policy*, (103, Summer), 38-53.

Rowell, A. (2010, March 5). Welcome to Canada's AvaTAR Sands. Retrieved from http://priceofoil.org/2010/03/05/welcome-to-canadas-avatar-sands/

Ruiz, E. G. (2004, July 2). The Bush family's murky dealings in Venezuela. Retrieved from http://www.trinicenter.com/articles/020704.html

Ryall, J. (2008, December 3). Brutal Japanese reality TV formats set to invade Britain. Retrieved from http://www.telegraph.co.uk/news/worldnews/asia/japan/3543957/Brutal-Japanese-reality-TV-formats-set-to-invade-Britain.html

Ryan, M. P. (1998). *Knowledge Diplomacy: Global Competition and the Politics of Intellectual Property*. Washington, D. C.: Brookings Institute.

Ryan, M. T. (2007). Consumption. In G. Ritzer (Ed.), *The Blackwell Encyclopaedia of Sociology* (pp. 701-705). Blackwell Publishing.

Rydell, R. and Kroes, R. (2005). *Buffalo Bill in Bologna. The Americanization of the World*, 1869-1922. Chicago and London: University of Chicago Press.

Ryoo, W. (2009). Globalization, or the logic of cultural hybridization: the case of Korean Wave. *Asian Journal of Communication*, 19(2): 137-51.

Said, E. (1979). *Orientalism*. New York: Vintage.

Said, E. (1993). *Culture and Imperialism*. New York, NY: Vintage.

Saltzman, M. (2011, December 26). The most pirated TV shows of 2011. Retrieved from http://www. moneyville. ca/blog/post/1107072-the-most-pirated- tv-shows-of-2011

Sapa. (2011, November 9). Bollywood censorship sparks Tibetan protest. Retrieved from http://www. timeslive. co. za/entertainment/movies/2011/11/09/bollywood- censorship-sparks-tibetan-protest

Sarikakis, K. (2004). *Media and communication policy: a definition*. Retrieved from http://ics. leeds. ac. uk/papers/vp01. cfm? outfit=ks&folder=4&paper=25

Sauve, P. (2006). Introduction. Trends in Audiovisual Markets: Regional Perspectives from the South. United Nations Educational, Scientific and Cultural Organization. Retrieved from http://www. unesco. org/new/en/communication-and-information/resources/publications-and-communication-materials/publications/full-list/trends-in-audiovisual-markets-regional-perspectives-from-the-south/

Schatz, T. (1992). The new Hollywood. In J, Collins et al. (Eds), *Film Theory Goes to the Movies* (pp. 15-20). New York, NY: Routledge.

Scherer, K. (2010, December 3). The Big Picture. Retrieved from http://www. nzherald. co. nz/business/news/article. cfm? c_id=3&objectid=10691502

Schiller, D. (1996). *Theorizing Communication: A History*. Oxford: Oxford University Press.

Schiller, D. (2000). *Digital Capitalism: Networking in the Global Market System*. Cambridge, MA: The MIT Press.

Schiller, D. (2008). *Review of Media Policy and Globalization: History, Culture, Politics, by Paula Chakravarty and Katherine Sarikakis*. Political Communication, 25(1): 99.

Schiller, D. (2010). *How to Think About Information*. Champaign, Illinois: University of Illinois Press.

Schiller, H. (1969). *Mass Communication and American Empire*. New York, NY: Augustus M. Kelley.

Schiller, D. (1976). *Communication and Cultural Domination*. White Plains, NY: International Arts and Sciences Press.

Schiller, D. (1979). Transnational media and national development. In K. Nordenstreng and H. Schiller. (Eds), *National Sovereignty and International Communication*, Norwood, NJ: Ablex.

Schiller, D. (1989). *Culture, Inc.: The Corporate Takeover of Public Expression*. New York: Oxford University Press.

Schiller, D. (1991). Not yet the post-imperial era. *Critical Studies in Mass Communication*, 8(1): 13-28.

Schiller, D. (1992). *Mass Communication and American Empire*. New York: August M. Kelley Publishers.

Schiller, D. (2000). *Living in the Number One Country: Reflections of a Critic of American Empire*. New York, NY: Seven Stories Press.

Schlesinger, P. (1991). Media, the political order and national identity. *Media, Culture & Society*, 13(1): 297-308.

Schlussel, D. (2009). Don't Believe the Hype: Avatar Stinks (Long, boring, uber-left). Retrieved from http://www. debbieschlussel. com/13898/dont-believe-the-hype-avatar-stinks-long-boring-unoriginal-uber-left/#more-13898

Schramm, W. (1954). *The Process and Effects of Mass Communication*. Urbana: University of Illinois Press.

Schramm, W. (1963). Communication development and the development process. In Lucien Pye (Ed.), *Communications and Political Development* (pp. 30-57). Princeton, NJ: Princeton University Press.

Schramm, W. (1964). Mass Media and National Development: The Role Of Information In The Developing Countries. Stanford, CA: Stanford University Press.

Schreiber, A. L. and Lenson, B. (2000). *Multicultural Marketing*. New York: McGraw-Hill.

Schrøder, K. (2000). Making sense of audience discourses: towards a multidimensional model of mass media reception. *European Journal of Cultural Studies*, 3 (2): 233-58.

Schrodt, P. (2011, June 6). First Class: the latest chapter in the X-Men gay-rights parable. Retrieved from http://www. theatlantic. com/entertainment/archive/2011/06/first-class-the-latest-chapter-in-the-x-men-gay-rights-parable/239959/

Schudson, M. (1994). Culture and the integration of national societies. *International Social Science Journal*, 46 (1): 63-81.

Schuker, L. A. (2010, August 2). Plot change: foreign forces transform Hollywood films. Retrieved from http://online. wsj. com

Scott, A. (1999). Regional motors of the world economy. In W. E. Halal and K. B. Taylor (Eds), *Twenty First Century Economics: Perspectives of Socio-Economics for a Changing World* (pp. 77-105). New York: St Martin's.

Scott, A. J. (2004a). The other Hollywood: the organizational and geographic bases of television-program production. *Media, Culture and Society*, 26(2): 183-205.

Scott, A. J. (2004b). Hollywood and the world: The geography of motion-picture distribution and marketing. *Review of International Political Economy*, 11 (1): 33-61.

Scott, A. J. (2005). *On Hollywood: The Place, the Industry*. Princeton, NJ: Princeton University Press.

Scott, A. J. and Pope, N. E. (2007). Hollywood, Vancouver, and the world: employment relocation and the emergence of satellite production centers in the motion picture industry. *Environment and Planning A*, 39, 1364-1381.

Scott, A. J. (2000, January 30). The whole world isn't watching. *The New York Times Magazine*.

Scott, A. O. (2011, January 26). A golden age of foreign films, mostly unseen. Retrieved from http://www. nytimes. com/2011/01/30/movies/awardsseason/30scott. html? pagewanted=all

Scott, J. (2012). Studying power. In E. Amenta, K. Nash, Kate and A. Scott, (Eds), *The Wiley-Blackwell Companion to Political Sociology* (pp. 69-94). Malden, MA: Blackwell Publishing.

Scottish Government. (2011, March 21). Government strategy for creative industries published. Retrieved from http://www. scottish-enterprise. com/news/2011/03/government-strategy-for-the-creative-industries. aspx

Segrave, K. (1997). *American Film Abroad: Hollywood's Domination of the World's Movie Screens*. North Carolina: McFarland & Company, Inc. Publishers.

Segrave, K. (1998). *American Television Abroad: Hollywood's Attempt to Dominate World Television*. Jefferson: Mcfarland & Company.

Segrave, K. (1996). Notes on children as a television audience. In J. Hay, L. Grossberg and E. Wartella (Eds). *The Audience and its Landscape* (pp. 131-44). Boulder, CO: Westview Press.

Seiter, E. (1999). *Television and New Media Audiences*. Oxford: Clarendon Press.

Seitz, P. (2011, October 31). Disney's streaming deals show content is king.

Retrieved from http://news. investors. com/article/589905/201110311056/
Disneys-Streaming-Deals-Show-Content-Is-King. htm

Selznick, B. J. (2008). *Global Television: Co-Producing Culture*. Philadelphia,
PA: Temple University Press.

Sen, A. (1993). The impact of American pop culture in the Third World. *Media
Asia*, 20(4):208-17.

Sengupta, M. (2010, February 3). Will Avatar's racial politics both Oscar voters?
Retrieved from http://www. alternet. org/story/145490/will_avatar's_proindigenous
_narrative_bother_oscar_ voters? page=3

Shackle, S. (2008, November 17). U. S. will not air climate change episode of
Frozen Planet. Retrieved from http://www. newstatesman. com/blogs/star-
spangled-staggers/2011/11/ episode-climate-series-bbc

Shefrin, E. (2004). *Lord of the Rings*, *Star Wars*, and Participatory Fandom:
Mapping New Congruencies between the Internet and Media Entertainment
Culture. *Critical Studies in Media Communication*, 21(3):261-281.

Shim, D. (2006). Hybridity and the rise of Korean popular culture in Asia. *Media*,
Culture & Society, 28(1):25-44.

Shimpack, S. (2005). The immortal cosmopolitan: the international co-production
and global circulation of Highlander: The Series. *Cultural Studies*, 19(3):338-
371.

Shirky, C. (2008). *Here Comes Everybody: The Power of Organizing without
Organizations*. New York: Penguin Press.

Shoard, C. (2011, November 11). Nun Sues Disney for "stealing Sister Act".
Retrieved from http://www. guardian. co. uk/film/2011/nov/11/nun-sues-
disney-sister-act

Sigismondi, P. (2011). *The Digital Glocalization of Entertainment: New
Paradigms in the 21st Century Global Mediascape*. New York: Springer.

Signorielli, N. (1990). Television's mean and dangerous world: A continuation of
the cultural indicators perspective. In N. Signorielli and M. Morgan (Eds),
Cultivation Analysis: New Directions in Media Effects Research (pp. 85-
106). Newbury Park: Sage.

Sinclair, J. (2003). The Hollywood of Latin America: Miami as a regional center in
television trade. *Television & New Media*, (3):211-229.

Sinclair, J., Jacka, E., and Cunningham, S. (1996). *New Patterns in Global
Television: Peripheral Vision*. Oxford, UK: Oxford University Press.

Sivanandan, T. (2004). Anticolonialism, national liberation and postcolonial nation formation. In N. Lazarus (Ed.), *Postcolonial Literary Studies* (pp. 41-65). Cambridge: Cambridge University Press.

Sklair, L. (2001). *The Transnational Capitalist Class*. Oxford: Blackwell Publishers.

Sklair, L. (2002). *Globalization: Capitalism and its Alternatives*. Oxford: Oxford University Press,

Smith, Anthony. (1980). *The Geopolitics of Information: How Western Culture Dominates the World*. New York, NY: Oxford University Press.

Smith, Adam. (2012). *The Wealth of Nations*. New York, NY: Simon & Brown.

Smith, B. (2010). *Re-narrating globalization: hybridity and resistance* in *Amores Perros*, Santitos and El Jardin del Eden. *Rupkatha Journal on Interdisciplinary Studies in Humanities*, 2 (3): 268-281.

Smith, D. (2009, August 20). *District 9*: South Africa and apartheid come to the movies. Retrieved from http://www.guardian.co.uk/film/2009/aug/20/district-9-south-africa-apartheid

Smythe, D. (1981). *Dependency Road: Communications, Capitalism, Consciousness, and Canada*. Norwood, NJ: Ablex.

Smythe, D. (2001). On the Audience Commodity and its Work. In M. G. Durham and D. Kellner (Eds), *Media and Cultural Studies: Keywords* (pp. 253-279). Malden, MA: Blackwell.

Snider, M. (2011, June 13). Entertainment, media spending hits $433B in 2010. Retrieved from http://www.usatoday.com/tech/news/2011-06-14-entertainment-spending-rises_n.htm

Snow, N. (2009). Rethinking public diplomacy. In N. Snow and P. M. Taylor (Eds), *Routledge Handbook of Public Diplomacy* (pp. 3-11). New York: Routledge.

Sonwalker, P. (2001). India: makings of little cultural/media imperialism? *The International Communication Gazette*, 63 (6): 503-519.

Sood, S, and Dreze, X. (2006). Brand extensions of experiential goods: movie sequel, evaluations. *Journal of Consumer Research*, 33, 352-360.

Sowards, S. K. (2003). MTV Asia: localizing the global media. In L. Artz and Y. R. Kamalipour (Eds), *The Globalization of Corporate Media Hegemony* (pp. 229-243). New York, NY: State University of New York Press.

Sparks, C. (2007). *Globalization, Development and the Mass Media*. Los Angeles:

Sage.

Sparks, C. (2009). Keyword: Imperialism. Retrieved from http://iamcr. org/ latest-news/523-keywords-iamcrs-intervention-at-ica-2009

Sparks, C. (2012). Resurrecting media imperialism. Retrieved from http://www. icavirtual. com/2012/04/21/conference-paper-resurrecting-media-imperialism/

Spivak, G. (1993). *Outside in the Teaching Machine*. London: Routledge.

Sreberny, A. (2006). The global and the local in international communications. In M. G. Durham & D. Kellner (Eds). *Media and Cultural Studies: Key Works* (pp. 604-625). Malden, MA: Blackwell.

Sreberny, A., Winseck, D. McKenna, J. and Boyd-Barrett, O. (Eds). (1997). *Media in Global Context: A Reader*. London: Arnold.

Sreberny-Mohammadi, A. (1996). Globalization, communication and transnational civil society: introduction. In S. Braman and A. Sreberny-Mohammadi (Eds), *Globalization, Communication and Transnational Civil Society*. Cresskill, NJ: Hampton Press.

Sreberny, A. (1997). The many faces of cultural imperialism. In P. Golding and P. Harris (Eds), *Beyond Cultural Imperialism: Globalization, Communication, and the New International Order* (pp. 49-64). London: Sage.

Sri Lanka Broadcasting Corporation. Retrieved from http://www. slbc. lk/ index. php/services

Stableford, D. (2011, August 3). "The Daily Show" censored by British television for using Parliament footage. Retrieved from http://news. yahoo. com/blogs/ cutline/daily-show-censored-british-television-using-parliament-footage-174241780. html

Staff and Agencies. (2008, Nov. 3). Stuntman died filming Batman car chase. Retrieved from http://www. guardian. co. uk/film/2008/nov/03/dark-knigh-stuntman

Staff Writer. (2006, November 15). Consumer is king in the content and demand marketplace. Retrieved from http://www. telecomasia. net/node/4355

Steele, S. (2008, July 9). How much do television shows cost to produce? Retrieved from http://www. associatedcontent. com/article/869035/how _ much_do_television_shows_cost_to_pg2. html? cat=31

Steger, M. B. (2009). *Globalization: A Very Short Introduction* (2nd ed.). New York, NY: Oxford University Press.

Steinmetz, G. (2003). The state of emergency and the revival of American imperialism: toward an authoritarian post-Fordism. *Public Culture*, 15 (2): 323-345.

Stenger, J. (1997). Consuming the Planet: Planet Hollywood, stars, and the global consumer culture. *The Velvet Light Trap*, 40(Fall): 42-55.

Steven, P. (2010). *No-Nonsense Guide to Global Media* (2nd ed.). Toronto: Between the Lines.

Stiglitz, J. (2002). *Globalization and its Discontents*. New York, NY: W. W. Norton.

Stiglitz, J. E. (2011). Of the 1%, by the 1%, for the 1%. Retrieved from http://www. vanityfair. com/society/features/2011/05/top-one-percent-201105#gotopage2

Storper, M. (1989). The transition to flexible specialization in the U. S. film industry: external economics, the division of labour and the crossing of industrial divides. *Cambridge Journal of Economics*, 13, 273-305.

Storper, M. (1993). Flexible specialization in Hollywood: a response to Aksoy and Robins. *Cambridge Journal of Economics*, 17, 479-484.

Storper M. and Christopherson, S. (1987). Flexibilize specialization and regional industrial agglomerations: the case of the U. S. motion-picture industry. *Annals of the Association of American Geographers*, 77 (1): 260-282.

Storper, M. and Venabels, A. J. (2004). Buzz: face-to-face contact and the urban economy. *Journal of Economic Geography*, 4(1): 351-370.

Strandberg, K. W. (2002, August 28). Swiss Army Goes "*XXX*" with Vin Diesel. Retrieved from http://www. allbusiness. com/services/museums-art-galleries-botanical-zoological/ 4358883-1. html

Strangelove, M. (2010). *Watching YouTube: Extraordinary Videos by Ordinary People*. Toronto: University of Toronto Press.

Straubhaar, J. (1991). Beyond media imperialism: asymmetrical interdependence and cultural proximity. *Critical Studies in Mass Communication*, 8(1): 39-59.

Straubhaar, J. (1997). Distinguishing the global, regional and national levels of world television. In A. Srebery-Mohammadi, D. Winseck, J. McKenna, and O. Boyd-Barrett (Eds) *Media in a Global Context: A Reader* (pp. 284-98). London: Edward Arnold.

Straubhaar, J. and Duarte, L. (2005). Adapting U. S. transnational television channels to a complex world: from cultural imperialism to localization and hybridization. In J. K. Chalaby (Ed.), *Transnational Television Worldwide* (pp. 216-253). New York: I. B. Tauris.

Strelitz, L. N. (2002). Media consumption and identity formation: The case of the

"Homeland" viewers. *Media*, *Culture & Society*, 24, 459-480.

Strelitz, L. N. (2003). Where the global meets the local: South African youth and their experience of global media. In P. Murphy and M. Kraidy (Eds), *Global Media Studies* (pp. 234-256). New York, NY: Routledge.

Strelitz, L. N. (2004). Against cultural essentialism: media reception among South African youth. Media, Culture & Society, 26(5): 625-641.

Style News Wire (20 Oct. 2011). New African American network has competition. Retrieved from http://www. stylemagazine. com/new-african-american-network-has-competition/

Sui-Nam Lee, P. (1995). A case against the thesis of communication imperialism: The audience's response to foreign TV in Hong Kong. *Australian Journal of Communication*, 22, 63-81.

Sui-Nam Lee, P. (1988). Communication imperialism and dependency: A conceptual clarification. *Gazette: The International Journal of Mass Communication Studies*, 41, 69-83.

Synder, S. J. (2010, January 13). The politics of Avatar: America bad. Retrieved from http://techland. time. com/2010/01/13/the-politics-of-avatar-america-bad/

Szalai, G. (2011a, March 17). U. S. advertising spending rose 6% to $131 billion in 2010. Retrieved from http://www. hollywoodreporter. com/news/ us-advertising-spending-rose-65-168793

Szalai, G. (2011b, April 11). HBO to top $1 billion in international revenue this year. Retrieved from http://www. hollywoodreporter. com/news/hbo-top-l-billion-international-176907

Szalai, G. (2011c, July 29). Hollywood conglomerates on track for banner year of dividends, stock buybacks. Retrieved from http://www. hollywoodreporter. com/news/ hollywood-conglomerates-track-banner-year-217304

Takaku, J. (2011, September 20). Korean Drams bite deep into Japanese TV market. Retrieved from http://www. asahi. com/english/TKY201109200340. html

Takeuchi, C. (2008, March 13). Canadian films seek more screen time. Retrieved from http://www. straight. com/article-135700/canadian-films-seek-more-screen-time

Tang, Y. (2011), *Avatar*: A Marxist saga on the far distant planet. *Triple*-c, 9 (2): 657-667.

Tapscott, D. and Williams, A. (2010). *Wikinomks: How Mass Collaboration*

Changes Everything. New York：Portfolio Trade.

Taylor, P. M. (1997). *Global Communications, International Affairs, and the Media Since 1945*. New York：Routledge.

Taylor, P. W. (1995). Co-productions—content and change：international television in the Americas. *Canadian Journal of Communication*, 20(3).

Teague, E. (2010, February 2). Avatar is real say tribal people. Retrieved from http://www. survivalinternational. org/news/5466/

The Canadian Press. (2009a, March 9). Ottawa announces Canada media fund. Retrieved from http://toronto. ctv. ca/servlet/an/local/CTVNews/20090309/canadian_tv_090309/20090309/? hub＝TorontoNewHome

The Canadian Press. (2009b, March 22). Vancouver island hosts Twilight movie sequel shoot. Retrieved from http://www. ctv. ca/CTVNews/Entertainment/20090322/twilight_shoot_090322/

The Daily Bits (2012, May 21). Top 10 most pirated movies of all time. Retrieved from http://www. dailybits. com/top-10-most-pirated-movies-of-all-time/

The Daily Bits (2001). Harry Potter and the Synergy Test. Retrieved from http://www. forbes. com/global2000/♯p_1_s_arank_BroadcastingCable_All_All

The Economist. (2002, April 11). Think local：cultural imperialism doesn't sell. Retrieved from http://www. economist. com/node/1066620

The Economist. (2003, September 11). Media regulation outside america. Retrieved from http://www. economist. com/node/2054812

The Economist. (2008, October 8). Economies of scale. Retrieved from http://www. economist. com/node/12446567

The Economist. (2011a, June 9). Unilateral disarmament. Retrieved from http://www. economist. com/node/18805941

The Economist. (2011b, October 15). Branding Japan as "cool". No limits, now laws. Retrieved from http://www. economist. com/node/21532297

The Economist. (2011c, November 5). Entertainers to the world. Retrieved from http://www. economist. com/node/21536602

The Economist. (2011d, February 1). Hollywood goes global. Retrieved from http://www. economist. com/node/18178291

The Nation. (2009, April 22). Thailand's film censors block Zack and Miri Make a Porno. Retrieved from http://www. asiaone. comNewsLatest％2BNews/Showbiz/Story/ A1Story20090422-136716. html

The Nielsen Company. (2008). Cinema advertising demystified. Retrieved from http://www. widescreenmedia. com/nielsen. pdf

The Statesman. (2007, April 16). Is Ghana a victim of cultural imperialism? Retrieved from http://www. thestatesmanonlin. com/pages/editorial_detail. php？newsid+172&section=0

Thierer, A. and Eskelsen, G. (2008). Media Metrics: The True State of the Modern Media Marketplace. The Progress Freedom Foundation Special Report. Retrieved from http://www. pff. org/mediametrics/

Thiong'o, N. W. (1986). *Writing Against Neo-Colonialism*. Vita Books.

Thomas, P. N. (1997). An inclusive NWICO: cultural resilience and popular resistance. In P. Golding and P. Harris (Eds), *Beyond Cultural Imperialism*: *Globalization, Communication and the New International Order* (pp. 163-164). London: Sage.

Thomas, P. N. and Nain, Z. (Eds). (2004). *Who Owns the Media*: *Global Trends and Local Resistances*. London and New York: Zed Books.

Thompson, A. K. (2010). Co-opting capitalism: *Avatar* and the thing itself. *Upping the Anti*, 10, 77-96.

Thompson, J. B. (1995). The Media and Modernity: A Social Theory of the Media. Stanford, CA: Stanford University Press.

Thompson, K. (2003). Fantasy, franchises and Frodo Baggins: The Lord of the Rings and modern Hollywood. *The Velvet Light Trap*, 52 (Fall): 45-63.

Thompson, K. (2007a). The Frodo Franchise: *The Lord of the Rings* and Modern Hollywood. Berkley: University of California Press.

Thompson, K. (2007b, February 28). World rejects Hollywood blockbusters? Retrieved from http://www. davidbordwell. netblog2007/02/28/world-rejects-hollywood-blockbusters/

Throsby, D. (2008). Modelling the cultural industries. *International Journal of Cultural Policy*, 14 (3): 217-232.

Throsby, D. (2010). *The Economics of Cultural Policy*. Cambridge: Cambridge University Press.

Thussu, D. K. (Ed.) (1998). *Electronic Empires*: *Global Media and Local Resistance*. London: Arnold.

Thussu, D. K. (2000). *International Communication*: *Continuity and Change*. London: Arnold Press.

Thussu, D. K. (2005). The transnationalization of television: the Indian experience. In J. K. Chalaby (Ed.), *Transnational Television Worldwide* (pp.

156-172). New York,NY:I. B. Tauris.

Thussu,D. K. (2006). *International Communication : Continuity and Change*. London:Arnold Press.

Thussu,D. K. (Ed.). (2007a). *Media on the Move : Global Flow and Contra-Flow*. New York,NY:Routledge.

Thussu,D. K. (2007b). *News as Entertainment : The Rise of Global Infotainment*. Los Angeles:Sage.

Tinic,S. (2003). Going global:international co-productions and the disappearing domestic audience in Canada. In L. Parks;and S. Kumar (Eds), *Planet TV:A Global Television Reader* (pp. 169-186). New York:New York University Press.

Tinic,S. (2004). Global vistas and local identities:negotiating place and identity in Vancouver television. *Television and New Media*,7 (2):154-83.

Tinic,S. (2005). *On Location : Canada's Television Industry in a Global Market*. Toronto:University of Toronto Press.

Tinic,S. (2008). Mediated spaces:cultural geography and the globalization of production. *Velvet Light Trap*,62 (1):74-75.

Tinic,S. (2010). Walking a tightrope:the global cultural economy of Canadian television. In N. Beaty, D. Briton, G. Filax and R. Sullivan (Eds), *How Canadians Communicate III : Contexts of Canadian Popular Culture* (pp. 95-115). Edmonton,AB:Athabasca University Press.

Tizard,W. (2010,January 4). Czechs set film rebates. Retrieved from http://www. variety com/ article/VR1118013276? refCatId=1279

Toffler,A. (1984). *The Third Wave*. New York:Bantam.

Tomlinson,J. (1991). Cultural Imperialism. Baltimore:The Johns Hopkins University Press.

Tomlinson,J. (1996). Cultural Globalization:placing and displacing the West. In H. Mackay and T. O'Sullivan (Eds), *The Media Reader : Continuity and Transformation* (pp. 165-177). London:Sage.

Tomlinson, J. (1999). Globalization and Culture. Chicago:The University of Chicago Press.

Tomlinson,J. (2002). The discourse of cultural imperialism. In D. McQuail (Ed.), *Mcquail's Reader in Mass Communication Theory* (pp. 223-237). London:Sage Publications.

Torre,P. J. (2009). Block booking migrates to television:the rise and fall of the international output deal. Television & New Media, 10(6):501-520.

Toumarkine, T. (2004). Going for the gold. Retrieved from http://allbusiness. com/services/ motion_pictures/4426146-1. html

Tracy, M. (1988). Popular culture and the economics of global television. *Intermedia*, 16 (1):9-25.

Tracey, M. (1998). *The Decline and Fall of Public Service Broadcasting*. Oxford: Oxford University Press.

Trumpbour, J. (2003). *Selling Hollywood to the World: U. S. and European Struggles for Mastery of the Global Film Industry*, 1920-1950. Cambridge: Cambridge University Press.

Tucker, I. B. (2004). Microeconomics for Today. Mason, OH: South-Western CENGAGE Learning.

Tunstall, J. (1977). *The Media are American*. London: Constable.

Tunstall, J. (2000). *The Anglo-American Media Connection*. Oxford: Oxford University Press.

Tunstall, J. (2007). International-regional-national: The national media system as the lead player. *Global Media and Communication*, 3(3):321-342.

Tunstall, J. (2008). *The Media Were American: U. S. Mass Media in Decline*. New York, NY: Oxford University Press.

Turner, T. (2004). My beef with big media. Retrieved from http://www. washingtonmonthly. com/features/2004/0407. turner. html

UNCLAD. (2010). Creative economy report 2010: creative economy: a feasible development option. Retrieved from http://www. unctad. org/Templates/ WebFlyer. asp? intItemID=5763&lang=1

UNWTO. (2012, May 7). World Tourism Organization UNWTO: International tourism receipts surpass U. S. $1 trillion. Retrieved from http://media. unwto. org/en/press-release/2012/05-07/international-tourism-receipts-surpass-us-1-trillion-2011

Ursell, G. (2000). Television production: issues of exploitation, commodification and subjectivity in UK television labour markets. *Media*, *Culture* & *Society* 22 (1):805-825.

USITC. (2011). Recent Trends in US Services Trade: 2011. Annual Report, Investigation No: 332-345; Publication No: 4243. Washington DC: United States International Trade Commission.

van Elteren, M. (2003). U. S. cultural imperialism today: only a chimera? *SAIS*

Review, XXⅢ (2):169-188.

van Kooten, M. (2011). Global Software Top 100- Edition 2011. Retrieved from http://www. softwaretopl00. org/global-software-top-100-edition-2011

Vang, J. and Chaminade, C. (2007). Cultural clusters, global-local linkages and spillovers: theoretical and empirical insights from an exploratory study of Toronto's film cluster. *Industry and Innovation*, 14(4):401-420.

Varis, T. (1974). Global traffic in television. *Journal of Communication*, 24(1): 102-109.

Varis, T. (1984). The international flow of television programs. *Journal of Communication*, 34(1):134-152.

Visiting Arts. (2008, February 26). Japan cultural profile. Retrieved from http://www. cultural-profiles. net/japan/Directories/Japan_Cultural_Profile/-6036. html

Vivarelli, N. (2010, Feb 16). Cinecitta campaign: Italian studio looks to lure U. S. Productions. Retrieved from http://www. variety. com/article/VR1118015312

Vogel, H. L. (2007). *Entertainment Industry Economics: A Guide for Financial Analysis*. Cambridge: Cambridge University Press.

Voxy. (January 24, 2010). Avatar delivers $307 million to New Zealand economy. Retrieved from http://www. voxy. co. nz/entertainment/avatar-delivers-307m-new-zealand-economy/5/36156

Wagneleitner, R. (The empire of the fun, or talkin' Soviet Union blues: the sound of freedom and U. S. cultural hegemony in Europe. In M. J. Hogan, (Ed.). *The Ambiguous Legacy: U. S. Foreign Relations in the "American Century"* (pp. 463-499). New York: Cambridge University Press.

Waisbord, S. (2004). McTV: understanding the global popularity of television formats. Television & New Media, 5(4):359-383.

Waisbord, S. and Morris, N. (2001). Introduction: rethinking media globalization and state power. In Morris, N. and Waisbord, S. R, (Eds). *Media and Globalization: Why the State Matters* (pp. vi-xvi). Lanham: Rowman & Littlefield Publishers, Inc.

Wallerstein, I. (1961). *Africa, The Politics of Independence*. New York: Vintage Books.

Wallerstein, I. (1974). *The Modern World System*. New York/London: Academic Press.

Wallerstein, I. (1979). *The Capitalist World-Economy*. Cambridge: Cambridge University Press.

Ward, S. and O' Regan, T. (2007). Servicing "the other Hollywood": The vicissitudes of an international television production location. *International Journal of Cultural Studies*, 10(2):167-185.

Warf, B. (2007). Oligopolization of Global Media and Telecommunications and its Implications. *Democracy, Ethics, Place and Environment*, 10(1):89-105.

Wark, M. (1994). *Virtual Geography: Living with Global Media Events*. Bloomington: Indiana University Press.

Wasko, J. (2003). *How Hollywood Works*. London: Sage Publications.

Wasko, J. and Erikson, M., (Eds). (2009). *Cross border cultural production: economy runaway or globalization?* New York: Cambria Press.

Wasser, F. (1995). Is Hollywood America? The trans-nationalization of the American film industry. *Critical Studies in Mass Communication*, 12 (4): 423-37.

Waterman, D. (2005). Hollywood's road to riches. Cambridge, MA: Harvard University Press.

Waterman, D. and Weiss, A. A. (1997). *Vertical Integration in Cable Television*. Cambridge, MA: MIT Press.

Waxman, S. (1990, Oct. 26). Hollywood attuned to world markets. Retrieved from http:// www. washingtonpost. com/wp-srv/inatl/longterm/mia/part2. htm

Waxman, S. (1998). Hollywood Tailors its Movies to Sell in Foreign Markets. Washington Post. A1.

Wayne, M. (2003). Post-Fordism, monopoly capitalism, and Hollywood's media industrial complex. *International Journal of Cultural Studies*, 6(1) 82-103.

Weeks, E. (2010). Where is there? The Canadianization of the American media landscape. *International Journal of Canadian Studies*, 39-40 (1):83-107.

Wei, R. and Pan, Z (1999). Mass media and consumerist values in the People's Republic of China. *International Journal of Public Opinion Research*, 11: 75-96.

Weil, D. (2011, October 4). At Time Warner, Content is Still King. Retrieved from http://www. moneynews. com/Companies/TWX-media-cable-stocks/2011/10/04/id/413217

Wellemeyer, J. (2006). Hollywood and the spread of anti-Americanism. Retrieved from http://www. npr. org/templates/story/story. php? storyId=6625002

Wen, W. (2010, January 28). Avatar juggernaut crushes opposition to U. S. soft power. Retrieved from http://www. globaltimes. cn/opinion/commentary/

2010-01/501921. html

WENN. (2011, March 6). Director admits "Transformers 2" was no good. Retrieved from http://movies. msn. com/movies/article. aspx? news = 633946&affid =100055

WENN. COM. (2011, July 8). Lucas Quashes "Star Wars" fan event. http://www. torontosun. com/2011/07/08/lucas-quashes-star-wars-fan-event

Westcott, T. (October 20, 2011). Comcast Leads U. S. dominated Audio-visual Business in 2010. Retrieved from http://www. isuppfi. com/Media-Research/News/Pages/Comcast-Leads-US-Dominated-Audiovisual-Business-in-2010. aspx? PRX

White, T. R. (1990). Hollywood's attempt at appropriating television. The case of paramount pictures. In T. Balio (Ed.). *Hollywood in the Age of Television*. Boston: Unwin Hyman.

Wike, R. (2007, September 11). From hyperpower to declining power. *Pew Research Center*. Retrieved from http://www. pewglobal. org/2011/09/07/from-hyperpower-to-declining-power/

Wildman, K. (1994). One-way flows and the economics of audience making. In J. S. Ettema and D. C. Whitney (Eds), *Audience making : How the media Create the Audience*. (pp. 115-41). Sage: Thousand Oaks.

Will, I. (2009, February 28). Why is New Moon filmed in Vancouver, not Oregon? Retrieved from http://www. newmoonmovie. org/2009/02/why-is-new-moon-filmed-in-vancouver-not-oregon/

Williams, R. (1974). *Television: Technology and Cultural Form*. London: Fontana.

Williams, R. (1976). *Keywords: A Vocabulary of Culture and Society*. London: Fontana.

Williams, R. (1977). *Marxism and Literature*. London: Oxford University Press.

Williams, R. (1981). *Culture*. London: Fontana.

Wilson, T. (2000). Media Convergence: Watching Television, Anticipating Going On-Line: A Malaysian Reception Study. *Media Asia*, 27(1): 3-9.

Wilson, T. (2001). On playfully becoming the "other": watching Oprah Winfrey on Malaysian television. *International Journal of Cultural Studies*, 4 (1): 89-110.

Winseck, D. (2008). The state of media ownership and media markets: competition or concentration and why should we care? *Sociology Compass*, 2(1): 34-47.

Winseck, D. (2011). Introductory essay: the political economies of media and transformation of the global media industries. In D. Winseck and D. Y. Jin (Eds), *The Political Economies of Media: The Transformation of the Global Media Industries* (pp. 3-48). London and New York: Bloomsbury Academic.

Winseck, D. and Jin, D. Y. (Eds). (2011). *The Political Economies of the Media: The Transformation of the Global Media Industries*. New York: Bloomsbury Academic.

Winseck, D. and Pike, R. M. (2007). *Communication and Empire: Media, Markets and Globalization*, 1860-1930. Durham and London: Duke University Press.

Winseck, D. , McKenna, J. , and Boyd-Barrett, O. (Eds). (1997). *Media in a Global Context: A Reader*. New York, NY: Arnold.

Wiseman, A. (2011, December 22). Russia primed to embrace world. Retrieved from http:// www. screendaily. com/reports/in-focus/russia-primed-to-embrace-world /5035927. article

Wolf, N. (1992). *The Beauty Myth: How Images of Beauty are Used Against Women*. New York, NY: Harper Collins Publishers.

Wong, E. (2012, January 2). China's president lashes out at western cultural influences. Retrieved from http://www. nytimes. com/2012/01/04/world/asia/chinas-president-pushes-back-against-western-culture. html? _r=0

Wood, E. M. (2002). Global capital, national states. In M. Rupert and H. Smith (Eds), *Historical Materialism and Globalization* (17-39). New York: Routledge.

Wood, E. M. (2003). *Empire of Capital*. New York: Verso.

World Bank. (2009). Growth of the service sector. Retrieved from http://www. worldbank. org/ depweb/beyond/beyondco/beg_09. pdf

World Intellectual Property Organization (WIPO). (2010). Creative clusters. Retrieved from http://www. wipo. int/ip-development/en/creative_industry/creative_clusters. html

World Trade Organization (WTO). (2010, January 12). Audiovisual services: background note by the secretariat. Retrieved from http://www. oecd. org/tad/servicestrade/47559464. pdf

Wright, S. (2007, August 20). Competition is fierce in today's cinema. Retrieved from http:// www. variety. com/article/VR1117970526? refCatId=13

Wu, H. and Chan, J. M. (2007). Globalizing Chinese martial arts cinema: The global-local alliance and the production of Crouching Tiger, Hidden Dragon. *Media, Culture and Society*, 29(2): 195-217.

Wu, T. (2010). *The Master Switch : The Rise and Fall of Information Empires*. New York, NY: Alfred A Knopf.

Wyatt, J. (1994). *High Concept : Movies and Marketing in Hollywood*. Austin: Texas University Press.

Yong, J. (2007). Reinterpretation of cultural imperialism: emerging domestic market vs. continuing U. S. dominance. *Media, Culture and Society*, 29 (5): 753-71.

Yong, R. C. (2001). *Postcolonialism : An Historical Introduction*. Malden, MA: Blackwell.

Za'Za', B. (2002, March 21). Arab speakers see threat to culture by globalization. Retrieved from gulfnews. com/news/gulf/uae/general/speakers-see-threat-to-culture-by-globalization-1. 381604

致　谢

　　如果没有这些进行全球媒介研究的学生们的支持，这本书是无法完成的，因而我很庆幸过去五年间所拥有的会议、教学以及其中学习的时光。同时，我也要向在过去十年间给予我帮助，启发并引导我的老师、同事们表示感谢。他们分别是：格雷格·艾尔白，阿明·阿尔哈桑，塔里克·阿明汗，塞代夫·阿瑞特考克，乔迪·伯兰，迈克·伯克，芭芭拉·克劳，图纳·巴斯克，鲍勃·汉克，凯文·道勒，格雷格·埃尔默，布莱恩·伊万斯，史葛·福塞斯，格里格·德·彼得，山姆·金登，格雷格·伍德，格雷格·克拉格斯，约瑟夫·凯斯-科瓦奇，珍妮特·卢姆，贾内尔·朗格路易斯，帕特·马泽帕，约翰·麦卡洛，戴维·麦克纳利，柯林·莫尔斯，莱昂·珀奈奇，伊恩·雷莉，巴斯·西顿，米图·森古普塔，莎拉·夏尔马，约翰·谢尔德，戴维·斯金纳，阿帕纳·桑德尔，尼尔·汤姆·林森，以及斯科特·乌泽尔曼。我也很感激乔纳森·哈代，保罗·塞吉斯蒙迪以及四位匿名评论者所提供的颇有见地的修改意见，这些宝贵的建议令本书变得更加完善。我要感谢艾瑞卡·维特和玛歌·欧文的细致编辑以及所给予的耐心和热情。此外，我非常感激给予我温暖的安大略理工大学那些新同事们：沙希德·艾尔维，阿齐兹·杜埃，香费尔·南多，加里·伊诺思科，贾内尔·朗格路易斯（再次感谢），艾莉森·金，沙朗·劳瑞斯拉，特蕾莎·皮尔斯，安德烈·斯雷。我要感谢多伦多活跃的社区，我的家庭（凯瑟琳，珍妮佛，桑迪，比尔，谢尔登，兰迪，艾迪，米亚）和我的猫（卡尔及斯卡夫），谢谢他们所给予我的深情厚谊。最后，我还想要感谢我所深爱的，以其智慧与能力不断激励着我的劳伦·克里斯纳。